本书得到中国青年政治学院出版基金资助

中/青/文/库

《周易》
为君为臣之道研究

孙亚丽　著

中国社会科学出版社

图书在版编目(CIP)数据

《周易》为君为臣之道研究/孙亚丽著.—北京:中国社会科学出版社,2018.8

ISBN 978－7－5203－2896－8

Ⅰ.①周… Ⅱ.①孙… Ⅲ.①《周易》—研究 Ⅳ.①B221.5

中国版本图书馆 CIP 数据核字(2018)第 165468 号

出 版 人	赵剑英
责任编辑	李炳青
责任校对	石春梅
责任印制	李寡寡

出　　版	中国社会科学出版社
社　　址	北京鼓楼西大街甲 158 号
邮　　编	100720
网　　址	http://www.csspw.cn
发 行 部	010－84083685
门 市 部	010－84029450
经　　销	新华书店及其他书店
印　　刷	北京明恒达印务有限公司
装　　订	廊坊市广阳区广增装订厂
版　　次	2018 年 8 月第 1 版
印　　次	2018 年 8 月第 1 次印刷
开　　本	710×1000　1/16
印　　张	24.5
插　　页	2
字　　数	401 千字
定　　价	98.00 元

凡购买中国社会科学出版社图书,如有质量问题请与本社营销中心联系调换
电话:010－84083683
版权所有　侵权必究

《中青文库》编辑说明

《中青文库》，是由中国青年政治学院着力打造的学术著作出版品牌。

中国青年政治学院的前身是1948年9月成立的中国共产主义青年团中央团校（简称中央团校）。为加速团干部队伍革命化、年轻化、知识化、专业化建设，提高青少年工作水平，为党培养更多的后备干部和思想政治工作专门人才，在党中央的关怀和支持下，1985年9月，国家批准成立中国青年政治学院，同时继续保留中央团校的校名，承担普通高等教育与共青团干部教育培训的双重职能。学校自成立以来，坚持"实事求是，朝气蓬勃"的优良传统和作风，坚持"质量立校、特色兴校"的办学思想，不断开拓创新，教育质量和办学水平不断提高，为国家经济、社会发展和共青团事业培养了大批高素质人才。目前，学校是由教育部和共青团中央共建的高等学校，也是共青团中央直属的唯一一所普通高等学校。学校还是教育部批准的国家大学生文化素质教育基地、全国高校创业教育实践基地，是首批"青年马克思主义者培养工程"全国研究培训基地、首批全国注册志愿者培训示范基地，是中华全国青年联合会和国际劳工组织命名的大学生KAB创业教育基地，是民政部批准的首批社会工作人才培训基地，与中央编译局共建青年政治人才培养研究基地，与国家图书馆共建国家图书馆团中央分馆，与北京市共建社会工作人才发展研究院和青少年生命教育基地。2006年接受教育部本科教学工作水平评估，评估结论为"优秀"。2012年获批为首批卓越法律人才教育培养基地。2015年中宣部批准的共青团中央中国特色社会主义理论体系研究中心落户学校。学校已建立包括本科教育、研究生教育、留学生教育、继续教育和团干部培训等在内的多形式、多层次的教育格局。设有中国马克思主义学院、青少年工作系、社会工作学院、法学院、经济管理学院、新闻传播学院、公共管理系、中国语言文学系、外国语言文学系等9个教学院系，文化基础部、外语教学研究中心、计算机教学与应用中心、体育教学中心等4个教学中心（部），中央团校教育培训学院、继续教育学院、国际教育交流学院等3个教育培训机构。

学校现有专业以人文社会科学为主，涵盖哲学、经济学、法学、文学、管理学、教育学6个学科门类，拥有哲学、应用经济学、法学、社会学、马克思主义理论、新闻传播学等6个一级学科硕士授权点、1个二级学科授权点和3个类别的专业型硕士授权点。设有马克思主义哲学、马克思主义基本原理、外国哲学、思想政治教育、青年与国际政治、少年儿童与思想意识教育、刑法学、经济法学、诉讼法学、民商法学、国际法学、社会学、世界经济、金融学、数量经济学、新闻学、传播学、文化哲学、社会管理等19个学术型硕士学位专业，法律（法学）、法律（非法学）、教育管理、学科教学（思政）、社会工作等5个专业型硕士学位专业。设有思想政治教育、法学、社会工作、劳动与社会保障、社会学、经济学、财务管理、国际经济与贸易、新闻学、广播电视学、政治学与行政学、行政管理、汉语言文学和英语等14个学士学位专业，，其中思想政治教育、法学、社会工作、政治学与行政学为教育部特色专业；同时设有中国马克思主义研究中心、青少年研究院、共青团工作理论研究院、新农村发展研究院、中国志愿服务信息资料研究中心、青少年研究信息资料中心等科研机构。

在学校的跨越式发展中，科研工作一直作为体现学校质量和特色的重要内容而被予以高度重视。2002年，学校制定了教师学术著作出版基金资助条例，旨在鼓励教师的个性化研究与著述，更期之以兼具人文精神与思想智慧的精品的涌现。出版基金创设之初，有学术丛书和学术译丛两个系列，意在开掘本校资源与迻译域外菁华。随着年轻教师的增加和学校科研支持力度的加大，2007年又增设了博士论文文库系列，用以鼓励新人，成就学术。三个系列共同构成了对教师学术研究成果的多层次支持体系。

十几年来，学校共资助教师出版学术著作百余部，内容涉及哲学、政治学、法学、社会学、经济学、文学艺术、历史学、管理学、新闻与传播等学科。学校资助出版的初具规模，激励了教师的科研热情，活跃了校内的学术气氛，也获得了很好的社会影响。在特色化办学愈益成为当下各高校发展之路的共识中，2010年，校学术委员会将遴选出的一批学术著作，辑为《中青文库》，予以资助出版。《中青文库》第一批（15本）、第二批（6本）、第三批（6本）、第四批（10本）、第五批（13本）、第六批（9本）陆续出版后，有效展示了学校的科研水平和实力，在学术界和社会上产生了很好的反响。本辑作为第七批共推出5本著作，并希冀通过这项工作的陆续展开而更加突出学校特色，形成自身的学术风格与学术品牌。

在《中青文库》的编辑、审校过程中，中国社会科学出版社的编辑人员认真负责，用力颇勤，在此一并予以感谢！

序　言

亚丽的博士论文将要出版，她希望我能作《序》。作为师生之谊，我欣然领受这项工作。

1984年底留校任教以来，我对《诗经》《周易》费心、用力最多，故指导的博士、硕士毕业论文大多是关于《诗经》《周易》的研究。亚丽跟我读硕士时，《诗经集校集注集评》已具雏形，我正准备开启《周易》研究的分工与编纂等工作。亚丽的硕士毕业论文《〈左传〉易例研究》已显现出对《周易》研究的兴趣与能力，于是招收她读博士，继续深入地研读《周易》。

在中国传统文化中，《周易》被定位为"群经之首，大道之源"，"《易》道广大，无所不包"（《四库全书总目提要》）。在世界文化史上，《周易》也具有很高的地位，"谈到世界人类唯一的智慧宝典，首推中国的《易经》"（瑞士学者荣格语）。《周易》的思想内容博大精深，神秘难知，但老子有言"知我者希，则我者贵"。因此，《周易》的研究很有意义。

我们的研究方法主要是从头读，纵向梳理，横向分类研究，目的是读懂《周易》。在文本校勘、文献钩稽的基础上，梳理研究史，读解文本，最后提升到理论层面的分析。

《周易集校集注集评》工程浩大，需多人分工合作。一是考虑《周易》的现实价值，更方便读者与现实生活、工作的衔接；二是考虑每位同学承担任务量的大致均衡，于是尝试着依照《周易》六十四卦的内容侧重分为修身养性、为君之道、为臣之道、举贤授能、创业初期、艰苦时期、诉讼战争、成功之时、婚姻家庭教育九类。亚丽承担为君之道、为臣之道之十七卦的任务，论文题目为《〈周易〉为君为臣之道研究》。

亚丽聪颖慧悟，谦虚好学，勤奋刻苦，能够准确理解我们的编纂体例和研究方法，知道任何文化现象的发生都是特定时代合力作用的产物，故研究《周易》为君为臣之道，首先要了解《周易》发生的政治文化背景，第一章就对《周易》为君为臣之道的文化背景进行分析。商周时期尊崇天命观念，周灭商之后提出了"皇天无亲，惟德是辅"，在天命观念中注入道德的因素，逐渐从道德修养上加强对君权的约束；作为臣子要发挥贤才，顺承君民。从《周易》文本来看，君臣关系按照刚柔相济、阴阳协调的原理，形成一种和谐的政治关系。在中国政治思想史的发展过程中，德治观念的出现，相对于天命观而言是质的飞跃，德治观念自此逐渐成为中国政治文化中的核心观念。

亚丽比较准确地理解了《周易》的基本性质，知道《周易》之"易"的核心意义是"变易"与"不易"。世界万事万物皆在"变易"中，"变易"的规律是"不易"，"不易"的规律是可以通过天象的"变易"来认知的。按照"不易"的规律，人也是可以根据当下的主客观条件来预测未来的吉凶。而预测未来的吉凶凝结为人之当下趋吉避凶的智慧。并且，依循天道规律占卜预测是手段方法，借助天帝神威约束人性，约束权力，引人向善才是政教目的。因此，"推天道以明人事"中包含着深刻的哲学义理。

亚丽比较准确地理解了《周易》在天人合一的哲学理念基础上"推天道以明人事"的象数思维方式，能遵循《周易》象数思维方式读解其本义。根据阴阳符号结构读解其所表达的天象组合，再根据天象组合的象征意读解天意，再以天意为论据类推到人事。

亚丽首先尊重、读解作者本意，以《经》解《经》，以《传》解《传》，然后再比较《经》与《传》的异同。

本书第二、三章，选取《乾》《临》《观》《大畜》《革》《鼎》《震》《丰》《中孚》九卦作为君道，尽可能接近《周易》本义。如认为《乾》卦六爻主要以时为序，告诫君王面对不同阶段的境况要采取不同的对策；《临》卦、《观》卦讲君王抚临施惠，观民设教；《中孚》卦讲君王诚信化邦；《大畜》讲君王畜德养贤；《革》卦、《鼎》卦讲君王革故鼎新；"作《易》者，其有忧患乎"，设置《震》《丰》两卦警诫君王时时修德，谨慎低调。

第四、五章，以《坤》《小畜》《离》《随》《艮》《节》《遯》《小过》八卦作为臣道，认为为臣者要顺承君意民意，依附英明，择善而随，低调谦恭，面对政治变化，要有隐退遁避、适时而止的心态，符合原书本义。

    本书选题很有学术意义，观点多有创新，方法得当，占有相当丰富的研究材料。本书在集注集评的基础上，尽可能搜集相关研究资料，对历代不同观点进行分类评析，能够清晰地了解论题研究的现状与难点，故能对其中一些疑难问题提出一些新的见解。针对《周易》中多次出现的表述，力求探寻其规律。如书中对"利涉大川"的分析，认为"涉大川"的目的多是往济大难，泽被苍生，德行愈厚，愈无忧艰险，故而"利涉大川"。六十四卦中屡次讲到"孚"之德，孚为信。诚信是一种道德品格，展现在治国理政的各个方面，并认识到诚信成为决定吉凶祸福的一个重要因素。在卦爻辞读解中，《中孚》卦爻有"月既望"之语，汉石经、今本皆写作"月几望"，究竟哪句更符合卦意，众说纷纭。本书经过字词辨析，查证卦象规律，再联系卦意，得出较为可靠的解释，等等。

    总之，本书对《周易》为君为臣之道，展开了较为系统深入的研究，取得了较为丰硕的研究成果。作为亚丽的导师，我为该书的出版而感到高兴，且推荐给有共同志向的学人们。希望亚丽再接再厉，在将来取得更大的成绩。是为序。

鲁洪生
2017 年 10 月 22 日

目　　录

绪论 ……………………………………………………………（1）
　　一　选题缘起和意义 ……………………………………（1）
　　二　研究现状综述 ………………………………………（6）
　　三　研究方法简述 ………………………………………（16）

第一章　《周易》为君为臣之道的文化背景 …………………（19）
　　第一节　商周时期的天命观念 …………………………（20）
　　第二节　《周易》之德治的凸显 …………………………（28）
　　第三节　《周易》为君为臣之道概要 ……………………（33）
　　第四节　《周易》假象喻意的比兴思维 …………………（40）

第二章　《周易》为君之道卦爻考论（上） ……………………（50）
　　第一节　《乾》卦爻辞考论——健行不息 ………………（51）
　　第二节　《中孚》卦爻辞考论——信以化邦 ……………（66）
　　第三节　《大畜》卦爻辞考论——畜德养贤 ……………（76）
　　第四节　《临》卦爻辞考论——抚临施惠 ………………（86）
　　第五节　《观》卦爻辞考论——观民设教 ………………（100）

第三章　《周易》为君之道卦爻考论（下） ……………………（110）
　　第一节　《震》卦爻辞考论——震戒修德 ………………（110）
　　第二节　《丰》卦爻辞考论——丰大易暗 ………………（123）
　　第三节　《革》卦爻辞考论——革变政治 ………………（138）
　　第四节　《鼎》卦爻辞考论——重鼎铸国 ………………（151）

第四章 《周易》为臣之道卦爻考论（上）……………………（167）
　第一节 《坤》卦爻辞考论——宽容厚德……………………（167）
　第二节 《离》卦爻辞考论——依附英明……………………（184）
　第三节 《随》卦爻辞考论——择善而随……………………（195）
　第四节 《小畜》卦爻辞考论——小有畜聚 ………………（206）

第五章 《周易》为臣之道卦爻考论（下）……………………（220）
　第一节 《节》卦爻辞考论——节以制度……………………（220）
　第二节 《小过》卦爻辞考论——过常适中…………………（233）
　第三节 《艮》卦爻辞考论——适时而止……………………（246）
　第四节 《遯》卦爻辞考论——隐遁退避……………………（255）

第六章 《乾》《坤》等十七卦集注集评………………………（271）
　第一节 《乾》《坤》《小畜》《随》卦集注集评………………（271）
　第二节 《临》《观》《大畜》《离》卦集注集评………………（301）
　第三节 《遯》《革》《鼎》《震》《艮》卦集注集评……………（318）
　第四节 《丰》《节》《中孚》《小过》卦集注集评……………（346）

结语 ……………………………………………………………（368）

参考文献 ………………………………………………………（371）

后记 ……………………………………………………………（379）

绪　　论

一　选题缘起和意义

《周易》是中国传统思想文化之首，被赞誉为"群经之首，大道之源""《易》道广大，无所不包"（《四库全书总目提要》）；瑞士学者荣格曾高度评价《周易》，称其为"世界人类唯一的智慧宝典"。《周易》不仅是一部通过变易预测未来的占卜书，而且更是蕴含着丰富的政治文化之书。本书研究《周易》为君为臣之道，主要缘于以下几方面：

第一，《周易》并非为普通民众服务，而是服务于君臣治国理政。当前研究一般认为《周易》的成书大致是草创于夏商，写定于西周初期。当时，受天人合一学说影响，社会政治秩序上实行等级森严的宗法制，"天尊地卑"，君主采用神权政治的手段统治社会，巫、祭司等作为国家政治生活的权力中心成员，借助占筮活动参与国事。这些占筮活动一方面约束着君臣的行为，实际上在另一方面也借助约束，传递着一种有价值体系的关于为君为臣之道的认识和观念。从一定意义上来讲，不研究《周易》中的为君为臣之道，实际上也无法真正体悟或读懂《周易》。

古人将《周易》托名为伏羲、文王、周公，说明《周易》的完成是应当时社会的统治阶层所需，与君国政治有关。《周易》中的卦爻辞记录了当时的政治事件和君、臣、民的活动。《周易》文本内容的最终目的是阐释君国之道，为统治者出谋划策的。

《周易》与政治的结合，从早期的巫史至众多的易学家，皆把《周易》作为话语权，以占筮的形式参与到政治生活中，关涉国家的决策，以道德节制君主的无限权威，达至主文谲谏的目的，缓和君臣关系。

历代解《易》者多从政治的角度切入，研究治乱规律，汲取摆脱现实困境的治政之道。《周易》依据阴阳爻构成六十四卦，其核心是以易道来观察政治领域的问题。本书正是想通过研究《周易》中所蕴含的为君为臣之道，尝试接近卦爻辞本来的意思，这对真正读懂《周易》具有重要意义。

第二，在目前的《周易》学术研究上，人们从为君为臣角度进行《周易》研究还没有形成系统，对卦爻辞意义的探讨也存在许多分歧。这直接导致了对《周易》意义研究不充分，影响了易学的传播。因此，研究这一问题具有重要的学术价值。

一方面，从君臣角度解读《周易》的研究缺乏整体性和系统性。对于《周易》研究的历史距今已有两千年之久，其中对于君臣之道的研究大多散落在历代诸家诠解《周易》的注解和核心思想中。宋代李觏根据当时社会的需求，在《易论》中把"为君之道"列为专题重点研究，这在易学论著中实属罕见。但其论述重人道，重在为当时政治所用。与此相较，从经传来阐解《周易》为君为臣之道，更能接近《周易》的意义。真正读懂《周易》，这才是笔者作此文的真正目的。

另一方面，《周易》中涉及君臣内涵的卦爻辞，从字句解读、考证及卦爻辞本义等问题上还存在诸多分歧。如对《革》卦："已日乃孚"之"已"便有"己、已、巳、祀"四种不同的理解，笔者通过对以上四种理解进行分析，借助出土文献相互比照，综合《革》卦整体意义，认为四种理解基本包含一个共同的意思：让人们完全信从革命，在革命之初可能性不大，但是经过一段时间后，革命成果有所显现时，才逐渐为人们所信服。这种解释更加接近《革》卦意，故而"已""巳"两种说法相较准确。

对诸卦进行解读过程中，针对《周易》中多次出现的表述，试从中总结出一些有益的规律。如"利涉大川"是《易经》中多次出现的表述：1.《蛊》（巽下艮上）卦辞：元亨，利涉大川。2.《需》（乾下坎上）卦辞：有孚，光亨贞吉，利涉大川。3.《涣》（坎下巽上）卦辞：亨。王假有庙，利涉大川，利贞。4.《益》（震下巽上）卦辞"利有攸往，利涉大川"。探寻"利涉大川"的规律：从卦象来看，上下卦体之象、互体之象中多次出现木、水、火之象；《大畜》卦有山天之象；《需》卦是水天之象；《蛊》卦是山风之象；《涣》卦是风水之象；《益》卦是风雷之象。从自然天象看，所面临的现象无论是预兆还是结果，都并非阳光明媚的天气。对于行走于外的人来讲，可能面临诸多的困难。"涉大川"的目的多是往济大难，泽被苍生；而德行愈厚，愈无忧艰险，故而"利涉大川"。

再如探讨《周易》卦爻辞含义不一致的现象：第一类，部分爻辞之意与卦辞之意不同：如《乾》卦为刚健之意，但是其初九爻辞为"勿用"；《坤》卦为柔顺之意，但有"直方大"等。第二类，卦辞与爻辞有出入：如《履》卦辞为：履虎尾，不咥人。而其爻辞则为：履虎尾，咥人，凶。第三类，卦辞与爻辞呈现相反取象。如《丰》卦辞盛大日中，而爻辞却是一片黑暗。作者如此相反取象，意在盛极而衰、丰大易暗之意，慎以自戒。对于以上诸种表现，笔者认为卦爻之义同中有异，异中有同，不能偏废。

第三，本书参照《易传》"九德"之卦的分类，对《周易》余下的五十五卦经文，从为君、为臣角度分成"养贤用贤""创业初期""艰苦时期""诉讼战争""成功之时""婚姻家庭教育"六类。其中为君之道、为臣之道统领这六类，犹如《乾》《坤》二卦在《周易》中的统领作用。也就是说，《周易》六十四卦为我们展现了为君者、为臣者的六十四种状况，其中为君之道与为臣之道作为《周易》六十四卦君臣关系的概述，其余卦爻辞则透过具体的情境进行论述，大致表现在以上六类情况中。

涉及为君的大致有九卦：乾、临、观、大畜、革、鼎、震、丰、中孚。涉及为臣的大致有八卦：坤、小畜、随、离、艮、节、遯、小过。以上十七卦卦爻辞，从内容来看，表达的君臣之道并不完全绝对，往往交错夹缠，表达君道的同时也暗含着臣道，所以笔者根据反映内容的侧重，选取为君或者为臣角度论述。抽取以上十七卦的原因大致是：《周易》六十四卦爻辞内容表达君政多个方面，以上选取的几卦大致能够形成对君臣之道的完整表述。《乾》《坤》两卦上承天、地之象，下载君、臣之道。为君、为臣者首先要提高自身的道德修养，然后才能为国之表率，故有九德之辅，加之真诚信实之《中孚》。为君者抚临施惠，观民设教，震戒修德，畜德养贤，重鼎铸国，戒丰大易暗，盛极而衰。为臣者顺附于君，择善相随，依附英明，明照四方，虽小有所畜，但仍要节之以度，追求适中之道。对于君臣不遇的情况，《周易》中《遯》《艮》两卦表达了为臣者的出路：知时知退，及时遁避。限于时间和精力，笔者先完成《周易》为君之道与为臣之道的宏观论述，余下六类微观方面将以之为范本进行后续研究。

之所以对《周易》经文进行分类研究，原因有以下几方面：

首先，《易传》从经文内容角度总结出九德卦。《易传》是《周易》经文的最早阐解，《系辞传下》："《易》之兴也，其于中古乎？作《易》者，其有忧患乎？是故《履》，德之基也，《谦》，德之柄也，《复》，德之本也，《恒》，德之固也，《损》，德之修也，《益》，德之裕也，《困》，德之辨也，《井》，德之地也，《巽》，德之制也。"后世称为九德卦。《易传》从经文内容角度总结出这九卦专论道德修养，构成了《周易》的道德修养体系。那么，《周易》余下的五十五卦经文是否也有叙述内容的倾向呢？经过对其余卦爻辞意义的比对与整合，这些卦爻辞确实存在意义类同的倾向。

其次，对《周易》从卦意角度进行分类阐释，其实可以上推至唐代的孔颖达，在讲卦序时曾以卦意来排序：

> 其周氏就《序卦传》以六门往摄，第一天道门，第二人事门，第三相因门，第四相反门，第五相须门，第六相病门。如《乾》之次《坤》、《泰》之次《否》等，是天道运数也。如《讼》必有《师》，《师》必有《比》等，是人事门也。如因《小畜》生《履》，因《履》故通等，是相因门也。如《遯》极反《壮》，动静归止等，是相反门也。如《大有》须《谦》，《蒙》稚待养等，是相须也。如《贲》尽致《剥》，进极致伤等，是相病门也。[①]

孔颖达把《周易》六十四卦分成六类的基本原则是卦意，根据卦意重新解释卦序。第一类是依据天道命运，如《乾》卦之后为《坤》卦，《泰》卦之后为《否》卦。天尊地卑，否极泰来，这些都是人类运命发展的规律。第二类是依据人事，例如《讼》卦之后为《师》卦，人事争讼多会引起争斗，所以《师》卦紧跟《讼》卦。第三类是因由缘起排序，如《小畜》卦之后为《履》卦，《小畜》讲的是小有畜聚，而

[①]（魏）王弼、韩康伯注，（唐）孔颖达疏：《周易正义》卷九，中华书局1980年影印《十三经注疏》本，第95页。

《履》卦则是讲依礼而行。客观条件富足的情况下，主体修养随之需要提高，所以《小畜》卦之后为《履》卦。第四类卦意相反，如《震》卦为动，《艮》卦为止，震动之后为静止，所以《震》卦之后为《艮》卦。第五类是相须相继，举例为《大有》卦之后需要谦虚低调。第六类是前后相伤，如《贲》卦之后为《剥》卦，《贲》讲修饰，后续的《剥》卦就损伤了《贲》卦，所以二卦之间为相伤之意。从以上六类来看，其中第三类相因门与第五类相须门的分类的概念稍有重叠。孔颖达虽然是对六十四卦进行排序，但"六门"之说实已开启了以卦意进行分类解读的大门。

再者，《周易》六十四卦的排列顺序并不是固定的，其排列的规则也是不固定的。近年来出土的《周易》帛书、楚竹书与《周易》今文相对照，其六十四卦相承相受的排序都是不同的，可见其顺序没有定则，有重新组合的可能。排序大致有两个规则：一是非反即覆；二是内容的内在逻辑。从今文组合的六十四卦排序来看，有的卦爻衔接是有冲突的，有的两卦之间的解释链接呈现跳跃和不顺畅。若按照《周易》卦序排列顺序强制解读六十四卦，解释多有牵强之处，亦不能自圆其说。对此前人多有尝试，如清初王夫之在《周易内传》中就不赞成按照此种固定的顺序进行解读。再者，《杂卦传》中六十四卦的顺序，前后排列迥异于《序卦传》，按照错综关系重新对六十四卦进行了排列。

在上古典籍的研究中，对《诗经》内容进行分类研究，众家亦认同，大致分为周族史诗、农事诗、燕飨诗、政治美刺诗、战争徭役诗和婚姻爱情诗六大类。在《周易》形成的漫长过程中，其卦爻辞内容包罗万象：君臣政治生活，民众生息百态，这为从内容上对《周易》进行分类提供了可能，并奠定了坚实的基础。

自然科学的研究能够进行严格详细的分类，与此种精细化相较，社会科学研究本身则有相当的复杂性，难以进行严密的分类，所以对《周易》六十四卦尝试进行以上分类，可能存在很多不足之处。同时限于时间和功力，本书先选取为君之道、为臣之道卦爻辞进行研究，希冀在此基础上，日后能充分论证。求教方家批评指正。

二 研究现状综述

对于《周易》研究的历史距今已有两千年之久，其中从君臣角度进行的研究大多散落在历代诸家诠解《周易》的注解和核心思想中，其研究大致经历了以下几个时期：

（一）20世纪之前的研究

1. 先秦时期

对于先秦时期易学的研究，诸家论述不一。朱伯崑先生在《易学哲学史》第一章即"春秋战国时代的易说"中认为，对《周易》的解说当是从春秋战国时代开始的，以前是怎样的发展状况，没有资料，因此无法考证。郑万耕和潘雨廷先生都认为易学的开始始于汉代，即"汉前无易学"。以上诸种判断都是基于"经传合一"的解释标准，但是在《易传》产生之前，易学是否就不存在呢？吴前衡先生从《易传》发生的逻辑和历史文化条件方面，认为存在《传》前易学，这是《周易》原初历史文化的重要阶段。《易传》产生之后才产生了"经传合一""象数义理"等概念。古经《周易》是一部占筮之书，朱熹亦曾说过："《易》本卜筮之书"，其意义就在于指明《周易》的性质为卜筮之书。

在由《易经》进行占筮之前，主要的占算方式是占卜。由卜至筮有一个发展过程，商代的甲骨文、西周的金文都有称"卜某"的人，这些都是卜官。随龟卜的出现，商代也随之出现了占卜的专门职业。参与国家大事，面对君王决策时，进行占卜。卜筮由下位向上位转移后出现的重要特征是与政治、君国相联系。

《左传》是对《周易》经文进行阐解并应用到实践中的最早记载，其明确提到以《周易》进行占筮的大约占到78.9%。其所记载的历史事件均是各国重大的政治活动和政治事件，其中涉及的占筮活动亦是为政治而服务的，大到军国征战、国家间的联姻等问题进行的占筮，都有上层官员的参与。

卜筮，是先圣王与上天沟通的一种手段，其目的是使民众相信其法令的权威性。《左传》易例记载了臣子使用《周易》占筮，直接或者间接决定国家战争、继承人选、治政、劝谏君王、预测国家未来发展等军国大事。例如，《左传·昭公七年》记载继承王位的问题，究竟是立元还是立孟，孔成子、史朝二人在占筮解读中极力地把卦爻辞的意义向自己的目的靠拢，通过占筮的手段来使大家信从。个人偏好借助占筮的形式使其在国家政治生活中发挥了最大的功用。《左传·哀公九年》记载赵鞅卜筮究竟是否救郑的问题，阳虎用《周易》占筮的结果直接决定了国家应救郑国，而不应攻打宋国。《国语》中亦有此类记载，此不赘述。

《左传·襄公九年》易例："是于《周易》曰：'《随》，元亨利贞，无咎。'元，体之长也；亨，嘉之会也；利，义之和也；贞，事之干也。体仁足以长人，嘉德足以合礼，利物足以和义，贞固足以干事，然，故不可诬也，是以虽《随》无咎。"此处穆姜对"元亨利贞"的解释已无异于《易传》对此的解释，神道思想逐渐隐弱，而人道思想则已悄悄生长。《礼记·表记》引孔子："殷人尊神，率民以事神，先鬼而后礼……周人尊礼尚施，事鬼敬神而远之。"① 《周易》由占筮之道，实现了推天道明人事的天人转换。

中国春秋末期以前的学术，是掌握在王官手中，可称为王官时代。② 由早期的龟卜、占筮直至春秋战国的发展来看，《周易》本来亦是为大人谋，无论是亦步亦趋按照筮术来解释，还是只以易为工具使他人遵从筮者的选择倾向，其最终目的是为国家命运发展进行决策。重要的参与者由早期的巫、君，进而分化为专门的智能人员，成为辅助君主的臣子。

《论语》《系辞传》《文言》中都有孔子对于《周易》的理解。司马迁、班固也有关于孔子喜易、读易的记载，关于《易传》的作者，也有孔子作之说。今人疑古，否定孔子作传等。但是马王堆帛书出土后，其中《要》篇等都曾明确指出"子"乃孔子，因此孔子对《周易》的解释并非子虚乌有。《要》篇中出现"五正"等语辞，今人考证乃为"古代易学讲君道的特定术语……此配纳模式说明，君王布施规矩绳权衡五正，其旨在因顺阴阳、谐和四时、理顺五行，以达致天人祥和的思

---

① （汉）郑玄注，（唐）孔颖达疏：《礼记正义》卷五十四，中华书局1980年影印《十三经注疏》本，第1642页。
② 顾颉刚先生认为，战国以前的中国学术可称为王官时代。见顾颉刚讲、李得贤记录《中国古代史研究序论》，《文史》2000年第4辑。

想政治境界"①。因此对"五正"的要义界定为君道合于天地、阴阳之道。

《要》篇的"易有君道焉"的思路，又见于《昭力》篇，其中说：

> 昭力问曰：易有国君之义乎？子曰：《师》之"王参赐命"与《比》之"王参殴"，与《泰》之"自邑告命者"，三者国君之义也。昭力曰：或得闻乎？子（曰）：昔之君国者，君亲赐其大夫，大夫亲赐其百官，此之谓参诏。君之自大而亡国者，其臣厉以寂谋。君臣不相知，则远人无劝矣，乱之所生于忘者也。是故君以爱人为德，则大夫共惠，将军禁单；君以武为德，则大夫溥人（将军凌上）。君以资财为德，则大夫贱人，而将军走利，是故失国之罪，必在君之不知大夫也。②

帛书《易传》所谓君道，就是指如何做君主的方法。一般认为君道的重点在于如何驾驭臣下，确保君权的顺利实施。不同于此，帛书里记载孔子语曰"贤君"的观念，即提高臣下务政的积极性，君与臣是一种和谐的关系。孔子对此爻辞的解读，认为《易》包含了为君之道。《昭力》的"易有国君之义"的解释重在对君、臣关系的具体处理原则上。一方面，君与臣的关系密切，若是为君者高傲自大致使国家灭亡，那么为臣者也有危险。为君者若是没有为臣者的辅助，那么为君者就会孤立。另一方面，为君者与为臣者当以德修身，否则乱自内生。陈来先生认为帛书《易传》对此的发挥，"完全超出了文本的本来语义，极力扩张其内涵，这种'因文生义'的解说充分显示了儒家易学在利用经典文本上的解释主动性"。③ 但是陈先生并没有给出确凿的证据证明其说衍义，并且从《周易》产生的背景来看，其一直作为上层统治阶层的一种统治工具和方式，是为君主谋。笔者认为陈先生的说法尚欠实证。

2. 汉唐时期

在重尊儒术的汉代，《周易》被称为"五经"之一，立为官学，成

---

① 刘彬：《帛书〈要〉篇校释》，光明日报出版社2010年版，第175页。
② 丁四新：《楚竹书与汉帛书〈周易〉校注》，上海古籍出版社2011年版，第541页。
③ 陈来：《马王堆帛书〈易传〉的政治思想——以〈缪和〉〈昭力〉二篇之义为中心》，《北京大学学报》（哲学社会科学版）2008年第2期。

为汉代文化主体不可缺少的一环。《周易》"天尊地卑，乾坤定矣"成为汉代政治格局设定的依据，其"天人合一"的易道直接为其政治伦理服务。《周易》与政治的结合，京房等众多的易学家直接参与到政治当中，并以《周易》作为话语权，关涉国家的决策。这一格局打破了自秦以来的为君独尊的政治模式，君臣关系得到改善。

汉代政治格局的设定，从侧面展示出《周易》中的君臣之道。虽然没有具体的易学著作，但是依据《周易》参与汉代政治文化的建设，以董仲舒的《春秋繁露》为代表。"天人合一"即是以《周易》中的天人同构为依据，其中《官制天象》《爵国》等多篇以天道来比附政治，"为天子受命于天，天下受命于天子"。① 其提出的君为臣纲成为政治伦理之纲。利用易学的整体和谐思想，渗透进国家的管理决策中，甚至成为国家决策的依据。至东汉时，"为了调节君主专制政体的内在矛盾，使君主的权威受到一定的制约，汉代经学普遍致力于与阴阳术数相结合……这种理论假借天意赋予臣下以一定的批评朝廷的权力，也可以迫使专制君主能够有所警戒，不致过分地滥用权利"。②

汉代的象数学家大都以卦象、爻位角度来阐释《周易》中的君臣之道。例如，象数易学的代表荀爽，以乾升坤降作为一条普遍的解易法则，只有如此才能使爻变趋于中和。从社会政治的层面来看，一方面强调君臣的尊卑贵贱之位，另一方面也强调了君臣间要相互配合。他也有一种超越的政治理想，如其对《师》卦谓："谓二有中和之德，而据群阴，上居五位，可以王也。"③ 据阳升阴降的原则，九二可以取代六五为王，也就是君者并非不变，在复杂的政治变革中，强势的臣子也可以取代君者。

王弼以义理解易，严格按照"卦以存时，爻以示变"原则进行解易，把义理运用于社会运行过程中，其解易思想直接继承了《易传》的发展。"时"存在于卦与爻之中，由阴阳两爻错综交杂形成，象征着社会人际关系状况及形势发展变化。其在《周易略例》中指出，一卦六爻构成一个整体，其中必有一个中心主旨。考证《周易》卦爻辞，

---

① 袁长江主编：《董仲舒集》，学苑出版社2003年版，第242页。
② 余敦康：《汉宋易学解读》，华夏出版社2006年版，第61页。
③ （清）李道平撰，潘雨廷点校：《周易集解纂疏》，中华书局1994年版，第133页。

其（源于汉代的卦主说）主卦之爻则应用到卦爻的具体阐释中，在《周易注》中诠解卦爻时，以第五爻为依据，广泛地讨论了君主的职责、谋略、行为准则等涉及国家大事的诸多方面，这些论述皆散论在六十四卦爻中，并未能形成一个体系，这也是我们进一步以君臣为研究对象可以深入的地方。

孔颖达《周易正义》，以王弼、韩康伯《周易注》作为底本进行正义。孔氏见解虽有与王注相异之处，但大抵是遵循王注本意。孔颖达也十分注重"时"与"位"的关系，对于卦爻辞的分析注重综合考虑形势与特殊环境间的关系，关注所处行为背景及决策依据，强调君与臣民当顺时而行，发挥主观能动性，使社会由冲突转变为和谐状态。从现存文献来看，唐代《周易》著述，还有李鼎祚《周易集解》，其辑录35家之说，以汉易为主。孔颖达撰正义和李鼎祚集解，这两部书都是对两汉以来易学的总结。不同之处在于，前者重视义理解易，后者偏重象数之学，但从具体解易过程来看，都有义理与象数相互融合的印迹，基本可以代表唐代易学发展的方向。

3. 宋元明清时期

至宋代，易学又从各个方面崭露头角：第一，象数易学自汉代之后仍在酝酿发展中，宋代邵雍等人以此逐渐完备其先天理论，其以推占世运为目的。第二，宋易以李觏、胡瑗、程颐、朱熹等为代表，继承修身齐家的孔孟之学。第三，宋人创制易图，通过易图来解说《周易》，这是宋人的一大特色。如邵雍的先天易图，周濂溪的太极图等。虽然宋人易图是对《周易》中的河图、洛书的发明和解读，但是其只是借《周易》作为其图示的包裹，实已然超出了《周易》本经的解读范围，故而此不在本书叙述范围。

首先，邵雍等人代表的宋代象数易学，以一阴一阳之道，生成万物作为世界宇宙有序源头。邵雍认为以道德功力为化者谓之皇，以道德为教者谓之帝，这是一种最高级的政治。第二等政治就是先人后己，"黄帝尧舜垂衣裳而天下治"。第三等政治是尚政，"汤武革命"即是。第四等政治就是争名争利，"武人为于大君"即是。《周易》所阐明的政治原则称为开万世之业的根本。这四种类型的政治原则，关键在于人的自觉。邵雍强调治乱由人不由天。按照春夏秋冬自然流转，以人的主观能动性来实现最高的政治理想——无为而治的德教。

绪 论

其次，以李觏、胡瑗等为代表的北宋经世致用派，重在从天人哲学中抽取出经世之学，以适应社会革新的需求。李觏继承和发展了王弼之学，根据当时社会的需求，在《易论》中把"为君之道"列为专题重点研究，这在易学论著中是实属罕见的。

李觏把六十四卦分为三类：一是"因时立事，事不局于一时，可为百代常行之法者，如仁、义、忠、信之例是也"；二是"以一世为一时者，否、泰之类也，天下人之所共得之也"；三是"以一事为一时者，讼、师之类是也，当事之人所独得之也"。以第三类为重点，重点在"责君"。君主占据主导地位，君主是明还是昏，对于政治势力中的君子与小人的消长及国家事务的成败都具有决定性的作用。如："大过之时，本末虽弱，而未见君之昏乱，臣之馋邪。是国家之难，何世无之？君子之义，不得不救也。遯则小人得志，明夷则暗主在上，忠良之士，徒见害而已，无足可为也。君子之智，不得不避也。"再如："人人虽盛，制之在君，故贯鱼以宫人宠，则无不利，是祸之小也。主之暗，则未如之何，故南狩得其大道，是祸之大也。"①

李觏一方面本着《周易》推天道明人事的要旨，认为君主和大臣必须具备对客观形势和具体处境的分析能力。另一方面，强调君主要正确处理君臣间的关系，其任命大臣的决策是至关重要的，直接关系到国政的成败。通过分析爻的变化，对为君之道进行了深入的研究。其不足之处在于，只重人道而忽略天道与人道的结合。

司马光的《温公易说》着眼于天人之合，一方面以天道明人事，另一方面以人道来论证天道。他重视治道，在诠释《坤》卦六三爻时："王者尊之极也，为臣之荣，从王役也。不敢专成，下之职也。承事之终，臣之力也。物以阳生，得阴而成。令由君出，得臣而行。故阳而不阴，则万物伤矣。君而不臣，则百职旷矣。阴阳同功，君臣同体，天之经也，人之纪也。"② 自然界的天地万物、社会领域的君臣上下，皆应依从一定的秩序，不得超越此秩序。依照易道的原则，司马光在奏折中亦以阴阳之分，引用《周易》卦爻义，阐明要遵循君臣之礼，实现君臣共治的思想，如："臣闻《周易》天地交则为泰，不交则为否。君

---

① （宋）李觏：《李觏集》，中华书局1981年版。
② （宋）司马光：《温公易说》，《文渊阁四库全书》本。

父，天也，臣民，地也。是故君降心以访问，臣竭诚以献替，则庶政修治，邦家又安。"①

与此意相同者程颐著有《伊川易传》，从爻位的角度阐析君臣之道。一卦六爻象征权力结构，五位为君位，居于主体和主导的地位，其他各爻与此相配合。同时提出位与德的关系，认为君主若有位无德，或者有德无位，皆不能达致天人整体的和谐，"阴阳和畅，则万物生遂，天地之泰也。以人事言之，大则君上，小则臣下，君推诚以任下，臣尽诚以事君，上下之志通，朝廷之泰也"②。同样，居于臣位者，若不能畜止君主，使得阴邪小人近君，蛊惑君主，就是没有履行好臣责。

就实际的政治运作而言，依据阴阳消长之理，认同宽容、求同存异之理，君臣应遵循中正之道，实现君臣共治。如对《姤》卦的解释："五与二皆以阳刚居中与正，以中正相遇也。君得刚中之臣，臣遇中正之君，君臣以刚阳遇中正，其道可以大行于天下矣。"③ 另外，程颐提出君主用人的问题，主张任人唯贤。总之，对六十四卦的解释中，处处显示出程颐构建君臣相谐的政治理念。反之，身处政治中心的解易者，其政治思想势必影响其对《周易》的解读。

同样是处于政治旋涡之中的苏轼著有《东坡易传》，其站在《周易》的理想高度来审视政治生活，也提出了君臣需和谐，才能相辅相成，若君过，则会破坏政治平衡，以致有祸。"故大过者，君骄而无臣之世也。易以所贵者，贵乎阳之能御阴，不贵乎阳之凌阴而蔑之也……立阴以养阳也，立臣以卫君也。阴衰则阳失其养，臣弱则君弃其卫，故曰大过，大者过也。"对于军民的关系，为君者应以仁德宽厚善待万民，不可动用武力征伐民众，应听取民众的选择呼声，"古之善治者，未尝与民争，而听其自择，然后从而导之"。④

元明是宋易深入发展的时期，恪守程朱义理，能有所突破的甚少。清代推行文化高压政策，对《周易》的研究，多注重文字训诂和文献的考据，很少联系现实的社会政治问题，因此对《周易》中的君臣之道谈论甚少。王夫之由爻辞中所引申出的修身治国的常规认为，吉凶乃

---

① （宋）司马光：《温公易说》，《文渊阁四库全书》本。
② （宋）程颐：《伊川易传》，《文渊阁四库全书》本。
③ 同上。
④ （宋）苏轼：《东坡易传》，《文渊阁四库全书》本。

人之善恶所带来的得失。清代李塨学于颜元，"颜元并无解易的著作，但他以《周易》为治理国家和治礼作乐的根据"①。重视有关国计民生的实际问题，此种学风影响到易学的研究。如其释《乾卦》九三爻辞，该爻居于人道之位，"终日乾乾者，昼则习行子臣弟友礼乐兵农之事也。夕惕若者，夜无事作，则用操存省察之功也"②。

总之，自先秦至汉以来诸家阐解《易经》，遵从"推天道以明人事"的理论基础，从多个角度论述了《周易》中的君、臣之道。从象数方面来看，大致有三个方向：爻位、卦象、卦德。从卦画来看，每一卦由六爻组成，每一位皆有其特定的意义，特别是尊崇第五位。从卦象来看，《象传》《彖辞》等解释卦爻时，多有"大君""大人""民""贤人""虞""师"等语，《说卦传》直接表达：乾，为天、为君、为父。坤，为地、为母等。从卦德来看，乾为健、坤为顺等，从中可见其政治理想。同时，解说《易经》的众人，大多身处当时的政治结构之中，本身亦脱离不开君臣政治体制的内容，故而对于《易经》中"君臣之道"的理解更加具象化。正因此，有的诠解意义完全脱离《易经》本义，超出了其本身所含有的内涵，加入了自身所处时代的政治烙印。对于这样的阐解，我们需要有清晰的认识和理解，能够从《易经》本身阐解。

（二）20世纪以来的研究

清末民初之际，由于社会性质发生了变化，封建政治的一系列秩序被废除，因此《易经》的传统阐解也发生了相应的变化，开始把传统训诂学同历史学、文化学、社会学结合起来进行研究，得以创新，但其中有些联系却有待推敲。以古史辨派为代表开始以疑古、考信和辨伪为理论核心，对《周易》中的史实进行考证。

郭沫若在《〈周易〉生活的社会生活》一文中，从社会学的角度切入，将《周易》中有关政治生活的卦爻辞分为"政治组织""行政事项"两类，其中"政治组织"一节认为《周易》时代已由畜牧转化到农业时代，生产发达，私有财产需要得到应有的保护，行政组织应运而生。当时的行政组织有天子、王公、大君、国君、侯、武人、臣官、史

---

① 朱伯崑：《易学哲学史》，昆仑出版社2009年版，第289页。
② （清）李塨：《周易传注》，《文渊阁四库全书》本。

巫。王的职责是管家政和祭祀；侯是执掌军政和战争的，侯是临时设置的。另一类"行政事项"认为天子、大君、侯、武人、臣官、史巫的职责是管理国家事务，国家事务包括祭祀、战争、赏罚。①

郭沫若先生从社会学角度对卦爻辞进行分类，划分出了简略的政治组织名目，为我们建立《周易》君臣组织结构提供了可参考的资料。不足之处是其论证的目的带有强烈的时代阶级分析论。即从卦爻辞具象中寻出的政治活动及参与者的目的，是为了揭示《周易》时代"神道设教"的虚伪，揭示其是神的骗局、阶级的骗局，进而从思想精神上证明"儒家理论的系统，全体就是这样一个骗局，它是封建制度的极完整的支配理论"②。不得不说郭先生此举带有鲜明的时代局限，略有偏颇。郭氏的研究虽然得出的结论未必使人完全信服，但却开拓了一个新的方向，即探讨《周易》卦爻辞所反映出的当时社会的政治、农业等问题。

与郭氏相类，李镜池先生在《周易探源》一书中对《周易》的构成亦作了划分，分为"贞兆之辞""象占之辞""叙事之辞"。其中"叙事之辞"又从内容和形式进行了划分，包含战争、祭祀、渔猎、刑赏讼狱等类。李氏认为从这些材料中可看出周民族早期社会的发展。③

顾颉刚先生以史学家的眼光来解说《易经》，其文《周易卦爻辞中的故事》认为，《易经》中的某些卦爻辞所说实际上是周易时代流行的故事，如"高宗伐鬼方""帝乙归妹""王用享于岐山"等，《象传》对这些爻辞的解释已然是不着边际。④ 高亨先生在《周易古经通说》中亦有"记事之辞"，分为两类：采用古代故事、记录当时筮事，也有关于"高宗伐鬼方"等。高先生在《试谈〈周易〉大传的哲学思想》一文中认为神权的祸福皆以政治得失、是否利民为判断，并把利民的政治放在首要地位，肯定了人的能动性。⑤ 由此，我们得知《易经》中的"高宗""帝乙""王"等政治领导阶层确实是存在的。

金景芳先生在《说易》一文中认为，《周易》虽然为卜筮之书，但是从最初的卜筮到后来《周易》成书，《周易》实已发生质变，即从形

---

① 郭沫若：《中国古代社会研究》，中国华侨出版社2008年版。
② 同上。
③ 李镜池：《周易探源》，中华书局1978年版。
④ 顾颉刚：《周易卦爻辞中的故事》，《燕京学报》1929年第6期。
⑤ 高亨：《周易古经通说》，中华书局1958年版。

式上看它仍是卜筮之书，而从实质上看已变成一部蕴藏着深邃的哲学和社会政治思想的理论著作。① 对于其社会政治内涵则是由其学生吕绍刚具体阐述。

吕绍刚著有《周易阐微》，其文《〈周易〉思想的历史学价值——政治思想》认为《周易》卦爻辞中内含政治思想，主要有以下几方面：第一，乾尊坤卑，决定了君尊臣卑的君臣关系。第二，从爻位上来看，每卦自初至上的六爻都反映了贵贱等地位的问题。第三，《系辞传》中谈到君不密则易失臣的问题，《周易》具有君主主义的政治思想。第四，《周易》的君主主义思想是贯彻始终，经传一致的。六十四卦，有的卦爻表现明显，有的卦爻表现不明显。并举例《明夷·象传》和《萃》卦都是讲君主的，而且把君主放在天下的中心地位。《比》卦就是明确讲天子与诸侯之间是君臣关系。第五，《大象传》大多数是为天子诸侯谋，都是天下国家的最高统治者。由此，吕先生认为《周易》的政治意识是君主主义的。第六，吕先生又进一步论证《周易》中的君主主义是以民本主义思想为基础的，还包含了变革等政治思想内容。②

余敦康先生在其易著《易学今昔》中有专章《〈周易〉与中国政治文化》，其认为研究中国的政治文化，发掘其中所蕴含的民主性精神，应该以《易传》的思想作为重要的切入口。《易传》中设立的君尊臣卑的上下关系是按照阴阳之道形成的，阴阳配合使得社会政治协调发展。余先生重在比较法家君主专制主义政治制度与《易传》的君臣相依的不同关系。对于处理君民关系来说，法家与《易传》所倡导的民本思想是相悖的。对于君臣关系来说，《易传》树立了评价政治得失的标准，即吉凶与民同患。明君应根据民心的向背来评价政治得失。由此认为《周易》中关于政治发展形势有四大类：治、乱、兴、衰。分别以《泰》《否》《剥》《复》四卦来代表。余先生的这种分类不仅从宏观上分析了政治大的发展形势，也启发了我们从微观角度深入细分《周易》所阐发的社会政治内容。同时，《周易》文本中也为解决现实困境提出了多条通变之道。③

---

① 金景芳：《周易通解》，长春出版社2007年版。
② 吕绍刚：《周易阐微》，吉林大学出版社1990年版。
③ 余敦康：《易学今昔》，广西师范大学出版社2005年版。

与余先生从《易传》切入角度相似，傅佩荣在其《儒道天论发微》中探讨《易传》中圣人的身份，提出："我们根据以下四点观察，可以肯定圣人即指古代圣王。第一，商周以来，唯帝王可以祭祀上帝。……其次，《系辞》提及与作《易》有关的人，无一不是古代帝王。……第三，圣人与万民、天下总是对称并举，充分显示他们的伟大统治功效……第四，最重要的一点是，圣人总是依循天之道。"①

鲁洪生师在《论商周文化对〈周易〉的影响》文中强调，应从《周易》产生的历史文化背景中考察其卦爻辞本义。第一，由当时天人合一的观念引出天人合制观，"成为当时社会政治制度的依据"②。在神人共谋的过程中，神意转达给王权，成为王命，在这一过程中，《周易》由最初的卜筮功能，发展成为神权政治的手段。第二，他认为以天为师的道德观衍生出借助上帝的权威引导君王向善，主文谲谏是当时文化以及《周易》的政治目的。我们需要注意到，《周易》提出对君王权力的约束，对君王应履行的责任都包含哪几方面，其实施的结果如何。

三 研究方法简述

（一）时代背景的考察与文本的解读相结合

由于《周易》时代距今已远，先秦时期的注解文献流传下来很少，这使得我们对《周易》产生的背景、制度，以及对《周易》时代的历史文化了解甚微。为此考察商周文化，以《周易》文本为主，加之历代诠解进行研究。

对于《周易》经传关系问题，笔者遵循以经解经、以传解传的观念。这就要求我们能够划分阐解《易经》文献层次，若从《易经》本身能够解决的问题，便以《易经》本身为标准；若不能从《易经》中找到答案，则从《易传》中寻找。《易传》可能会障蔽《易经》的本意，但是这些传文及后代富有创见的解释，都能够为远离《周易》时代的我们，创建某些联系，减少我们与《周易》的隔阂，使我们能够更快地进入《周易》的时代，以明了《周易》的本意。

---

① 傅佩荣：《儒道天论发微》，中华书局2010年版。
② 鲁洪生：《论商周文化对〈周易〉的影响》，《学术论坛》2011年第4期。

笔者在选取历代注释之书时，由于"历代说易之书，汗牛充栋，穷毕生之力，或亦不克尽读，故不得不有所抉择"①。选择的标准是从注疏切入，重点关注其训诂及对异文的考释，不再深入研究诠解者注易的体例，对于宋人图书后天之学则舍之。

（二）文献勾稽与分类研究相结合

本书的写作是建立在集注集评基础之上。首先，对《周易》中涉及君臣之道的卦爻辞进行集注的整理，并将与此卦爻辞研究相关的出土文献、专著与学术论文进行尽可能全面的搜集整理。其次，在整理过程中，针对卦爻辞诠解异见进行分类研究，结合新出土文献帛书、楚竹书等加以分析、辨析。最后，并在每一卦每一爻之下加有自己的"按语"，为本论题进行深入研究打下坚实的基础。

建立在资料搜集基础之上的集注集评，能够让我们清晰地了解本论题研究的现状及难点。其中已解决的问题，借助其结论为本论题服务。其中有待解决的问题，笔者借助古人未见的新出土的资料进行辨析，尽可能提出新的观点。

（三）微观的文本考证与宏观的理论提升相结合

本书利用甲骨文及帛书、楚竹书等出土文献的研究成果，运用训诂学、文字学等传统方法，借鉴社会学、文化学等领域的研究方法及研究成果，进行分析考证。把《周易》放置在商周时期进行考量，以《周易》本经为基础，进行词句辨析、考索鉴别，融入史事，阐明本意，并解决研究中存在的相关问题，重在探讨《周易》卦爻辞中所包含的君臣之道，进行宏观理论的提升。

（四）象数思维与义理分析相结合

本书在对卦名、卦辞、爻辞进行解读时，重在象数思维，从卦画、卦象、卦德三个角度进行阐解。对于历代千变万化的象数规则不能全盘吸收，吸取其中合理之处加以采用，比如"位""时""中"等概念，"承""乘""比""应"等表现六爻间复杂关系的术语。同时借助象数思维的表达，对卦爻辞进行义理分析，由此形成对《周易》卦爻辞全方位的解读，有助于我们对《周易》卦爻辞本义的理解。

总之，对于《周易》的研究，必须建立在对《周易》本义明了的

---

① 屈万里：《说易》，《图书月刊》1940 年第 3 期。

基础上，否则关于《周易》方面的研究皆成为空中楼阁。正如屈万里先生提出的："研究《周易》，首先要了解经文……客观地寻求经文的本义。本义既明，才能利用《周易》经传的资料，分别作各方面的研究。"①

---

① 《屈万里先生文存》（第一册），台北：联经出版事业有限公司1985年版，第104页。

第一章 《周易》为君为臣之道的文化背景

人类文化，往往都是从宗教开始，中国也不例外。文化发展到某种明确且合理的程度，人类行为也会有一定程度的自觉。从近年来甲骨文及卜筮研究来看，到殷商时期，中国的文化已经有了很长一段历史。但是从卜筮辞来看，殷商时期的人们精神仍未脱离原始状态，他们的卜筮行为告诉我们，天帝或者祖先神等决定了他们的命运。至周代发生了明显的变化，在传统的天命观中注入了自觉的精神，启发和提升了人们的道德观念意识。

但是需要说明的是，殷商文化与周文化间并非断裂的或者是平行发展的两种文化，二者间是一种继承与发展的关系。徐复观先生曾说："周的文化，最初只是殷帝国文化中的一支；灭殷以后，在文化制度上的成就，乃是继承殷文化之流而向前发展的结果。"[1] 孔子也曾经多次提到殷商文化间的关联，"殷因于夏礼，所损益，可知也。周因于殷礼，所损益，可知也"[2]。周文化继承和发展了殷商文化。周初仍然特别强调天帝、天命的观念，与天帝、天命沟通，多是通过祖先神实现。但是随着周灭商之后，周人陷入忧患之中，如《易传》中提到"其有忧患乎"，在这种忧患意识的下面蕴含着坚强奋发的精神。从"德"字意发展来看，人们逐渐由天命观念转向自身的努力，又由外在的行为转向内心的作用。在周代政治发展过程中，遵循以德治国，这一点也深深地烙印在《周易》卦爻辞中。

---

[1] 徐复观：《中国人性论史》，华东师范大学出版社2005年版，第11页。
[2] （魏）何晏注，（宋）邢昺疏：《论语注疏》卷二，中华书局1980年影印《十三经注疏》本，第2463页。

第一节　商周时期的天命观念

上古时期，尤其在殷商的天命思想中，天（帝）能够主宰一切，决定国家的政治生命。人们认为帝是掌管天上人间的至高神灵，君王本人需要卜筮，才能获得帝的佑助。帝直接掌管着君王国家的命运发展，陈梦家曾指出："帝之于商王，意义重大……王之作邑与出征，都要得到帝的允诺"，"王伐方国，卜帝之授佑与否"①，天（帝）决定了国家的吉凶祸福。"商人相信：帝，至高的神，赐人丰富的收成、助人赢得战争；君王的祖先能够向帝进言；君王本人能够与这些祖先沟通。"② 君王成为联结天帝、祖先神与民众的中介，如此一来，君王也成为天意的代言人。"天佑下民，作之君，作之师，惟其克相上帝，宠绥四方"③，上天佑助下民，设立君主处理天下政事，为师以设教，如此才能助天宠民。"天命玄鸟，降而生商，宅殷土芒芒。古帝命武汤，正域彼四方。"④《诗经·玄鸟》中记载殷商起源，认为是玄鸟降生了殷商。后有天帝命令成汤管辖四方，扩大疆域，这都是天命。君王的任务是代天行道。

殷商时期人们笃信天命观念，周人与商人是一致的。人们普遍认为天人相通，天人合一。这一理念的产生与上古人们的认识水平有关，人们主观上有改变世界、预测未来的期望，但是由于当时客观条件的局限，人们无法正确理解和解释周围发生的现象，也无法改变现状。在这种情况下，人们便一切依赖天的指示，遵循天命观。一切以天意为依据，包括政治权力的赋予。《尚书·多士》记载周公曰："非我小国敢弋殷命，惟天不畀允罔固乱，弼我，我其敢求位？"⑤ 殷商的政治生命结束，并非周人敢于征战殷商，而是上天眷顾周人，否则周人怎敢获取

---

① 陈梦家：《殷墟卜辞综述》，中华书局 1988 年版，第 567—569 页。
② 傅佩荣：《儒道天论发微》，中华书局 2010 年版，第 3 页。
③ （汉）孔安国传，（唐）孔颖达疏：《尚书正义》卷十一，中华书局 1980 年影印《十三经注疏》本，第 180 页。
④ （汉）毛公传，郑玄笺，（唐）孔颖达疏：《毛诗正义》卷二十三，中华书局 1980 年影印《十三经注疏》本，第 622 页。
⑤ （汉）孔安国传，（唐）孔颖达疏：《尚书正义》卷十六，中华书局 1980 年影印《十三经注疏》本，第 219 页。

国家的统治呢?《尚书·盘庚》篇中也说道:"先王有服,恪谨天命","天其永我命于兹新邑"①,陈来认为,这里的天命当是表示"上天授赐人世王朝的政治权利和政治寿命"②。由此可以看出,周人解释自己获得政权的理由是上天所赐,信赖天命观念。

商周时沟通天命的方式,就王室宗教活动来看以甲骨卜筮为重。《尚书·大诰》记载:"宁王遗我大宝龟,绍天明。"宁王即文王,文王遗留给我一双大而宝贵的龟,我就用来卜问上天,我们的命运会怎样。在《大诰》中还记载:"予惟小子,不敢替上帝命。天休于宁王,兴我小邦周,宁王惟卜用,克绥受兹命。今天其相民,矧亦惟卜用。"周王年轻,不敢废弃上帝的命令。上天降福于文王,振兴周国。当年文王都是遵从占卜来做事,才有了今天的国运。现在上天要佑助天下民众,我们也要遵循占卜来行事。商周时期天命是全能的主宰,国家的命运、国家实施各项措施,都要依循上天的旨意。君王采用龟甲占卜的结果容易受到占卜者的主观意愿的影响,为了肯定和遵循天命,需要有其他因素的介入。商周时期不排除使用占筮的手段,《尚书·洪范》一篇有关卜筮兼用的记录:

> 汝则有大疑,谋及乃心,谋及卿士,谋及庶人,谋及卜筮。汝则从,龟从,筮从,卿士从,庶民从,是之谓大同,身其康强,子孙其逢吉。汝则从,龟从,筮从,卿士逆,庶民逆,吉。卿士从,龟从,筮从,汝则逆,庶民逆,吉。庶民从,龟从,筮从,汝则逆,卿士逆,吉。汝则从,龟从,筮逆,卿士逆,作内吉,作外凶。龟筮共违于人,用静吉,用作凶。③

从这段话中,我们可以清晰地看到,面对疑惑进行选择时,卜筮并用,卜筮背后所代表的神意决定了君王的决策动向。君王遇到犹疑不决之大事时,一般关注以下几方面:自己的意愿、卿士、庶人、卜筮。第

---

① (汉)孔安国传,(唐)孔颖达疏:《尚书正义》卷十六,中华书局1980年影印《十三经注疏》本,第168页。
② 陈来:《古代宗教与伦理》,生活·读书·新知三联书店2009年版,第177页。
③ (汉)孔安国传,(唐)孔颖达疏:《尚书正义》卷十二,中华书局1980年影印《十三经注疏》本,第191页。

一种情形是指四方面意见一致,体现天人合德,有利于君王,称为大同。第二种、第三种、第四种情形无论是卜筮与君心意见一致,还是卜筮与臣民意见一致,事情仍然可以朝着吉祥的方向发展。第五种由于"筮短龟长"的理念,所占问之事有内外之别。第六种卜筮共违于人,结果自然为凶。君王信赖和敬仰上天。《商书·盘庚上》篇中也记载一段话:

> 盘庚迁于殷,民不适有居,率吁众感出,矢言曰:"我王来,即爱宅于兹,重我民,无尽刘。不能胥匡以生,卜稽曰其如台?先王有服,恪谨天命,兹犹不常宁;不常厥邑,于今五邦。今不承于古,罔知天之断命,矧曰其克从先王之烈?若颠木之有由蘖,天其永我命于兹新邑,绍复先王之大业,厎绥四方。①

盘庚要把都城迁移到殷这个地方,但是他的臣民都不想迁移过去,便陈述了意见。臣民认为,一方面,我们的君王既然已经迁移到这里,肯定是不想我们受到伤害。现在我们意见不一致,不能够互相救助,怎么办呢?那就需要用龟卜进行稽考,看看上天如何引导我们的去向。另一方面,从先王做事的方式来看,每有事都会敬慎地尊重天命。但是我们都迁移了五个地方了,都不能得到长久的安宁和稳定,这样做有违先王敬慎天命的做法。同时,天命将使我们在这一个地方继续先王的大业,安定天下。臣民在陈述自己的理由时,多次强调敬顺天命,强调先王,并以此坚定信念。

殷人与天帝间的沟通,另一种方式是通过祖先神作中介。这一点,周人也是一样的,周初人们脱离自我的行为依赖天帝,但是天命又不易把握,因此,周人便认为自己的祖先可以沟通自己与天帝。比如《尚书·金縢》中记载:"既克商二年,王有疾,弗豫。二公曰'我其为王穆卜'。周公曰'未可以戚,我先王'。"② 周武王有病,二公认为应该依照惯例,为武王占卜吉凶,因为他们认为死生权力掌握在天帝的手

---

① (汉)孔安国传,(唐)孔颖达疏:《尚书正义》卷九,中华书局 1980 年影印《十三经注疏》本,第 168 页。
② 同上书,第 196 页。

中。周公则认为不用占卜，而应向祖先神询问。在周初的文献记载中特别尊崇周文王，一方面是政治原因，文王奠定了周取代商纣的基础；另一方面认为天意虽然难以效仿，但是文王可以为天帝代言。《诗经·大雅·文王》记载："上天之载，无声无臭。仪刑文王，万邦作孚。"① 上天难以捉摸，唯有效仿文王之德。周文王并非巫卜，而是政治领导者。他关心现世生活，并不始终关注上天，可以推测周人有了摆脱天命思想的痕迹。但是，陈梦家、傅佩荣等学者在研究中发现，在所有的事务中，天帝掌管的占多数，祖先神及现世文王所管辖的事务还是少的。所以，殷商时人们沟通天命主要是通过卜筮手段。

随着卜筮的仪式越来越繁杂和隆重，便出现了专门的卜筮之人，并成为一种官职。如《周礼·春官宗伯》中所记职掌卜筮的就有大卜、卜师、卜人、龟人、菙氏、占人等，卜书三兆：玉兆、瓦兆、原兆，其颂千有二百。龟象复杂，需要有专门的人来辨识。大卜掌管筮法，卜师、龟人等专门操作卜筮，君王等王公贵族也经常参与其中，《周礼》中记载："凡卜筮，君占体……史占墨，卜人占坼。"② 占筮结果出来以后，由君王来判定卜筮的类型，由史官和卜人再细致地观察和操作。卜筮与史官的共同参与，使得后来人们有了"卜、筮官通谓之史"的观念。

占筮过程中，巫卜之类的占筮者与君王等王公的关系密切，这有利于巫卜等人参与国家政治决策。《礼记·礼运》中记载："王前巫而后史，卜、筮、瞽、侑，皆在左右。"③《礼记·祭义》中也记载这样一段话：

> 昔者圣人建阴阳天地之情，立以为《易》。易抱龟南面，天子卷冕北面。虽有明知之心，必进断以志焉，示不敢专，以尊天也。④

---

① （汉）毛公传，郑玄笺，（唐）孔颖达疏：《毛诗正义》卷十六，中华书局1980年影印《十三经注疏》本，第505页。
② （汉）孔安国传，（唐）孔颖达疏：《尚书正义》卷二十四，中华书局1980年影印《十三经注疏》本，第807页。
③ （汉）郑玄注，（唐）孔颖达疏：《礼记正义》卷二十二，中华书局1980年影印《十三经注疏》本，第1425页。
④ （汉）郑玄注，（唐）孔颖达疏：《礼记正义》卷四十八，中华书局1980年影印《十三经注疏》本，第1601页。

对于"易抱龟南面",郑注为:"易,官名,《周礼》曰大卜。大卜主三兆、三易、三梦之占",易为掌管卜筮的官员。天子对于国家政策的抉择不敢独断专权,即使已有明智的策略,也还要求问卜筮结果。官员在解释卜筮现象时,有可能改变天子的选择方向。《史记·天官书》中记载:"昔之传天数者,高辛之前重黎,于唐虞羲和,有夏昆吾,殷商巫咸,周室史佚,苌弘。"[①]《周易·巽卦·九二》:"巽床在下,用史巫纷若。"[②] 巫史进行占筮,其依据来源于天道神明,具有权威性。巫史便借助占筮,以一种间接的神秘的交感方式获取神意,掺入某些个人意愿,将决策变成神明的意旨,说服君王,服务于王权政治。这也就是说,他们以专有的知识为政治问题提供决策倾向,为与君王共治提供可能。

巫史通过占筮,与天帝共谋,获得了权力精英的身份。在这一转变与革新的过程中,商周王室使用的传统卜筮技术,如龟卜、筮占、星占等,共同形成了一个内容极为丰富、庞杂并且流变的带有宇宙观的政治语言。借助这些语言,发出不同的政治声音。

除了使用卜筮之外,君王还可以采用其他手段来测知天意。《尚书·大诰》:"弗造哲,迪民康,矧曰其有能格、知天命?""爽邦由哲,亦惟十人,迪知上帝命。越天棐忱,尔时罔敢易法,矧今天降戾于周邦?"年少时承担家国重任,不够明智,如何能够领导万民,如何能够感知天神降临呢?国家的前途应该由智慧的人来导引,只有这十位哲人,才能了解上天的旨意。这里反复提及一个"哲"字,哲即为智慧。君王的智慧来自上天的赐予,在知天命的同时,还有导引万民的智慧。从这里透露出,除了采用卜筮的方式执行天命之外,还隐含着理性行政的意涵,引发出后来的以德治国。

周代在处理天人之间的关系时,重点放在了道德修养,而非自然生命。天帝作为道德依据要远远重于作为自然生命的价值依据,以天为师的德治观在周代盛行。其选取德治因素介入家国理政中,极大降低了卜

[①] (汉)司马迁撰,王利器注译:《史记注译》,三秦出版社1998年版,第955页。
[②] 下文所引《周易》皆出自(魏)王弼、韩康伯注,(唐)孔颖达疏《周易正义》,中华书局1980年影印《十三经注疏》本,不一一注明。

筮过程中权力等因素的干扰，其德治观的目的是要达致天人和谐。正如《尚书·君奭》记载："天惟纯佑命，则商实百姓，王人罔不秉德，明恤小臣，屏侯甸，矧咸奔走。惟兹惟德称，用乂厥辟。故一人有事于四方，若卜筮，罔不是孚。"上天把辅佐之臣赐予贤君，无论小臣、同宗官员们，还是远邦诸侯，无不勤勉政事，以德事政。因此君王欲在天下有所作为，那么他们的政令就如同龟卜筮占一样，无人不信服，天下臣民和谐相处。

周朝灭商的合法解释是唯德是辅。周公曾说过："弗吊天降丧于殷，殷既坠厥命，我有周既受。"认为殷王不行德政，所以上天降下了亡国之祸，殷商丧失天命，就由我大周秉承天命来继续治理天下。为了安抚天下，西周的政治家提出"天命靡常""皇天无亲，惟德是辅"的理由解释周灭商的合理性。周公说："天不可信，我道惟宁王德延，天不庸释于文王受命。"天命不可尽信，需要进行辨明事理作出正确的判断。然后申明周王朝的治国之道，乃是安王命，延续德的恩泽。周人在天命观的基础上加入了德的观念，实际上，否定了天命绝对的因素，增添了主体人的精神思想，天命当依从人事的变化而变化。

郭沫若在《先秦天道观之进展》中说道："卜辞和殷人的彝铭中没有德字，而在周代彝铭中才明白有德字出现。"[①] 后来研究甲骨卜辞的学者不认同这种说法，认为甲骨卜辞中已经有"德"字出现了。但是，有一点可以确定的是，"德"到商周，特别是周代，才成为一个重要的观念。那么"德"究竟是否如郭沫若先生所说："不仅包含着主观方面的修养……包含着正心修身的功夫"[②]?

先来看"德"究竟是如何发生的。在以天命观念作为主体依赖下，人们把一切问题都交给天帝，人们有信心，充满希望。这种希望并非对自身的信心与依赖，而是对神明的依赖。只有主体担当责任之时，内心才会有忧患、紧张的状态。这种紧张状态下面蕴含着积极的努力、奋发的精神。从《易传》记载中可以看出，这种忧患主要是来自周王与殷纣王间微妙的处境。在复杂的政治环境中，周王并未消解自我的主体性，而是积极主动解决困难。徐复观先生认为可以用"敬"字来代表

---

① 郭沫若：《青铜时代》，科学出版社1957年版，第22页。
② 同上。

周人的哲学。① 从周初文献中，可以看到无处不在的"敬"字，敬天保民是其主题，而且与之联系紧密的便是"德"。

"德"字，之前是写作"惪"，许慎解释为"外得于人，内得于己也。从直从心"。但是据《尚书·康诰》中记载"朕心朕德惟乃知"，其中德与心二者并举。许慎的解读应非原意，据古文字学家的考证，"德"在甲骨文、金文中已经出现，其原始意义与人的行为有关。从周初文献记载来看，"德"多是指具体的行为，没有善恶的分别。如卜辞中记载有："王德正""今春王德伐土方""王德方帝授我"等，② 其中"德"之意，依据《释名·释言语》中解释："德，得也，得事宜也"，正合卜辞之意。关于"德"即"得也"的说法，在《礼记·乐记》中也有记载，这一说法是上古通行的解释。对此，学者多有论证。③

"德"之意，主要指得到，多从天帝得到。殷商时期的"德"更多地遵从天命、神意所得，这种"德"与后来的道德修养之意还不同。殷商时期认为一切皆是从天神得到，与此不同，周人在"德"的意义中更多地考虑到主体。通过外在具体的行为所得，进而内化为人们内心修养。周人通过"德"建立了一个明德、敬德的观念世界，并以此来观照自己的行为，自我负责。君王通过对自己德行的观照，对国家及民众负责，"人不仅考虑从天和先祖那里得到了什么东西，而且要念及如何保持、稳固这种获取"④。周人认为"德"逐渐成为一种道德性格，人文精神的动力，一方面是来自敬天，尊天命；另一方面是来自顺民，顺民意。

《尚书·盘庚》中多次出现"德"字，包含对君王德行的要求，"非予自荒兹德"，并非我个人要荒废先王传下来的德行，"肆上帝将复我高祖之德，乱越我家"，是天帝要恢复我们祖先的德行，安定我们的国家。而"惟汝含德，不惕予一人"，"故有爽德，自上其罚汝，汝罔

---

① 徐复观：《中国人性论史》，华东师范大学出版社2005年版，第15页。
② 徐中舒：《甲骨文字典》，四川辞书出版社1998年版。本书所引三条卜辞依次见《甲骨文合集》第7231、6399及6737片。
③ 参见罗新慧《周代天命观念的发展与嬗变》，《历史研究》2012年第5期；晁福林《先秦时期"德"观念的起源及其发展》，《中国社会科学》2005年第4期；陈来《古代宗教与伦理》之《释德》一文，生活·读书·新知三联书店2009年版。
④ 晁福林：《先秦时期"德"观念的起源及其发展》，《中国社会科学》2005年第4期，第197页。

能迪"，这里提到的德，主要是指臣子的德行。若是为臣者有任何的失德行为，天帝也会惩罚之。"汝克黜乃心，施实德于民，至于婚友，丕乃敢大言，汝有积德"，为臣者当革除私心，把君王的恩德传达给民众，这样才能积累德惠。"作福作灾，予亦不敢动用非德"，"无有远迩，用罪伐厥死，用德彰厥善"，依据先王和祖先的旨意，君王对臣子施予恩惠或是降下灾难，并非君王本人意旨。商周时期神权到德治的转化，天、君、民三者皆在天人合一观念中融为一体，德治观的价值指向逐渐落实在政治行为之中，《尚书》中对君德、臣德皆有具体的要求和规范。

从文献看，"德"之意在西周时已包含两方面的内容：一是制度之德，二是道德之德。对于制度之德，周代的"德"源于礼的规范，更多的是礼制之德。"德"制主要是体现在政治实践之中，还没有扩大到人们内心修为。实际上，从早期君主禅让的政治传统中就已经关注君王的德行修养，逐渐被民众接受，内化为尊崇君王统治的观念，"崇德象贤"①。个人的道德修养作为一种礼制之德，并未超越国家政治的范畴。这一点，早在《尚书·尧典》中已经出现个人德行对国家负责的观念：

> 帝曰："咨！四岳！朕在位七十载，汝能庸命，巽朕位？"岳曰："否德忝帝位。"曰："明明扬侧陋。"师锡帝曰："有鳏在下，曰虞舜。"帝曰："俞，予闻。如何？"岳曰："瞽子，父顽，母嚚，象傲；克谐以孝，烝烝乂不格奸。"帝曰："我其试哉。"②

尧帝向四岳询问何人能够代替他君王的位置，四岳提到"否德忝帝位"，"否德"之意就是德行低弱，他们不足以胜任。于是便举荐了舜，认为他"克谐以孝"，修美德行。因此，陈来先生认为"二典中肯定的德行多体现为政治德行，是在政治实践中获得评价的。正如以前我们所说的，价值建立的方式主要通过政治领域来表现，是早期中国文化的一

---

① （汉）孔安国传，（唐）孔颖达疏：《尚书正义》卷十三，中华书局1980年影印《十三经注疏》本，第200页。
② （汉）孔安国传，（唐）孔颖达疏：《尚书正义》卷二，中华书局1980年影印《十三经注疏》本，第122页。

个特点"。①《尚书》中记载了"德"的具体内容与实施，并不断完善为一种德治统治观念。

第二节 《周易》之德治的凸显

周代政治发展重视德治，其本体依据在于"天人合一，天人相通，君权神授，人与天地同理……其本体论着眼于在天上去找人伦的理论依据。在此，德性价值正在凸显。回归大道，尊道修德"②。孔子曾感悟到《周易》内在的核心价值便是德："吾求其德而已，吾与史巫同途而殊归者也。君子德行焉求福，故祭祀而寡也；仁义焉求吉，故卜筮而希也。"③ 孔子认为决定吉凶的最终因素在自身，在于个人的道德修养，个人的道德实践决定未来的吉凶。《周易》最初是为大人谋，为政治教化服务，因此道德修养主要是约束君权，提示君王注重以德治国。

对于国家来说，君王自身修养影响了国家政治的发展。如何加强对君权的约束，《周易》提出九德卦，提高君王的道德修养。孔子曾讲道："德薄而位尊，知小而谋大，力小而任重，鲜不及矣。"（《系辞传》）才德浅薄而居尊位，才智低弱反而图谋大，力量弱小反而身负重任，这样的人犯各错的概率要大得多，无德是招致灾患的一个很重要的内在原因。《系辞传》曰：

> 作《易》者，其有忧患乎？是故《履》，德之基也；《谦》，德之柄也；《复》，德之本也；《恒》，德之固也；《损》，德之修也；《益》，德之裕也；《困》，德之辨也；《井》，德之地也；《巽》，德之制也。

马其昶在《重定周易费氏学》中提到九德之卦的分类，认为："《履》、《谦》、《复》三者进德之大端也，《恒》、《损》、《益》三卦申

---

① 陈来：《古代宗教与伦理》，生活·读书·新知三联书店2009年版，第318页。
② 鲁洪生：《〈周易〉的智慧》，现代出版社2013年版，第39页。
③ 丁四新：《楚竹书与汉帛书〈周易〉校注》，上海古籍出版社2011年版，第529页。

言持身之道，《困》、《井》、《巽》三卦申言涉世之方。"① 首先来看德行大端之卦，《履》者，礼也。《履》卦重在依礼而行，"君子以辨上下，定民志"，分辨上下尊卑秩序，安定民心。孔疏："为德之时，先须履践其礼，敬事于上，故《履》为德之初基也。"② 《谦》卦，孔疏说："若行德不用谦，则德不施用，是谦为德之柄，犹斧刃以柯柄为用也。"《复》卦为一阳来复之卦，阳气复苏已返，阳动而顺行。"先王以至日闭关，商旅不行，后不省方"，在《复》卦之时，先王效法天道，闭关静养，君王也不省视四方。强调天下静养恢复阳刚之气，所以为进德之根本。

《恒》卦，恒久之意。《彖传》曰："天地之道，恒久而不已也……日月得天而能久照，四时变化而能久成，圣人久于其道而天下化成。" 依据天道来看，日月、四时终而复始，永久普照大地。由此，君王为德恒守其道，德行永固。《损》卦由兑下艮上构成，《象传》："君子以惩忿窒欲"，对于君王来说克制忿欲以损不善是修养的方法。孔疏从卦象上解释："泽在山下，泽卑山高，似泽之自损以崇山之象也。"③ 兑为泽，艮为山，泽自损以推高山之象，正如"损下益上，其道上行"，修身立德之行。《益》卦由震下巽上组成，与《损》卦"损下益上"相反，《益》卦为"损上益下，民说无疆"之意。君王若能施益于民众，其德宽大，充裕自己的德行，由此《象传》格出迁善改过的修身之道。

《井》有井养之意，"井养而无穷，德居地也"。《井》卦具有修德养民等大的道义，是关于帝王的养民用才之道及修德养性的一卦。孔疏："井者，物象之名也。古者穿地取水，以瓶引汲谓之为井。此卦明君子修德养民，有常不变终始无改，养物不穷莫过乎井，故以修德之卦取譬名之井焉。"《象传》："巽乎水而上水，井，井养而不穷也。"《井》卦形巽下坎上，顺着水渗透往下开孔引水使之引至上方，便于民众汲取。《井》卦之德就犹如这井水养人，功德无穷。

---

① 马其昶：《重定周易费氏学》，《续修四库全书》第40册，上海古籍出版社1995年版，第493页。
② （魏）王弼、韩康伯注，（唐）孔颖达疏：《周易正义》卷八，中华书局1980年影印《十三经注疏》本，第89页。
③ （魏）王弼、韩康伯注，（唐）孔颖达疏：《周易正义》卷四，中华书局1980年影印《十三经注疏》本，第53页。

初六爻"井泥不食。旧井无禽"，初六居井之下，阴爻居阳位，不当位。且处《井》最下，为旧井，井下有泥。兑为口，巽为兑的倒体，故而不食。离为飞鸟，四不应初，故而无禽。"禽"解释为"获"的话，那就是旧井无获。井虽旧，井里面暂时没有水，因此暂时不能有益于人们，亦能讲通。但是《周易》多用具体生动的形象来阐述，古时井水与人关系密切，对于动物来说，井水也同样是很重要的，故而"禽"解为禽鸟更加生动贴切。《周易》中有关"禽"象多次出现：《师》六五爻："田有禽，利执言，无咎。长子帅师，弟子舆尸，贞凶。"《比》九五爻："显比，王用三驱，失前禽。邑人不诫，吉。"《恒》九四爻："田无禽。"宋儒俞琰、明儒来知德认为"禽"象跟坎有关。综合这四卦的卦象来看，应该还与坤有关，坤为地，为田，是禽鸟栖息之地。

九二爻"井谷射鲋，瓮敝漏"，从卦象来看，兑为泽，巽为入，故有井谷之象。井谷本应是从下汲引至上，但是此时却是呈相反的方向，从上向下，这样受益的就是这些小鱼之类的生物了。犹如瓮破漏，水从里面流到外面。九二处于互兑之中，兑为毁折，又上临互离，虞翻曰"离为瓮"，故有"瓮敝漏"之象。因此"井谷射鲋"与"瓮敝漏"是两个平行的爻象，其意义都是说明没有益处。这与初爻是相照应的，都是井久未有益于人们。初六是指此井年久失修，暂时不能被人和其他生物所用。但是九二较初六，进一步指出了井开始出水，有益于万物了。初六、九二两爻以人事言之，君王若有仁义之术，可以济于天下为生民之福。而若潜身晦迹不行君道，那么其恩惠则无法施及万物。

至九三爻"井渫不食，为我心恻。可用汲，王明并受其福"，开始修治旧井，掏去污泥使井水干净，能够为人所食用。但是人们仍然没有食用，不禁心生忧恻之情。"为我心恻"，孔颖达认为，井虽已经修治干净，但未使用，犹似有德之君子不为君所用。从卦象来看，九三阳爻居阳位，阳刚得正，有刚明之才而在下体。欲与上六相应，但被九五所阻隔，故而暂时不会与上六相应。是不是九三始终处于这种不为人食用的局面呢？九三寄希望于九五君主之圣明，九五会汲引九三与上六相应。君王圣明，汲引贤人，这样使得天下人民都有福了。九三"井渫"，"渫"为掏去井中的污泥，使汲引上来的水清洁。由于井年久失修，需要对井壁加以修缮，故而六四爻有"井甃"之象。直至六四爻此旧井才得以修整完毕，接下来便可以为人们提供甘甜的井水。

第一章　《周易》为君为臣之道的文化背景

九五爻"井冽，寒泉食"，"冽"乃清洁之貌。此爻阳刚居正，从人事来讲，居此位阳刚中正，德才兼备，尽善尽美。"是圣贤之人居至尊之位，有刚明中正之德，有仁义之道可以为天下之法则，可以生成天下之民，以至往者来者皆得而济之也，故若井冽寒泉，为时人之所共食也。"① 至上六爻："井收勿幕，有孚元吉"，上六居《井》之终，甘甜的井水已经为人们所食用。虽然此时《井》道已成，但并不应该立即收起汲水的绳子，也不能把井口覆盖，而应该让更多的人汲引井水。《井》道大成之时，犹如贤君修行仁义之德行，然后施及天下，福佑苍生，实乃圣王之道大成。

《巽》卦上下皆风象，犹如风之入物，无所不至，无所不顺。君王指令也会效法风象，"君子以申命行事"，制定规范。《困》卦坎下兑上，泽无水之象，预示困顿之意。"困必通也，处穷而不能自通者，小人也"②，君子固穷，小人穷则滥。对于君王而言处于困境能够"致命遂志"，尽管致命丧身也不改变志向，有如此之志，必能亨通。在困穷之时，才能分辨、检验是否能固守德行，所以《困》卦为德之辨。

《周易》在对君权进行道德约束的同时，实际也讲到了臣子的道德修养及君臣间相互配合的问题。《周易》以阴阳符号构成八卦，形成八种天象。天象是为了表示八种事物的属性，即卦德，也就是天意。以天意作为论据，最终目的是推导人事，推天道以明人事，这是《周易》内在的思维逻辑和论证方法。《系辞》曰："一阴一阳之谓道。"《周易》把君臣间的关系类比为阴阳关系。从阴阳的性质来说，阴柔阳刚。就人事而言，阴为地道、妻道、臣道；阳为天道、夫道、君道。由此在地位上形成阴卑阳尊，二者间形成不断斗争的现象，但是阴阳二者间又是互存关系，不可或缺。

阴阳间的斗争，有时和谐，有时冲突，常常在斗争与冲突间寻求平衡。《系辞》曰："易之兴也，其当殷之末世，周之盛德邪？当文王与纣之事邪？是故其辞危。危者使平，易者使倾；其道甚大，百物不废。惧以终始，其要无咎，此之谓易之道也。"在《易传》看来，阴阳不平

---

① （宋）胡瑗：《周易口义》，《文渊阁四库全书》本。
② （魏）王弼、韩康伯注，（唐）孔颖达疏：《周易正义》卷五，中华书局1980年影印《十三经注疏》本，第59页。

衡的这种忧患意识，是由争乱而引起的。但是无论怎么争斗，都会以社会的整体利益为核心，逐渐克服不平衡。君王心怀忧患意识，决策时才能考虑全面，不出现咎错。

《周易》所设想的是阴阳相互配合，君臣上下尊卑有序的一种社会秩序。比如《同人》卦，离下乾上，天日同明，普照天下。《彖传》解释道："同人，柔得位得中而应乎乾，曰同人。"六二阴柔居中正之位，上与九五爻相应，这就是《同人》卦。六二为臣，臣子忠贞侍主，九五为君，君王信而不疑，实现君臣遇合。正如是"二人同心，其利断金"，君王得到臣子的支持和拥护，政权就会更加稳固，国泰安庆，百姓顺服。

但是阴阳二者在运动过程中也会有所冲突，从人事上来看，君臣之间会有争斗。大致有以下几种情况：一种是以《否》卦为代表，阳刚居上不与阴柔交通。按照等级秩序来说，君尊臣卑本来是一种合理的状态，但是由于君臣交流受到阻碍，使得上情不得向下传达，民情不能向上传达。由此造成君臣间的阻碍，使得小人得势，会给国家政事造成损失。为此，便又有了《泰》卦，"天地交而万物通""上下交而其志同"，君臣上下沟通顺畅，冲突也就得以化解。

一种以《夬》卦为代表，五阳一阴，一阴乘凌五阳，阳刚决除阴柔。君王对待小人，一方面要公正无私地决除，另一方面要"孚号而厉"，戒备小人的危害，最重要的是以德行来使小人诚服。如此一来，君王得以平叛内乱，实现和谐。作为臣子，其地位和力量无法与君王抗衡，因此需要顺承君王，否则乘凌的结果就是被决除。另一种以《剥》卦为例，五阴一阳，阴柔过甚。"剥也，柔变刚也。不利有攸往，小人长也。"阴柔侵蚀阳刚，这是小人之道。君王面对小人需要谨慎为之，把握复阳的机会，"反复其道"。

第四种以《革》卦为代表，离下兑上。从卦象上来看，离为火，兑为泽。泽水与离火互不相容，或者是水热成汤，或者是火灭气冷。若程度更剧烈，不是泽水灭了火，就是离火烧干了泽水，二者间是相互排斥的状态。《彖传》："革，水火相息"，《革》卦通过水与火两种自然物质之间的斗争，结果是这两种物质在斗争中皆已发生了质的变化，已不同于原先的物质。当社会的矛盾发展到不可调和的阶段，势必形成一场革命。面对这种境遇，君臣需要顺天命，应民心，同心同德。彼此间有信任，才能适时抓住机遇，推行正道。

君臣关系当相互依存，虽然阳尊阴卑，君王为主导，但是依然需要按照刚柔相济、阴阳协调的原理形成一种和谐的政治关系。君王需要有包容一切的胸怀，能够孚诚以待臣民，任用贤能，决策政治。正如《大畜·象传》所说："大畜，刚健笃实，辉光日新其德。刚上而尚贤，能止健，大正也。不家食吉，养贤也。"君王刚健笃实，日新其德，能够尚贤。同时从卦体上来看，艮止乾健，预示臣子对君王的制约，"能止健，大正也"。为臣者也当顺承天命，发挥贤才，辅佐君王。君臣同心，和谐发展，这是《周易》以阴阳为框架，构建出的君臣和谐共治的图景。

西周之后，天命观的核心凸显了德治观念，君权臣责皆围绕在德治的框架中。在中国政治思想史发展过程中，常以"德"来涵盖所有的政治美德，德治观念便成为中国政治文化的一个重要主题。政治秩序的运行要依靠德来维持，德行合于天道，合于法则，那么政治运行就亨通。相反，若是政治行为不合德，那么结果或处于否闭或处于困顿之中。德观念不断被强化成一种政治传统，这一点着重体现在《周易》对为君为臣者德行的关注，欲实现以人力参赞天地的化育。

第三节 《周易》为君为臣之道概要

《周易》依据阴阳爻构成六十四卦，其核心是以易道来观察政治领域的问题。理顺君臣政治关系是《周易》卦爻辞中反复强调的为君为臣之道，目的是实现社会整体和谐的政治理想。《系辞传上》中说："《易》之兴也，其当殷之末世，周之盛德邪？当文王与纣之事邪？是故其辞危。危者使平，易者使倾；其道甚大，百物不废。惧以终始，其要无咎，此之谓《易》之道也。"《易传》认为《周易》的兴起充满忧患意识，当时文王与殷纣王间处于微妙且困难的境地，爻辞中多有警戒危惧的意义。但是处于矛盾之中的君臣是如何化解危机的呢？始终保持惕惧，就能实现以忧解忧。《周易》六十四卦为我们展现了为君者、为臣者的六十四种状况，大致表现在创业初期、艰难时期及成功之时三个阶段，自身主体注重道德修养，为政过程中重视养贤用贤，避免矛盾冲突引发战争。透过这些具体的情境，我们可以感受到《周易》为君臣之道，即形而下的道。

《周易》中对为君为臣者，都提出了修身养性之德。由于为君为臣者自身的道德修养直接关涉国家政治的发展状况，特别是《系辞传》中提到九德卦。关于九德卦，前文已有提及。这里想要强调的是《履》卦，其卦爻辞之中已经出现礼治思想。《履》卦为兑下乾上之卦，从卦象上来看，兑为泽，乾为天，泽在下，天在上，上下之分、尊卑之义明显；从卦德来看，兑为悦，乾为健，内悦外健，为礼之象。许慎在《说文》中解释："礼，履也。所以事神致福也。""为德之时，必须履践其礼，敬事于上，故履为德之初基也。"① 《履》要谨慎小心，谦顺遵礼，才能顺利地到达终点，实现最终的目的，《履》以和行。

卦辞说"履虎尾，不咥人，亨"，以踩到老虎的尾巴作为象，这是很危险的处境，但是老虎竟然没有咬人，结果亨通，原因何在呢？六三、九四两爻似乎表明了其内涵。六三处在互卦"离""巽"中，离为目，巽为股。又处"兑"卦，兑为毁折，形成了"眇能视，跛能履"的条件。六三位初入互体巽中，巽为虎，踩到了虎尾，由于条件制约，未能及时逃离险境，故而有被咥的结果。六三爻以"履虎尾"之象，对应人事"武人为于大君"，《象》曰："武人为于大君，乘刚也。"就是认为六三阴爻欲乘凌九五君位。前人对于"武人为于大君"有多种解释，② 但是依照推天道明人事的推理过程可以很清楚地得出"武人为于大君"最大的可能性就是无能之人欲乘凌君主之上。正如林希元所说："盖柔本无能也，而志刚则好于自用。武人本无能也，而为大君则得以自肆。"③ 尽管力有所不足，却偏偏又欲与上九相应，有乘凌九五

---

① （魏）王弼、韩康伯注，（唐）孔颖达疏：《周易正义》卷八，中华书局1980年影印《十三经注疏》本，第89页。

② 对"武人为于大君"的不同理解：1. 武人欲为大君。王弼注：志在刚健，不修所履，欲以陵武于人，"为于大君"，行未能免于凶，而志存于五，顽之甚也。2. 武人效力于大君。（宋）郭雍《郭氏传家易说》：武人，三军之勇者。视不胜犹胜，则其视一于进而已，自反而缩，虽千万人，吾往则其履，亦一于进而已。此所以惟武人可用。是道以有为于大君也，夫武人可用，有为于大君者，以其志刚也。故爻辞于咥人凶之后继以武人为于大君，而象言志刚不言其凶吉者，明武人可用也。3. 无能之武人强为国君。（明）林希元《易经存疑》：武人为大君之象，盖柔本无能也，而志刚则好于自用。武人本无能也，而为大君则得以自肆。4. 武人狐假虎威。（宋）苏轼《东坡易传》：武人为于大君，苏轼认为武人见人之畏己，而不知人之畏其君。是以有为君之志也。

③ （明）林希元：《易经存疑》，《文渊阁四库全书》本。

第一章 《周易》为君为臣之道的文化背景

的危险。而九五既刚且中,是真正的为君之人,六三犹如面对凶猛之虎。

九四爻辞:"履虎尾,愬愬,终吉",处于六三和九五剑拔弩张的局面中,所幸的是九四能够辨别大局的发展方向,正如《小象》所解释的:"志行也。"也就是说,九四能够坚持自己的意志,"志在于行而不处也,去危则获吉矣"。①且能够小心谨慎地越过六三"履虎尾"的危险境地。相对六三阴爻居阳位来说,九四阳爻居阴位,谦虚谨慎。加上其主观上的"愬愬",九四最终能够前行接近九五,得到吉祥。面对《履》卦中虎象这一危险情境,九四爻除了对虎有敬畏之情外,更多的是伴随着戒惧的归附亲近感,《礼记·郊特牲》中亦记载有:"迎虎,为其食田豕,迎而祭之也。"②

九四爻居九五爻之下,近君位。"二多誉,四多惧,近也","四近五,五尊位,近尊位则多惧"。③虽处多惧之地,但九四秉持"愬愬"态度,因此有终吉之象。六三爻尽量取悦九五,由于其位不当,依然摆脱不了被咥的凶险。《彖传》中对"履虎尾,不咥人,亨"原因的解释认为是"说而应乎乾"。实至经文九四爻时已道出了"履虎尾,不咥人,亨"的真正原因,即"愬愬"。由此可见,五百年后解经的《彖》与古经的本意已经有些背离了。"彖传释卦之例,不过如此。且亦未尽有征于经文。后人往往执其一鳞一爪,扩而充之,以说全经。变本加厉,已失其实。"④

《履》卦所面临的忧患以"履虎尾"这一象进行了类比,面对忧患,需修德防患。至周代统治者往往借用占卜程式作为统治手段,提升人们的道德来消除争执与怨恨,从而为社会群体带来希望。

君王固然在政治活动中占据至上的绝对地位,为天命之子,但需要畜养贤能人士辅助其治国理政,否则国家复杂的运行就会受到限制。《周易》卦爻辞中多提醒君王注意养贤用贤之道。比如《颐》卦卦画为震下艮上,这个符号很特殊,古人从六个符号的构成中看到了人的嘴,

---

① (宋)程颐:《伊川易传》,《文渊阁四库全书》本。
② (汉)郑玄注,(唐)孔颖达疏:《礼记正义》卷二十六,中华书局1980年影印《十三经注疏》本,第1454页。
③ (宋)朱震:《汉上易传》,《文渊阁四库全书》本。
④ 屈万里:《先秦汉魏易例述评》,台湾:学生书局1985年版,第6页。

上下的阳爻是嘴唇，中间的阴爻是牙齿，由此引申出养生—养德—养贤之意。卦辞中提到"观颐，自求口实"，《象传》解释："观颐，观其所养也；自求其口实，观其自养也。天地养万物，圣人养贤以及万民：颐之时大矣哉！"把养贤、用贤的思想提升到天道自然的高度进行论证，天地造化，养育万物。为君者由上观下，一方面要自养，另一方面要养贤，为君者养贤才能使民治，获得稳定的统治。同时，"口实"即为口中之实，强调养贤要关注物质条件。吴曰慎对六爻进行概括，认为："初九、六二、六三，皆自养口体，私而小者也；六四、六五、上九，皆养其德以养人，公而大者也。公而大者吉，得颐之正也；私而小者凶，失颐之贞也。可不观颐而自求其正耶？"① 由此，六爻辞集中讲述养贤、养天下的盛德之意。

《同人》卦讲求和同于人，卦辞"同人于野，亨，利涉大川，利君子贞"，对于"野"，孔疏解释为"野，是广远之处。借其野名，喻其广远"，② 这就是说，和同于人必须宽广无所不同，用心无私，能够与广远之处的人相互结交，如此亨通。出外跋涉越艰险，唯有和同于人，才能摆脱险境。正如《象传》所说："文明以健，中正以应，君子正也。唯君子为能通天下之志。"六爻辞叙说了六种"同人"的境况，初九爻刚出门即或同人，六二爻只是与宗族之人相互结交，有所狭隘，故而有所遗憾。

九三、九四两爻争相同于人，有违中正之道。九三爻处下卦之极，不能包容上下，想要下据六二爻，上与九五爻相争，结果自然徒劳无功。九四爻欲高踞城墙之上，结果不能攻克，如此改过，便可转为吉祥。九五爻欲与六二爻同心相应，无奈三、四两爻与之相争，直到克敌制胜之后才同心而笑。上九爻居卦终极，同人道穷，难觅同心同德之人。从六爻的不同境况来看，为君为臣者在相互认同信任的过程中会遭遇由不同至同人阶段，为君与为臣者须能坚守心志。如果君臣之间有所隔阂，就会影响养贤用贤的政治目的，形成令人痛心的局面；若是君臣同心同德，"二人同心，其利断金"。君主得到臣下的拥护，臣下发挥

---

① （清）李光地：《周易折中》，巴蜀书社 2008 年版，第 67 页。
② （魏）王弼、韩康伯注，（唐）孔颖达疏：《周易正义》卷二，中华书局 1980 年影印《十三经注疏》本，第 29 页。

贤才辅佐君主，则无往不胜。

为君者在治政过程中会经历阶段性的波折，但是终会实现在曲折中前进。从《周易》爻辞来看，大致形成创业初期、艰苦时期、成功之时这三个阶段。首先来看在创业初期阶段，为君、为臣者当如何适应并采取有力的措施向前推进。

比如《屯》卦，由震下坎上构成，从卦象来看，坎为水，震为雷，水在上，雷在下，为将雨而未雨之时，"刚柔始交而难生"，阴阳尚未融合至降雨的程度，所以处于屯难之时。从卦德来看，坎为险，震为动，"动乎险中"，在初始阶段稍有不慎便会陷入危险之中，不可不谓屯时。卦辞中说道："勿用有攸往，利建侯。"孔疏认为："世道初创，其物未宁，故宜利建侯以宁之。"① 程颐也认同"天下之屯，岂独力能济？必广资辅助，故利建侯也。"② 《屯》卦为初创艰难时期，君臣当互相支持，处屯难求通达。

六爻辞均围绕初生之时，阐明其吉凶利咎，指出趋吉避凶之道，即为居正慎行。六二爻辞"屯如，邅如。乘马班如，匪寇婚媾；女子贞不字，十年乃字。""邅"为难以行进之意，王弼解释说："志在乎五，不从于初。屯难之时，正道未行，与初相近而不相得，困于侵害，故屯邅。"③ 六二爻欲婚媾的对象是九五，所遇到的匪寇为初九，六二即陷入困难的境地。尽管女子现在不能许嫁，但是十年之后必能许嫁。由此可见，《屯》卦草创时期遇到难处，强调勉励人们不断开拓进取，最终会有好的结果。另外，《旅》《未济》等卦六爻的吉凶也显示出为君为臣者当慎行。为君者要能够以贵下贱，在屯难之时具有谦和的品质，应民所求，争取民心。爻辞中凡是阴柔中顺者多呈现吉祥，凡是阳刚高亢者多为凶。

从事情发展状态来讲，《周易》中《坎》《困》《蹇》《剥》等卦表达了为君为臣者处于艰难时期的状况与解决之道。比如《困》卦由坎下兑上构成，坎为水，兑为泽，水在泽下，表明泽中水枯竭，陷入困穷

---

① （魏）王弼、韩康伯注，（唐）孔颖达疏：《周易正义》卷一，中华书局1980年影印《十三经注疏》本，第19页。
② （宋）程颐：《伊川易传》，《文渊阁四库全书》本。
③ （魏）王弼、韩康伯注，（唐）孔颖达疏：《周易正义》卷一，中华书局1980年影印《十三经注疏》本，第19页。

之中。卦中六爻陷入不同的困境之中，其中初六、六三、上六三阴爻柔暗，受困最为严重，唯有上六爻处困极将通之时，能够解困。另三阳爻依靠自身阳刚正气，或是有刚中之德，或是以孚诚之志转危为安，渐脱困境。

《蹇》卦为艮下坎上，从卦德来看，坎为险，艮为止，前有险不能前进，象征行走艰难。《序卦传》："蹇者，难也。"朱熹也说："足不能进，行之难也。"① 卦中六爻都指示为君为臣者在蹇难时期，勉力济蹇，但全卦直到上爻才显示吉祥，隐含着济蹇难可能要经历长期的艰苦过程。主要从两个方面显示了济蹇难的方法：一是要选择合宜的道路，卦辞中强调"利西南，不利东北"，进退得当。二是要聚合在统一的领导者周围，意志相合，上下同舟，险厄可济。居于尊位的君主只有以至诚之心对待臣民，臣民也会以至诚之心对待君主，上下交孚，能够共同支撑国家渡过难关。

"国之大事，唯祀与戎"，战争对于国家政治来讲至关重要。《周易》中《师》《噬嗑》《睽》《涣》等卦爻辞中涉及战争，为君为臣者在其中扮演了关键角色。比如《师》卦由坎下坤上构成，坎为水，坤为地，《大象传》说："地中有水，师。君子以容民畜众"，战争的条件最基本的是需要获得民众的支持。《师》卦六爻展示用兵的几个方面：一是整顿军纪，二是主帅的作用，三是总结胜败经验，四是撤兵退守的经验，五是君主择将的标准，六是论功行赏。胡炳文说："六爻中，出师驻师，将兵将将，罚罪赏功，靡所不载。其终始节次严矣……"② 此卦可看作《周易》的用兵法则。

《夬》卦讲平服叛乱。此卦由乾下兑上构成，从卦画上来看，五阳一阴，一阴处于最高位，不利。卦辞中说："扬于王庭，孚号有厉；告自邑，不利即戎；利有攸往"，阴爻居于高位，小人当政，那么君子对待小人必须在公开的王庭场合上进行决断。从邑颁发政令，也就是由地方发布施令，中央与地方的关系颠倒了，这种现象对于出兵打仗是不利的。一般来讲，英明君主的决断，能够争取众人响应，但若是小人号令，那么对于战争是很不利的。《象传》中说："夬，决也，刚决柔也；

---

① （宋）朱熹：《周易本义》，《文渊阁四库全书》本。
② （清）李光地：《周易折中》，巴蜀书社2008年版，第23页。

健而说，决而和。"君王居于此时，当能够有所决断，刚健决断，制裁阴柔之小人，让人心悦诚服，以果决的气势聚拢人心。

"刚长乃终"，尽管五阳健行欲决除一阴，但由于一阴高居五阳之上，决除的过程也是非常艰难的。从六爻来看，初九爻居最低位，远离上六爻，主客观条件都不够，此时不能决断。九二爻说警惕呼号，告诫大家半夜可能有敌人突袭，防患于未然，结果就不用担心。九二方法得当，在条件不具备的情况下，不去主动地决断上六爻，而是更多地防范。九三爻刚强果决冒进，有凶险。九三与上六相应，所以九三爻与其他阳爻容易产生隔阂，受到猜疑。"雨"象在《周易》中表示阴阳遇合，结果为吉。九四爻在决断时力量不够，需要联合九五共同决断上六，结果才会有所转变。九五力量强大，距离上六爻最近，依中道而行，采用中行合适的办法，才能决断上六。上六爻居五阳之上，乘凌阳爻，结果最终会有凶。总体来看，小人当权，君子无法忍耐，矛盾激化，奋起抗争。在政治上来看，为君为臣需要联合起来，以中正之德，征服小人。

《周易》在警戒之时，总是予人以希望，《大有》《晋》《升》《既济》等卦主要表达了为君为臣者成功之时如何善处的问题。比如《大有》卦六爻为大获所有之时，初爻为富庶之始，有艰难但并没有咎错。九二爻"大车以载"，需要慎行中道。九三爻"公用亨于天子"，"亨"为古代诸侯向天子献礼致敬的仪式，"率土之滨，莫非王臣，在下者何敢专其有？凡土地之富，人民之众，皆王者所有"[①]。意即王公诸侯所有的财富都要归天子所有。九四爻富有但并未过其盛，刚以居柔，谦以自居。六五爻之时为大有之尊，此时能够"厥孚交如"，以诚信施之于天下。上九"自天祐之，吉无不利"，君王在上天的佑助之下，保持自我德行，便会达到吉无不利。

《既济》卦取名之意为已渡过，引申为事情已成功。与《大有》卦不同的一点是，《既济》所处守成之时，为君为臣当如何协作的问题，否则稍有不慎，结果就会发生转变。欧阳修在《易童子问》中提到："人情处危则虑深，居安则意怠，而患常生于怠忽也。是以君子'既济'，则思患而豫防之也。"《既济》卦便是强调居安思危，守成艰难。

---

① （宋）程颐：《伊川易传》，《文渊阁四库全书》本。

《周易》卦爻辞中充满了忧患意识。

中国政治思想中多重视民本，但归根溯源，政治权力属于君而非民，君王才是政治的主体。《周易》卦爻辞中虽也重视民本，但是更多的是由君王决定民运。徐复观先生曾说："中国圣贤一追溯到政治的根本问题，便首先不能不把作为权源的人君加以合理的安顿，而中国过去所谈的治道，归根到底便是君道。"①《周易》卦爻辞中对于君道提出一个重要的观点，要求君王能够从道德上约束自我，把君德客观化为制度，一方面进一步约束自我，另一方面从制度上管理国家。与君王最为密切的当为臣子，君臣等级严明。处于臣道位置上，也要修养德行，从主观上克制自我的好恶。同时为臣者要向君王及臣民负责，在政治集体中内化为一种宽厚谦逊的精神。

第四节 《周易》假象喻意的比兴思维

《周易》产生的商周时期，人们认为天人一体，天人相通。人们主观愿望上想预知未来以决定行止，但由于客观条件的局限，还不能理性地预测未来。人们只能依赖上天，却又无力改变上天，唯能顺应天，祈求天的保佑，信奉"天命观"，认为世间一切皆由天定。唯天为尊，天命不可违，一切以天意为依据；并且认为天人相类，天人相通，天人协调，天人感应，天人合一，于是"仰则观象于天，俯则观法于地，观鸟兽之文与地之宜。近取诸身，远取诸物，于是始作八卦，以通神明之德，以类万物之情"。②《周易》依据天（物）象推演天道，再以天道为论据预测人事未来。《周易》将太极作为世界本原，《系辞传上》中说：

> 《易》有太极，是生两仪。两仪生四象，四象生八卦。八卦定吉凶。吉凶成大业。

太极，指的是天地万物最原始的起点。以孔颖达为代表的多数易学

---

① 徐复观：《学术与政治之间》，华东师范大学出版社2009年版，第44页。
② （魏）王弼、韩康伯注，（唐）孔颖达疏：《周易正义》，中华书局1980年影印《十三经注疏》本，第86页。

家主张，以太极为混沌未分的元气，与"盘古开天地"的神话对世界起源的解释比较接近；以王弼、韩康伯为代表的易学哲学家主张，以太极为"无"，韩康伯说："夫有必始于无，故太极生两仪也。"现在一般认为《系辞传》所说的太极的确是指天地未分之前的元气，元气之前的"无"不经过气的阶段是无法"生两仪"的。韩康伯所言的气前的"无"，则是最原始的世界本原。根据现代科学，如天文学中的黑洞理论、大爆炸理论以及最新的原子物理学已能证明中国古代先哲的推断具有一定合理性。孔颖达着眼于太极与"生两仪"的联系，韩康伯侧重于对世界本原的解释，如果将两说融合则是对世界源起的比较合理的解释：

无—太极—阴阳天地—四时—八卦

阴阳观念是《周易》象数思维的核心观念，将天人连接为一个整体，并认为天人同构同理。《周易》阴阳观念，总体来说，有三个要点：

第一，从本质说，阴阳二元是世界构成的要素，是世界的基础，任何事物都可以分为阴阳。

"太极生两仪"，《周易》依循观物取象的观念，在"近取诸身，远取诸物"这种万物生成的观念支配下，《周易》从复杂的自然现象、社会现象中抽象出阴阳两个范畴。认为世间一切，无论物质还是精神，都由阴阳构成，或曰都可分为阴阳。

宇宙万物都由阴、阳二气媾合而成，因而可以用阳爻（—）和阴爻（- -）两个符号来表示宇宙间万事万物的基本分类，分别象征天、地，男、女，刚、柔，动、静，升、降等，在商周时期人们看来，从人的内在本性上说，人在本质上、根源上都是自然的，人、天又是同一的。天、人同源、同质、同道、同德，因而用同一的符号来表示，用同一种理论来解释。《周易》用一阴一阳二元去看待宇宙万物，把整体事情一分为二来考虑，这就是"一阴一阳谓之道"（《易传·系辞传下》）。一阴一阳，就囊括了万种事物之理。万事万物都是相反相成，对立统一的。

第二，从关系说，阴阳二元是对立统一的结合体，是互相关联的、相互依存的辩证关系。既是对立的，又是统一的，它们相互依存。

第三，从作用说，阴阳交感是推动事物发展的内在动力。这两个符号的交错和变化，象征着相互对立的一切事物和现象的产生和转化。阴阳两种对立因素的相互作用，化生了万物，促成了世界的变化。一阴一阳的相互作用是一切事物及其变化的根本，即"一阴一阳之谓道"。

《周易》的每一卦都包含天道、地道与人道，在这里，天的规律跟人世的规律是一回事，因为人是自然的一部分。自然界有普遍规律，人也服从这规律。人性即天性，天道即人道，道德原则与自然规律一致。《周易·系辞传下》说："易之为书也，广大悉备，有天道焉，有人道焉，有地道焉。"《周易》卦爻辞中预测的结果有吉有凶，《系辞传》："吉凶者，失得之象也。悔吝者，忧虞之象也。"孔颖达解读为："辞之吉者是得之象；辞之凶者是失之象，故曰'吉凶者，是失得之象也'。初时于事有失有得，积渐成著，乃为吉凶也。"后世学者也多遵从此说法。国外学者依据天人合一来理解得与失，"'吉'的意义，不应该俗化到俗世的名利权位的诉求和获致，而是灵性生命与大宇宙的和谐合一。'凶'的意义，因而亦不是失去名利权位，而是灵性生命的失落；这失落也就是与天地万物疏离"[①]。这里所讲的"吉"、"凶"的意义与天人合一紧密相关，认为天人合一才是真正的"吉"，而天人分离则会产生"凶"的结果。人事的各种规范与法则也要顺应天道，依从天道制定，实现天人合一，结果为吉祥。

当人们虔诚地相信"天人合一"，相信"天"的绝对权威的时候，就会由崇拜生成信仰，由信仰生成权威，由权威生成威慑。在此，天意具有绝对权威，人们唯天是从。在崇拜天意的绝对权威之时，"天人合一"观念决定了人们思想意识以及《周易》的方方面面。

"天人合一"是将自然哲学观和人生哲学观连接的理论依据。《周易》以天为师，依天而行，一切以天道为依据。《易传·系辞传上》中说："《易》与天地准，故能弥纶天地之道……与天地相似，故不违。"

天人合一观念的目的是天人合德。《周易》以天道为人道的道德依据，推导出适合宗法等级社会政治需要的人道来，最终目的是在讲内圣

[①] 邬昆如：《卫理贤（R. Wilhelm）德译〈易经〉"吉凶"概念之探讨》，《周易研究》2000 年第 2 期。

外王之道，是讲君臣之道，是为统治者出谋划策。《周易·乾·文言》说："夫大人者，与天地合其德，与日月合其明，与四时合其序，与鬼神合其吉凶。先天而天弗违，后天而奉天时。天且弗违，而况于人乎？况于鬼神乎？"以天为师，以天和天，与天比德，"天行健，君子以自强不息"，"地势坤，君子以厚德载物"。《周易》以天道为人道的道德依据，实是以占筮的形式，借助上天的权威引导君王向善。

天人合一观念引出天人合制观，成为当时社会政治制度的依据。为了适应宗法等级社会的政治需要，周代统治者按照血缘关系的亲疏远近确定社会地位的尊卑贵贱，将人们划分为不同的等级。为了证明划分等级的合理性，在天道中寻找理论依据，《易传·系辞传上》中说："天尊地卑，乾坤定矣；卑高以陈，贵贱位矣。"天尊地卑，天地和谐。人类社会要想和谐也要效法天地，也要分出尊卑贵贱。天人合一也是君权的依据。君权神授，天子是天意的代言人，也是人们终极社会理想构建天人和谐的权威依据，也是现实政治的权威依据。《易传》借助天的权威，宣扬儒家的道德伦理观念，故《易传·观·象》说："圣人以神道设教，而天下服矣。"

"天人合一"的哲学观直接影响《周易》的思维方式和论证方式。《周易》的论证方式及其内在逻辑讲求推天道以明人事，《四库全书总目提要·易类》说："《易》之为书，推天道以明人事者也。"天道是人道的根据，人间的价值和秩序来自天道。上古时期，人们面临疑难问题而无法解决时，往往倾向于卜筮，以通神明之德，祈求天的帮助。《系辞传》："《易》之兴也，其于中古乎？作《易》者其有忧患乎？"这揭示了《周易》对人事的忧患意识和担当精神。"天垂象，见吉凶，圣人象之"（《系辞传》），天通过物象来预兆人事的吉凶变化，圣人根据天道来提示和规范人的行为。《乾·彖传》："大哉乾元！万物资始，乃统天。云行雨施，品物流形，大明终始，六位时成，时乘六龙，以御天。乾道变化，各正性命。"乾即天。天德生养万物，圣人统领万物，依照天道的运行变化，阐明人事的盛衰终始之理，使万物皆得其性命之正。

《周易》奠定了中国传统思想文化的哲学基础，遵循天人同构同理，天有阴阳，人亦有阴阳；天人物我之间只要相似相关，就可引类比喻。《周易》天人合一、阴阳观念是"假象喻意"比兴思维产生的根本原因。例如《周易》卦爻辞表象中有许多是"以男女喻君臣"的比兴思维，男女为阴阳，君臣亦为阴阳，故可"以男女喻君臣"，阴阳观念将女、妻、臣同视为阴，将男、夫、君同视为阳；天人合一观念视同类者同理同道，将男女、君臣连接为一个整体。

《周易》天人合一、阴阳观念是象数思维的哲学基础，直接影响《周易》象数思维方式的形成，衍生出类比思维的论证方法。思维方式是一种思维框架和心理定式，"思维是在表象、概念的基础上进行分析、综合、判断、推理等认识活动的过程"[①]。人们认识事物，运用不同的思维方式进行处理，产生不同的结果。不同的思维方式也制约着人们对世界认知及表达的方式。从集体来讲，思维方式深刻地反映一个民族的精神风貌和文化气质。深层次的民族心理结构，是一个民族在漫长的物质实践和精神实践过程中逐渐形成并积累下来的历史心理过程。

象数思维方式是指在人类的思维活动过程中，借助一种具体的"象""数"去进行认识、领悟、模拟、触类旁通的思维方式。在思维过程中离不开物象，以想象为媒介，直接比附推论出一个抽象事理的思维方法。象数思维方式意味着远古之时人们开始探寻某种规律，希望从已经发生的事件中，发现诸多事件之间的某种关联。人们开始关注变化发展中的万事万物，从万物、非自然的联系中去找寻万物的变化常律。人类思维的发展从具体的形象可感走向了抽象的联系，运用相似相关的思维方式，去找寻事件共性的东西。取象比类的象数思维，便是由具体事物直接推知一个抽象事理的方法。这不是逻辑推理，而是介于原始思维与逻辑思维之间的一种方式，类似联想，总是设想看似毫无任何关联的事物间存在某种关系。

《周易》卦爻辞构象的思维呈现为：取象—构象—成象，人们再根据实际需要进行相关联的引申。象数思维方式的一个最根本的特征是"拟诸其形容，象其物宜"，"取象比类"。王弼在《周易略例·明象》篇中说道："夫象者，出意者也。言者，明象者也。尽意莫若象，尽象莫若言。言生于象，故可寻言以观象；象生于意，故可寻象以观意。意以象尽，象以言著。故言者所以明象，得象而忘言；象者所以存意，得意而忘象。"[②] 由象至意的过程中包含了物象和意义两个因素，《周易》

[①] 鲁洪生：《读懂〈周易〉》，中华书局2008年版，第35页。
[②] （魏）王弼著，楼宇烈校释：《王弼集校释》，中华书局1980年版，第609页。

卦爻辞中的神明之德借助诸种象显示出来,"是故触类可为其象,合义可为其征"①。取象灵活多变,运用联想等方式联结卦爻辞与卦爻象间的关系。

作为"言"的卦爻辞,"无一字不从象生",由象至意,形成由言象推演出意,立象以尽意。这一过程中最重要的是物象的选取,八卦取象的规则是稳定的,林忠军说:"春秋时期的八卦取象是有规律的,而且比较稳定……八卦所代表的基本物质与这些物质所具有的属性是十分确定的。"② 比如坤为土,巽为风,乾为天,艮为山等卦象基本稳定。但春秋时期尚无完整的《说卦传》,取象的规则还在构造之中。从《左传》易例取象来源及具体取象上看,其时解读《周易》之象灵活且多样,不固定。取象的多维、多层次的特点,也使得在解说易时出现了多义。正因历来对《周易》取象的阐释从未固定,所以《周易》卦爻辞含义从未僵化,而是不断发展。

通过卦爻辞之"言"以明卦爻"象",再由"象"而喻"意"。此意即天意,再以天意为论据推论人事。从这个思维过程中,我们明显看到"象"在其中承担着重要的中介作用,以万物诸象来讲述治国理政之意。所用"取象之辞乃采取一种事物以为人事之象征,而指示休咎也,其内容较简单者,近于诗歌中之比兴"③。《周易》之取象思维类似《诗经》中的比兴思维,往往借助外在事物寄托、象征主体观念,在单一物象中融进主观意涵,形成新的象意。

《周易》"立象明意"、《诗经》"比兴"、诸子"类推"发生的根本原因,在于其时主体采用类比联想的思维方式。天人之间存在某种相似相关的联系,进行直觉联想,便可将社会的诸多方面与自然万物进行比类。上古之时,人们往往有意识地感到一种共性的神秘力量渗透在一切人与物之中。但是社会约定俗成的语言往往落后于自我的感知,人们只好借助已知的他物来言明,"举他物而以明之也"。

借助相似相关的思维模式,把有限的卦象引申到了无限。物象的不断扩大使得人类的思维空间也在不断增大,"仰则观象于天,俯则观法

---

① (魏)王弼著,楼宇烈校释:《王弼集校释》,中华书局1980年版,第609页。
② 林忠军:《象数易学发展史》,齐鲁书社1994年版,第24页。
③ 高亨:《周易古经今注》,中华书局1984年版,第49页。

于地，观鸟兽之文与地之宜。近取诸身，远取诸物，于是始作八卦，以通神明之德，以类万物之情"。鲁洪生师道："《周易》的认知方式离不开物象，以物象为根据，通过类比、联想和象征，把具体经验普遍化、公式化，进而推诸一切事情。"① 自然事物以及人类自身的精神活动，其间的种种联系及交互作用的无限错综的关系，在这中间，没有任何东西可以保持不变，万物皆生皆变。正是无穷无尽的物象，把《易》推向了无穷尽。同时思维理性的增强，天人关系的重新思考，尊神敬神思维的逐渐反转，重新思考人自身的存在本质。

《周易》认为万物都由阴阳二气聚合而成，天象有阴阳，人事之象也有阴阳，异质同构，同构同理，故可"引类譬喻"。男女、夫妻、君臣关系皆可分为阴阳，只要天人、物我、喻体本体间存在相似相关的关系即可假象喻意。《周易》"假象喻意"与《诗经》比兴、屈原楚辞"香草美人"实乃一脉相承，在思维方式上是相同的。上古之时天人合一，借助阴阳之象，依据家国同体同道的政治体制，《周易》开始讲述为君为臣之道。

《周易》文本是由《易经》和《易传》两部分构成；《易传》是对《易经》的理解和解释。《易经》本是预测吉凶的占筮书，以象数为主；《易传》则在象数的基础上重义理，使得《周易》由占筮书向哲理书进行转变。从《周易》发生的文化背景来看，最初的占筮主要在庙堂之上，目的是为国之大人、国之大事而谋。与经文相差五百年的《易传》，针对的对象则由君王扩展至普通民众。

《周易》是符号与文字的结合体，用阴阳符号构成八卦，构成八种天象，天象是为了表示八种事物的属性，即卦德。八卦两两相重，构成六十四卦，六十四卦的卦爻辞也是配合卦形阐明象旨，形成符号—天象—天意的模式。实际上，两卦相重叠构成新的一卦，其内涵往往在两卦的基础上衍生出新的意涵，基本是"1+1>2"的模式。《周易》的智慧包含多方面的内容，其中最突出的是天人合德，即借助天的神威引人向善，激发人的主观能动性。

从《周易》的表现形式来看，六十四卦的卦画、卦爻辞都是假象喻意的方式，"圣人有以见天下之赜，而拟诸其形容，象其物宜，是故谓

---

① 鲁洪生：《读懂〈周易〉》，中华书局2008年版，第37页。

之象"(《系辞传上》)。借助生活中常见之象来比拟和揭示天意,所谓天意又重在推论君臣政教义理。《周易》中卦画、卦爻辞所构之卦象、爻象中假借万物之象喻君臣之意。《周易》卦爻辞的逻辑是从卦画、卦德、卦爻象三个层面进行感悟天道,由天道再告示为君为臣之道。有些卦侧重某一层面解读,有些卦则从三个层面融合感悟义理。

卦画就是卦的阴阳符号,也是构成易象的一种方式。阴阳符号取象喻君臣。卦画可侧重指阴阳某一爻言,也可合言由二爻、三爻、四爻、五爻、六爻构成之象言。《周易》有阴爻(- -)、阳爻(—)两个符号。阴爻象征女、妻、臣;阳爻象征男、夫、君。阴爻阳爻三叠构成乾(☰)、坤(☷)、震(☳)、巽(☴)、坎(☵)、离(☲)、艮(☶)、兑(☱)八卦,八卦象征天、地、雷、风、水、火、山、泽,还象征父母和三儿三女。阳爻为男,阴爻为女。乾为至阳,为父;坤为至阴,为母;"乾道成男,坤道成女"(《系辞传上》)。"坤道其顺乎!承天而时行……阴虽有美,含之以从王事,弗敢成也。地道也,妻道也,臣道也。"(《易传·坤·文言》)其他六卦则阳卦多阴,阴卦多阳:震为长男,坎为中男,艮为少男;三阴卦:巽为长女,离为中女,兑为少女,皆以男女之象来假喻君臣之道。

任何文化现象都有一个发生、发展的过程,"以男女喻君臣"的表达模式在《周易》中就已基本形成。《周易》卦爻辞中多有"以男女喻君臣"的比兴思维。阴阳观念将女、妻、臣同视为阴,将男、夫、君同视为阳;天人合一观念视同类者同理同道,将男女、君臣连接为一个整体。荀子在《荀子·大略》中说:"《易》之'咸',见夫妇。夫妇之道,不可不正也,君臣父子之本也。"[①] 夫妇之道不仅与君臣之道有相似之处,而且夫妇之道也是君臣之道的根本所在,所以在《周易》假象喻意的卦爻辞中,可借男女之象来隐喻君臣。

卦爻辞中也多有由卦画的联想而系君臣之道。如山地剥(☶☷),五阴剥消一阳,五女一男,五臣一君。《剥·六五》:"贯鱼以宫人宠,无所不利。"鱼为阴性,五阴若"贯鱼","谓众阴也,骈头相次,似若贯

---

① 章诗同:《荀子简注》,上海人民出版社1974年版,第300页。

穿之鱼"。① "宫人"也为阴性。以自然天象喻人事之象"宫人"，以六五与四阴爻的情状，喻王后引领众嫔妃承宠于君王（上九），无所不利。既在说后宫嫔妃与君，也在说朝廷众臣与君，故上九之于五个阴爻为男女比君臣的关系。

又如《遯》卦（☶☰），则是将卦象、卦德与卦画结合推明义理。从卦象来看，《遯》卦艮下乾上，乾象征天，艮象征山，崔憬解释："天喻君子，山比小人。小人浸长，若山之侵天。君子遁避，若天之远山。"② 天和山两物象，分别喻指君子与小人，天逐渐远离山，类似君子远避小人。可喻指为臣者对政治秩序的失望，他们往往会选择人迹罕至之地，通常是山林。他们认为山林是一个与世俗世界相对隔绝的空间，是介于天、人之间的空灵世界。从卦画来看，《遯》卦为四阳二阴之卦，站在阳爻的角度来看，阴爻不断侵逼阳爻，阳爻不得不选择遁。《传》曰："浸而长"，这是说阴爻方长，消阳之时，所以此时利于静，不利于动。从卦德来看，《遯》卦艮下乾上，乾健在上，艮止在后，前三爻有自行行止之意。乾阳刚健上升，面对两阴爻浸长之势，有遁避之象。《遯·九三》："系遯，有疾厉；畜臣妾，吉。"被拴住，难以远遯，故有疾患危险。在小人势力渐长，又无法远遯之时，应"畜臣妾"，方可为吉。臣妾为女，为阴，指六二，"畜臣妾"，亲比六二。以臣妾之象喻指为臣者，身在魏阙，心在江湖。

又如《小过》六二爻辞："过其祖，遇其妣。不及其君，遇其臣。无咎"，以家庭祖妣之象喻君臣之理。李光地在《周易折中》中语曰：

> 凡易之义，阴阳有应者，则为君臣、为夫妇，取其耦配也。无应者则或为父子、或为等夷、或为嫡媵、或为妣妇，取其同类也。此爻二五皆柔，有妣妇之配，无君臣之交，故取遇妣，不及其君为义……小过之义，主于过恭过俭，妻道也、臣道也。二当其位而有中正之德，故能权衡于过不及而得其中，于六爻为最善。

---

① （魏）王弼、韩康伯注，（唐）孔颖达疏：《周易正义》卷三，中华书局1980年影印《十三经注疏》本，第38页。
② （清）李道平撰，潘雨廷点校：《周易集解纂疏》，中华书局1994年版，第328页。

《周易》认为家国同体同构同道，就多处取男女之象推断君臣之事。如：

> 乘马班如，求婚媾；往吉，无不利。（《屯》六四）
> 帝乙归妹，以祉元吉。（《泰》六五）
> 匪寇，婚媾；往遇雨则吉。（《睽》上九）
> 震不于其躬，于其邻，无咎；婚媾有言。（《震》上六）
> 舆说辐，夫妻反目。（《小畜》九三）

总而言之，《周易》的天人合一、阴阳观念是"假象喻意"比兴思维产生的根本原因，天人合一观是象数思维的哲学基础，象数思维是"假象喻意"比兴思维产生的直接原因，象数思维据阴阳二元之间相似相关处引譬连类，感发志意。阴阳观念将女、妻、臣同视为阴，将男、夫、君同视为阳；天人合一观念视同类者同理同道，将男女、君臣连接为一个整体。尽象立意，逐渐形成类比联想思维方式。《周易》从卦画、卦象、卦德三个层面进行类比联想，卦画、卦爻辞所构之卦象、爻象中假借万物之象皆喻指君臣之道。后竞相仿效，使之渐成中国古代诗文抒情表意的一种传统比兴思维。

第二章 《周易》为君之道卦爻考论(上)

《周易》以变易预测未来,蕴含着丰富的政治智慧。《乾》《坤》两卦是至阴至阳之卦,为《周易》六十四卦之核心,"子曰:乾坤,其《易》之门户邪?"《系辞传上》亦曰:"《乾》、《坤》,其《易》之缊邪!《乾》《坤》成列,而《易》立乎其中矣;《乾》《坤》毁,则无以见《易》。"《乾》《坤》两卦蕴含着《周易》的核心思想,《周易》以《乾》《坤》两卦为序列,其变化之易道建立起来,若是《乾》《坤》两卦建立的秩序毁坏,那么《周易》的规范也不存在了。

《周易》以阴阳象征君臣,《乾》《坤》两卦上承天、地之象,下载君、臣之道。《乾》卦主要讲为君之道,《坤》卦主要讲为臣之道,《周易·系辞传上》曰:"黄帝尧舜垂衣裳而天下治,盖取诸《乾》《坤》。"上古圣君选择无为而治,万民自化政策,这一政道便取自《乾》《坤》两卦。

君王受天所命统治百姓,示范教化万民。从国家行政角色来看,商周政府行政过程中君王确实发挥了积极作用,也就是说会亲自参与行政管理,因此君王需要日进其德,方能造福万民。从理论上来说,君王居于政府管理之上,并且拥有超越臣子的绝对权力,君王掌握的统治权力必须加以约束。君王需遵循天地规则,不断提高自身道德修养,才能为万民之表率。

从为君的总体精神上来看,《乾》卦要求君王健行不息。《周易》在《中孚》《大畜》《临》《观》等卦也提出了如何为君的具体措施。首先,从自身修养上要讲求诚信,做到真。并且多方学习前贤往圣事迹,畜积美德。其次,为政施政的关键是用贤养贤。然后还要在施政过程中注重给予万民恩惠,观民设教。

第一节 《乾》卦爻辞考论——健行不息

遵从天道行事,为君者当如何为政呢?先来看《乾》卦爻辞解读为君之道,《乾》卦爻辞如下:

1.① 乾卦☰(乾下乾上)
《乾》:元亨,利贞。
初九:潜龙,勿用。
九二:见龙在田,利见大人。
九三:君子终日乾乾,夕惕若厉,无咎。
九四:或跃在渊,无咎。
九五:飞龙在天,利见大人。
上九:亢龙,有悔。
用九:见群龙无首,吉。
《彖》曰:大哉乾元,万物资始,乃统天。云行雨施,品物流形。大明终始,六位时成。时乘六龙以御天。乾道变化,各正性命。保合大和,乃利贞。首出庶物,万国咸宁。
《象》曰:天行健,君子以自强不息。"潜龙勿用",阳在下也。"见龙在田",德施普也。"终日乾乾",反复道也。"或跃在渊",进无咎也。"飞龙在天",大人造也。"亢龙有悔",盈不可久也。"用九",天德不可为首也。

《乾》卦由乾下乾上组成,六爻皆阳爻,有阳刚劲健之势。《杂卦传》曰:"《乾》刚《坤》柔","乾"卦,帛书作"键",与《坤》卦之柔性相比,《乾》卦有刚健的性质。从卦德来看,乾为健,健行不息,故名之"乾"。天道强健,君子当效仿自强不息。《乾》卦卦名之意主要用卦德来显现,卦爻辞主要是讲为君之道重在健行不息。

卦辞:《乾》:元亨,利贞。
对"元亨利贞"这四个字的解释,古往今来众说纷纭,大致有以下

---

① 此为卦序,下同,不一一注明。

几种不同理解：第一种把"元亨利贞"拆开解释，成为天之四德、人之四德。《文言》：

> 元者善之长也，亨者嘉之会也，利者义之和也，贞者事之干也。君子体仁足以长人，嘉会足以合礼，利物足以和义，贞固足以干事。君子行此四德者，故曰乾：元、亨、利、贞。

乾为天，从天之四德来看，元为善德尊长，亨为美好亨通，利为和谐相宜，贞为根本正固。进而推论之君子为人处世中所应有的道德修养，圣人以人事来看，认为乾卦四德，法自然天象，立天之四德进行设教，"各得元始、开通、和谐、贞固，不失其宜"①。"元亨利贞"从四方面概括了天德，也推导出人事四德。

《左传·襄公九年》记载鲁国穆姜占筮的事例，其中记录了对"元亨利贞"的解读。穆姜在贞德上有问题，成公十六年的时候，与人合谋想要推翻成公，结果失败了，穆姜被贬入东宫，进行占筮，结果为："'《随》，元亨利贞，无咎。'元，体之长也；亨，嘉之会也；利，义之和也；贞，事之干也。体仁足以长人，嘉德足以合礼，利物足以和义，贞固足以干事。"② 春秋时期，人们对于"元亨利贞"也从道德正固的角度进行解读，与《文言》的解读是一致的。

第二种认为"元亨利贞"亦是与四德相配的四时，代表四季。此说是孔颖达引庄氏之意，"元是物始，于时配春，春为发生，故下云'体仁'，仁则春也。亨是畅通万物，于时配夏，故下云合礼，礼则夏也。利为和义，于时配秋，秋既物成，各合其宜。贞为事干，于时配冬，冬既收藏，事皆干了也"③。认为元代表物始，与时间相对应的当属春天；亨为亨通之时，与夏天相对；秋天乃万物既成之时，当配利；贞为干，冬藏时节为贞。乾有阳刚之气，自然以阳气始生万物，遵循春夏秋冬四季的反复循环，主宰天地。汉代扬雄、宋胡瑗、尚秉和及黄寿祺、张善文等赞同此意。

---

① 《子夏易传》，《文渊阁四库全书》本。
② 杨伯峻编著：《春秋左传注》，中华书局 2011 年版，第 964 页。
③ （魏）王弼、韩康伯注，（唐）孔颖达疏：《周易正义》卷一，中华书局 1980 年影印《十三经注疏》本，第 13 页。

高亨在《周易古经通说》中提出新解，认为元亨利贞断句当为：元亨，利贞。"亨"为祭祀；"贞"为贞卜。"元，大也；亨，即享祀之享；利，即利益之利；贞，即贞卜之贞也。"① 中国台湾学者屈万里赞同此说。

李镜池赞同高亨先生对"元亨利贞"的句读，但认为"元亨，利贞"当为占筮术语。《周易》作为周代以蓍草进行占卜之书，其占断辞与殷人龟卜时使用的卜辞一样，都有一套专门占断术语，比如卜辞里有"吉、大吉、弘吉、弗悔等"，《周易》卦爻辞中有"吉、大吉、亨、元亨、光亨、小亨、利贞、无咎、无悔、悔、吝、厉、悔亡、凶等"。因此"亨"不能通假为享，亨为通之意，"元亨约同于大吉。元，大也。亨，通也。利贞，利于贞吉，即吉。……这里的'元亨'、'利贞'表示是两个吉占"②。

对于"元亨利贞"，究竟哪种解读接近《易经》本初之意呢？四德说大概始于春秋后期，是历代最为流行的解释。高亨先生在《元亨利贞解》一文中提出了质疑："据此解释，则元、亨、利、贞为人之四德。元以仁为本，亨以礼为宗，利以义为干，贞以固为质。然执此以读《周易》，往往扞格不通。姑举一例：坤卦辞曰：'元亨利牝马之贞。'如谓元亨利贞为四德，则此果何等语乎？岂牝马亦有所谓贞操乎？余故谓文言、左传所云，绝非元亨利贞之初义。"③ 高亨先生把四德解说放到具体的卦爻辞中，发现以四德解说，往往解释不通，所以以四德来解释占筮卦爻辞中的"元亨利贞"不可取。

对"元亨利贞"之意，争议主要聚焦在"亨"和"贞"两字上。高亨提出"亨"即享祀之享，为祭祀之意。这种解读亦有不妥之处。首先，我们可以与经文加以对照，印证此种说法。例如，《需》卦卦辞："有孚，光亨，贞吉，利涉大川。"亨为祭祀，那么此处"光亨"作何解？《履》卦卦辞："履虎尾，不咥人，亨。"此处跟在老虎后面，老虎不咬人，祭祀。这也是讲不通的。再如《泰》卦卦辞："小往大来，吉，亨。"《同人》卦卦辞："同人于野，亨，利涉大川，利君子

---

① 高亨：《周易古经通说》，中华书局1958年版，第87页。
② 李镜池：《周易探源》，中华书局1978年版，第30页。
③ 高亨：《周易古经通说》，中华书局1958年版，第87页。

贞。""亨"乃祭祀，并不能解通卦爻意。

其次，虽然马王堆帛书《乾》卦记载为"元亨利贞"，但是查《坤》卦则记载为"元亨，利牝马之贞。"此处"元亨"并非"元享"。再查其他卦爻，《随》"元亨利贞"；《无妄》"元亨利贞"等卦皆是"亨"而非"享"字。且帛书中的"享"字皆作"芳"字，如《随》卦上九爻"王用芳于西山"。

再看，上海馆藏楚竹书《周易》中记载"亨"字皆作"卿"，"享"字皆作"言"（此为"享"的异体字）①。《说文》与《广雅·释文》："卿，章也。"《白虎通义·爵》："卿之为言章也，章善明理也。"《噬嗑·象传》："刚柔分动而明，雷电合而章。"（皆）指章为明。《乾·象传》亦有："大明终始，六位时成，时乘六龙以御天。"由此，上馆藏楚竹书写"卿"为"亨"，其意义暗含着亨有明之意。

由此来看，以高亨先生为代表的认为"亨"为"享"，意即祭祀的说法理据并不能成立。亨，笔者认为在《易经》中只是一个卜筮辞，有通、明之意。

"贞"字，自古就多训为"正"，但是通考经文辞例，"贞"解为"正"多有不通之处。如："贞吝""贞凶""不利君子贞"等辞就解释不通。"贞"，《说文》："贞，卜问也。"段玉裁《注》："《太卜》：'凡国大贞。'大郑云：'贞，问也。国有大疑，问于蓍龟。'后郑云：'贞之为问，问于正者。必先正之，乃从问焉。'引《易·师》：'贞丈人，吉'。"②且甲骨卜辞中"贞"多训为占问、占卜。由此，经中之"贞"皆训为占。而《易传》中之"贞"皆释为"正"。"利贞"，占问有利。但是，《乾》《随》《无妄》《屯》《临》卦"元亨利贞"中"贞"解释为占卜，尚秉和先生认为此种解释"则乾德不全矣，似不尽协也"。解决办法是"盖元亨利贞，合之为乾德，分之为八卦之德。故即为六十四卦之根本。……似以此四德，为衡量卦德之准的者"③。但尚先生也疑问，若为四德，那么卦爻中凶险之卜问为何也保留了这四德呢？对此尚

---

① 丁四新：《楚竹书与汉帛书〈周易〉校注》，上海古籍出版社2011年版，第189页。
② （汉）许慎撰，（清）段玉裁注：《说文解字注》，上海古籍出版社1981年版，第248页。另参看罗振玉《殷墟书契考释三种》，中华书局2006年版；王国维《史籀篇疏证》（王国维遗书）；尚秉和《周易尚氏学》等有详细疏证。
③ 尚秉和：《周易尚氏学》，中央编译出版社2012年版，第18页。

先生坦言"然后知此四字,已括尽易理,非言诠所能尽"①。

"元亨利贞"之"贞"与"贞凶""贞吝"之"贞"意义是否相同呢?有两种可能,一种是二者异义。"贞"或为正,或为卜问。"五经字同而义异者多矣,不独此也。"② 另一种可能是二者同义,皆为贞卜之意。"元亨利贞"四字可句读为"元亨,利贞"。"元亨"为卜筮结果,即大为亨通、通明之意。"利贞"即为利于占问。"元亨,利贞"重在"元亨"。无论对于吉祥还是凶祸,通过占筮都能够明了于心。对于凶险卦爻来说,由于事先进行了占问,对于未来之事有所明了,所以可以避免凶祸,因祸得福。

《周易》本是算卦书,为大人君主谋,君主更多的是关心结果,以便决策。君与臣之间向来关系微妙,君王希望得到臣子的忠心辅助,另一方面又要警惕臣下僭越君命。也就是说,臣子既要保命又要能够做到忠君,为此,需要采取主文而谲谏,委婉的有谋略的方式来尽职。《周易》吉多凶少,经统计,《周易》六十四卦卦爻辞中,结果为凶的大概占 25.33%,结果为吉和中性的大概占 74.67%。预测者之所以采取激励的方法,重在君主容易接受,这样既谏言又保命,可谓是两全其美。所以,元亨,就是大通、大顺。利贞,就是占问的结果有利。

《乾》《坤》两卦虽为《易经》之内在经脉总纲,但是并不代表这两卦就有异于其他卦,那么,对于《乾》卦"元亨利贞"四字的解读为何要优异于其他卦呢?朱熹认为:"元亨利贞四字,文王本意在乾坤者只与诸卦一般,至孔子作《象传》《文言》,始以乾坤为四德,而诸卦自如其旧。二圣人之意,非有不同,盖各是发明一理耳。"③ 因此,卦辞之意为大通、有利之意。

初九:潜龙,勿用。

初九爻选用"潜龙"作为象,"潜"为隐伏。从事物发展过程来看,初九爻处于事物的初始阶段。从九四爻辞"或跃在渊"、九五爻辞"飞龙在天"来看,"龙"可上可下,可飞可潜,"龙"者多变化之象,应是人脑中创造和想象之龙。

---

① 尚秉和:《周易尚氏学》,中央编译出版社 2012 年版,第 18 页。
② 同上书,第 17 页。
③ (宋)黎靖德:《朱子语类》,《朱子全书》第 16 册,上海古籍出版社 2002 年版,第 2182 页。

"《易》与天地准",天地是有德者,人要随天德而行,也要向潜龙学习。潜龙,乃是指此时的龙还在潜伏着,人占问到这一爻时也要潜伏着。可能是客观原因限制,也可能是自身主体行动能力还不够。"潜龙"这一爻象暗示着静止待时,此时不宜有所行动,"勿用"是这一爻的占断辞。关于"勿用"的意思,前人也有不同的理解,孔疏认为"勿用"乃是指不可施用之意,"言于此潜龙之时,小人道盛,圣人虽有龙德,于此时唯宜潜藏,勿可施用,故言'勿用'"[①]。崔觐亦认同孔疏:"龙下隐地,潜德不彰,是以君子韬光待时,未成其行。故曰'勿用。'"[②]

另一种理解认为,"勿用"是说大衍之数,虚一不用,初九爻即是虚待不用之爻。荀爽解释:"大衍之数五十云。乾初九,潜龙勿用,故用四十九。初九,元也,即太极也。太极函三为一,故大衍之数,虚一不用耳若。"[③]

《系辞传》:"大衍之数五十,其用四十有九。"这是《易传》设定的占筮规则。荀爽、惠栋等依照此筮法,认为其中缺少之一即是初九爻"勿用"之意。此种看法有欠考虑,原因有以下几点:

首先,从经传是否合一上来看,《易经》与《易传》并非同时产生,两者相距五百年之久,很难说《易传》的阐解是遵循《易经》的原初意义。

其次,爻辞"勿用"与"虚一不用"二者意义不同。《系辞传》中此段话是解说《周易》揲筮之法,其中"虚一不用"是指象征天的那根蓍草不再参与下面的分筮。而爻辞"勿用"只是告诫占筮者,表明此爻的结果。

最后,遍查《周易》卦爻辞,"勿用"之语还有四例,若说《乾》卦初九爻不参与占筮,那么其余四爻将作何处置呢?清人王引之反驳道:"家大人曰:荀意谓乾之初九言勿用,故不在所用之列。案,坎之六三亦八纯卦之一爻,其辞曰:'来之坎坎,险且枕,入于坎窞,勿

---

① (魏)王弼、韩康伯注,(唐)孔颖达疏:《周易正义》卷一,中华书局1980年影印《十三经注疏》本,第13页。
② (清)李道平撰,潘雨廷点校:《周易集解纂疏》,中华书局1994年版,第28页。
③ (清)惠栋撰,郑万耕点校:《周易述》,中华书局2007年版,第5页。

用。'与乾之初爻言'勿用'同。何以不在不用之列?"① 遍查《周易》六十四卦爻辞,"勿用"之语还有以下几例:

1. 《屯》卦卦辞:"勿用有攸往"。
2. 《蒙》卦六三爻辞:"勿用取女,见金夫,不有躬,无攸利"。
3. 《师》卦上六爻辞:"大君有命,开国承家,小人勿用"。
4. 《姤》卦卦辞:"勿用取女"。

从以上《易》例来看,"勿用"有两层:一是从事物发展过程来看,《周易》重潜隐畜德。正如《文言》曰:"潜之为言也,隐而未见,行而未成,是以君子弗用也。"二是从实际功用角度来看,"用"还是"勿用"存在一定的限制条件,如社会道德等外在客观因素,抑或个人主体因素等。因此,初九爻意为处于潜龙之时,暗示在初始阶段,当各种条件不具备时,不宜有所行动。应该学习潜龙,不断积累,提升自身能力。

九二:见龙在田,利见大人。

由初九爻发展至九二爻,"潜龙"变成"见龙",潜藏之龙开始出来了。占断辞为"利见大人",对此有不同的解释,何谓"大人"?从爻位来看,王弼倾向于九二、九五两爻皆为大人。"德施周普,居中不偏,虽非君位,君之德也。初则不彰,三则乾乾,四则或跃,上则过亢。'利见大人',唯二、五爻焉。"② 九二、九五爻中皆有"利见大人",认为九二利见九五之大人,九五君位利见有德贤士,亦为大人。

孔疏与王注意见不一,认为九二爻之时阳气见于地上,九二爻虽非君位,但已有君德,意即九二为素王。孔疏:"'利见大人',以人事托之,言龙见在田之时,犹似圣人久潜稍出,虽非君位而有君德,故天下众庶利见九二之大人。故先儒云:若夫子教于洙泗,利益天下,有人君之德,故称大人。"③

---

① (清)王引之:《经义述闻》卷一,江苏古籍出版社1985年版,第3页。
② (魏)王弼、韩康伯注,(唐)孔颖达疏:《周易正义》卷一,中华书局1980年影印《十三经注疏》本,第13页。
③ 同上。

郑玄、胡瑗、程颐、傅佩荣等认为"大人"指九五爻。干宝则直接指出"大人"并不确指某一爻，而是泛论有道德作为的人。"二为地上，田在地之表，而有人功者也。阳气将施，圣人将显，此文王免于羑里之日也。故曰'利见大人'。"① 尚秉和提出乾为"大人"，"乾为大人，二虽不当位而居中。利见者，言大人宜于此时出见也。郑康成谓利见九五之大人，非。五无应也。阳息至二，《临》，阳出地上，由潜而显。大人亦如此也"②。

关键词"见（jiàn）"还是"见（xiàn）"呢？从"见（jiàn）"来看，以上看法虽有歧义，但各自都能自圆其说。究竟如何解释"利见大人"呢？若从《周易》产生的时代来看，《周易》本来是为大人谋，对于九五爻来说，已为大人之位，岂有再见大人之说？

《易经》中不唯《乾》卦有"利见大人"之说，其他卦爻也有"利见大人"之语，可以参证。查遍《周易》六十四卦爻辞，"利见大人"之语还有五处：

1. 《讼》卦卦辞："有孚，窒惕，中吉终凶。利见大人，不利涉大川"。
2. 《蹇》卦卦辞："利西南，不利东北。利见大人，贞吉"。
3. 《蹇》卦上六爻辞："往蹇，来硕，吉，利见大人"。
4. 《萃》卦卦辞："亨，王假有庙，利见大人；亨利贞，用大牲吉，利有攸往"。
5. 《巽》卦卦辞："小亨，利有攸往，利见大人"。

从表面来看，似乎这几卦之间毫无关系，但若把卦爻放在《周易》时代来思考，《周易》是为大人谋，与九五爻息息相关。

《讼》卦不宜穷争，"见"若读为"现"，占筮到这一爻，对大人有利。如若小人占筮到此爻则不利。在宗法等级社会背景下，诉讼争斗，弱势群体如何打赢权贵阶级呢？这样解读虽符合世情，但问题是，真如《讼》卦爻，让人们平静地接受这种不公平的结果吗？《周易》重中正，

---

① （清）李道平撰，潘雨廷点校：《周易集解纂疏》，中华书局1994年版，第29页。
② 尚秉和：《周易尚氏学》，中央编译出版社2012年版，第18页。

这种读法欠妥。若读为"见",在诉讼过程中,有中正之人主持公平,这样的结果是有利的,九五爻曰:"讼,元吉。"九五爻为"讼之主",其中正决断,及时平息争诉。这也符合《讼》卦的主体精神。

《蹇》卦为蹇难之时,"见"若读为"现",卦辞有方位限定"利西南,不利东北","利见大人"就是指明对西南方向的大人有利。可是爻辞上六爻"利见大人"没有显现这种方位表达。若读为"见",九五爻"大蹇,朋来",至此爻虽处于大难之际,却有朋友前来解难,正印证了卦辞"利见大人",自然化险为夷,结果为吉祥。至上六爻曰:"往蹇,来硕,吉,利见大人。"此时面临蹇难之终,往前有难,但是返回附从九五爻,自然有大人相助,结果为吉祥。

《萃》卦坤下兑上,为聚集之意。"利见大人",若读"见"为"现",则是君王对祖祀至诚,对大人有利。结合爻辞来看,九四爻时擅聚群阴,至九五中正尊位方能够真正使群阴信服,九五爻才是真正的"大人"。卦爻辞内在联系一致。若读为"见",前有"王假有庙",紧接着"利见大人",君王已是大人,如何又拜见大人?前后不通。

《巽》卦"大人",虞翻曰:"大人谓五。"卦中九五爻阳居尊位,上下顺从,正是"大人"象。黄寿祺认为:"下顺上、臣顺君的最终目的,是利于大人君主申命施治。""利见大人"无论是占筮此卦,对大人有利,还是利于大人出现,都可以讲得通。

以上五卦,"利见大人","见"读为"现",还是"见",《周易》没有一致的标准,而是依卦爻意而定。但这五卦都与九五君位有关,从卦画来看,这五卦的第五爻皆为阳爻,即九五爻,并且结果均为吉祥。正如《文言》"水流湿,火就燥,云从龙,风从虎。圣人作而万物睹",在六爻中,第五爻占据着君位,余爻皆从之,有着相对重要的决断地位。"利见大人"多见于卦辞中,这也提示着六爻之中究竟谁才能担当"大人"的重任。《文言》曰:"夫大人者,与天地合其德,与日月合其明,与四时合其序,与鬼神合其吉凶。先天而天弗违,后天而奉天时。天且弗违,而况于人乎,况于鬼神乎?"能够承担大人职责的只有为天下公的君王。

因此,《乾》卦"利见大人"的解读为"利见(xiàn)大人",《乾》卦九二爻,经过长期的潜隐积聚,此时初出茅庐,已经到地面上来了。鲁洪生师认为《乾》卦九二、九五爻中"利见大人",意即"如果是贵族大人算到这一爻，对大人来说是比较有利的，言外之意，小人推演到此爻未必吉利。"①

九三：君子终日乾乾，夕惕若厉，无咎。

"君子终日乾乾"，"乾"为健，意即君子整日不断努力。歧义的焦点在"夕惕若厉无咎"一句。前人对此爻的句读有以下三种：

第一种句读为"夕惕，若厉无咎"，"若"当作假使语辞，意即晚上仍然警惕，即使有危险，最终也没有过错。王弼注："居上不骄，在下不忧，因时而惕，不失其几，虽危而劳，可以无咎。"②孔疏虽遵从王注解"若"当如讲，实际孔疏并不完全赞同，认为"此卦九三所居之处，实有危厉，又文言云：虽危无咎。是实有危也。据其上下文势，若字宜为语辞，但诸儒并以'若'为'如'。如，似有厉，是实无厉也，理恐未尽。今且依如解之。"③孔疏《文言》中对九三爻解释"虽危无咎"，实际上是有危险的，而"如"意是似有并不是真有危险，因此"若"当"如"讲并不确切。

第二种句读为"夕惕若，厉，无咎"，"若"当作描述助词，意即晚上警惕，危险，无过错。胡瑗："若者，辞之助。固宜终朝乾乾，日不自暇……自朝及夕，常戒惧而惕若，则可以无咎矣。"④后有苏轼、沈该、林栗、胡炳文、傅佩荣、黄寿祺、张善文等认同此说。

第三种句读为"夕惕若厉，无咎"，"若"当作"好似，好像"，意即晚上警惕着好像有危险，没有过错。朱熹在《周易本义》中解释道："九，阳爻。三，阳位。重刚不中，居下之上，乃危地也。然性体刚健，有能乾乾惕厉之象，故其占如此。君子，指占者而言，言能忧惧如是，则虽处危地而无咎也。"⑤后有赵汝楳、陈鼓应等赞同此说。

从以上解读来看，都反映了一种忧患意识，无论是白天还是晚上，时刻奋斗着，毫不松懈。这与《乾》卦健行不息的主题是息息相关的，因此三种解读都有一定的道理。

---

① 鲁洪生：《〈周易〉的智慧》，现代出版社2013年版，第94页。
② （魏）王弼、韩康伯注，（唐）孔颖达疏：《周易正义》卷一，中华书局1980年影印《十三经注疏》本，第13页。
③ 同上。
④ （宋）胡瑗：《周易口义》，《文渊阁四库全书》本。
⑤ （宋）朱熹：《周易本义》，《朱子全书》第1册，上海古籍出版社2002年版，第31页。

据马王堆帛书《周易》记载,"惕"字为"泥"。帛书《二三子》《衷》篇引作"沂",廖名春认为当读为析,意为解除,引申为安闲休息。引证《二三子》篇孔子曰:"此言君子务时,时至而动……君子之务时,猷驰驱也。故曰君子终日键键。时尽而止之以置身,置身而静。故曰:夕沂若厉无咎。"① 这也符合《周易》时观精神的。

《乾》卦诸爻皆称龙,唯独此爻称之以君子,这是为何?《周易》用象灵活,随事取义,王弼认为各爻选取物象,是由各爻意自身决定的:"夫《易》者,象也;象之所生,生于义也。有斯义,然后明之以其物……统而举之,《乾》体皆龙,别而叙之,各随其义。"② 王弼的解释看似有理,实际并未解决问题。从六爻的空间构造来看,从上至下分别象征天道、人道、地道。三、四位居于六爻中的人道,即九三爻位于人道,所以此爻有"君子"的说法。

乾,健也。终日乾乾,就是说整日不停地努力,不停地进取。"夕惕",白天努力工作,晚上还需非常警惕,这是一种忧患意识。"若厉"是危险,"无咎"就是没有咎错。这里为什么会出现两种相反的结果呢?《周易》强调忧患观念,注重以忧解忧,"《易》之兴也,其当殷之末世,周之盛德邪?当文王与纣之事邪?是故其辞危。危者使平,易者使倾;其道甚大,百物不废。惧以终始,其要无咎,此之谓《易》之道也"(《系辞传》)。《周易》兴起于殷商末期,正值文王事殷纣时,卦爻辞中多有警戒危惧的含义。自始至终保持警惧,结果不会有太大的咎错。九三爻强调只要认真工作,时刻保持警惕之心,即使遇到危险困境也没有关系,凶险也会化解。《周易》非常注重以主体修为来化解危机,比如以诚信化解危机的案例:《革》卦九四爻:"悔亡,有孚改命,吉";《小畜》卦六四爻:"有孚,血去惕出,无咎。"心怀诚信可以化解危机,可以直接决定占卜的结果。

九四:或跃在渊,无咎。

对此爻句读有异议,第一种句读:"九四:或跃,在渊无咎。""位上公也,逼帝王也,可进而谦让。恤患以勤百姓,将务时以进其道也,

---

① 廖名春:《〈周易〉经传十五讲》,北京大学出版社2004年版,第72页。
② (魏)王弼、韩康伯注,(唐)孔颖达疏:《周易正义》卷一,中华书局1980年影印《十三经注疏》本,第16页。

而犹自疑。德之薄而位之下，而卑以自守，故曰在渊无咎也。"① 子夏把"或跃"与"在渊"分割开来理解，从爻位上来看，九四爻处于公位，紧逼九五君位，此时当低调谦让，原因在于德薄位卑，自身才德有限，只有这样才能没有过错。所以认为沉潜在渊，结果就没有咎错。

第二种句读："九四：或跃在渊，无咎。"王弼认为："去下体之极，居上体之下，乾道革之时也。上不在天，下不在田，中不在人，履重刚之险，而无定位所处，斯诚进退无常之时也。近乎尊位欲进其道，迫乎在下，非跃所及。欲静其居，居非所安，持疑犹与，未敢决志。用心存公，进不在私，疑以为虑，不谬于果，故无咎也。"② 此说也是从爻位上切入，认为九四居处上下体之间，处于变革时期。九四爻上不是天，下不在地，进不得退不得，犹疑不决有危险。由于九四是处于公心，"四多惧"之地，所以结果没有咎错。后有孔颖达、胡瑗、程颐、沈该、林栗、朱熹、傅佩荣、黄寿祺、张善文等认同此说。

或跃、在渊，强调时机，进退不失其时。九四爻位临近九五君位，此时进退当慎之又慎。无论是前进，还是继续沉潜，都取决于个人的志向。胡瑗说："盖或跃以进其德，在渊以守其位分，是进其德不进其位也。"③ 对于这两种选择，《周易》都认为是没有过错的。而《象》曰："或跃在渊"，进无咎也。这只强调了前进没有过错，对于在渊则持有咎的观点，与《易经》爻辞是不一致的。上面两种句读方法，相比较而言，王弼的说法更加准确。

九四爻或跃、或在渊，其进退未定的原因何在？林希元认为："盖以爻与位言，九阳爻，四阴位，阳主进，阴主退，是进退未定也。以上体言，四居上之下，居上欲进，居上之下，则又未必进，亦进退未定也。以上下二体言，四初离下体，入上体，是为改革之际，亦进退未定也。故总承之曰：进退未定之时。"④ 主要是两方面，一是从爻位来说，九四阳爻居阴位，阴阳两性所主进退都体现在九四爻上。二是从卦体来看，乾卦分为乾下乾上两卦，九四居上下两体变革之时，《系辞传下》

---

① 《子夏易传》，《文渊阁四库全书》本。
② （魏）王弼、韩康伯注，（唐）孔颖达疏：《周易正义》卷一，中华书局1980年影印《十三经注疏》本，第13页。
③ （宋）胡瑗：《周易口义》，《文渊阁四库全书》本。
④ （清）李光地：《周易折中》，巴蜀书社2008年版，第22页。

曰："三多凶""四多惧"，所以九四爻面临所处有所犹疑，但并非停滞不前，而是待时而进。

对此爻，前人比较纠结，原因是"或"解释为有时，还是有的？一种是有时飞跃，有时沉入深渊。另一种解读认为有的人跃进龙门，有的人沉入渊底。《乾》卦主要是讲如何为君，那么解释为"有时"似更切爻意。作为君王，在临近功成之时，心理上当有所准备，功成时不高傲自得，沉入渊底时也不丧失意志，能够反省自我，节制自我情绪，理智地看待波折起伏。若是自身能够调控得当，即使有危险，也能够避免凶险。

九五：飞龙在天，利见大人。

九五爻所处位置于三才中的天道，此爻为君位。"飞龙在天"，郑玄曰："天者，清明无形，而龙在焉，飞之象也。"① 一般占卜到此爻位时最为吉祥，象征事物发展到最为圆满的阶段。

《周易·乾·文言》中对九五爻"大人"进行解释："夫大人者，与天地合其德，与日月合其明，与四时合其序，与鬼神合其吉凶。先天而天弗违，后天而奉天时。天且弗违，而况于人乎？况于鬼神乎？"所说的大人究竟是指什么样的呢？大人之德，当与天地一样健行并顺承万物，圣明就像日月一样普照大地，像天地四季一样按时流转，预测吉福凶祸更是大智慧。先于天象变化而及时作出决断，即使上天也不能违逆。在天象发生变化之后再作出行动时，也要遵循天道。对于这样大智慧的人，上天和鬼神都会福佑他。这可以说已达到至圣之境界。但是从爻位来看，九五为君位，所指当是对君王的最高要求。

《乾》卦是纯阳至健之卦，九五爻又为中正之君位，朱熹在《周易本义》中讲道："如以圣人之德，居圣人之位，以别于他卦。"② 从初九至九五爻，龙象从潜隐逐步走向田，进而达到飞龙在天的显赫，是至盛之时。占筮到这一爻，对于大人君子而言是盛之至。可是对于小人来讲，或许并不能承担起此爻的重担，预示着凶祸。

上九：亢龙，有悔。

上九爻居《乾》卦至极之位，穷高曰"亢"，"亢龙"就是飞得过

---

① （清）李道平撰，潘雨廷点校：《周易集解纂疏》，中华书局1994年版，第33页。
② （宋）朱熹：《周易本义》，《朱子全书》第1册，上海古籍出版社2002年版，第31页。

高的龙。"亢"预示着两层含义：一是处高危险；二是含蕴着变化，"处则久，久则通，通则变"。所以当龙飞得超出常规之后便有了后悔的心理。《新书·容经篇》："龙也者，人主之辞也。亢龙往而不返，故易曰：'有悔'。"① 以人事来看，做任何事情都应该知进退，不能盲目前进，盛极必衰。朱熹说："当极盛之时，便须虑其亢，如这般处最是。《易》之大义，大抵于盛满时致戒。"②《象传》亦曰："'亢龙有悔'，盈不可久也。"

用九：见群龙无首，吉。

《周易》六十四卦中唯有《乾》《坤》两卦多出"用九""用六"两爻，对于"用九"之意，前人有不同的理解：

"用九"之意为总结六爻皆为"九"之意。刘瓛曰："总六爻纯九之义，故曰用九也。"③ 王注、孔疏则认为"用九"即能用天德。王弼注："九，天之德也。能用天德，乃见群龙之义焉。"④《子夏易传》亦曰："用九，天德不可为首也。阳者，刚德之物也。凡用者皆取焉，故曰乾坤其易之门邪。"⑤

"用九"，从卜筮来看，当筮得六爻皆变之时，就以此爻进行卜筮。朱熹从占筮角度提出："而圣人因系之辞，使遇此卦而六爻皆变者，即此占之。盖六阳皆变，刚而能柔，吉之道也。故为'群龙无首'之象，而其占为如是则吉。"⑥ 清代李光地赞同朱熹的意见，认为："爻辞虽所以发明乎卦之理，而实以为占筮之用，故以九六名爻者取用也。爻辞动则用，不动则不用。卦辞则不论动不动而皆用也……乾坤者天地之大义，乾虽变坤，未可纯用坤辞也；坤虽变乾，未可纯用乾辞也，故别立用九用六，以为皆变之占辞。"⑦《周易》六十四卦，只有《乾》《坤》

---

① （汉）贾谊撰，阎振益等校注：《新书校注》，中华书局2000年版，第230页。
② （宋）朱熹：《周易本义》，《朱子全书》第1册，上海古籍出版社2002年版，第31页。
③ （清）李道平撰，潘雨廷点校：《周易集解纂疏》，中华书局1994年版，第34页。
④ （魏）王弼、韩康伯注，（唐）孔颖达疏：《周易正义》卷一，中华书局1980年影印《十三经注疏》本，第14页。
⑤ 《子夏易传》，《文渊阁四库全书》本。
⑥ （宋）朱熹：《周易本义》，《朱子全书》第1册，上海古籍出版社2002年版，第32页。
⑦ （清）李光地：《周易折中》，巴蜀书社2008年版，第23页。

两卦为纯阳或者纯阴之卦,若是占筮到此两卦时有变爻发生,则需选用"用九""用六"爻辞解释。原因在于这两卦是分别讲为君、为臣之道的卦爻,若是依照变爻则老阳变为老阴,老阴变为老阳,君臣之位颠倒,则于礼于理都是讲不通的。

《乾》卦六爻都是讲龙,六条龙循环往复,"见群龙无首吉",彼此间没有地位之差别。《象》曰:"'用九',天德不可为首也。"群龙刚健,居首则不吉,故而为无首吉。刚健之体,过刚而居首则不易为人所遵循,因此对于《乾》卦阳爻,没有哪一阳爻是居高临下的领导者,共同为主,这样才能形成有序、合理的管理程式。阳爻为首,强为天下先,刚愎自用,则必有凶的结果,由此来看,《易》在柔与刚之间重在刚柔相济。这也是《周易》告知为君者需要尊重他者的意见,不能全权独断,否则会有凶。

综上,《乾》卦居六十四卦之首,为阴阳之根本,万物之宗祖。从《乾》卦卦爻辞来看,其内在精髓是什么呢?无疑是"天行健,君子以自强不息"。《乾》卦六爻之象,取龙象,龙者乃是阳刚之健者。从初九潜龙至飞龙至亢龙,有序变化,表现了一个从低至高的整体发展,预示了任何事物皆是由低走向高,达致大盛后,若不悔悟反省,就会有物极必反的结果。

《乾》卦六爻为我们勾勒出为君之道的整体框架:初九爻强调积蓄与储量。庄子所谓"深根宁极而待,此存身之道也"[1]。九二经过初九的基础,已经从地下到了地面。九三强调君子当整日不断奋斗,晚上要不断反省警惕。天行健,君子以自强不息。到了九四爻,面临时势的进退。从龙的变化来看,要么或跃而飞天,要么或下而潜渊。九五爻则已飞在天空,是至盛之时。面临盛极之时,上九爻强调适时而变,革新,方能避免盛极而衰的结局。

《乾》卦六爻中蕴含着修身、齐家、治国、平天下的政治智慧。从《乾》卦发展的整体来看,预示着阳刚之大德,重阴阳相谐、刚柔相济,不是一味地重刚。为君者志向远大,但要脚踏实地,低调谦让。从精神层面领悟天道的神妙变化,畜聚美好的品德,达到与天地合德的境地。然后施用于国家政治决策中,结果自然是亨通。

---

[1] 钱穆:《庄子纂笺》,生活·读书·新知三联书店2010年版,第140页。

第二节 《中孚》卦爻辞考论——信以化邦

诚信，真实无妄乃为诚，主要指主体的内在品质；言行合一即为信，侧重于外信于人，即内在品质的外在展现。诚信合一，《中庸》所谓"合外内之道"。《周易》特别重视诚信之德，"君子进德修业。忠信，所以进德也；修辞立其诚，所以居业也"（《乾·文言》）。专门设立《中孚》卦，且在六十四卦卦爻辞中讲述诚信之道多达四十四次，涉及二十六卦。《周易》中诚信之意多以"孚"来表述，"孚"不仅表现在内在心境的虔诚，而且注重结果。许慎《说文解字》："卵孚也。从爪从子。一曰信也。"徐锴进一步解释道："鸟之孚卵皆如其期，不失信也。鸟抱恒以爪反覆其卵也。"① 从字形上解释，孚与鸟孵卵联系，大鸟尽心力孵化，鸟卵经过一定时间的孕育和等待后如期出生。朱熹曾经辨析"孚"与"信"的区别和联系："伊川云：存于中为'孚'，见于事为'信'，说得极好。因举《字说》'孚'字从爪从子，如鸟抱子之象；今之'乳'字，以一边从'孚'。盖中所抱者，实有物也；中间实有物，所以人自信之。"② 主体诚心诚意，人们感其诚而信之，即为"孚"。

《周易》认为诚信之德是决定人事吉凶成败的一个重要因素。卦爻辞中多次提示，遇至凶险之时，诚信可化解危机，"悔亡，有孚改命，吉"。联系《周易》诞生的背景，诚信之德是古人实行神权政治的手段，引导君王向善，关切民众生命。同时，也孕育着对自我主体负责的一种精神。

《周易》的思想内容与精神气质，是孔孟等儒家思想得以形成和发展的重要渊薮。先秦儒家继承和发展《周易》的诚信观念，从天道内化到人性，从人性落实到人心，成为人心之德，成为人之内在的精神追求。诚信已成为中华民族之重要的传统美德。诚信正是建立在中国传统文化的深厚基础上，才具有强大的生命力。

---

① （汉）许慎撰，（清）段玉裁注：《说文解字注》，上海古籍出版社1981年版，第222页。

② （宋）黎靖德：《朱子语类》，《朱子全书》第16册、第1册，上海古籍出版社2002年版，第2486页。

61. 中孚䷼（兑下巽上）

《中孚》：豚鱼，吉。利涉大川，利贞。

《彖》曰：中孚，柔在内而刚得中；说而巽，孚乃化邦也。"豚鱼吉"，信及豚鱼；"利涉大川"，乘木舟虚也；中孚以利贞，乃应乎天也。

《象》曰：泽上有风，中孚。君子以议狱缓死。

初九，虞吉，有它不燕。

《象》曰：初九"虞吉"，志未变也。

九二，鸣鹤在阴，其子和之；我有好爵，吾与尔靡之。

《象》曰："其子和之"，中心愿也。

六三，得敌，或鼓或罢，或泣或歌。

《象》曰："或鼓或罢"，位不当也。

六四，月既望，马匹亡，无咎。

《象》曰："马匹亡"，绝类上也。

九五，有孚挛如，无咎。

《象》曰："有孚挛如"，位正当也。

上九，翰音登于天，贞凶。

《象》曰："翰音登于天"，何可长也。

一

《周易》卦爻辞中，诚信是一种道德品格，其意义已达到无所不能的地位，"至诚而不动者，未之有也，不诚未有能动者也"（《孟子·离娄上》）。《周易》专门设立《中孚》（䷼），"中孚"为诚心诚意并践诺之意，从卦画、卦象和卦德等角度论述诚信之德及其要求，构建了基本完整的原初诚信思想。卦辞从总体上论述诚信的普遍性，践行在各种关系中，是人君的立身之本，"孚乃化邦"；是各级官员处理国家事务及各种矛盾争端的利器，"有孚元吉"；也是教化民众的重要德行，"圣人以神道设教，而天下服矣"。爻辞围绕着由内在向外在功用转化阐述诚信的重要性。一方面，内心需要无私无妄，排除杂念，达至至诚之境。另一方面，践行诚信需与客观规律相符，与自身能力相配，通过不断的学习，成就一个道德主体。

其一，卦辞中突出诚信的重要性，遵守诚信结果为吉。卦辞之象为"豚鱼"，占断结果为"吉。利涉大川，利贞"。王弼曰："鱼者，虫之幽隐；豚者，兽之微贱。"①"豚鱼"乃微贱之物。程颐进一步谈豚鱼的特点："豚躁鱼冥，物之难感者也。"② 也就是说内心躁动、不听指示是猪的特点，鱼则是冥顽不灵，这两种动物不容易驯化。《象传》解释为"豚鱼吉，信及豚鱼"，即诚信把豚鱼这样难以驯化的动物都感动了，还有什么不能训教的呢？君王内心怀有诚信，施用范围无所不在，结果吉祥。正所谓精诚所至，金石为开。

《周易》六十四卦中屡次出现"孚"，并践行在治国理政的各种关系中，进而成为整个社会普遍的行为准则。诚信是为君者从政之道的修养，是其立身之本。《中孚·象传》："孚乃化邦。"君王的诚信能够感化邦国，整个社会都易喜悦而随顺。"中孚以利贞，乃应乎天也"，天地万象、四季的轮转，都是按时运行，万物运动变化不会因为任何原因而停止。天地守信，人们也应信守天道。天是至高无上的权威，君王是人间至高无上的管理者，君王也应信守天道，遵守信义。这样，信用无所不在，有利于社会道德提升。

《益》卦九五爻辞曰："有孚，惠心勿问，元吉；有孚惠我德。"君王心怀诚信，以此诚信施惠天下，不必问天必有大吉。原因就在于君王能够以损己益物为念，真诚信实益于天下，天下自然会感其恩德。《坎》卦辞强调君王怀诚的重要性，"有孚维心亨，行有尚"，面临多重险难，上有天险，下有地险、国险，处险而不失其信，化险为夷。

诚信之德体现在执政者与民众相互协调的关系中。如《中孚》九五爻辞："有孚挛如，无咎。"九五爻为君位，以诚信结天下之心，则民众愿意跟随，"宽则得众，信则民任焉"。《比》初六爻辞："有孚比之，无咎。有孚盈缶，终来有它吉。"《比》卦阴阳爻比例为一比五，五阴皆欲比辅于九五之阳，九五为君位。"比之初六，有它吉"，对于初六来说，距离九五爻最远，从绝远的地域来亲比九五之君，归顺宗国，对安定大局有重要意义。《随》九四爻辞："随有获，贞凶；有孚在道以

---

① （魏）王弼、韩康伯注，（唐）孔颖达疏：《周易正义》，中华书局1980年影印《十三经注疏》本，第71页。
② （宋）程颐：《伊川易传》，《文渊阁四库全书》（经部·易类），第十七册，台湾商务印书馆1986年版，第390页。

明，何咎！"九四阳爻居阴位，不当位，加之是多凶之位，如何防凶？"有孚在道以明，何咎！"九四爻非君位行君道，六三追随之，虽违背常理，但若心怀诚信，合乎正道，亦能够成就一番功业，结果自然无咎。《解》九四爻辞："解而拇，朋至斯孚。"九四爻居位不当，处于险难之时，舒解大拇指，摆脱小人的纠附，这样朋友才会诚心诚意自远方归附。

《周易》强调处理国家事务及矛盾争端时也讲求诚信之德。"国之大事，唯祀与戎"，《观》卦辞讲到祭祀的礼制，"盥而不荐，有孚颙若"。荐礼注重祭品丰盛，盥礼则要求祭祀者虔诚，不必过分强调祭品的数量，明德唯馨。《损》卦辞亦曰："有孚元吉……二簋可用享。""二簋"是非常薄少的祭品；《既济》九五爻辞："东邻杀牛，不如西邻之禴祭，实受其福。"祭祀注重主体精神活动，外在物质则看得很轻。祭品虽然不丰盛，但只要心中充满诚意，量力而行，上天也会降福。

《革》卦辞、九三、九四及九五爻中都提到"孚"，革新政治的过程中需要诚信，凝聚民心。《讼》卦讲述处理矛盾和冲突时，可能发生争讼。卦辞："有孚窒惕，中吉，终凶。利见大人，不利涉大川。"争讼是由毫无诚信所致，若能够谨慎为之，中途退出，结果吉祥；始终争讼不息则有凶险。若有大人从中协调矛盾，加之主体心怀诚信，结果就可能双赢。诚信中含有宽容退让之意。

其二，由诚意到践诺需要主体具备一些条件。《中孚》六四爻："月既望，马匹亡，无咎。""月既望"与"马匹亡"皆非吉象，象征艰难坎坷，可结果却是无咎。一方面，表明即使在非常困难的情况下，只要有诚信，就能帮人们渡过所有的险难；另一方面，《周易》提出了践行承诺非常重要的条件，即合乎自然的客观规律。若主体有诚意，但所行之事不符合客观规律，那么也就不具备实现的可能性，正如孔子所言"信近于义"。"望"即满月之时，"月既望"，月亮过了满月之后，开始由圆满走向消残，从中感悟出主体需依天道行事。

《中孚》卦画中也蕴含着践诺的条件，要求主体内心无私无妄，方能达到至诚之境地。《中孚》（䷼）卦画整体结构呈现上下四阳爻包围中间二阴爻之象，三、四爻阴柔处在中间位置，二、五两阳爻居上下卦中位。卦画组合类似于鸟孵卵，六三、六四两阴爻为虚，九二、九五两阳爻为实，看似虚，实则为中实。曾国藩说："人心中虚不着一物，而后能真实无妄。盖实者，不欺之谓也。人之所以欺人、所以自欺者，以心中别有私物也。不欺者，心无私着。是故天下之至诚，天下之至虚者也。"① 中实讲求健行不息，言行一致。中虚，内心真实无私，排除一切杂念，集中意识，心向善道，这是诚信的基础。

初九爻辞"虞吉，有它不燕"，"虞吉"即心中安定，结果吉祥。"有它不燕"，若心有杂念，虚妄不定，结果则不安定。六三爻辞"得敌，或鼓或罢，或泣或歌"，遭遇敌人有不同的表现，或是擂响战鼓，与敌人征战到底；或是疲败后退，不敢与之相争。由此造成两种不同的结局，或是为败而哭泣，或是为胜而高歌。遇敌过分注重结果，反映到心理层面则是迟疑不定，内心虚妄不诚。

其三，诚信之德在施行过程中也要求与自身能力相匹配。上九爻是六爻发展的最高阶段，"翰音登于天"，结果为凶。"翰音"有声高虚短的特点，飞鸟高翔于天空，其行迹渺然难视，只能虚听其声，未见其实。上九居卦终，内无笃诚之心，外以矫伪作饰，不踏实低调，反欲飞而求显，声欲达天。主体能力与目标间的差异，必然导致结果为凶。《中孚》强调严谨实诚，反对浮夸张扬。诚信要有度，若超过一定的度，不自量力，反而无信。

诚信并非易事，它体现的是内心原则与具体实际相结合的一个过程。这一过程需要主体不断提升学习能力，好学并善学。九二爻辞"鸣鹤在阴，其子和之"，从自然景象感悟天道，白鹤在林荫间鸣叫，雏鸟也跟着唱和。雏鸟学习经验，提升自我能力，能够更好地认识和适应环境。雏鸟随鹤鸟互鸣源于血缘本能的学习，并按照自然习性来鸣叫，之间形成一种至真至纯的信任。由自然天象推测人事"我有好爵，吾与尔靡之"，我有美酒，与你共享，能得人和之，可见诚信具有超常的感染力。《诗经·小雅·鹿鸣》中也有："呦呦鹿鸣，食野之苹。我有嘉宾，鼓瑟吹笙"，后来曹操在《短歌行》中以求贤若渴之心演绎《鹿鸣》。

二

《中孚》六四爻象不吉，结果却是无咎，卦辞指明影响结果的因素是诚信。在《周易》卦爻辞中类似情况很多，若有诚信，凶象便可化解，如《革》九四爻"悔亡，有孚改命，吉"；九五爻"大人虎变，未

---

① 黄寿祺、张善文：《〈周易〉译注》，上海古籍出版社 2009 年版，第 352 页。

占有孚"。那么，诚信为何会成为决定吉凶的一个因素呢？

（一）诚信德治观念的提出是为了约束君王的权力，不断提升君王的道德修养。在中国古代思想史上，西周初期实现了由唯天为尊的天命观到德治观的飞跃，政治家为了论证以周代商的合法性，便提出了"皇天无亲，唯德是辅"。在天命观念里加入了道德的因素，意为有德之人才能获得上天的佑助，以天为师的道德观引申出借助上天的权威来引导君王向善。君王受命于天子，一人之德便能决定天下兴亡。为了构建和谐社会，古人便寄希望于君王不断提升自我的道德修养。

（二）这与当时人们的心理崇拜有关，是古人实行神权政治的手段。《周易》还处于人神共拜的时代，帝或巫是沟通上天和民众的渠道，占筮的过程就是使其决策获得合法性和权威性的过程。正如吉德炜所说："商王通过占卜获得统治的权力，通过祭祀、祈祷产生影响；王族祖先的意志使得政治权力集中到王者身上变得合理合法。"[1] 人们之所以听从君王，是因为其拥有祭祀、占筮的权力。商周时期人们认识的能力有限，一切都仰赖天的福佑。筮者得到天意，有一定自由发挥的余地，神意变成了王命，王命与神权取得共赢。君王驭国需要给民众构建一些道德规约，民众诚心信奉神灵的旨意，神灵也会诚意善待民众。所以诚信德治的背后显现的是君王驭国之术。

（三）诚信可以决定吉凶，可见《周易》时代已经孕育着对自我主体负责的一种精神。森严的宗教气氛下，《周易》时代的人们往往倾向于问天，希冀得到天的救助，实际上是把一切问题和责任都抛给了上天。认为决定吉凶结果的是个体不能掌控的因素，比如天道、天时等，这些因素是人为所无法改变的，只能遵循，不能违背。诚信可以改变结果，可见《周易》时代的人们已经由对神灵的依赖转而对自我主体负责，此时的信心不仅是对神灵，更是对自我的一种信仰。这种信心蕴含着一种坚强的意志和奋发的精神，正如"天行健，君子以自强不息"，"地势坤，君子以厚德载物"。

《周易》决定吉凶的因素有很多，包括个体所无法掌控的客观因素，也有可以改变的主观因素，比如德行和才能。面对不利的客观因素，借助主体德行和才能，按照客观事物发展规律，尽力改变。若无法

---

[1] 王爱和：《中国古代宇宙观与政治文化》，上海古籍出版社2011年版，第60页。

改变，则顺应天道。孔子学易，悟出了《周易》智慧，吉凶不同，主观内因是关键。孔子明确指出个人德行决定吉凶祸福："吾求其德而已，吾与史巫同途而殊归者也。君子德行焉求福，故祭祀而寡也；仁义焉求吉，故卜筮而希也。"① 而能否做到顺应天道，很大程度上都是由人的道德修养来控制。所以《周易》非常重视德行，使诚信成为决定吉凶的一个重要因素。

三

"六经"是中国传统文化长时期的积累和总结，代表了中国传统文化的知识和价值。《周易》是"六经"之首，论"天道"，是中国传统文化的哲学基础，班固《汉书·律历志上》谓"《易》与《春秋》，天、人之道也"，天道是人道的根据。孔子整理"六经"，在继承其基本价值观念的基础上赋予新义，展开了"哲学的突破"。孔子晚年而喜《易》，"读《易》，韦编三绝"（《史记·孔子世家》），且为之作《彖》《系》《象》等传。因此，《周易》的思想内容与精神气质，是孔孟等儒家思想得以形成和发展的重要渊薮和基体。《周易》十分重视的诚信之德，及其构建的诚信思想，孔孟等儒家多有阐发。

《论语》中多次论及"诚""信"，提到"信"字有三十八次，"诚"字有两次。孔子更重视信。《说文解字》中"诚信"二字互释："诚，信也；信，诚也。"实际上，诚偏重于内在的品性，信侧重于外在的表现。孔子曰："人而无信，不知其可也。大车无輗，小车无軏，其何以行之哉？"（《为政》）人而无信，如同车之无輗、无軏，不能行于世。"信近于义，言可复也"（《学而》），信是信守诺言，有大信和小信，只有近于义的信才是大信，必须践行，也是"言必信，行必果"（《子路》）。

孔子首先以诚信教育弟子，培养弟子的诚信人格。"子以四教，文、行、忠、信。"（《述而》）"子张问行。子曰：'言忠信，行笃敬，虽蛮貊之邦行矣；言不忠信，行不笃敬，虽州里行乎？'"（《卫灵公》）"弟子入则孝，出则悌，谨而信。"（《学而》）诚信是士人的节操品格，是修身的重要内容。其次，孔子在政治层面上论诚信，要求统治者要诚信，取信于民。孔子曰："道千乘之国：敬事而信，节用而爱人，使民

---

① 丁四新：《楚竹书与汉帛书〈周易〉校注》，上海古籍出版社 2011 年版，第 529 页。

以时。"治理千乘之国，统治者要敬事而信，即敬其事而信于民。子夏曰："君子信而后劳其民，未信则以为厉己也；信而后谏，未信则以为谤己也。"（《子张》）统治者诚信，则民众信之。《颜渊》：

> 子贡问政，子曰："足食，足兵，民信之矣。"子贡曰："必不得已而去，于斯三者何先？"曰："去兵。"子贡曰："必不得已而去，于斯二者何先？"曰："去食。自古皆有死，民无信不立。"①

足食、足兵、民信是治理国家的三个条件，民信是最重要的条件。古人多误解民信是对民众本身来说的，即民众宁可牺牲生命也不可无信。实际上，孔子的本意是，统治者必须做到诚信，以使民众能相信他们。这种"信"是对统治者提出的要求，不是对民众提出的要求。港台新儒家徐复观先生说："先秦儒家，凡是在政治上所提出的要求，都是对统治者而言，都是责备统治者，而不是责备人民，这可以说是一个通义，此即德治的本质。"②

《大学》曰："自天子以至于庶人，壹是皆以修身为本。"修身之本乃是"诚意"。《礼记正义·大学》曰："此《大学》之篇，论学成之事，能治其国，彰明其德于天下，却本明德所由，先从诚意为始。"意，是心之所发。诚，即真实无妄。诚意，即实其心之所发。具体言之，诚意是把心之所发之意，真实地坚持下来，使其不至于若存若亡，而必须使其成为生命中的真实存在，以支配自己的言行。人与物相接时，直心而发之意，与由耳目等生理欲望受外物引诱，乘时而起的某些念头，混在一起，心难以发生主导作用。生理欲望又驱使心的知性一面，编造出一套原谅自己的理由，欺本善之心，以求得良心的宽假。这是自欺，意不诚。诚意即去除上面的各种杂念，保持心之所发的本来面目。意之所在，即心之所在，《大学》之谓"欲正其心者，先诚其意"，"所谓诚其意者：毋自欺也"。

《中庸》以诚为中心展开，所讲的天道、人道和成人、成己等，都

---

① （魏）何晏注，（宋）邢昺疏：《论语注疏》，中华书局1980年影印《十三经注疏》本，第2503页。

② 徐复观：《中国思想史论集续篇》，九州出版社2014年版，第445页。

归结为诚,既是沟通天人之际的桥梁,又是成仁的途径,"不诚无物"。"诚者,天之道也。诚也者,人之道也。"诚是天道之本然,这是继承《周易》的天道观。但《中庸》认为,天命之谓性,人性中有诚,则追求诚信乃是人性之要求,人事之当然,这是发展《周易》的诚信观。"诚者自成也,而道自道也。诚者物之终始,不诚无物。是故君子诚之为贵。""诚"与"道"是万物生成的内在根源,没有"诚",则一切处于荒芜状态。因此,"诚"连接天道和人道,人必须经过一番修养才能达到天人合一的"诚"。"唯天下至诚,为能尽其性;能尽其性,则能尽人之性;能尽人之性,则能尽物之性;能尽物之性,则可以赞天地之化育;可以赞天地之化育,则可以与天地参矣。"主体求诚,不仅是内在修养需要,而且具有外在功用。君子至诚,则具有楷模典范的作用,可以启发和引导民众和万物能自觉反省自己心性的诚信,从而使他们皆能成为诚信之人。

《中庸》不仅提出了人与"诚"间的关系,还指出了诚信由内在转化为外在功用的途径。"道也者,不可须臾离也,可离非道也。是故君子戒慎乎其所不睹,恐惧乎其所不闻。莫见乎隐,莫显乎微,故君子慎其独也",作为君子,内心与外在行为时刻要保持诚心诚意,即便是独自一人,也要保持警惧之心,谦谨笃行。慎独之时,也要有理性地自我省察。内省是以外在的道德规范进行反思,而慎独则要以内省的功力来指导和支配自我外在行为,是一种道德修养的方法,更达到一种道德境界。内省和慎独的道德标准便是诚,"诚身有道:不明乎善,不诚乎身矣",要做到诚身,又需明善。明善实际上是道德主体具有明辨道德是非的能力,而要明善又要"博学之"。这继承了《周易》中主体求诚的内在逻辑。

《孟子》言诚,是继《中庸》言诚的思想而加以发展的。孟子曰:"是故诚者,天之道也;思诚者,人之道也。至诚而不动者,未之有也;不诚,未有能动者。"(《离娄上》)天道之诚内在于人的心性之中,而成为人道。思诚是个体的修身之本,是个体的重要德性,而展现为外在的道德行为。孟子曰:"万物皆备于我矣。反身而诚,乐莫大焉。强恕而行,求仁莫近焉。"(《尽心上》)"万物皆备于我"乃是《论语》中所讲的"天下归仁",只有仁才能达到这一境界。而这一境界并非虚无缥缈,是可以求得的。"反身而诚",反之于自身,真实无妄。具体怎么做呢？"强恕而行，求仁莫近焉。"尽己之谓忠，推己之谓恕，在自我完成的基础上，还能够帮助他人完成自我，这就是"仁"。孟子所讲的诚，实是讲仁，《中庸》全篇所说的诚，实际也是讲仁。只有仁者才能尽己、尽人、尽物之性，赞天地之化育。诚的观念是由忠信发展而来，诚也是为仁求仁的工夫。

孟子曰："由是观之，无恻隐之心，非人也；无羞恶之心，非人也；无辞让之心，非人也；无是非之心，非人也。恻隐之心，仁之端也；羞恶之心，义之端也；辞让之心，礼之端也；是非之心，智之端也。人之有是四端也，犹其有四体也。"（《公孙丑上》）孟子以仁义礼智为心之四端，未提到信。对此，朱熹说："四端之信，犹五行之土。无定位，无成名，无专气。而水、火、金、木，无不待是以生者。故土于四行无不在，于四时则寄王焉，其理亦犹是也。"[1] 朱熹根据同类相应的原则，以五行之土配合"信"，金木水火四行的发展都离不开土；同样，仁义礼智的四端之心皆不能离开诚信，离开诚信，则仁义礼智皆具有虚伪性。这是继承西汉大儒董仲舒的思想："土者，五行最贵者也，其义不可以加矣。五声莫贵于宫，五味莫美于甘，五色莫盛于黄。"（《春秋繁露·五行对》）五行之中，土最为贵，则与土相配的事物最为贵。四端之心未提到的信，犹如五行中的土，仁义礼智四端之心的培养扩充都需要诚信。

西汉"儒者首"董仲舒把儒家的核心价值观念概括为"五常"。《天人三策》："夫仁义礼知信，五常之道，王者所当修饬也。"（《汉书·董仲舒传》）"五常"遂广为宣扬，且与"三纲"结合为"三纲五常"，成为两千多年来中国传统社会的伦理纲常，对中华民族的思想意识以及社会心理产生了巨大而深刻的影响。董仲舒为"五常"建立了天道的神圣根据，天之五行与人之五常相配合，即木配仁，义配金，礼配水，智配水，信配土。这加强了人们实行五常之道的坚强责任感。董仲舒说："《春秋》之义，贵信而贱诈。诈人而胜之，虽有功，君子弗为也。"（《汉书·董仲舒传》）《春秋》贵信，是人道之准则。信作为道德准则，一方面是对人自身的修为有一定的约束，"竭愚写情，不饰其过，所以为信也"（《天地之行》）；另一方面是人与人之间讲求诚信，

---

[1] （宋）朱熹：《四书章句集注》，浙江古籍出版社2014年版，第186页。

"《春秋》尊礼而重信。信重于地，礼尊于身"（《楚庄王》）；再一方面，信是一种治国的重要手段，"为人臣者，比地贵信而悉见其情于主，主亦得而裁之，故王道威而不失"（《离合根》）。因此，董仲舒以信为五常之一。

综上所述，诚信是一切人修身的标准，自天子以至庶人皆要以诚信为本；诚信决定着人之吉凶成败的命运；诚信不仅是统治者治国理政的重要条件，也是社会形成良好风尚的必要条件，更是个体走出人生困境的道德金规则之一。诚信之美德有十分深厚的传统文化的基础。《周易》卦爻辞多次论及诚信，有奠基的重要意义。先秦儒家继承和发展《周易》诚信观念，诚信的内涵不断生发出新的意义。从天道内化到人性，从人性落实到人心，成为心之德，成为人之内在的追求。诚也是求仁为仁的工夫。真实无妄，知行合一的人，才能有真正的责任感，才会产生无限向上之心。

在当今社会普遍缺失诚信时，我们对于《周易》《论语》《中庸》《孟子》等文化经典之"诚信"观念的阐释具有重要的现实意义和价值。在物欲横流的现代社会中，人们的价值观发生了很多扭曲，自欺与欺人等现象多有发生，重释文化经典，可以不断提升主体自身的道德修养，弥补人格缺陷。在社会主义市场经济和民主政治建设中，同样需要诚信，方能取信于民，政通令行，和谐统一。从《周易》始，到先秦儒家就如何践行诚信之德，为现代社会建立诚信道德伦理体系，重构诚信主体提供了丰富的思想资源。

第三节 《大畜》卦爻辞考论——畜德养贤

大畜之畜，《经典释文》曰："畜，积也，聚也。"① 《说文》："畜，田畜也。"段玉裁《注》："田畜谓力田之蓄积也。"② 从字义来看，畜有畜聚之意。卦象上显示出所畜之大，艮上乾下，艮为山，乾为天，天是至大之象，包容在山之中，可见所畜之大。从卦德来看，大畜之意包含畜止。艮为止，乾为健，以艮止乾健，畜止之后方有畜聚。那么大畜

---

① （唐）陆德明：《经典释文》，中华书局1980年影印《十三经注疏》本，第99页。
② 许慎撰，段玉裁注：《说文解字注》，上海古籍出版社1981年版，第1221页。

之畜聚与畜止有何关联呢？对此，孔颖达认为："乾健上进，艮止在上，止而畜之，能畜止刚健，故曰'大畜'。"① 程颐承此说，畜止之后就是畜聚，二者先后承继："止则聚矣"，"止而后有积，故止为畜义"②。郑刚中、苏轼、朱熹等大都从此说。畜止和畜聚并非只是承继关系，二者关联角度不同，畜止为条件、过程，畜聚为结果。《大畜》卦爻辞具体阐释所畜之大的原因、过程与结果。为论述方便，兹录卦爻辞如下：

26. 大畜䷙（乾下艮上）

《大畜》：利贞。不家食吉。利涉大川。

《彖》曰：大畜，刚健笃实，辉光日新。其德刚上而尚贤，能止健，大正也。"不家食吉"，养贤也。"利涉大川"，应乎天也。

《象》曰：天在山中，大畜。君子以多识前言往行，以畜其德。

初九，有厉，利已。

《象》曰："有厉利已"，不犯灾也。

九二，舆说輹。

《象》曰："舆说輹"，中无尤也。

九三，良马逐，利艰贞，曰闲舆卫，利有攸往。

《象》曰："利有攸往"，上合志也。

六四，童牛之牿，元吉。

《象》曰："六四元吉"，有喜也。

六五，豮豕之牙，吉。

《象》曰："六五之吉"，有庆也。

上九，何天之衢，亨。

《象》曰："何天之衢"，道大行也。

卦辞：《大畜》：利贞。不家食吉，利涉大川。

对于卦辞"不家（而）食"的疑问："不家食"还是"不家而食"？王弼本、帛书《易经》本皆无，廖名春等认为"而"字当为衍

---

① （魏）王弼、韩康伯注，（唐）孔颖达疏：《周易正义》卷三，中华书局1980年影印《十三经注疏》本，第40页。
② （宋）程颐：《伊川易传》，《文渊阁四库全书》本。

文。上博藏楚竹书《周易》本则认为是有"而"字的。吴新楚、丁四新则认为楚简本多"而"字，"而"字非必为衍文。对此，讨论的关键在于"而"字在此承担何种功用？

据《马氏文通》："'而'字之为连字，不惟用以承接，而用为推转者亦习见焉，然此皆上下文义为之。"① 这就是说，"而"字作为连词起到连接的功用，前后语义转折关系是暗含在整体语境之中的。前人在解读"不家（而）食"时，虽卦辞为"不家食"，但解读中仍依"不家而食"来解。同样，《无妄》六二爻，上博藏楚竹书亦为："不耕而获"，而帛本和今本则作"不耕获"②。《周易注疏》中虽为"不耕获"，但王注、孔疏皆为："不耕而获，不菑而畬"，"不耕获，释不耕而获之义"。③ 因此，从"而"字语用功能来看，此处"而"字可有可无。

卦辞"不家（而）食"有多种解释："一是不光自家食用，而与贤人一道分享。二是不自食于家。"④ 其实，这两种说法是从不同的角度阐述，前者是从君主的角度，后者是从贤人的角度，实为一意，故可以合并，即从君主的角度来看，让贤人食禄于朝，不食于家。从象数角度亦可证之，"二五易位成家人。今体颐养象，故不家食吉，养贤也"⑤。即《大畜》卦的九二与六五两爻互换爻位，便是《家人》卦。九三、六四、六五、上九组成互卦，有颐象，"颐者养也"，故贤人养在朝廷，不食家里。另一不同的卦象组合，下乾为贤人象，上艮为宫阙象，这样形成了贤人居于宫阙之下，有食禄在朝之意。其后程颐、朱熹、苏轼、朱震、保巴、来知德、李光地、尚秉和、傅佩荣等遵从此说。

另一说法食于外以避灾眚。这种说法自高亨先生："今人往往受术士指示，某日不食于家，而食于外，以避灾眚，古人盖亦有此类事。"⑥ 李镜池等从此说法。但这种说法缺乏实证，有以今律古之嫌。

还有不耕种却有饭吃的解释。"楚简《大畜》卦所见'而'字不是衍文，其中'家'字宜读为'稼'。'不家食'与《无妄》卦'不耕

---

① 马建忠：《马氏文通》，商务印书馆1983年版，第282页。
② 丁四新：《楚竹书与汉帛书〈周易〉校注》，上海古籍出版社2011年版，第61页。
③ （魏）王弼、韩康伯注，（唐）孔颖达疏：《周易正义》卷三，中华书局1980年影印《十三经注疏》本，第40页。
④ 廖名春：《楚简〈周易·大畜〉卦再释》，《清华大学学报》2004年第3期。
⑤ （清）李道平撰，潘雨廷点校：《周易集解纂疏》，中华书局1994年版，第277页。
⑥ 高亨：《周易古经今注》，中华书局1987年版，第233页。

获'结构相类,可理解为'不稼而食'。"① 这是吴新楚提出的又一新解。

以上说法的歧义之处在于"家""食"之意的理解。由出土文献看,"家"字由豕之居至人之居,又逐渐扩展为邦国之意。"家之义为宗庙,即宗族团体进行共同祭祀的场所",并由此发展为具有血缘关系的宗族。甲骨卜辞中有"我家"的说法,杨树达认为"我家"即我邦。屈万里提出,至西周时期,文献中多有解"家"为邦国,"《尚书·大诰》:王若曰:……天降割于我家。《多士》:矧曰其有听念于先王劾家。这两'家'字皆指邦国言"。②

"食"在先秦文献中,也作为一种仪礼出现。周代接待前来朝见或聘问者,往往施行飨、食、燕三仪。《周礼·秋官·司寇》掌客:"掌四方宾客之牢礼、饩献、饮食之等数与其政治……子男三积,皆视飨牵,壹问以修……壹飨,壹食,壹燕。"③ 褚寅亮道:"飨重于食,食重于燕。飨主于敬,燕主于欢,而食以明善贤之礼。"④ 飨、燕、食是礼仪中重要的待宾之礼,其中食在明礼招贤中起到重要作用。国君聘用贤人为官时,采取先聘用再食的程序,这是待客之道。郑玄亦云:"主国君以礼食小聘大夫之礼也。"⑤

从先秦礼仪制度来看,家有大至邦国之意,食为礼食聘用贤人。《彖传》亦道:"大畜,刚健笃实,辉光日新,其德刚上而尚贤。……'不家食吉',养贤也。"明以大畜之资赡养贤人。《损卦·上九》爻辞亦有诸如"贞吉,利有攸往,得臣无家"此类的说法。

"利涉大川"在《易经》中多次出现:《蛊》(巽下艮上)卦卦辞:"元亨,利涉大川";《需》(乾下坎上)卦卦辞:"有孚,光亨贞吉,利涉大川";《涣》(坎下巽上)卦卦辞:"亨。王假有庙,利涉大川,利贞";《益》(震下巽上)卦卦辞"利有攸往,利涉大川"。这几卦具

---

① 吴新楚:《楚简〈周易〉"不家而食"新解》,《周易研究》2004年第6期。
② 古文字诂林编纂委员会:《古文字诂林》(六),上海教育出版社2004年版,第753页。
③ (汉)郑玄注,(唐)贾公彦疏:《周礼注疏》卷三十八,中华书局1980年影印《十三经注疏》本,第900页。
④ 褚寅亮:《仪礼管见》,中华书局1985年版,第45页。
⑤ (汉)郑玄注,(唐)贾公彦疏:《仪礼注疏》卷二十七,中华书局1980年影印《十三经注疏》本,第1059页。

有一些共同的特质：从卦象来看，多次出现木、水、火之象；《大畜》有山天之象；《需》卦是水天之象；《蛊》卦是山风之象；《涣》卦是风水之象；《益》卦是风雷之象。从自然天象来看，所面临现象无论是预兆还是结果都并非阳光明媚之天象。对于行走于外的人来讲，可能面临诸多的困难；"涉大川"的目的多是往济大难，泽被苍生；而德行愈厚，愈无忧艰险，故而"利涉大川"。

由此来看，《大畜》卦辞着重指君王畜用贤人，一切困难都会渡过，实现大畜之势。君王若能任用贤人，行动应合天的规律，实行贤明政治，何险难之不济哉！《大象》传讲到君子为人应多方领悟前贤言与事，用来畜聚美好的品德。由此来看，《大畜》卦是告知为君者要懂得畜德养贤之道。

初九，有厉，利已。

对于"已"字有不同看法：一是认为借为"祀"，意祭祀。假使"已"字作祭祀来讲，那么"有厉"，利于祭祀来解除这种危险。针对此爻，此说虽然可自圆其说，但爻意与卦意大为畜聚有何关联？一是"已"作"己"，自己。"有厉"，则"利己"，亦为不通之解。

一是认为此为"已"字，意即停止。王弼道："四乃畜已，未可犯也，故进则有厉，已则利也。"[①] 初九爻与六四爻当位相应，大畜初爻之时，初九阳刚为六四阴柔所畜。虽为阳爻，居初位最可能发生的危险就是不识时务，一味冒进。"利已"正是告诫有危厉，应暂止待时。此爻之意：有危险，利于停止。即利于畜止，不宜前进。

九二，舆说輹。

"舆"与"輹"为何？中国古代车辆结构大体分为装载、运转和驱动三大部分。其中"舆"为装载部位，即车厢。《说文》："车，舆轮之总名。""舆，车舆也。""车"为全名，"舆"为偏名，"舆"代"车"是以部分代整体。浑言之，"舆"可泛指车子，上博藏楚竹书和汉帛书都写作"车"。古代对这两个字常连用，如《管子·禁藏》："故圣人之制事也，能节宫室，适车舆以实藏，则国必富，位必尊。"[②]

---

① （魏）王弼、韩康伯注，（唐）孔颖达疏：《周易正义》卷三，中华书局1980年影印《十三经注疏》本，第40页。

② 黎翔凤：《管子校注》，中华书局2004年版，第1012页。

第二章 《周易》为君之道卦爻考论(上)

"輹",上博藏楚竹书作"复",汉帛书作"緮",阮元考证认为作"輹",此乃经文之本字。马王堆出土帛书《周易》中,《大畜》、《小畜》皆作"舆说緮",二者为同一字。《左传·僖公十五年》亦出现"车脱其輹"的说法,而"脱辐"之语未查到。依据古代车辆构造,"輹"为运转部位。车轴在车厢下面,为了固定,便在车厢的底部安装木头,用绳索将其系绑住,这就是"輹"。其作用在于固定车轮、承载车厢、传递动力,在运行期间其易脱落。"辐"为辐条,"三十辐共一毂"。辐条的作用在于固定轮子及其平衡度,整个车子都依靠它受力支撑。若其毁坏,则车子就不能前行。但"辐"脱落的概率很小,据阮元考证:"作'輹'是也。輹者,伏兔也,可言脱。辐贯于牙毂,不可言脱。"对此,前人马融、郑玄、郭京、尚秉和等本异于王弼传本,皆作"輹",而非"辐"。古今《周易》传本中出现"輹""复""緮""辐"等异字,对此,王明钦先生说:"古人传书,多为口传心受,借用同音同义字,本来就很常见,而地下出土的文字资料,如帛书和竹简,书写的随意性较强,假借现象更为普遍。"[①] 可谓的论。

通过"輹""辐"的辨释,《大畜》、《小畜》卦九二、九三爻皆作"舆脱輹"的可能性偏大。《小畜》九三爻脱离初九、九二爻独进,必有脱輹之凶,且九三爻与上九爻无应,非阴阳遇合,故有"夫妻反目"之说。与《小畜》不同,《大畜》九二爻被畜止,表现为车不能行进的状态。

九三,良马逐,利艰贞,曰闲舆卫,利有攸往。

"良马逐",上博藏楚竹书"逐"作"由",汉帛书作"遂"。对此,丁四新认为"逐""遂"乃是形近误用,"逐""由"从音韵的角度则是相通的。古来的诸家解释也都据"逐"字解读的,故本书以"逐"字为据。"良马逐",孔疏曰:"至于九三,升于上九,而上九处天衢之亨,途径大通,进无违距。"[②] 九三《象传》曰:"利有攸往,上合志也。"九三爻与上九爻同为阳爻,合志即是同为阳爻之间的同感。虽上有两阴爻,但并不能阻止其与上九相应,达致"道大行也"。由于九三爻为阳爻,阳刚锐进,故有艰难之处。

[①] 王明钦:《试论〈归藏〉的几个问题》,古方主编:《一剑集》,中国妇女出版社1996年版,第103页。

[②] (魏)王弼、韩康伯注,(唐)孔颖达疏:《周易正义》卷三,中华书局1980年影印《十三经注疏》本,第40页。

"曰闲舆卫"中的"曰"字,"据上博简、汉帛本,'曰'为本字"①,王弼本也遵从"曰"字。此意有:"曰"意为言,《经典释文》:"曰音越,刘云:曰犹言也。"② 也有的认为,"曰"不单单是言之意,"曰"还有告诫之意。如:"曰犹爰也,有告戒之意。犹《诗》'岂不曰、戒之曰。'"③ 有的认为此"曰"应为"日"字。虞翻为"日","日闲舆卫"则是"日习车徒"④之意。虽能讲得通,但从现最早记载来看,战国楚竹书《周易》本此处为"曰",故为"日"的可能性不大。今人还有新的看法,认为"曰"应为"四",此说源于高亨:"'曰'疑当为'四',四借为'驷'。"⑤《说文》:"驷,马一乘也。"若为"四",又通假为"驷",没有提供可信的证据,故暂存疑。

"闲"字在《周易》中两见:一者《乾·九二·文言》:"庸言之信,庸行之谨,闲邪存其诚。""闲",孔疏等认为是"防闲"之意,但何谓"防闲"?潘士藻《读易述》记载:"二龙德在中位,常防人心之危微,有懈怠便与天,则不合闲邪存诚,此正几先之学。""闲"有防微杜渐之意味。再者,《家人·初九》"闲有家,悔亡",其中"闲"字众家遵循"防止"之意。

据史料载,西周春秋时期,战争主要以车战为主,车马多寡是衡量一个国家军事实力的重要标志,所以言及战争的诗文大都注重对马的描述,如《〈鄘风〉·〈定之方中〉》中有"骙牝三千"。"闲舆卫"为警戒之语,车马虽为保家卫国之举,但用之需谨慎,这也是对前面"良马逐,利艰贞"的说明。九三爻良马相逐,占问结果有利但过程艰难。为何有利又艰难?九三爻与上九得以"合志",才有了良马相逐、静极而动的吉象。因其有过刚锐进之势,故间有"艰"象。对此情境,"曰闲舆卫",说明要慎用武力,如此方能利于前行。

六四,童牛之牿,元吉。

对于"童牛"有四种看法:一种认为"童牛"为有角之牛。虞翻

---

① 丁四新:《楚竹书与汉帛书〈周易〉校注》,上海古籍出版社2011年版,第69页。
② (唐)陆德明:《经典释文》,中华书局1980年影印《十三经注疏》本,第100页。
③ (清)王夫之:《周易稗疏》(文津阁四库全书影印本),商务印书馆2008年版,第419页。
④ (清)李道平撰,潘雨廷点校:《周易集解纂疏》,中华书局1994年版,第279页。
⑤ 高亨:《周易古经今注》,中华书局1987年版,第234页。

曰："艮为手，为小木，巽为绳，绳缚小木横著牛角。"① 沈该、朱震等遵从此说。第二种是牛未长出角之时。朱熹："童者，未角之称。"② 来知德、胡煦等认同此说。以上皆解为未成年的牛，差别在于小牛有角或者是小牛还未长出角。从牛的自然生长规律来看，不同品种角的长度也不相同，有些牛小的时候角很短或没有长出来，因此出现以上两种情况。由于六四爻没有明确的限定语，因此"童牛"笼统解释为幼牛。

第三种"童"当训为无繁育能力。"植物不结果、不生枝干，土地不生草木，皆可谓之'童'，是不生育的意思。"③ 此说依据《康熙字典》中"童"释义，"童，言童子未有室家者也"，并借先秦典籍引申为"植物不结果、不生枝干，土地不生草木，皆可谓之'童'，因此释为不生育的意思"。④ 作者在此把"不生"与"不生育"两个不能等同的概念混为一谈。如若视"童牛为不生育的牛"，那么怎么解释"之牿"呢？对此并未解释。第四种"童"表示去尽、脱光之意。⑤ 对于这种说法，吴辛丑在《周易"童牛"之"童"表"去尽"义说商榷——答廖名春先生》一文中进行了详细的论证，其质疑证据可信，故略去不谈。

"童牛"解为幼牛之外，古文献中还有旄牛称为"童牛"的记载，并记录其性格特点。据《后汉书·蛮夷》："有旄牛无角，一名童牛。肉重千斤，毛可为毦。"《海录碎事》中对"童牛"性格有描述："周书文王语太子发曰：吾厚德而广惠，不为骄佚，不为泰靡。童牛不服，童马不驰，万物不失其性。"⑥ 可见，童牛之性甚为倔强，故而使用"牿"束缚之。从《周易》产生之时来看，这种看法也是有可能的。

"牿"，上博藏楚竹书作"桿"，濮茅左解释此字为："桎牿，读为'牿'，加于牛角上的横木；楅设于角，横设于鼻，止其抵触。"⑦ 虞翻曰："牿謂以木楅其角。""桿""牿"，都指用木束缚于牛角。人们疑

---

① （清）李道平撰，潘雨廷点校：《周易集解纂疏》，中华书局1994年版，第279页。
② 萧汉明：《〈周易本义〉导读》，齐鲁书社2003年版，第115页。
③ 王毅：《〈周易〉大畜考释三则》，《讨论与争鸣》2012年第2期。
④ 同上。
⑤ 廖名春：《周易经传十五讲》，北京大学出版社2004年版，第87页。
⑥ （宋）叶廷珪撰，李之亮校点：《海录碎事》，中华书局2002年版，第481页。
⑦ 马承源主编：《上海博物馆战国楚竹书》（三），上海古籍出版社2003年版，第167页。

问，无角或者幼牛未长角时，如何用横木束缚？这不是矛盾吗？前人提出各种解释：一种认为束缚牛前足。"牛无手，以前足当之。"① 还有认为束缚在牛脖颈上。方苞认为"牿"是束缚颈。套住牲畜脖颈等物，需不断训练。实际上，无论是牛角、牛前足还是脖颈，都可加以束缚。

由此来看，"童牛之牿"当是说把小牛拴起来（加以束缚）。在农业社会，牲畜非常重要，为驯服牲畜必须采取各种手段加以束缚，使之合用。此爻止刚健于未发，有以柔克刚之效。"初刚之势，止于未角，如止恶未形，用力少而成功多，大善而吉之道也。"②

六五，豮豕之牙，吉。

"豮"假借"坟"，止。孔疏曰："'能豮其牙'者，观《注》意则豮是禁制损去之名，褚氏云：'豮除也'。除其牙也。然豮之为除，《尔雅》无训。案《尔雅》云：'坟，大防。'则坟是提防之义。此'豮其牙'，谓防止其牙。古字假借，虽豕傍土边之异，其义亦通。'豮其牙'，谓止其牙也。"《尔雅》没有记载"豮"为禁除之意，孔疏据"豮""坟"通假，且"坟，大防"，故"豮"有提防之意。

对于通假字的认定，于省吾先生认为需坚持律例兼备的原则。③ 其中"例"是很重要的一个方面，古文献上要有大量的例证，如果举不出例证，那么这种通假的说法不成立。古文献中未记载"豮"通"坟"之例，故孔疏之意暂存疑。根据文字学通假的原则，一个字如果从字形出发，按其基本意义能讲通，就无须考虑通假了。因此后人再解释"豮"之意时，直接从"豮"之本意切入。段注："豮，羠豕也。羠，马乘羊也。马乘，犗马也。犗，马乘牛也。皆去势之谓也。"④ "豮豕"意即去势或阉割后的猪。

还有认为"豮"为幼猪。"與童牛之牿"一句同例。《尔雅注疏》："豕，子猪。注：今亦曰彘。江东呼豨，皆通名豮。豮，注：俗呼小豮猪，为豮子幺幼。注：最后生者俗呼为幺。"⑤ 豕，为子猪之称。"豮"

---

① （汉）郑玄撰，郑小同编：《郑志》，商务印书馆1939年版，第1页。
② （清）胡煦著，程林点校：《周易函书约存》，中华书局2008年版，第932页。
③ 林沄：《古文字研究简论》，吉林大学出版社1986年版，第113页。
④ （汉）许慎撰，（清）段玉裁注：《说文解字注》，上海古籍出版社1981年版，第813页。
⑤ （晋）郭璞注，（宋）邢昺疏：《尔雅注疏》卷十，中华书局1980年影印《十三经注疏》本，第2650页。

是豕类通称。而"豮"则是"獅"之幼仔。

对于"牙"之意：一指牙齿。孔疏曰："豕牙谓九二也。二既刚阳似豕牙之横猾，九二欲进此，六五处得尊位，能豮损其牙，故云豮豕之牙。"一说"牙"为"以杙（小木桩）系豕"。来知德：牙者，坤雅云：以杙系豕也。乃杙牙，非齿牙也。"① 总之，"豮豕之牙"大致有三种解释：第一，"豮豕之牙"意即豮损猪的獠牙。第二，把小猪用小木桩圈住。第三，去势或者阉割的猪的牙齿。究其哪种说法更加接近卦爻本义呢？

第一种说法因"豮"解为豮损存疑故不论。第二种"豮"作小猪来讲，是畜养小猪。若六四、六五两爻同是对"童牛"和"豮豕"的畜养，盖不妥。从《周易》阴阳交错发展的关系来说，爻位起到了内在的发展动力，若两爻相似，有重复之嫌。第三种作羯豕来讲，猪性刚躁，其牙猛利，故去其势就会使其躁性得以制止。六五阴居阳位，以柔制刚，实现"大畜"。因此，"豮豕之牙"解为去势或者阉割的猪的牙齿，更符合卦意。

上九，何天之衢，亨。

历来对"何"字有异议：一是把"何"作语气辞解，犹言"何畜"。意谓"畜"极已通或是设辞而启其义。"既成而大通矣，于何往而不可哉？"意谓上九已达至本卦最理想的一爻，有畜道大通之势，故而有何其通达之意。二是训"何"为"当"，正处于之意。虞翻曰："何，当也。衢，四交道。乾为天，震艮为道，以震交艮，故何天之衢，亨。"② 此爻行至上九，正处于通天之道。三是"当"亦有"担当、负荷"之意，李道平认为："何与荷通，训当者犹担当也，刚在上能胜其任，故为何。"③ 上九爻为上卦唯一阳爻，能够担当其通天的责任。四是疑"何"为衍字，当为："天之衢，亨。"此疑源于胡瑗："经文有何字，推寻其义殊无所适，盖传写者因象辞有之，故遂加之也。"④ 经文中本没有"何"字，后传本之所以有"何"字，是据《象传》有"何"字而增添的。而《象传》"何"字乃是对经文"天之衢"的设

---

① （明）来知德撰，张万彬点校：《周易集注》，九州出版社2004年版，第346页。
② （清）李道平撰，潘雨廷点校：《周易集解纂疏》，中华书局1994年版，第281页。
③ 同上。
④ （宋）胡瑗：《周易口义》，《文渊阁四库全书》本。

问。五是疑读为"可"。廖名春："'何'疑读为'可'，即认可、遵从。这样就是说顺从天道，则亨通。"① 此说有别于诸家所说，但理据不足，无法确证。

无论是把"何"字作为语气辞、实词，还是衍字，都可讲通。乾为天，震为途，由此通达至上六，畜极大通。上九与九三爻相对来看，对九三而言是"合志"，对上九而言就是"道大行"。

综上，从哲学角度讲，《大畜》卦贯彻了《周易》"与时偕行"的行止精神。《杂卦传》云："大畜，时也。"初九、九二时止则止；九三与上九"合志"，有如良马驰逐，畜极而通。但仍有牵制，"利艰贞"也。六四、六五主动畜止。九三与上九合志，至上九畜极大通。可见下卦艮是被畜者，上卦乾为畜者。随着六爻不断发展，爻与爻间相互制约，从而达到螺旋上升的趋势，实现畜极而通天衢之象。

推天道明人事，卦辞、《彖传》及《象传》，把《大畜》畜止之道引申至政治管理，体现了《周易》畜德养贤之道。具体来说：第一，从不同的身份来看，君臣的关系如阴阳，刚柔相济得以和谐发展。《大畜》卦卦辞、《彖传》从贤人角度需提高道德修养，为君所用。从君主的角度来看，则强调君主为政要爱人，"养贤"的重要。第二，从君主的政治目的来看，修身为政，形成以柔克刚之势。"良马逐，利艰贞，曰闲舆卫，利有攸往"，《周易》已经认识到慎用兵。对于君主来说，强兵形成的威势并不能持久。由此，六四、六五两爻强调了以柔制刚。"童牛之牿"止刚健于未发；"豮豕之牙"刚躁，其牙猛利，故去其势就会使其躁性得以制止，六五爻阴居阳位，以柔制刚，实现"大畜"。

第四节 《临》卦爻辞考论——抚临施惠

《临》卦由兑下坤上构成，关于《临》卦卦名，历来各家说法不一，约有以下几种：荀爽说："泽卑地高，高下相邻之象也。"② 此是从卦象着眼，由上督下。《临》卦兑下坤上，兑为泽，坤为地，泽上有地，二者有高下尊卑之别，故荀爽有此语。

---

① 廖名春：《周易经传十五讲》，北京大学出版社2004年版，第88页。
② （唐）李鼎祚：《周易集解》，《文渊阁四库全书》本。

从字义来看，临为君临统治。《说文》："临，监临也。"① 居高视下，引申为监视、监察、监督。对于临和监二字之意，戴家祥解道："说文八篇：'临，监也'。'监，临下也。'临与监为转注字。从字形来看，两字皆从𦣝，象人俯视，从一与巛皆表示水，从皿与𠙴皆为盛水之器，两字形近。从声韵上看，临隶侵韵，监隶谈韵，古韵侵谈相近；从意义上来看，两字互注。综观两字在形声意三方面的异同点，我们怀疑两字最初可能是异体重文。"② 廖名春依此阐解为："临为监临，义为居上治民。"③ 从位置上讲，临讲求以大临小，以上临下者。

《序卦传》解释："临，大也。"史徵在《周易口诀义》中解释："临，大也。以阳气方长，万物皆盛，亦犹王者盛大之德，威临于下，故称临也。"④ 这是从卦画角度阐释，呈现为二阳浸长之势，象征王者盛大之德威临天下，前人多认为阳长象征德盛。林栗亦道："所以为临者，泽上有地也。泽大矣而地临之，泽不逾地，地斯为大矣。君子之临民，如地之临泽可也。"⑤

程颐则从泽和地两者相邻的距离来看，认为泽与地距离相近，关系紧密，所以临有比临之道。"天下之物密近相临者，莫若地与水，故地上有水则为比泽上有地，则为临也。临者，临民临事，凡所临皆是在卦取自上临下，临民之义。"⑥

闻一多、张立文根据帛书中"临"写作"林"，则认为"临"与"霖"同字，又写作"淋"，便认为《临》卦是讲农作物与下雨间的关系。笔者查证，"临"与"霖""淋"，古人并未混同一字，乃是相异之字。且《临》卦六爻爻辞并未出现农作物，与之并无关联，此说法欠妥。

从卦画来看，《临》卦二阳四阴，二阳有浸长之势，显示出阳刚渐长而监临之象。孔疏："以阳之浸长，其德壮大，可以监临于下，

---

① （汉）许慎撰，（清）段玉裁注：《说文解字注》，上海古籍出版社1981年版，第697页。
② 古文字诂林编纂委员会：《古文字诂林》（七），上海教育出版社2004年版，第544页。
③ 廖名春：《周易经传十五讲》，北京大学出版社2004年版，第92页。
④ （唐）史徵：《周易口诀义》，《文渊阁四库全书》本。
⑤ （宋）林栗：《周易经传集解》，《文渊阁四库全书》本。
⑥ （宋）程颐：《伊川易传》，《文渊阁四库全书》本。

故曰临。"① 从卦象来看，地上泽下，地高泽卑。水能载舟，亦能覆舟，古人常以水来比附百姓。《临》卦卦象有君主监临百姓之象。再者，坤象为土，土在泽水之上，又有壅土治水之义，引申有治政之意。从卦德来看，坤为顺，兑为悦，《象传》有言"说而顺"，《临》卦讲求悦然后顺，治政过程注重如何使百姓顺服，必先心悦然后顺从。《临》卦诸爻谈到作为君主如何使天下百姓悦而顺，达至天下和谐。兹录卦爻辞如下：

19. 临䷒（兑下坤上）

《临》：元亨利贞。至于八月有凶。

《彖》曰：临，刚浸而长，说而顺，刚中而应。大亨以正，天之道也。"至于八月有凶"，消不久也。

《象》曰：泽上有地，临。君子以教思无穷，容保民无疆。

初九，咸临，贞吉。

《象》曰："咸临贞吉"，志行正也。

九二，咸临，吉，无不利。

《象》曰："咸临吉无不利"，未顺命也。

六三，甘临，无攸利；既忧之，无咎。

《象》曰："甘临"，位不当也。"既忧之"，咎不长也。

六四，至临，无咎。

《象》曰："至临无咎"，位当也。

六五，知临，大君之宜，吉。

《象》曰："大君之宜"，行中之谓也。

上六，敦临，吉，无咎。

《象》曰："敦临之吉"，志在内也。

卦辞：《临》：元亨利贞。至于八月，有凶。

"元亨利贞"乃《易》中常见之语，检索经文，出现"元亨利贞""元亨""利永贞""利贞""利君子贞"之类词不下百条，频率很高。

---

① （魏）王弼、韩康伯注，（唐）孔颖达疏：《周易正义》卷三，中华书局1980年影印《十三经注疏》本，第36页。

第二章 《周易》为君之道卦爻考论(上)

关于"元亨利贞"中"贞"字的含义,历来各家多以为是"守正"之意,今人亦多从之,如黄寿祺、傅佩荣等即从之。纵观各家,鲁洪生师以为不当,认为应释为"占卜"之意。联系全书,《周易》中多次出现诸如"贞凶""贞厉"之类词语,此数例中语法结构均与"贞利"相同,在此若释为守正,则意义存在明显矛盾。

《临》卦出现"元亨利贞"之断语,对此前人有多种意见:以孔疏为代表认为,一方面阳爻浸长,威德大盛;一方面卦德为悦上顺下;一方面爻体上表现为九二以刚居中,上应于六五。三方面的交融使得《临》卦表现出大为亨通的结果。"刚既浸长,说而且顺,又以刚居中,有应于外,大得亨通而利正也,故曰'元亨利贞'也。"① 孔疏遵从《象传》的解读,《临》卦阳刚之气逐渐浸长,下悦上顺,刚健者居中且有应,人为亨通。坚守正道,符合天运行的规律,故而有元亨利贞的结果。

从卦变角度看,《遯》卦与《临》卦旁通,《临》卦阳刚浸长,因此坤动变乾,故而有"元亨利贞"。"阳息至二,与《遯》旁通。刚浸而长,乾来交坤,动则成乾,故元亨利贞。"② 《乾》卦有"元亨利贞"之语,当《临》卦进行卦变后,有变乾德之象,凡物盛之时都能具备此四德。朱震则以为,从初爻为阳爻的复卦起,随着阳爻的不断浸长,逐步发展为临、泰之卦,故而是元亨利贞。"其端始于《复》之初九,刚反动于初,正也。浸长而之九二,大者亨以正,故亨。造端不正,其能大亨乎,此《临》之道也。夫天之道刚始于子,进而至《临》,又进而至《泰》,然后万物通,亦以正也,故曰元亨利贞。"③ 总之,无论是从卦象、卦名还是依照卦变寻找《乾》象中的元亨利贞,《临》卦"元亨利贞"当为盛大之吉果的显示。

对"八月有凶"的理解,前人除了以象注易,还多采之以数注易。从时间角度来看,古人对于时间"八月"的定义,使之与卦爻相对应来看"八月有凶"。《周易》产生于殷周之际,那么八月之说究竟是以夏历来算,以殷历来算,还是以周历来计算的呢?一年十二个月,分为

---

① (魏)王弼、韩康伯注,(唐)孔颖达疏:《周易正义》卷三,中华书局1980年影印《十三经注疏》本,第36页。
② (清)李道平撰,潘雨廷点校:《周易集解纂疏》,中华书局1994年版,第222页。
③ (宋)朱震:《汉上易传》,《文渊阁四库全书》本。

子月、丑月、寅月、卯月、辰月、巳月、午月、未月、申月、酉月、戌月、亥月。夏历以寅月为正月，周历以子月为正月，而殷历则是以丑月为首。孔颖达等皆以周历来计算，临为建丑之月，虞翻等以夏历来计算，郑玄则认为是从周历计算。经历八个月之久的变化，《临》卦或变为《否》卦，或变为《遯》卦。

以孔颖达为代表，从建丑至于八月建申之时，三阴既盛，三阳方退，阴盛阳衰之势。"至于'八月有凶'者，以物盛必衰，阴长阳退，临为建丑之月，从建丑至于八月建申之时，三阴既盛，三阳方退，小人道长，君子道消，故'八月有凶'也。"①孔氏从建丑至建申之时，经历了八个月之久，此时经历了阳爻渐长、减弱至阴爻渐长的过程，《临》卦二阳四阴之卦变成了三阴三阳之《否》卦，故有阴盛阳衰，天地不通的凶象。

虞翻认为《临》卦从建丑到建未之时，经历六个月，遵循夏历之说。对应周历来看，周历要晚于夏历两个月，这样来看，《临》卦二阳爻四阴爻变成了二阴侵凌四阳爻的《遯》卦。虞翻曰："与遯旁通，临消于遯，六月卦也。于周为八月，遯弑君父，故至于八月有凶。荀公以兑为八月，兑于周为十月，言八月失之甚矣。"②

郑玄是以周历来计算，周历以子月为始。《临》卦二阳之时，当为建丑之时，即二月。至八月之时，正是二阴渐长之时的《遯》卦。"当文王之时，纣为无道，故于是卦为殷家兴衰之戒，以见周改殷正之数。云临自周二月用事，迄其七月至八月，而遯卦受之此终而复始，王命然矣。"③

王引之驳斥孔疏，《临》卦为建丑之月，至于建未之月，相距不过半年，此时初、二两阳爻就变成了阴爻，正如《象传》所说："八月有凶，消不久也。"若是至建申之时，时间久了。未月与申月仅差一个月的时间，王氏认为："若建申、建酉之月则久矣。非传意也。"如何界定久还是不久呢？王氏此论不足取。从《象传》"八月有凶，消不久也"中提到的"消"之意来看，王氏总结易例，认为："传曰长曰消，

---

① （魏）王弼、韩康伯注，（唐）孔颖达疏：《周易正义》卷三，中华书局1980年影印《十三经注疏》本，第36页。
② （清）李道平撰，潘雨廷点校：《周易集解纂疏》，中华书局1994年版，第223页。
③ 同上。

皆指阳刚而言。"由此得出《临》卦多个变卦，如《否》卦和《观》卦都不能成立。"若谓临之六四、六五变而为兑，则是阴消而非阳消，不失其指乎。否与观虽阳消之卦，然否所消者，泰之初二、三爻。观所消者，大壮之初二、三、四爻，皆不与临卦相当。不得执彼以说此也。"①

今人尚秉和认为《易经》中出现的"七日""八月"都是爻数，与历法之说没有关系，"凡《易》言八月、七日，皆言爻数。后儒往往以殷正、周正为说，皆梦呓语也"。前人以郑玄、虞翻为代表，皆认为八月为《遯》卦，且《遯》为弑君父之卦，所以为凶。尚先生驳斥道："弑君父皆否、遯所同有，胡独八月凶乎？……徒以弑君父为说，何以解于其他消卦乎？"② 依从王氏所论，从卦画角度看，《复》卦为初阳始生之时，为子月。随着阳爻渐长，至《遯》卦正好是八月，所以虞翻等认为八月为《遯》卦。"遯弑君父，故至于八月有凶"，《遯》卦阴长阳消，为小人道长、君子道消之卦，故宜退避。

傅佩荣认为十二消息卦与夏历相对，其间关系为："复为十一月，临为十二月，泰为正月，大壮为二月，夬为三月，乾为四月，姤为五月，遯为六月，否为七月，观为八月，剥为九月，坤为十月。临卦为十二月，经过八个月，正好是八月的观，成为临的覆卦，并且显然是阳消阴长，所以说有凶。并且夏历八月多雨，最易洪水泛滥，针对此卦，会形成相反的局面，所以有凶。"③ 其以《临》卦的覆卦为《观》卦证明有凶，王引之已驳斥。并且依据夏历来看，夏历以寅月为正月，与所谓农历正月相同，而农历十一月则相当于周历的子月。所以其前提条件十二消息卦与夏历相对并不准确。其论据二提到八月多雨多凶，与天气环境亦有灾祸倒是有关。陈鼓应、赵建伟等也提到："八月有凶，是说雨及八月而百泉腾凑，川渎皆盈，数为民害，故曰有凶。"④

众家虽然推理过程不同，但是对于"八月有凶"的内涵是一致的，即在物极必衰之势下，当戒进之不已。

卦辞"元亨利贞"吉象与"八月有凶"间相互矛盾，大吉大利，

---

① （清）王引之：《经义述闻》卷一，江苏古籍出版社1985年版，第19页。
② 尚秉和：《周易尚氏学》，中央编译出版社2012年版，第87页。
③ 傅佩荣：《解读易经》，线装书局2006年版，第149页。
④ 陈鼓应、赵建伟：《周易今注今译》，商务印书馆2005年版，第185页。

看似万事亨通，可是后面却出现了"至于八月有凶"的凶象。其实《周易》经文中多有此类语辞，比如本卦六三爻"甘临，无攸利。既忧之，无咎"，至六三爻之时，本无所利，但是由于主体的忧患意识，使之能够趋吉避凶，变为没有咎错。还有《革》卦上六爻"君子豹变，小人革面。征凶，居贞吉"，此类前后结果相反卦爻辞甚多。

那么"元亨利贞"与"至于八月有凶"两者间相互联结，临之意为大，"临，大也"。"元亨利贞"则是大吉亨通之象。但是人们面对盛大之象，易产生骄奢淫逸，败亡之象明显，所以在大吉大利之后加以警诫，告诫统治者要有忧惧意识。

卦辞大意是说《临》卦大为亨通，利于占问；至八月（随着阳气的逐渐浸长）将有凶险。《彖传》对卦辞的解读认为："临卦"，说明此时阳刚之气逐渐浸长，下悦上顺，刚健者居中且有应。大为亨通，坚守正道，这才符合天运行的规律；"至八月（随着阳气的逐渐浸长）将有凶险"，那是因为盛极将衰的循环。《象传》要求君子要效法大地，领悟到以君临民的道理，懂得君民之间的关系不能建立在武力强制的基础之上，而应该像大地对待水泽那样，宽厚容纳，争取民众的衷心拥戴，喜悦顺从，也要教导百姓而不懈怠，包容保护百姓而无止境。接下来看《临》卦爻辞是如何处理治政中君与民的关系，如何解决盛奢而骄的问题的。

初九，咸临，贞吉。

"咸"字多数学者认为乃"感"之通假，为感应、感化之义。王弼以初九与六四相感应："咸，感也。感，应也。有应于四，感以临者也，四履正位而已应焉。志行正者也，以刚感顺，志行其正，以斯临物，正而获吉也。"① 孔颖达、程颐、沈该、俞琰、尚秉和等主其说。与此稍异，朱震认为是山泽相感应之象，初九处于下卦，下卦为兑，六五下应之，"诸爻位以上为临，五者临之尊位也。初九、六五非应也，初处下而说，五自应之。初兑体，之五成艮，山泽相感之象。咸，徧感也，无心相感也，故曰咸临。初九正，正其始也。初与四为正应，然之四不

---

① （魏）王弼、韩康伯注，（唐）孔颖达疏：《周易正义》卷三，中华书局1980年影印《十三经注疏》本，第36页。

正，五感之动而上行，则正位以临其民而万物正矣"①。至于初六爻究竟是与九四爻还是九五爻相感应，依据目前的资料尚无定论。

傅佩荣解释"咸临"为"一起来临"，笔者以为不妥。此处为初爻，两者或两者以上方可曰"一起"，故此处释为"一起"则太突然。初九与九二二阳一起来临，不仅与下一爻重复，更重要的是他将这两爻合起来看，忽略了各自的特点，没有与各自的相对应的六四、六五结合起来。

汉帛书中对初九爻"咸临"写作"禁林"，据此，廖名春训"咸"为法，为则。"咸临"就是以法临民，以法治国。《吕氏春秋·离谓》中"此为国之禁也"，高诱注为"禁，法也"。查古义，"禁""咸"均有则或常之义，由此来看，咸临有依法治民之意。②

咸，指感应、感化。咸亦有遍感也，无心相感之意。有感必有应，只有交感才能促进事物的发展。由此可知，初九之咸临，并非单指爻位间阴阳相应，还包含了上下间的感召。初九为阳爻，上有六四、六五两阴爻，与之都可以有感应。

《象传》："咸临贞吉，志行正也。"盖以初九所居位置之有感，自身为品行端正。与六四相应，是初九与六四自然间的相互感应，二者结成一种相互信任的关系，推行正道，统治者如果能有这样的情怀去对待天下民众，占卜的结果自然吉祥。若是与六五相感应，六五以阴爻居君位，以上临下之应。

九二，咸临，吉，无不利。

到了第二爻，事情继续向好的方向发展，初九曰"吉"，二九曰"无不利"。《象传》对九二爻的理解为"未顺命也"，对于"未顺命"有以下几种看法：一种解释认为九二与六五相应，从两者所处的爻位来看，二为阴位，五为阳位。可是此时阳爻行进至二位，还没有到达五位，故而是未顺命。如荀爽曰："阳当居五，阴当顺从，今尚在二，故曰未顺命也。"③

第二种认为二阳刚，五阴柔，如果全部都顺从于五的话，那么九二的刚德会有所损失。如若全部违逆的话，那么又失感应之道，故而是部

---

① （宋）朱震：《汉上易传》，《文渊阁四库全书》本。
② 廖名春：《周易经传十五讲》，北京大学出版社2004年版，第92页。
③ （清）李道平撰，潘雨廷点校：《周易集解纂疏》，中华书局1994年版，第225页。

分相应，部分违逆。阴阳相攻，那么势必有所损伤，故而阳爻选择咸临，阴也免害，两者并未顺命。如王弼注："若顺于五，则刚德不长，何由得'吉无不利'乎？全与相违，则失于感应，其得'咸临，吉无不利'，必未顺命也。"① 后世史徵、苏轼等同此说。

第三种认为九二在下位，与九五之君位距离远。故而如若君的命令不符合实际，那么九二不听从九五的命令。耿南仲在《周易新讲义》中提到："《临》之九二在下远君者也，故曰未顺命。盖君命善，则左右之臣润色之而已；君命不善，则左右之臣有正教之使善，然后布之天下。九四所以言改命也，此则命未下也，命既下而不以善，则远之臣非能之也。有所谓未顺而已。"② 后世沈该等同此说。

爻辞"无不利"与《象传》"未顺命也"，如何理解呢？对此，以孔颖达为代表，认为"未顺命"是"无不利"的原因："'无不利'者，二虽与五相应，二体是刚，五体是柔，两虽相感，其志不同。……《象》曰：'未顺命'者，释'无不利'之义，未可尽顺五命，须斟酌事宜有从有否，故得无不利也。"③ 九二应于六五，九二刚健居下，六五阴柔处上，阴阳两爻不可能无条件相感应，二者间商量妥协处之，方为有利。正由于两爻"未顺命"，才有了无不利的结果。

胡瑗认为"无不利"与"未顺命"之间是矛盾的，其原因是"未"字为衍文。"天下皆感悦而归之，无有不顺其命者也。而经文言未顺命，岂天下率归而有未顺命者乎？盖易经传之久，其间不能无脱误，故此'未'字当为羡文也。"④

此爻并未强调九二位不正，而是强调感应为吉。由此可见，《周易》中影响卦爻吉凶结果的"承乘比应位"等因素之间，并不是同步起作用的，也没有必要的相互制约。那么这些因素之间究竟是怎么相互联系与分离来影响吉凶结果的呢？有待深入思考。九二阳爻与六五阴爻相感应，所以又是咸临。并且九二阳爻居下卦中位，六五阴爻居上卦中

---

① （魏）王弼、韩康伯注，（唐）孔颖达疏：《周易正义》卷三，中华书局1980年影印《十三经注疏》本，第36页。
② （宋）耿南仲：《周易新讲义》，《文渊阁四库全书》本。
③ （魏）王弼、韩康伯注，（唐）孔颖达疏：《周易正义》卷三，中华书局1980年影印《十三经注疏》本，第36页。
④ （宋）胡瑗：《周易口义》，《文渊阁四库全书》本。

位，两者处境优越，相互取长补短，互相感应，相互调和，没有一味地"顺命"，因此结果为无所不利。

"未顺命也"，从爻位的配置来看，九二是阳爻居阴位，虽得中，但不得正，六五是阴爻居阳位，也是中而不正，这就说明二者的感应跟初九与六四的感应不同，主要不是建立在正道的基础上，而是建立在中道的基础上的。九二以阳刚之臣来辅佐六五的柔弱之主，那么势必就会在一些问题上产生一些摩擦、分歧。此时则应该发扬从中不从正的精神，也就是要从道而不从君，坚持真理。由于六五也是在中道上，因此也会以中道来处理事情，所以尽管是"未顺命"，二者也是君臣合道，共同把事情处理得很妥帖，"吉，无不利"。

初九与九二是《临》卦中仅有的两阳爻，且都是"咸临"。其差别在于：初九有应而不应，九二有应而未顺。初九阳爻居阳位，居兑之初，"兑"卦德为悦，初九虽然能使人感到愉悦并使人跟从，但是由于其处位不中，所以最终的结果仅是"贞吉"。九二阳爻居阴位，本不当位，但是其阳处阴位，以刚明之德居下卦的中位，较初九之阳爻更具盛美之中德，谦谨从事，皆处中道。而且九二又居于众阴之下，象征其以刚阳之德来应之，因此无所不利。

还有一种看法认为，初九与九二中的"咸"字并不一样。高亨云："一卦之筮辞，其文有相同者，其旨趣必异。"① 认为九二中的"咸"读为"鹹"，《尔雅》中鹹，苦也。苦临与甘临相对。九二刚爻，但处于柔位，又为四阴所乘，群阴未顺于阳，故当严律峻法以督治之。

总之，初九、九二二爻选择咸临，二阳爻对上卦四阴爻具有一种包容之道。此卦主要涉及君主对百姓的统治管理，由于初九、九二两爻中民众还未能顺从统治，所以要对他们进行感化。

六三，甘临，无攸利；既忧之，无咎。

"甘"，大致有三种解释：第一，"甘"，缓②，即指迟迟不去君临天下。第二，甘者，佞邪说媚不正之名也。王弼注："甘者，佞邪说媚不正之名也。履非其位，居刚长之世，而以邪说临物，宜其无攸利也。"③

---

① 高亨：《周易古经今注》，中华书局1987年版，第216页。
② （清）王念孙：《广雅疏证》，中华书局2004年版，第23页。
③ （魏）王弼、韩康伯注，（唐）孔颖达疏：《周易正义》卷三，中华书局1980年影印《十三经注疏》本，第36页。

程颐亦道:"三居下之上,临人者也。阴柔而说体,又处不中正,以甘说临人者也,在上而以甘说临下,失德之甚,无所利也。"① 其后胡瑗、朱熹、朱震、沈该、俞琰、尚秉和、陈鼓应、赵建伟、廖名春等同此意。第三,坤为土,土爱稼穑作甘。虞翻曰:"兑为口,坤为土,土爱稼穑作甘,兑口衔坤,故曰甘临。"② 从《临》卦卦象来看,虞翻认为上卦坤象为土,下卦兑象为口,土地是用来耕作的,人们食用所耕种的果实,称为甘临。

综合上面三种说法,加之《象传》:"'甘临',位不当也",即六三阴爻,阴爻据刚位,且处于兑体之上,所处不中正,故而称为"甘"。同时由天象引申至人事来看,便是甘者,佞邪说媚不正之名也。六三面对初九、九二两个阳爻来势汹汹,考虑到自身的处境,只好违反正道而以巧媚之态去应对,但最终的结果是不会有利的。同时六三对自身的处境已经有了思虑,认识到了错误的原因,迁错向善,所以这种灾难也不会长久。

六三阴居阳位,位不当,且乘凌二阳之上,故而无攸利。但是"咎在其位非其人",六三"无攸利"的原因主要是其所处的客观环境设定的,而人有主观能动性,能破解此爻不利因素需依赖自身谨慎处事,故"忧之"可以改变不利处境。《周易》的吉凶结果并非一成不变的,通过努力是可以转换,人的主观能动性便可以改变被动的局面。

六四,至临,无咎。

何谓"至临"?一说:"至临"为六四能尽其至极之善。王弼注:"履得其位,尽其至者也。"③ 一说:至,下也。谓六四下与初九相应,亲比于下。并且处近君之位,故而能够亲临于下,比于君。虞翻曰:"至,下也。谓下至初应,当位有实,故无咎。"④ 后世程颐、朱熹、朱震、苏轼、林栗、尚秉和等同此说。

"至",在这里包含两层意思:其一,"至"有到的意思,也就是从

---

① (宋)程颐:《伊川易传》,《文渊阁四库全书》本。
② (清)李道平撰,潘雨廷点校:《周易集解纂疏》,中华书局1994年版,第225页。
③ (魏)王弼、韩康伯注,(唐)孔颖达疏:《周易正义》卷三,中华书局1980年影印《十三经注疏》本,第36页。
④ (清)李道平撰,潘雨廷点校:《周易集解纂疏》,中华书局1994年版,第225页。

此至彼之意。《说文》云："至，鸟飞从高下至地也。"① 从爻辞上看，六四以阴居阴位，下至初九，与之结成阴阳相对的关系，谓之"至临"；其二，最好、最佳之意。六四为上卦的初爻，阴居阴位，直接面对初九，有主动前往、直接面对之意。同时六四接近于九五之君位，既能亲临于民，又能辅之君，可谓至善之位。因此说这两种说法并不矛盾，由到达，而至至善之地，是递进的关系。此爻意是说，六四爻处于下应初九，临近九五君位，能尽其至极之善，结果必无咎害。

无论从卦象还是卦义来看，此处"至临"都是强调要亲自（亲近）到下面去的意思。联系本卦涉及的治理民众的内容，则或可解释为"亲自下到民众中去亲近民众，必无灾祸"。此条强调君主要密切联系人民大众，此与今日中国共产党提出的"从群众中来，到群众中去"的群众路线不谋而合，这也可以看出早在周代先民们就已具有的卓越的政治智慧。

六五，知临，大君之宜，吉。

各家皆以"知"为"智"之通假，《释文》云："音智，《注》同，如字"，孔疏："是知为临之道"，朱熹《本义》中音智。六五在上卦坤之中，坤为"思"，"思曰睿"，② 睿即为睿智、聪明之义。王弼注："处于尊位，履得其中，能纳刚以礼用，建其正，不忌刚长，而能任之委物以能而不犯焉，则聪明者竭其视听，知力者尽其谋，能不为而成，不行而至矣，大君之宜如此。"③ 六五爻阴柔居阳位，下有九二爻与之相应，以谦谨明智之态度应对临者，这是为君之人应当承担的职责。

在《临》卦中，六四与初九爻因为奉行正道而获吉，六五与九二爻因奉行中道而获吉。在面对疑难时，为君者进行抉择，中和正是两个重要的原则。正主要着眼于建立正当的秩序，需要阴居阴位、阳居阳位，当位得正。君臣各司其职，防止错位失正。而阴阳爻是一个变化的过程，这时就不能以正来处理，必须用中道来抉择。抉择的关键在于从阴

---

① （汉）许慎撰，（清）段玉裁注：《说文解字注》，上海古籍出版社1981年版，第1030页。
② （汉）孔安国传，（唐）孔颖达疏：《尚书正义》卷十二，中华书局1980年影印《十三经注疏》本，第188页。
③ （魏）王弼、韩康伯注，（唐）孔颖达疏：《周易正义》卷三，中华书局1980年影印《十三经注疏》本，第36页。

阳变化之中寻求一个最佳的结合点，使得事情的运作能够互动互补，协调共济。领导才能的展现，中正智慧是其很重要的一个方面。

上六，敦临，吉，无咎。

"敦临"之"敦"，郑玄注"敦，厚也"。① 胡瑗解读："坤为博厚，而上六处坤之极，是能以敦厚之道，而下临于人也，吉无咎者。"② 苏轼认为敦为附益之意，"敦，益也，内下也。六五既已应九二矣，上六又从而附益之，谓之敦临。"③ 其理据是《复》卦六五爻"敦复，无悔"，《复》卦六四爻已应初九爻，六五爻又从而附益之，谓之敦复。与《临》卦上六爻"敦临"是类似的。无论敦为厚还是附益之意，从爻位来看，上六居上卦坤体之位，联系全卦治理民众的内容，敦临引申为以敦厚仁惠的态度对待百姓，附益百姓。

尚秉和提出新的观点，认为敦与屯、顿皆通，有止、待之意。"阳息即至三，上稍止即有应，故曰敦临。敦与屯、与顿皆通，有止意、待意。言稍待即有应，故曰志在内。内谓三也。"④ 对通假字的认定，很重要的一个方面是通假例子，由于敦与屯、顿的通假例子尚未查到，故而此说法暂存疑。

宋儒胡瑗在《周易口义》中提出上六爻结果为"吉，无咎"，原因并非上下爻相应："虽下无刚明之人以为己助，然能以敦厚之德附于二阴，故三阴同志，皆乐下复是其志在内者也。"⑤ 他认为上六与六四、六五之间相互依附形成结果为没有咎错。从爻位来看，行至上六爻，虽是阴爻，但阴居阴位得正，且居高临下，内含有君子厚德载物的精神，所以"吉"。从阴阳爻变动发展来看，尚秉和认为随着阳爻的渐进，六三也即将变为阳爻，这样上六也即将有应。

上六爻结果呈现为两个断语："吉，无咎"，如何理解？"吉"指事物的发展方向没有违背天道，至于主体如何行为，那么吉的结果也会有所变化；"无咎"指示的是事物的发展过程中主体没有出现大的过错，

---

① （汉）郑玄注，（唐）孔颖达疏：《礼记正义》卷二，中华书局1980年影印《十三经注疏》本，第1244页。
② （宋）胡瑗：《周易口义》，《文渊阁四库全书》本。
③ （宋）苏轼：《东坡易传》，《文渊阁四库全书》本。
④ 尚秉和：《周易尚氏学》，中央编译出版社2012年版，第88页。
⑤ （宋）胡瑗：《周易口义》，《文渊阁四库全书》本。

稍有咎错也无碍大局。吉与无咎二者关系微妙，稍有区别。上六之吉，是因为"志在内"。"内"指的是内卦兑，特别是指初九与九二两个阳爻。于国家象征而言，臣民刚健，此时上六以温柔敦厚待之，自然是"无咎"的。

《临》卦主要是讲为君之道：君临天下，抚临施惠。其主要内容是探讨君主治理百姓的一系列态度与方法问题。卦辞"元亨利贞"提示本卦主要从正面论述，以美好未来激励统治者进行统治，"至于八月有凶"可以理解为告诫统治者要善始善终，不可放松警惕，此与历史上贞观名臣魏征上太宗时所提出的著名的"善始者实繁，克终者盖寡"的意见遥相呼应。爻辞中，初、二、四、五、六爻同样从正面立论，占断词"吉，无不利""吉，无咎"表明，若为君者统治有方，则前景十分光明，这与卦辞一脉相承。初九当位，上应六四爻，故吉；相应六四爻，六四亦能够明智地回应初九爻，由于近五君位，故四处多惧之地。但是六四能够明智地亲近六五，为六五之君所用，结果也没有差错。

九二阳爻上应六五爻，且处下卦之中位，较初九具有中道之盛德，故而其占问的结果更加有利，"吉无不利"。《象传》中"刚中而应"，便是赞美九二与六五之间的融洽关系。但是九二刚德之美彰显，并不是一味地顺从六五之大君，六五之大君的命令需要经过九二认真地审核，斟酌采用。相应九二来说，六五阴爻居阳位，有谦谨的态度。为君之人能够以敦厚之德善待众民，听取众民的意见，以柔善施惠于天下，故而是吉祥的。六五以"大君之宜"来着重提示君王。直至上六爻，居《临》卦之极，且处上卦坤体之极，能够以敦厚之德关注邦国天下的发展。

《临》卦中只有六三爻稍有差错，原因就在于六三不中不正，处下卦兑之上，欲献媚阿谀上君，主体无德，结果自然是无所利。从大君监临天下来看，六三爻重在提醒君王不可用甜言蜜语、小恩小惠去拉拢百姓。《左传》记载《曹刿论战》一篇曹刿提醒庄公："小惠未徧，不足为战"[①]，与此理相通。《周易》中的结果不是固定的，主体可以通过主观努力来改变，故而只要六三诚心改悔，最终也是没有咎害的。

在各爻中，尤其值得注意者为第四爻："至临"。如前所释，此爻意即要求统治者亲自到民众中去，这体现了《周易》作者高度的政治

---

① 杨伯峻编著：《春秋左传注》，中华书局2011年版，第182页。

智慧。在中国历史上，无论是孟子提出的"民为贵，社稷次之，君为轻"，还是开创了"贞观之治"的唐太宗提出的"民为水，君为舟，水能载舟，亦能覆舟"，都说明民本思想在中国古代一直是不绝如缕，而肇其源开其流者大概就是《周易》了。综观《临》卦，其核心思想是君民间如何能够相互协作，共同治理好邦国，故而《象传》指出要达到这一目的需要"教思无穷，容保民无疆"。

第五节 《观》卦爻辞考论——观民设教

《观》卦由坤下巽上构成，即"风地观"。从符号来看，《观》卦阳爻不断减少，属于消卦。从卦象上来看，风行地上，风所达到的范围非常广大。这就是要求君王也要体察民情，推广教化。《观》卦得名主要是从卦象上体现的。《序卦传》云："临者，大也。物大然后可观，故受之以观。"崔憬曰："言德业大者，可以观政于人，故受之以观也。"①《临》卦为大之意，大有可观。根据彖辞"观天之神道"和"圣人以神道设教"，圣人由天道推导人事，体现了天人合一的基本观念。《观》卦是通过观察，从天地的运行中求取天之神道，从天地的运行中学到一些知识，从中求取对人类社会有益的东西。《杂卦传》曰："临观之义，或与或求。"《临》卦为与，那么《观》卦为求。《观》卦是从天地奥秘中求取道，《临》卦是把道用于社会，即所谓"道济天下"。

《观》卦，帛书作"觀"。《说文》："觀，谛视也。"常视曰视，非常曰观。②"观"本义为仔细看，仔细审视。《象传》从多个角度重新细化了所观之物："大观在上""以观天下""下观而化""观天之神道"。一方面由下观上，意为观仰。由上观下，意即观化。孔疏："观者，王者道德之美而可观也，故谓之观。……是观其大，不观其细，此是下之效上，因观而皆化之矣。"③另一方面为上下互观。胡瑗道："观者，观也。此卦之体二阳在上，是圣贤之人有刚明之德，以临观于天下，使天

---

① （清）李道平撰，潘雨廷点校：《周易集解纂疏》，中华书局1994年版，第227页。
② 宗福邦等：《故训汇纂》，商务印书馆2003年版，第2092页。
③ （魏）王弼、韩康伯注，（唐）孔颖达疏：《周易正义》卷三，中华书局1980年影印《十三经注疏》本，第36页。

下之人莫不仰观而化之也。"① 从爻位来看，五居尊位，群阴仰视，这就是尊上示之，下则观之。居尊守正，天下之人无往而不顺之，无往而不化之。由此，观上观下皆是过程和手段，观化是目的。全卦皆围绕着所观之事与所化之人为喻，圣人由天象推导人事，实现神道设教，对君王来说，则是观民设教。兹录卦爻辞如下：

20. 观卦䷓（坤下巽上）

《观》：盥而不荐，有孚颙若。

《彖》曰：大观在上，顺而巽，中正以观天下，观。"盥而不荐，有孚颙若"，下观而化也。观天之神道，而四时不忒，圣人以神道设教，而天下服矣。

《象》曰：风行地上，观。先王以省方观民设教。

初六，童观，小人无咎，君子吝。

《象》曰："初六童观"，"小人"道也。

六二，窥观，利女贞。

《象》曰："窥观女贞"，亦可丑也。

六三，观我生，进退。

《象》曰："观我生进退"，未失道也。

六四，观国之光，利用宾于王。

《象》曰："观国之光"，尚宾也。

九五，观我生，君子无咎。

《象》曰："观我生"，观民也。

上九，观其生，君子无咎。

《象》曰："观其生"，志未平也。

卦辞：《观》：盥而不荐，有孚颙若。

《观》卦从卦变规则来看，互体呈现艮象，艮为门，又为宫阙。郑玄云："地上有木而为鬼门宫阙者，天子宗庙之象也。"国之大事，在祀与戎。王道可观者，在于祭祀。"祭祀之盛，莫过初盥降神。"②

---

① （宋）胡瑗：《周易口义》，《文渊阁四库全书》本。
② （清）李道平撰，潘雨廷点校：《周易集解纂疏》，中华书局1994年版，第227页。

"盥",《说文》:"盥,澡手也。"①"澡,洒手也","洒,涤手也"。"盥"为将祭而洁手之礼,取其清洁以见孚信,是古代祭祀宗庙时用香酒浇灌地面以行降神之礼。马融曰:"盥者,进爵灌地以降神也。此是祭祀盛时。及神降荐牲,其礼简略,不足观也。"② 盥礼是祭祀宗庙过程中最盛大的礼仪,此之后即是陈荐笾豆的琐碎小事,相较而言不足观了,所以孔子曰:"禘自既灌而往者,吾不欲观之矣。"③

《观》卦辞帛书作:"观,盥而不尊。"今本与之不同在于"荐"与"尊"二字,对此,《〈六十四卦〉校勘记》中认为:"尊、荐音义俱近。"丁四新则认为二字意义不相近,"尊(精纽文部)读作荐(精纽元部),二字意义不近"。进而怀疑帛书"尊"为"奠"的形讹,理据在于从字形来看,"奠"与"尊"字形都从丌;从字意来看,《玉篇·丌部》:"奠,荐焉。"《礼记·郊特牲》中有"故既奠",郑玄注:"奠,或为荐。"④ 由此,"奠""荐"意通,这种看法比较可信。"荐",《礼记·祭义》:"奉荐而进。"⑤《周礼·天官·庖人》:"与其荐羞之物,及后世子之膳羞。"郑玄注:"荐亦进也,备品物曰荐,致滋味乃为羞。"⑥《周礼·天官·膳夫》:"凡王之稍事,设荐脯醢。"贾公彦疏:"荐亦进也。"⑦ 由此来看,荐为进献之意,具体到祭祀礼仪中,为向神献飨之礼。

汉石经及今本皆作"颙",帛书作"䫲"。丁四新以为"䫲"读作"厖"(máng),其意为石大也。"颙",《说文》:"颙,大头也",古代典籍中对此多解读为大。如《诗经·小雅·六月》:"四目修广,其大有颙。"毛传:"颙,大貌。"《诗经·大雅·卷阿》:"颙颙卬卬,如圭

---

① (汉)许慎撰,(清)段玉裁注:《说文解字注》,上海古籍出版社1981年版,第397页。
② (清)李道平撰,潘雨廷点校:《周易集解纂疏》,中华书局1994年版,第227页。
③ (魏)何晏注,(宋)邢昺疏:《论语注疏》卷三,中华书局1980年影印《十三经注疏》本,第2466页。
④ (汉)郑玄注,(唐)孔颖达疏:《礼记正义》卷二十六,中华书局1980年影印《十三经注疏》本,第1455页。
⑤ (汉)郑玄注,(唐)孔颖达疏:《礼记正义》卷四十七,中华书局1980年影印《十三经注疏》本,第1593页。
⑥ (汉)郑玄注,(唐)贾公彦疏:《周礼注疏》卷四,中华书局1980年影印《十三经注疏》本,第661页。
⑦ 同上书,第660页。

如璋。"毛传:"颙颙,温貌。卬卬,盛貌。"《集解》引马融:"颙,敬也。"① 后世注解皆认为颙是严肃恭敬之貌,如孔疏阐释为"颙是严正之貌"②;史徵解释道"颙是严整之貌"③;胡瑗认为"颙,谓恭肃之貌也。"④《象传》中保留了颙为大之意,"大观在上"。由此来看,颙为大之意,但其高大中还含有庄重恭敬之意。

卦辞"观盥而不荐",强调的是内心的诚敬,为民众所观。盥礼盛大复杂,注重仪式仪礼,要求祭祀者从精神上完全服从,强调的是祭祀时内心的虔诚,而祭品则不是最重要的,明德唯馨;"荐"礼简单,注重物质方面的丰盛。"盥其礼,盛也。荐者,谓既灌之后,陈荐笾豆之事,其礼卑也。"⑤ 古人相信祭祀是与神明往来,应以虔诚为重,不必过度强调祭品。相对于外在的礼节仪式来讲,更加重视内在的德性修养。

"观盥而不荐"是以易象来说明"有孚颙若"之深意,祭祀时心中充满诚敬肃穆的感情很重要,而不注重祭品的多少。这种心态表现出了古人强调内心精神世界的修养和对祖先的崇拜。祭祀注重主体精神活动,与此相较,对外在的物质看得很轻。《既济》九五爻辞:"东邻杀牛,不如西邻之禴祭,实受其福。""祭如在,祭神如神在。子曰:'吾不与祭,如不祭。'"⑥ 也是同样的道理。

《象》曰:"风行地上,观。先王以省方观民设教。"风是有影响力的,可以用来比喻政治教化,"风,风也,教也;风以动之,教以化之"(《毛诗序》)。《周易》主要是为大人谋,"先王以省方观民设教"正是这种观念的体现,风在地上,这样的自然天象类比帝王的观民设教,统治人民。"观天之神道,而四时不忒,圣人以神道设教,而天下服矣",体现了《周易》由天道明人事的思维方式。《象传》把观上和

---

① (清)李道平撰,潘雨廷点校:《周易集解纂疏》,中华书局1994年版,第227页。
② (魏)王弼、韩康伯注,(唐)孔颖达疏:《周易正义》卷三,中华书局1980年影印《十三经注疏》本,第36页。
③ (唐)史徵:《周易口诀义》,《文渊阁四库全书》本。
④ (宋)胡瑗:《周易口义》,《文渊阁四库全书》本。
⑤ (魏)王弼、韩康伯注,(唐)孔颖达疏:《周易正义》卷三,中华书局1980年影印《十三经注疏》本,第36页。
⑥ (魏)何晏注,(宋)邢昺疏:《论语注疏》卷三,中华书局1980年影印《十三经注疏》本,第2467页。

观下结合了起来，居上者到任何时候只有体察民情，才能正确地设立相应的教化，以让天下人观仰，得以观化。

初六，童观，小人无咎，君子吝。

对于"童"字，《释文》："马云：'童犹独也。'郑云：'稚也。'"①孔颖达解释为童稚之子，沈该认为初六爻远离阳爻，为"童蒙"。苏轼则从为臣者角度，提出"初六童而未仕者也"②。耿南仲认为："童，无知也，无與也。"③ 童观，指无知者无欲无求。

初六阴爻居阳位，不当位。处于最下位，上无应，且距离阳爻最远，观上的难度最大，所受到的教化是最少的。阴遇阳为相应，此爻阴与阴无应，为独行者，故而初六犹如童蒙之稚子，无所观化。从卦象来看，观卦互体有艮，艮为少男，初六居初位，表现为孩童稚嫩。

《观》卦卦画为四阴二阳，四阴柔以下观上，九五居尊位，治政可得到四阴的观仰。由于四阴爻所处地位的不同，所观仰的角度及想法亦不相同。初六爻距离九五君位最远，其观仰的程度较浅，犹如儿童稚嫩的思维。对于处低位的小人来说，无关大局的发展变化。但是对于有作为的大人来讲，如此肤浅看问题自然是不好的，《象》曰："初六童观"，"小人"道也。

六二，窥观，利女贞。

《象传》对"窥观利女贞"的解释为"亦可丑也"，"亦可丑"所指示的主体究竟为何？王弼认为是女子窥观的行为是可丑的，"居内得位，柔顺寡见，故曰利女贞，妇人之道也。处大观之时，居中得位，不能大观广鉴，窥观而已，诚可丑也"④。侯果则以为窥观是利于女子的，而相对男子来讲则是可丑的，"得位居中，上应于五，窥观朝美，不能大观，处大观之时，而为窥观，女正则利，君子则丑也"⑤。郑刚中综合以上两种看法，提出"亦可丑也"含有警戒之意，窥观对女子和男子来说都是可丑的，其在《周易窥余》中说道："然终虑后世习窥观之

---

① （唐）陆德明：《经典释文》，中华书局1980年影印《十三经注疏》本，第100页。
② （宋）苏轼：《东坡易传》，《文渊阁四库全书》本。
③ （宋）耿南仲：《周易新讲义》，《文渊阁四库全书》本。
④ （魏）王弼、韩康伯注，（唐）孔颖达疏：《周易正义》卷三，中华书局1980年影印《十三经注疏》本，第36页。
⑤ （清）李道平撰，潘雨廷点校：《周易集解纂疏》，中华书局1994年版，第233页。

小，大公之道浸以私见相亲，故象又为之戒，曰'窥观女贞亦可丑也'。其意若曰：况不为女子者乎！二居坤为顺又应五而从之阴阳之义，故象以女子为言。"①

六二处于下体坤，坤为女。而《观》卦为艮卦的放大象，艮为门阙。互体六二、六三、六四为坤，为阖户。六二所处的位置象征一个女子透过宫室的门缝，由内向外观。六二阴爻处阴位，当位，且上与九五相应，所以对于女子来说，占问的结果为有利。

由于《象传》中"亦可丑也"的主语不确定，既可以是女子，也可以是男子。对于女子来说，不光明正大观看的行为是可丑的；而对于男子来说，这种行为亦为可丑。爻辞是借助"窥观"这一镜像来象征如果是女子占问事件，那么事件是有利的。但对于君主来说，不能像女人一样局部观看，需要有整体眼光去审查天下，若是窥观，审视不全面，可能会酿成灾祸。《象传》则从道德礼节角度认为，虽然占筮是有利的，但是这种行为是可耻的，不宜提倡，亦含有警戒之意。

六三，观我生，进退。

关于此爻"生"的解释有多种，孔颖达解释为"我身所动出"②，意为名词，具体的生命。傅佩荣直接解为生民，虞翻谓"生，谓坤生民"，荀爽曰："生者，教化生也。"③ 郑刚中则从理学思想思考为："生谓性也。观我生进退者，观我性为进退，谓视天理之自然也。"④《说文》："生，进也。"由此，朱熹在《周易本义》中解释为："我生，我之所行也。"⑤ 以上诸说，都可以讲通，但查《观》卦九五爻中"观我生"，《象传》解释为："'观我生'，观民也。"由此可以印证此处的"生"大致是指生民的意思，即孔疏曰："谓观民以观我，故观我即观民也。"⑥

对"进退"所指，前人从爻位角度多有争论，以王弼为代表，认为以六三自身所处的位置来看，处于上下卦之际，可进可退。朱震以为六

---

① （宋）郑刚中：《周易窥余》，《文渊阁四库全书》本。
② （魏）王弼、韩康伯注，（唐）孔颖达疏：《周易正义》卷三，中华书局1980年影印《十三经注疏》本，第36页。
③ （清）李道平撰，潘雨廷点校：《周易集解纂疏》，中华书局1994年版，第233页。
④ （宋）郑刚中：《周易窥余》，《文渊阁四库全书》本。
⑤ （宋）朱熹：《周易本义》，《朱子全书》第1册，上海古籍出版社2002年版，第49页。
⑥ （魏）王弼、韩康伯注，（唐）孔颖达疏：《周易正义》卷三，中华书局1980年影印《十三经注疏》本，第36页。

三爻的进退依赖于九五的进退,"巽为进退,三不当位,在上下之际,故其象如此。六三不能自,必其进退者在九五,不在六三也"①。尚秉和则认为六三与上六位置的进退,"《易》以阴阳相遇为朋友,故谓应与为我生。三应在上,故曰观我生。进退,上巽为进退。进退者,上下也,三与上相上下"②。

六三处于互体坤中,坤为众。上接巽卦,巽为进退。"观我生"也就是观察生民,为君者管理天下,重视生民,体现了君主治理国家的民本思想。《周易·系辞传下》曰:"天地之大德曰生。""生"即为生命之意。六三为臣位,位不当,很难有作为。处进退之地,意味着一种进退犹疑的状态。处于众民之中,一方面要看清民众的走向,另一方面要观察《观》卦的整体走势,然后再考虑自己的进退走向。六三处于互体坤中,坤为众。上接《巽》卦,《巽》为进退。六三即为此境况。六三"观我生",就是观我民,这一爻是站在为君者的角度进行阐述的。为君者制定政策的依据在于民众。民众的需求,君王需要十分谨慎地予以定夺。

六三位于上下二体交接之位,上下无常,进退无恒,是一个凶险之地。之所以"未失道",是因为有上九与之相应。面对这样的情势,必须保有一种忧患意识,审慎地反思自己的行为,根据总体形势找到适合自己的位置,做出正确的选择。

六四,观国之光,利用宾于王。

"宾"为王之宾客,宾事于王。孔疏:"象曰'尚宾'者,释'观国之光'义,以居近至尊之道,志意慕尚为王宾也。"③ 此爻所"观"从不同角度阐释,"利用宾于王"是从臣子的角度来说的,"观国之光,尚宾也"是从君主的角度来说的。

《左传·庄公二十二年》中也出现了这一爻,这应是最早从象数方面对此爻进行占筮解读的:

周史有以《周易》见陈侯者,陈侯使筮之,遇《观》之

---

① (宋)朱震:《汉上易传》,《文渊阁四库全书》本。
② 尚秉和:《周易尚氏学》,中央编译出版社2012年版,第90页。
③ (魏)王弼、韩康伯注,(唐)孔颖达疏:《周易正义》卷三,中华书局1980年影印《十三经注疏》本,第36页。

《否》。曰："是谓'观国之光，利用宾于王'。此其代陈有国乎。不在此，其在异国。非此其身，在其子孙。光，远而自他有耀者也。坤，土也。巽，风也。乾，天也。风为天于土上，山也。有山之材而照之以天光，于是乎居土上，故曰'观国之光'。庭实旅百，奉之以玉帛，天地之美具焉，故曰'利用宾于王'。犹有观焉，故曰其在后乎。风行而著于土，故曰其在异国乎。若在异国，必姜姓也。姜，大岳之后也。山岳则配天，物莫能两大。陈衰，此其昌乎。"①

陈敬仲还未出生时，陈侯便让周史为他的儿子占筮命运。周史明确地使用《周易》进行了占筮，筮得的结果是：遇《观》之《否》。从卦画上看，《观》卦的六四爻发生了变化，六四爻辞是：观国之光，利用宾于王。周史对此进行了阐释，首先，周史表明了推测的结果是：代陈有国乎，不在此，其在异国。非此其身，在其子孙。其次，从卦象上进行了阐释：以《观》卦卦辞为主，取象兼取本卦《观》及之卦《否》。《观》卦：坤下巽上；《否》卦：坤下乾上。进而取象：坤为土，巽为风，乾为天，互艮为山。造像为：风为天于土上，山也。庭实旅百，奉之以玉帛，天地之美具焉。从爻位来看，《观》卦：三四五爻互艮为山；《否》卦：二三四爻互艮为山。"观国之光"和"利用宾于王"两句爻辞通过"光，远而自他有耀者也"这一象进行了整体架构，但是"光"这一象究竟从何而来，周史解释是一种立象的远距离观照，"坤为国，临阳至二，天下文明，反上成观，进显天位，故观国之光"，"居观之时，最近至尊，观国之光者也。"周史的重点在于《观》卦与《否》卦两卦的爻变之象，后人解释则重在从《观》卦六爻的升降关系变化上来看象。如宋儒朱震从《观》卦的四五爻位来分析，认为："六四上宾于五，五降而接之，成坎离，光也。"②

六四爻阴爻居柔位，当位，承九五之尊。较之下卦三爻的处境更加优越，六四爻为君王的宾客，接近并能够辅佐君王，亲历国家政策的制定，进而实现自我的理想抱负，采用的策略就是顺承。

---

① 杨伯峻编著：《春秋左传注》，中华书局2011年版，第222页。
② （宋）朱震：《汉上易传》，《文渊阁四库全书》本。

九五，观我生，君子无咎。

九五居尊位，为《观》卦之主。天下四海之内皆由其来教化，实现天下君子之风，教化生民。从象数来看，下有四阴爻相拥戴九五尊位，犹如民载舟。尚秉和提到："此'我生'谓二。五应在二，二坤为民，故《象》曰观民。"①九五位居正，下与六二相应，二位处在下卦坤体中，坤为民，为众，故而九五此时最为关注的是以六二为代表的众民，此爻重在九五大君领导下的众民。

九五居人君之位，其行为举止关系到民众的吉凶祸福，只有观察民情才能检验自己的政治得失，并不断地进行自我省察，美其德行，才能"君子无咎"。

上九，观其生，君子无咎。

上九处于《观》卦之极的位置，还在"观其生"，正说明了他"志未平"。尽管志未平，但是为使得其结果无咎，那么上九仍需要谨慎以观。

据九五爻《象传》："观我生，观民也。"把"生"解释为生民、百姓。那么"观我生，进退"即观察我的生民的情况，决定进还是退，是由生民的生活状况来决定。有道之君的礼仪教化，需从民情民俗中来，依据民众的愿望要求，来制定政令教化。

六三、九五及上九爻辞中皆有"观我生"或者为"观其生"，三者之间是有联系的。朱熹认为："上九阳刚居尊位之上，虽不当事任，而亦为下所观，故其戒辞略与五同，但以我为其小，有主宾之异耳。"②六三、九五之中的"我"表现的是主体自身的行为，而上九爻中"其生"则更宽泛，应是指上六处《观》卦之极，能够以更广泛的视野来审视民众，更加客观。陈鼓应、赵建伟则从主体内圣外王的角度来审视："其中两言'观我生'，特重人的反观内视之功。《象》则具体区分之差异，三爻在于修己内圣之功，五爻在于治世外王之道。三五爻说以己观己，上爻说以人观己；以己观己犹以为不足，故上六又以人观己。"③

---

① 尚秉和：《周易尚氏学》，中央编译出版社2012年版，第90页。

② （宋）朱熹：《周易本义》，《朱子全书》第1册，上海古籍出版社2002年版，第49页。

③ 陈鼓应、赵建伟：《周易今注今译》，商务印书馆2005年版，第199页。

风行地上，类比为君主管理天下，所以对这三爻辞中的"观我生"的解释，朱熹和陈鼓应等人的观点可以采纳。观察我的生民，来反观自身的得失，这体现了统治者的民本思想。《周易·系辞传下》说："天地之大德曰生。""生"就是生命的意思，人类的生存和发展就是一个不断孕育生命，更新生命的过程，天地的大道就在于它的生生不息，在于它的不断变化、更新，这才是《周易》之"生"。

《观》卦之"观"有观仰、观化及主客体的互观，大致包含了主体与客体间的复杂关联。对于一个居于上位的君主来说，需具备《观》卦爻辞中谈到的具体的质素。一方面要以上观下，视察民情以检验政治得失；另一方面要重视自己的内在品德修养，塑造一个良好的君主形象为臣下所观。对于居于下位的臣民也要向上观仰君主的政治行为，以达到观化的目的。从卦爻结构来看，观卦是阴长阳消之卦，下四阴渐长，上二阳将消，九五居尊位，有大观在上之象。

初六，位处卑微，远离九五，以童蒙幼稚的眼光看问题，对于"小人"来说不会招致灾祸，但对于身兼重任的大人来讲则是有咎错的。六二，女子的窥观对于自身不会带来灾祸。六三爻居上下卦之际，所处的环境相对不好，此时需要谨慎处事，具体问题具体分析，然后再决定进退。六四爻近九五尊位，利于接近政治决策，也利于成为君王的宾客，成就一番大业。对于九五君主来讲，观天下生民，并使天下生民观仰尊位，观仰、观化在此爻得以具体展现。上九爻居位宜谦虚自保，不宜有大的作为，方可无咎错。

《观》卦从六爻所处不同的位置诠释了观何物，如何观及相观所要达到的最终目的。《观》卦最重要的是观我生，其主爻为九五爻，以阳爻居尊位，俯视四阴爻，如君主察看四方生民，生民观仰君主。《观》卦坤下巽上，坤为顺，生民柔以尊君，国家的政令实施顺利，国家安泰，这也是生民观仰君主的目的所在。《周易》通过观天之神道来设立道德准则，以天为师，实现观民设教的观化目的。

第三章 《周易》为君之道卦爻考论（下）

尊享天命是极其尊荣的事，但是天命不是一劳永逸，君王难为。《尚书》中记载"我受命无疆惟休，亦大惟艰。"① 天命对于君王的要求是长期而且无私的。但是对于君王来说，继承天命永无止境，并要时刻保持警惕，这是一件非常艰难的事情。因此先王忧患重重，"作《易》者，其有忧患乎"？创作《周易》的人，大概心怀忧患吧？因此《周易》在《震》《丰》等卦表达了这种忧患观念。事物发展至盈盛之时总会有所曲折，人们往往难逃盛极而衰、丰大易暗的局面。"修德守道"，经常反省自我，保持警醒，进修德业，方能危而后安。在具体实施过程中，《周易》也提出当如《革》《鼎》等卦，抓住机遇，实现变革，重鼎铸国。

第一节 《震》卦爻辞考论——震戒修德

《震》卦震下震上，震象征雷，由于雷有震动万物之性，所以其卦德为动。《说卦传》曰："震为雷。""震，动也。"《震》卦为两雷组合，可谓雷声滚滚。雷在不同的季节，不同的场合，针对不同的对象，其内涵不同，给人们带来的震动也是不同的。如春雷，这是非常喜悦的响动，因为春雷能给农民带来丰收的喜悦。而落地雷形成的巨大的电流及强大的冲击波，具有强大的破坏力，给人身安全带来极大的威胁。《震》卦，帛书作《辰》卦。《说文解字》："辰，震也。三月阳气动，

---

① （汉）孔安国传，（唐）孔颖达疏：《尚书正义》卷十六，中华书局1980年影印《十三经注疏》本，第225页。

雷电震，民农时也。"① 因辰、震音、意皆同，故通行本皆作《震》。《震》卦归藏作《釐》卦，尚秉和提出，"震、釐义多同，故而归藏作釐"。"愚按震为笑乐，为喜，而釐与僖通。"② 以僖义为喜乐，故认为釐亦有喜乐之意。震有福、生之意，釐亦为福。由此证震、釐两个意义相同，也就是认为归藏本作釐与通行本作震，其卦爻意皆同。

从卦画来看，《震》卦为二阳四阴，初九、九四二阳爻分承四阴爻，阳动之时余爻必有震动。具体来看，九四阳爻陷于四阴间，行动有所限制不得动。六爻中初爻与卦辞同占，因此初爻为震主，余爻皆为受震者。"震，动也，此象雷之卦，天之威动，故以'震'为名。"③《说卦传》："动万物者莫疾乎雷"，郑玄注："震为雷。雷，动物之气也；雷之发声，犹人君出政教以动中国之人也，故谓之'震'。"④ 由此来看，《震》卦充满震动奋发，同时包含对雷动之象的惊惧之意。

今人邓球柏在《帛书周易校释》中另立新意，认为震即地震。《震》卦是对地震之事的历史记录。"辰：卦名。辰，振也，震，地震。此卦盖记地震滑坡现象。"⑤《周易》的确记载了一些自然天象，但那只是《周易》的表层含义。它的深层内涵是为了"明人事"，古人往往"立象以尽意"，通过客观自然的物象来昭明物理，阐明人事。所谓"天垂象，见吉凶，圣人象之"，正是此义。《周易》绝不仅仅是自然天象的单纯记载，它是为君王预测吉凶祸福，为大人出谋划策，它的终极目的和理想是使社会更加和谐。因此，《震》卦也就不单是对地震的记录。

无论其时是否有地震发生，《震》卦的要义是威慑君王，促进国家的发展。告诫君王要戒慎修惧，坚持中正的原则，才能化祸为福，平衡和谐。"震"为雷，有震动、奋起之意，对雷之动亦有惊惧之意。雷所针对的对象为人，希望君王能够恐惧、修省。扩展开来，则是借震雷之象警戒人们做事要恭敬认真敬业。这也是《震》卦里所包含的积极的内容。为方便论述，卦爻辞全文如下：

---

① （汉）许慎撰，（清）段玉裁注：《说文解字注》，上海古籍出版社1981年版，第1303页。
② 尚秉和：《周易尚氏学》，中央编译出版社2012年版，第182页。
③ （魏）王弼、韩康伯注，（唐）孔颖达疏：《周易正义》卷五，中华书局1980年影印《十三经注疏》本，第61页。
④ （清）李道平撰，潘雨廷点校：《周易集解纂疏》，中华书局1994年版，第452页。
⑤ 邓球柏：《帛书周易校释》，湖南出版社1996年版，第179页。

51. 震卦䷲（震下震上）

《震》：亨。震来虩虩，笑言哑哑，震惊百里，不丧匕鬯。

《彖》曰：震，亨。"震来虩虩"，恐致福也。"笑言哑哑"，后有则也。"震惊百里"，惊远而惧迩也。"不丧匕鬯"，出可以守宗庙社稷，以为祭主也。

《象》曰：洊雷，震。君子以恐惧修省。

初九，震来虩虩，后笑言哑哑，吉。

《象》曰："震来虩虩"，恐致福也。"笑言哑哑"，后有则也。

六二，震来厉，亿丧贝，跻于九陵，勿逐，七日得。

《象》曰："震来厉"，乘刚也。

六三，震苏苏，震行无眚。

《象》曰："震苏苏"，位不当也。

九四，震遂泥。

《象》曰："震遂泥"，未光也。

六五，震往来，厉，意无丧，有事。

《象》曰："震往来厉"，危行也。其事在中，大无丧也。

上六，震索索，视矍矍，征凶。震不于其躬，于其邻，无咎。婚媾有言。

《象》曰："震索索"，中未得也。虽凶无咎，畏邻戒也。

卦辞：《震》：亨。震来虩虩，笑言哑哑，震惊百里，不丧匕鬯。

"虩虩"，马融解释为"恐惧"。郑玄、荀爽写作"愬愬"，《履》卦九四爻："履虎尾，愬愬，终吉。"由此来看，"愬愬"与"虩虩"之意相近。从两卦的意义来看，虽同有恐惧之意，但《履》《震》两卦意义倾向不同，《履》卦《象传》："上天下泽，履，君子以辨上下、定民志。"重在谦谨依礼而行；《震》卦《象传》："洊雷震，君子以恐惧修省。"王弼说："震之为义威至而后乃惧也，故曰震来虩虩，恐惧之貌也。震者惊骇怠惰以肃解慢者也，故震来虩虩，恐致福也。"[1] 重在威

---

[1] （魏）王弼、韩康伯注，（唐）孔颖达疏：《周易正义》卷五，中华书局1980年影印《十三经注疏》本，第62页。

慑、内省。

"哑哑",《经典释文》:"《广雅》:哑哑,笑也",即为笑声。虞翻解释道:"哑哑,笑且言,谓初也,得正有则,故笑言哑哑,后由则也。"①"震来虩虩",是说雷声很大,天下惊惧,结果如何呢?"笑言哑哑"是结果,笑语声声。虽然上天雷声滚滚示警人间,但是有的人能够心安,内心经得起拷问,不惧怕滚雷。孔子曰:"君子不忧不惧。"为什么君子能够做到不忧不惧呢?孔子进一步解释道:"内省不疚,夫何忧何惧?"②人们生活于社会群体之中,需要有社会公德的约束,每个人内心也会有良知的评判,是否经得起拷问呢?这个功夫需下在平时,时刻反省自我。

"震惊百里,不丧匕鬯"是进一步从为君者的角度阐释内省修身。"匕"之意,郑玄:"升牢于俎,君匕之,臣载之。"③王弼认为:"匕,所以载鼎食。"④"匕"为古代一种取用食物的器具,类似于汤勺之类。而且考古发现,"匕"常常与器具鼎、鬲在一起。故推断此处"匕"也当为祭祀用的器具,似勺。

鬯之意,郑玄解释为:"秬黍之酒,其气调畅,故谓之鬯。"⑤朱熹《周易本义》中提到:"匕,所以举鼎实;鬯,以秬黍酒和郁金,所以灌地降神者也。"⑥"鬯"解释为祭祀用的美酒。《诗经》中出现的"鬯"之意多指香草,孔颖达亦认为此卦"鬯"之意为香草:"'天子鬯,诸侯熏,大夫兰。'以例而言之,则鬯是草明矣。"⑦《国语·周语·上》:"王使大宰忌父帅传氏及祝氏奉牺牲玉鬯往献焉。"韦昭注:"玉鬯,鬯酒之圭,长尺一寸,有瓒,所以灌地降神之器。"⑧"瓒"为

---

① (清)李道平撰,潘雨廷点校:《周易集解纂疏》,中华书局1994年版,第453页。
② (魏)何晏注,(宋)邢昺疏:《论语注疏》卷十二,中华书局影印《十三经注疏》,第2503页。
③ (清)李道平撰,潘雨廷点校:《周易集解纂疏》,中华书局1994年版,第453页。
④ (魏)王弼、韩康伯注,(唐)孔颖达疏:《周易正义》卷五,中华书局1980年影印《十三经注疏》本,第62页。
⑤ (清)李道平撰,潘雨廷点校:《周易集解纂疏》,中华书局1994年版,第453页。
⑥ (宋)朱熹:《周易本义》,《朱子全书》第1册,上海古籍出版社2002年版,第76页。
⑦ (魏)王弼、韩康伯注,(唐)孔颖达疏:《周易正义》卷五,中华书局1980年影印《十三经注疏》本,第62页。
⑧ 徐元诰:《国语集解》,中华书局2002年版,第31页。

祭祀时的玉勺子。许慎在《说文解字》中解释："鬯，以秬酿鬱艸，芬芳攸服，以降神也。从凵，凵，器也；中象米；匕，所以扱之。《易》曰：'不丧匕鬯'。"① 从字形上来看，鬯与匕密切相关。王引之认为："祭祀之礼，尸祭鬯酒，则以柶扱鬯酒，故以匕鬯并言。不然，则祭器多矣，何独取于匕乎？鬯，亦器也，谓圭瓒也。圭瓒以盛鬯酒，因谓圭瓒为鬯。"② 无论是从字形，还是祭祀礼中匕鬯连言，都可见"鬯""匕"为祭祀器具。在惊雷之时，能拿在手里不掉的只有器具实物，不可能是液体。由此，"鬯"解释为祭祀器具比较合适。

在《周易》时代，只有君王、嫡长子才有资格主持祭祀，虽然"震惊百里"雷声滚滚，但在祭祀过程中，仍然"不丧匕鬯"，稳稳当当、处乱不惊。孔疏曰："因前恐惧自修，未敢宽逸，致福之后方有笑言。以曾经戒惧，不敢失则，必时然后言乐然后笑。"③ 震动惊传百里，但因处震之道，有诚敬警惧之心，没有在祭祀过程中丢掉祭器。怎么才能做到处乱不惊，重在依靠平时的修养。

《象传》："'震惊百里'，惊远而惧迩也。出可以守宗庙社稷，以为祭主也。"似有遗漏"不丧匕鬯"句，朱熹在《周易本义》中谈道："程子认为，迩也下脱'不丧匕鬯'四字。今从之。"④ 笔者认为此处并不是遗漏，而是《周易》卦爻辞的一种范式，即以"震惊百里"代表"震惊百里，不丧匕鬯"之句。这种表述在《周易》中并不陌生，《小象》对爻辞解释，常有以局部爻辞代替整体，简单明了：如《否·初六》象曰："拔茅贞吉，志在君也。"以"拔毛贞吉"代替"拔茅茹，以其汇，贞吉，亨"；《比·初六》象曰："比之初六，有它吉也。"以"比之初六"代替初六爻辞；六十四卦中皆不乏此例。

自我反省是我国古代很重要的一种修身方法。在人的记忆库存中，对自我记忆内部保留的心理活动信息进行提取就是反省。如果不及时提取，随着时间的流逝，很多记忆就会消失殆尽，所以古人经常自我反

---

① （汉）许慎撰，（清）段玉裁注：《说文解字注》，上海古籍出版社1981年版，第404页。
② （清）王引之：《经义述闻》卷一，江苏古籍出版社1985年版，第30页。
③ （魏）王弼、韩康伯注，（唐）孔颖达疏：《周易正义》卷五，中华书局1980年影印《十三经注疏》本，第62页。
④ （宋）朱熹：《周易本义》，《朱子全书》第1册，上海古籍出版社2002年版，第76页。

省，及时纠正不足之处，使自我的行为符合社会公德，正如"笑言哑哑，后有则也"，"则"就是法则、规则、社会公德。"君子以恐惧修省"，如此循环，人的修为就会更加牢固。"震惊百里，不丧匕鬯"是指君主权威之大足以使远近忧惧，主祭者或是君王或是长子修省自身，可以守护宗庙社稷。雷声震动表面指自然天象，实则暗指国君所施行之政策，政令威严，则远近都有警惧之心，远可达百里，震惊诸侯；近可及长子，使其及时修德修身，防患于未然，从而镇定从容地担任国家祭祀的主持人。

初九，震来虩虩，后笑言哑哑，吉。

"震来虩虩"与卦辞中之"震来虩虩"是一样的，都是讲雷声滚滚，声音很大。"后"在此处之意是先后之后，"后笑言哑哑，吉"是"震来虩虩"的结果。雷声之大，会让人感觉到恐慌，惊惧不已，可为何会出现谈笑自若，吉祥的结果呢？原因在于主体的修养。《震》卦主要讲为君之道，具体来说就是为君者能在惊雷之中保持"笑言哑哑"，是其自身有良好的道德修养。内心没有亏心亏德之事，才能心安自得。所以这个吉祥的结果是建立在自身良好道德修养的基础之上的，此爻强调的是出现吉祥结果的条件因素，而非结果。

初九爻辞"震来虩虩，笑言哑哑"与卦辞重复，是否是衍文呢？对此有三种看法：

第一种以孔颖达为代表，认为卦辞与爻辞同言，含有时刻保持惊惧之心，谨慎内省之意。但是细微处还是有差别的：卦辞是从威震之动来讲人事，爻辞则是具体到人面对威震之动的情境。孔疏："此爻辞两句，既与卦同，《象》辞释之，又与《彖》不异者，盖卦主威震之功，令物恐惧致福，爻论遇震而惧、修省致福之人，卦则自震言人，爻则据人威震，所说虽殊，其事一也。"[①]

第二种看法认为此重复正指明《震》卦之卦主为初九爻。胡煦："卦有两阳，而初为最先，是在中之爻，故与卦同辞，明卦主也。……初乃成卦之主，又处震初，故其占如此。"[②] 由于《震》卦只有两阳爻，

[①]（魏）王弼、韩康伯注，（唐）孔颖达疏：《周易正义》卷五，中华书局1980年影印《十三经注疏》本，第62页。

[②]（清）胡煦撰，程林点校：《周易函书》（二），中华书局2008年版，第699页。

初九爻居首，是卦主之位，所以其与卦辞重复。

第三种看法以高亨为代表，认为卦辞与初九爻辞重复，卦辞为衍文。高亨在《周易古经今注》中说："此二句与初九爻辞重复，此处当是衍文。"① 其理据有三：其一，初九爻辞在"笑言哑哑"前加了"后"字，这样才能与"震来虩虩"解释通，而卦辞没有"后"字；其二，"笑言哑哑"为言笑之乐，而"不丧匕鬯"讲的是严肃庄重的祭祀之事，前后相矛盾；其三，从前面的占断语"亨"来看，当震雷来临之时，祭祀者能够镇定自若，不失礼仪，此为吉祥亨通之象，而"震来虩虩，笑言哑哑"是衍文。

对于高亨举出的三种例证，笔者并不赞同。"震来虩虩，笑言哑哑"与"震惊百里，不丧匕鬯"皆为同种句式结构，"笑言哑哑""不丧匕鬯"分别为"震来虩虩""震惊百里"之后产生的效果，即震动过后，保安其福的笑语之盛；威震过后，守而不失的主器风范。因此"震来虩虩"与"笑言哑哑"之间有无"后"字皆可，并不影响整体意义。而且，"震来虩虩""不丧匕鬯"间亦非辞意相牾，词义隔阂。孔疏从卦爻意看重叠，胡煦则是从中看出了卦主之位，这两种说法均是有道理的，只是阐释的角度不同而已。

六二，震来，厉。亿丧贝，跻于九陵，勿逐，七日得。

六二爻情况有些复杂，"震来，厉"仍是从震雷之象说起，震雷突然来临，预示着危险。"亿丧贝"，"亿"之意有几种不同的说法，一是"亿"为大，大量。《帛书》作"意"。《释文》："亿，本又作噫，同于其反，辞也。六五同。郑云'十万曰亿'犹言大也，作副词。"② 二是认为"亿"为语气词。虞翻曰："惜辞也。"③ 王弼注："辞也。"胡煦说道："当从古作噫，叹词也，惊词也。此震惊之声，正《象辞》笑言之义。"④ 三是程颐在《伊川易传》中说道："亿，度也"⑤，"亿"为测度、估计之意。而朱熹则不确定此"亿"字意，故谨慎言之"亿字未

---

① 高亨：《周易古经今注》，中华书局1987年版，第307页。
② （唐）陆德明：《经典释文》，中华书局1980年影印《十三经注疏》本，第102页。
③ （清）李道平撰，潘雨廷点校：《周易集解纂疏》，中华书局1994年版，第456页。
④ （清）胡煦撰，程林点校：《周易函书》（二），中华书局2008年版，第700页。
⑤ （宋）程颐：《伊川易传》，《文渊阁四库全书》本。

详"。①

此爻"亿"应取"大"之意。六五爻中有"亿无丧"之语，《象》解释为："大无丧也。"因此，此爻的"亿"应为大量之意。因六二凌驾阳刚之上，有危险，导致失去大量钱财货币。贝是古代货币。"跻"为登也，"九"为阳极之数，九陵指高山。因六二处于互体艮的首位（六二、六三、九四成艮），艮象征山，震为足为行，在初九爻之上，所以指示此处要趋吉避凶，攀登远山。

"七日得"中的数字"七"，有不同的说法，虞翻认为"七日得"实为不过七天即可复得，"三动时离为日，震数七，故七日得者也"②。王弼也提到："虽复超越陵险，必困于穷匮，不过七日。"干宝则不以为然，认为"七日得"意为七年之日才能得到，"七日得者，七年之日也，故《书》曰'诞保文武，受命惟七年'，是也"③。元代保巴在《易源奥义》中说道："所谓七日者，卦有六位，七则反常，所丧之宝贝勿逐自得之也。"④也就是说，"七日得"为反常说法，指意料之外。郑刚中、冯椅及今人傅佩荣则认为"七日得"为历经七个爻位，"七日者，阳复之数；陵者，地之高；九者，阳之极。二能升于九陵，七日得其所丧者，皆震之理也。又自二之五，自五还二，其数七"⑤。

笔者认为，《周易》每一卦皆是由六爻组成，六爻就能表达一个周期，至七时就开始了一个新的循环。所以七年、七日、七爻也好，都是说的一个周期的循环，会有一些反常之事发生。"勿逐，七日得"，就是讲面对损失惨重的情境，不要去盲目地追逐寻找，应该静以待之，经过一个周期就会失而复得。因《复》卦有"七日来复，利有攸往""七日来复，天行也"之说，《震》为小的《复》卦，七日为天的运行法则，为日序的周期，因此说"七日得"；又，《既济》卦六二爻之《象》曰："七日得，以中道也"，是说六二爻符合中正之道、柔顺之德，因此可以顺利取回失物，与此处"七日得"意同。陈梦雷在《周易浅述》

---

① （宋）朱熹：《周易本义》，《朱子全书》第1册，上海古籍出版社2002年版，第76页。
② （清）李道平撰，潘雨廷点校：《周易集解纂疏》，中华书局1994年版，第456页。
③ 同上书，第457页。
④ （元）保巴：《易源奥义》，《文渊阁四库全书》本。
⑤ （宋）郑刚中：《周易窥余》，《文渊阁四库全书》本。

中云："占者为震动而有所失，能中正自守，则不求而终获也"①，亦是此意。

为君者占卜到此爻时，六二爻辞是借用"震来""亿丧贝"等爻象告诫为君者任何事物的发展都是有周期的，国家也好，个人也好，其发展过程总会遇到瓶颈，此时不应该气馁伤心，应该认识到这是周期性的问题。"勿逐，七日得"是鼓励和激励为君者重振信心，激发自身主观能动性，同时提高自身道德修养。用主观的能力去抗衡客观的瓶颈，实现新的跨越。《周易》预测吉凶，尽管会遇到凶的结果，但总会告诉人们如何摆脱这种困境，趋吉避凶，这也是《周易》的高明之处。

关于此爻的爻辞语序，陈鼓应、赵建伟提到："此爻辞序疑本作'震来厉，跻于九陵，亿丧贝，勿逐，七日得。'"② 其中提出两个证据：一是《象传》"震来厉，乘刚也"即"震来厉，跻于九陵，乘刚也"的省文。二是"丧贝、勿逐"紧相承接，犹"丧马，勿逐""丧其茀，勿逐"。鉴于帛书本与通行本爻辞序是一致的，通行本爻辞"震来厉，亿丧贝"是描述不吉之辞，即"厉""丧"。后"跻于九陵，勿逐，七日得"则是提出的解决"厉""丧"的方法，通行本可以解释得通，所以陈鼓应、赵建伟的说法还需要更坚实的证据来证明新解。

六三，震苏苏，震行无眚。

"苏苏"，孔颖达解释为："苏苏，畏惧不安貌。"③《经典释文》："苏苏，疑惧貌。王肃云：躁动貌。郑云：不安也。"④ 虞翻不认同以上解释，他认为"苏苏"强调的是苏醒，死而复生，"死而复生，称苏。三死坤中，动出得正，震为生，故'苏苏'。……《春秋传》曰：晋获秦谍，六日而苏也。"⑤ 由于《震》卦是两震组成，"苏苏"有死而复生之意。

"苏苏"在此应理解为畏惧不安之貌更为妥当。由于六三位处震中，震来之时，因震惊而恐惧不安，更通。况且《震》卦本身是重震

---

① （清）陈梦雷：《周易浅述》，上海古籍出版社1982年版，第185页。
② 陈鼓应、赵建伟：《周易今注今译》，商务印书馆2005年版，第457页。
③ （魏）王弼、韩康伯注，（唐）孔颖达疏：《周易正义》卷五，中华书局1980年影印《十三经注疏》本，第62页。
④ （唐）陆德明：《经典释文》，中华书局1980年影印《十三经注疏》本，第102页。
⑤ （清）李道平撰，潘雨廷点校：《周易集解纂疏》，中华书局1994年版，第457页。

之卦,整个卦爻辞也都是以雷象作比。雷声始终不断,且有一个发展变化渐趋强烈的过程,从初九的"虩虩",六三的"苏苏"至上六的"索索",显然是步步严重。初九为震之初始,震感还不十分明显,而六二处震之中,震感强烈,因此遇到危险导致失去财物。但因能恪守本分,柔顺守德,所以最终财物可以失而复得。

"震行无眚","眚"为灾祸,程颐:"'眚',过也。"① 高亨:"眚,灾也。"② "眚"应为灾祸、过失之意。《震》卦主要讲威慑、震动之意,"震行无眚"即是在受到震动、威慑的情况下没有过失。六三不当位,遇雷震而有灾祸,但应持有警惕戒惧之心,故灾祸可消弭于无。

六三身处互坎之中(六三、九四、六五),坎象征艰险,因此六三面临着众多凶险。雷震之时,天摇地动,六三以阴柔处于阳刚之位,更是惊险重重。此正是《象传》所云之"位不当"。但六三下不乘刚,上又承阳,因威震而心生畏惧,时常反省检讨,故前行能够避免灾难,逢凶化吉。此爻是通过六三之行以警戒为君者,虽处逆境更要懂得戒备警惕、修身养德,处处小心、步步谨慎,终能求得转机之道。

九四,震遂泥。

"遂",《经典释文》:"荀本遂作队。"《汉上易传》引荀爽作"隧"。郭京《周易举正》认为"遂",汉儒有作"队","隧"者,盖形声相近,古人或相通假也。李乡沚曰:"盖遂与队形声相似,而俗墜又与隧通,故队隧亦通为遂字。"③ 王弼解释为遂为困难,"遂困难矣"。孔颖达进一步补充:"若其自怀震惧,则遂滞溺而困难矣。"《说文》:"从高队(陨)也。""遂"有落入、坠入之意,程颐:"'遂',无反之意,处震惧则莫能守也。"④ 不反就是朝向单方向运动,也就是从高处坠落之意。霍斐然、徐韶杉在《霍氏周易正解》中又提出一个新解:"遂,逃亡也。"⑤ 但是根据后面宾语"泥"来看,"遂"不能作逃亡之意,否则无法解释"遂泥"。此处之"遂"应为坠入、陷落之意。

九四因雷震之威而陷入泥中,不能自拔。"遂泥"是结果,"震"为

---

① (宋)程颐:《伊川易传》,《文渊阁四库全书》本。
② 高亨:《周易大传今注》,齐鲁书社1979年版,第423页。
③ 徐芹庭:《周易举正评述》,中国书店2009年版,第284页。
④ (宋)程颐:《伊川易传》,《文渊阁四库全书》本。
⑤ 霍斐然、徐韶杉:《霍氏周易正解》,华中科技大学出版社2009年版,第130页。

原因，响雷震动，一惊惧就掉泥里了。《需》卦九三爻："需于泥，致寇至"，九三爻处于下卦之上，濒临坎卦，也就是即将陷入危险之中，此时的灾害是由外在因素造成的，正如《象传》："'需于泥'，灾在外也。"而《震》卦九四爻本身处于互卦《坎》中，其灾害是由于自身造成的。此爻与六三爻实际是正反两方面讲述如何避免灾患，六三爻是从正面告诫为君者要警惧不犯错，九四是从反面告诉君王如何避免坠入泥中。

从卦变来看，《震》卦由《临》卦变来，《临》卦上卦为坤，坤又为土，变成《震》卦时，形成互坎，坎为水，水土相遇，即成泥。因此，九四遭遇雷震，遂坠入泥中，不能自拔。九四为阳爻，却不当位，又深陷上下四阴爻之中，恐惧至极，阳刚之德无法发扬光大，不能有所作为，已现萎靡颓败之象。故《象传》云："震遂泥，未光也。"孔疏："九四处四阴之中，'为众阴之主'，当恐惧之时，'宜勇其身，以安于众'。若其自怀震惧，则遂滞溺而困难矣，故曰'震遂泥'也。然四失位违中，则是有罪自惧，遂沉泥者也。"[①] 正是此意。初九与九四同为《震》之阳爻，但初九身处下卦，当位而有阳刚之德，虽有小震，但善于修省自身，即可化险为夷，终致亨通；九四身陷众阴之中，阳刚之德不能彰显，故凶险重重。

六五，震往来，厉；亿无丧，有事。

六五以响雷作象，"震往来，厉"是讲来来回回打雷，雷声不断，预示很危险。"亿无丧，有事"，对此有两种解释：一种认为谨守中正之道就不会有什么损失，从而可长保祭祀盛事。虞翻曰："坤为丧也。事谓祭祀之事。出而体随，王享于西山，则可以守宗庙社稷为祭主，故'无丧有事'也。"[②] 另一种解释，傅佩荣认为"事"为事故，"亿无丧，有事"是说没有大量损失，但发生了事故。

"国之大事，在祀与戎"，《震》卦"有事"当为祭祀之事。虞翻曰："'有事'，谓有事于宗庙社稷也。"[③]《震》卦卦辞中就提到"震惊百里，不丧匕鬯"，明确说明长子主持祭祀之事宜。依照春秋时期惯例，凡是祭祀都称其为有事，并非现代汉语中有事情、有事故之义。若解释成"有

---

① （魏）王弼、韩康伯注，（唐）孔颖达疏：《周易正义》卷五，中华书局1980年影印《十三经注疏》本，第62页。
② （清）李道平撰，潘雨廷点校：《周易集解纂疏》，中华书局1994年版，第458页。
③ 同上。

事故",又与"亿无丧"之解释前后矛盾,为何没有大的损失之后,还说有事故呢?可见,此爻之"有事"并非指事故,而是专指祭祀事宜。

《象》曰:"'震往来厉',危行也;其事在中,大无丧也。"是说雷声连接不断,六五身处巨震之中,上下往来都有危险,因此应当更加谨慎持重,恐惧修省。六五虽不当位,却处于上卦之中,能够守持中道,有柔中之德,故"大无丧也"。虞翻曰:"动出得正,故'无丧'。"也是看到了六五自身所具的柔中之德,能够使其行出于正,自可长保宗庙社稷太平无事。

六五同六二都是阴爻处于中位,又都能够谨守柔顺之德,故最终结果都是吉祥平安的。六五因居重震之上,所以往来均十分危险,这点与六二不同,六二仅是"震来厉",六五比六二承受的压力和危险要大得多,更因六五身处位之极尊,所以比六二更有高处不胜寒之感,因此愈加小心谨慎、修省自身。

此外,六五因处尊位,要执掌祭祀之事,祭祀之事关系到国家兴亡荣辱,绝不可马虎懈怠,因此需要无事方可;而六二没有这层权力,只希望能够审慎小心度日,因此可以暂时丢失一部分财物,于大体却无妨碍。李光地云:"二五之震同,具有中德而能亿度于事理者亦同。然二'丧贝'而五'无丧'者,二居下位,所有者见耳。五居尊,所守者则宗庙社稷也。贝可丧也,宗庙社稷可以失守乎。故二以'丧贝'为中,五以'无丧有事'为中。"[1] 正是此层之意。

六五虽有柔中之德,却不能如初九般福致亨通,原因即在于,六五凌驾于阳刚之上,缺乏阳刚之德的助力。阴阳难以协调,虽有柔顺中和之德,却难为大成。

上六,震索索,视矍矍,征凶。震不于其躬,于其邻,无咎。婚媾有言。

上六的情况相对复杂,此爻可分成三层意思来理解,第一层"震索索,视矍矍,征凶"。"索索",诸家一般解释为浑身颤抖,畏惧不安之貌。孔疏:"索索,心不安貌。"[2]《经典释文》:"索索,惧也。马云:

---

[1] (清)李光地:《周易折中》,巴蜀书社2008年版,第202页。
[2] (魏)王弼、韩康伯注,(唐)孔颖达疏:《周易正义》卷五,中华书局1980年影印《十三经注疏》本,第62页。

内不安貌。郑云：犹缩缩，足不正也。"①"索索"意即由于受到震动，人身战栗颤抖，造成畏惧不安之心理，以往的神气都不存在了。"矍矍"，《经典释文》："矍矍，马云：中未得之貌。郑云：目不正。"② 这是由于"索索"造成的惊恐之态，眼睛不能直视，视力不定，是恐惧之心理反映在视力上的表现。

"索索"和"矍矍"都是形容雷震之下惊恐不安的状态。上六，雷震来时震动得浑身颤抖，双目惊恐得四下张望，用兵必有凶险。之所以"震索索""视矍矍"，是因为上六已处震之极。《震》本为重震之卦，上六以阴爻处至尊之位，没有能够取得适中的地位，所处雷霆之威可想而知。因此，此时行动必有凶。

外在因素为震动不已，主体表现又很惊恐，以致影响正常的行动，此种情境下宜静止不动。若此时贸然采取用兵之策，乃是下下策，结果有凶。一个国家的用兵一定要得到老百姓的拥护和支持，否则将会陷于泥潭之中。《左传》中记载的曹刿论战，曹刿问鲁庄公在齐鲁之战中，鲁国将拿什么用兵，"何以战"？曹刿认为对老百姓小恩小惠，神灵是不会嘉佑于你的。只有"小大之狱，虽不能察，必以情"，只有对老百姓尽到本职的事情，也就是全力维护老百姓的利益，曹刿认为，凭此，"可以一战"。

第二层是"震不于其躬，于其邻，无咎"，雷震没有落到自己身上，在及于近邻时，预先提防戒备，就会没有灾祸。王弼注："若恐非己造，彼动故惧，惧邻而戒，合于备预，故'无咎'也。"③ 上六虽情势凶险，不合中道，但如能见到别人的失误，而预先有所防范，就能减少损失。

第三层是"婚媾有言"，《周易》中提到"言"多为负面因素，言语争执、不相合，比如《需》卦九二爻："需于沙，小有言"，朱熹解释："沙，则近于险矣；言语之伤，亦灾害之小者。""婚媾有言"，《周易》中多以男女之事喻指君臣之道，此时谋求阴阳相合，进行婚配则会有言语争端，君臣间配合亦因言语而生间隙。上六因身处危境而行动有凶，故不宜妄动，只好静等转机，此时不宜谋求婚配。

---

① （唐）陆德明：《经典释文》，中华书局1980年影印《十三经注疏》本，第103页。
② 同上。
③ （魏）王弼、韩康伯注，（唐）孔颖达疏：《周易正义》卷五，中华书局1980年影印《十三经注疏》本，第62页。

此爻是要告诫君王防患于未然。上六处震动之极，失去了柔中之德，因此惊慌恐惧亦达到顶点。但终归无咎，是因保持警惕戒惧之心，提醒自己未雨绸缪，方可无患。郑汝谐云："人之过于恐惧者，固无足取；若能举动之际，睹事之未然而知戒，亦圣人之所许也。"诚然。

《震》卦六爻，分别是遭遇震动之时不同的表现及结果。初九处震之始，虽然雷声滚滚，因有警惧之心，旋即可平安喜乐。言行遵循正道和法则，可长保社稷之福；六二因凌驾于阳刚之上，丢失大量财物。因其恪守柔中之道，故而可失而复得；六三位置不当，震动而发抖，在威慑的情况下则不会有灾难；九四深陷四阴之中，不可自拔，阳刚之德无法光大，从反面告诫君王如何避免陷进泥潭之中大；六五上下遇敌，以阴爻处尊位，惶恐无以复加，但能守持中正之道，自可以善保尊位；上六处震最猛烈凶狠之极，又没能居于适中的位置，因此震动得浑身发抖。最终无咎，盖因长保警惕修惧之心，自然可以顺势应变。可见，《震》卦各爻始终处于运动变化的过程中。《周易》穷则变，变则通，动态地将抽象的意义以具象表达出来。

《震》卦主旨在于"危而后安""修德守道"。我们要时常保持一颗警惕戒惧之心，经常反省自身，进修德业。《震》卦告诫君主，不可安享富贵荣华，要居安思危，方可危而后安。六二和六五两爻，响雷来时，都遇到了危险，但终能化险为夷。因此，作为君主，不忘忧患，恐惧修省，更要遵守天道，迎合民心。通过自身的努力，长保社稷之大业。《周易》预测吉凶祸福都是主体与客体、内在与外在相互谋略，共同设计结果，这是天与人合谋的结果。

第二节 《丰》卦爻辞考论——丰大易暗

《丰》卦由离下震上构成，从卦象来看，震为雷，雷声震天，其声最响；下卦离，离为日，日光射地，光热最烈，此卦象为一幅雷电交作，气势盛大的画面。从卦德看，震为动，离为明，明而动乃是盛大的构成因素。为君者英明，才能制定出英明的决策，以此行动，方能做大，正如《象传》所说："明以动，故丰。"这是《丰》卦所指示的为君之道。《彖传》与《序卦传》皆曰"丰，大也"，孔颖达解释："动而不明，未能光大；资明以动，乃能致丰。"① 古人感悟出丰有盛大之意。

《杂卦传》亦提到："丰，多故也。"前人对此有两种不同的解读，朱震提出丰卦乃盛大之时，此时面临何去何从，进退不得其所，有难处，此为多故。来知德和胡煦则以为是丰处盛大之时，多有故旧之人前来附应，"过者逾其常，信者存其诚，人处丰盛，故多故旧，人在穷途，故寡亲识"②，"故"乃是名词，故旧之意。

从字意上来看，郑玄曰："丰之言腆，充满意也。"③《说文》曰："豐，豆之丰满也，从豆象形。"④ 从《丰》卦卦象、卦德及卦辞来看，主要是讲盛大之意。《序卦传》亦曰："得其所归者必大，故受之以《丰》。丰者，大也。"事物获得依归必然民聚国富，所以接着是象征丰大的《丰》卦，"丰"为丰大之意。但其卦爻辞暗含着盛大之后如何继续保持盛大，隐含着前忧后诫。卦辞"勿忧，宜日中"，便是告诫君王如何能够保持"丰"之道。

由此来看，《丰》卦有盛大之意，"多故"更多的是指君王在国家盛大之时何去何从。丰大之道，非有王者之德，不能达到丰道。今人陈鼓应、赵建伟提出新意，以为丰为遮盖之意，取义于蔽于牢中不见天日。差异之处在于不取离为光明之象，取离为罗网、法网之象，象征人动而入狱。暂存此说。

从卦名到卦辞，《丰》卦一幅盛大日中之象，而爻辞却是一片黑暗，光明与黑暗相互影响，互为隐形的"在场者"。作者如此设辞，用意何在？为方便论述，兹录卦爻辞如下：

55. 丰䷶（离下震上）

《丰》：亨，王假之。勿忧，宜日中。

《彖》曰：丰，大也。明以动，故丰。"王假之"，尚大也。

---

① （魏）王弼、韩康伯注，（唐）孔颖达疏：《周易正义》卷六，中华书局1980年影印《十三经注疏》本，第67页。
② （明）来知德：《周易集注》，《文渊阁四库全书》本。
③ （唐）陆德明：《经典释文》，中华书局1980年影印《十三经注疏》本，第103页。
④ （汉）许慎撰，（清）段玉裁注：《说文解字注》，上海古籍出版社1981年版，第389页。

"勿忧宜日中"，宜照天下也。日中则昃，月盈则食，天地盈虚，与时消息，而况于人乎，况于鬼神乎？

《象》曰：雷电皆至，丰。君子以折狱致刑。

初九，遇其配主，虽旬无咎，往有尚。

《象》曰："虽旬无咎"，过旬灾也。

六二，丰其蔀，日中见斗。往得疑疾，有孚发若，吉。

《象》曰："有孚发若"，信以发志也。

九三，丰其沛，日中见沬，折其右肱，无咎。

《象》曰："丰其沛"，不可大事也。"折其右肱"，终不可用也。

九四，丰其蔀，日中见斗，遇其夷主，吉。

《象》曰："丰其蔀"，位不当也。"日中见斗"，幽不明也。"遇其夷主"，吉行也。

六五，来章，有庆誉，吉。

《象》曰：六五之吉，有庆也。

上六，丰其屋，蔀其家，窥其户，阒其无人，三岁不觌，凶。

《象》曰："丰其屋"，天际翔也。"窥其户，阒其无人"，自藏也。

卦辞：《丰》：亨，王假之。勿忧，宜日中。

关于"假"的解释，说法很多：一种解释"假"为至也。虞翻曰："假，至也。"①孔疏："假，至也，丰亨之道，王之所尚，非有王者之德，不能至之，故曰王假之也。"②《丰》卦为盛大之意，王道之大，拥有四海之资，万民之众，极丰之道唯有王者居之。今人陈鼓应、赵建伟以为王假之，乃是言将有贵人降临，利在正午，日在中天之时。尚秉和从爻位切入，认为王假之，乃是说九四应该上升至六五之尊位。

假，大也。陆绩注："五得尊位，据四应二，以天下为家，故曰'王大有家'。天下正之，故无所忧则吉。"③训"假"为"大"，王假

---

① （清）李道平撰，潘雨廷点校：《周易集解纂疏》，中华书局1994年版，第479页。
② （魏）王弼、韩康伯注，（唐）孔颖达疏：《周易正义》卷六，中华书局1980年影印《十三经注疏》本，第67页。
③ （清）李道平撰，潘雨廷点校：《周易集解纂疏》，中华书局1994年版，第481页。

之则是君王大有。王引之等从此意。

假，假借，凭借。胡瑗说："圣人必假此丰盛之时，发号施令，则民易从，行赏用罚，则民易以服，以至制礼作乐，施发教化，可以大行于天下也。"① 圣人凭借丰盛之际，对民众发号施令，民众容易服从。若是能假借此时机，广施教化，则必将可以风行天下。

从字意来看《说文》："假，非真也。从人叚声。一曰至也。《虞书》曰：'假于上下。'"② 许慎认为"假"有两个意思，一是"非真也"；一是"至也"。但依据段注之意，则"假"没有"至也"的意思。段玉裁《注》："叚，借也。然则假与叚义略同。……浅人不得其例，乃于'《虞书》曰'之上妄加'一曰至也'四字。又分非真也为古雅切，至也为古额切，而不知古音无此区别也。今删正。"③ 若是依据段玉裁的说法，假为真假之假，那么"王假之"似乎无法解读。

桂馥则反对段注，认为"假"只有"至也"一个意思："非真也者，疑后人加。"理由是"古无言真假者，但曰实曰伪。左襄十八年传，使乘车者左实右伪。是也。一曰至也者。"④ 前人解读多依据"假，至也"来阐发《丰》卦"王假之"，这种阐解可以说得通。

"王假之"，汉帛书记载为"王叚之"。《说文》："叚，借也"。段注："此叚云借也，然则凡云假借当作此字。"⑤ 由以上来看，"假"本真假，"叚"本假借，"徦"本徦至。从《家人·九五》爻："王假有家，勿恤，吉"中出现的"假"字来看，《释文》："更白反，《注》同，至也。郑云：登也。徐古雅反，马云：大也。"⑥ 王弼注解中训释"假，至也"，则是以"假"为"徦"字。马融训释"大也"，在《诗经》中"烈假不遐"，毛传训释为："假，大也。"⑦ 上博藏楚竹书中对此卦缺简，汉帛书中记载："九五，王叚有家，勿血，往吉。"这与《丰》卦的"王假之"类似。

---

① （宋）胡瑗：《周易口义》，《文渊阁四库全书》本。
② （汉）许慎撰，（清）段玉裁注：《说文解字注》，上海古籍出版社1981年版，第673页。
③ 同上。
④ 古文字诂林编纂委员会：《古文字诂林》（七），上海教育出版社2004年版，第352页。
⑤ （汉）许慎撰，（清）段玉裁注：《说文解字注》，上海古籍出版社1981年版，第228页。
⑥ （唐）陆德明：《经典释文》，中华书局1980年影印《十三经注疏》本，第103页。
⑦ （汉）毛公传，郑玄笺，（唐）孔颖达疏：《毛诗正义》卷十六，中华书局1980年影印《十三经注疏》本，第517页。

第三章 《周易》为君之道卦爻考论(下)

王引之认为此与《萃》卦"王假有庙"之"假"不同,"王假有庙"中的"假"当训为至。此处"王假有家"当训为大。"陆以假为大,是也。而谓以天下为家,则与家人之意不合。家,谓门以内,非谓天下也。王假有家者,王者宽假其家人也。"① 也就是说,"王假有家"中"假"为宽大之意。

其实细辨之,王引之解释"假"为宽大之意与陆绩"假,大也"是不同的意思。陆绩认为"王假有家"为君王占据尊位,能够拥有天下之大。王引之则解释为九五君位有温厚之德,爱其家人并能相互宽容,使彼此能够相爱。

再看《丰》"王假之",把"假"解释为"至也",丰之道,天下只有君王才能达致。这种解释也可以说得通,若是结合《象传》:"王假之,尚大也"来看,"假,大也"似乎更好,王者有广大之资。

丰,有盛大之意。其大到什么程度呢?"王假之"只有天下之君王才享有如此之盛大。盛中包含着衰弱,但无需忧虑,只要保持日中的状态就可以永保昌盛。如此来看,《丰》卦主要是讲如何致丰、保丰之道,答案便是"宜日中"。

可是依循天象自然规律来看,正午的太阳不可能永远保持正中,随着时间的迁移,太阳肯定会偏移,光亮逐渐由最盛偏移至黑暗,又如何能够始终保持丰盛之时的日中呢?这使得为君之人不得不忧虑,卦爻辞虽未提及彻底的解决办法,但是却安慰君主不要忧虑,"明以动",动之以明,致丰之道在于明,而不能昏。何楷曰:"《丰》有忧道焉,而云'勿忧',盖于此有道焉,可不必忧也。其道安在,亦曰致丰之本,即保丰之道。何以致丰,离明主之,而震动将之也。宜常如日之方中,使其明无所不及,则幽隐毕照,斯可永保丰亨矣。"② 君王治理天下以盛明为途径,秉行"日中"中正之德,常明不暗,发挥最大的光亮,普照天下。还有"有孚发若""遇其配主""遇其夷主"等都是解忧之道。

《象传》广引天地日月之象,言及盛盈必衰,对卦辞中的"宜日中"引申阐释。说明丰大易暗,不可过中。从辩证的角度认为日中之

---

① (清)王引之:《经义述闻》卷一,江苏古籍出版社1985年版,第25页。
② (明)何楷:《古周易订诂》,《文渊阁四库全书》本。

时，最为圆满，但是圆满中潜藏着残缺，太阳过了中天的位置就要向西偏斜了。月亮在十五圆满之后就要走向亏缺了。盛极而衰，天地万物总是在不断运动变化着的。

《象传》对卦辞的引申解读为："君子以折狱致刑。"雷电之象，有威明之势，君子法天象推人事，类似于断决狱讼。虞翻："此卦三阴三阳，之例当从泰二之四而丰。三从噬嗑上来之三，折四于五狱中而成丰，故君子以折狱致刑阴阳交，故通噬嗑，所谓利用狱者此卦之谓也。"① 他从爻位上指出《丰》卦含有狱讼之象，并联系同样有狱讼之象的《噬嗑》卦。但是《丰》卦离下震上，《噬嗑》卦震下离上，两者卦体相反，如何理解呢？从卦象上来看，《噬嗑》卦是明离在上，震动在下，意味着先立法，"明罚饬法"。而《丰》卦是威震居上，明离居下。从理论上讲，君王需要查明下情然后才能动威。但是实际上若先动威，而没有查明实情，这样容易犯错误，"折狱致刑"。

初九，遇其配主，虽旬无咎，往有尚。

"配主"之意，从爻位上来解释，王弼、虞翻等认为"配主"是相匹配之主，指九四爻。王弼注："处丰之初，其配在四，以阳适阳，以明之动，能相光大者也。"② 林黄中、冯椅等认为"配主"指六二爻。"初九以六二为配主，九四以六五为夷主，九三、上六虽居正应而不相遇焉。三折其右肱，上阒其无人，盖有物蔽之也。"③《周易》注重阴阳相配，初九为阳爻，六二为阴爻，阴阳相遇，所以六二为初九之配主。虽然初位当与四位相应，但是相距较远，不能称为"遇"。并且九四为阳位，初九与之不相应，所以九四不能为初九之配主。俞琰依照《明夷》六二爻辞中有"主人"之象，认为《丰》卦六二亦有"配主"之象。

从字意方面解释，一种观点认为"配主"乃是指女主人。高亨在《周易古经今注》中猜测、估计"配主盖谓女主人也。遇其配主，言出行之人，遇其女主人也"④。另一种观点认为，汉帛书中"配主"写作

---

① （清）李道平撰，潘雨廷点校：《周易集解纂疏》，中华书局1994年版，第479页。
② （魏）王弼、韩康伯注，（唐）孔颖达疏：《周易正义》卷六，中华书局1980年影印《十三经注疏》本，第67页。
③ （宋）冯椅：《厚斋易学》，《文渊阁四库全书》本。
④ 高亨：《周易古经今注》，中华书局1987年版，第321页。

"肥主"，肥主即为仁厚之主。陈鼓应、赵建伟："配，帛书作肥，厚、仁厚。"① 此处遇其配主之意与卦辞"王假之"相暗合，乃为利见大人之意，"遇其配主"意思即为旬日之内将有大人相助。

"配"，《说文》："配，酒色也。从酉己声。"段玉裁《注》："本义如是，后人借为妃字，而本义废矣。妃者，匹也。"② 从"配"字形、卜辞用法来看，"配"作为名词，有匹配、配耦之意。毛公鼎："配我有周，膺受大命。"高鸿缙认为"配"本义为酒色，后世多假借为匹配。戴家祥认为酒色并非配的本义，其本义应为配耦、配食。③ 作为动词来讲，"配"有致送、支配之意。邱德修引用卜辞中的"配"，认为在卜辞中，配均作动词，为"致""送"意之引申，作支配解。无论是卜辞，还是彝铭，古配字均无配享之意

"遇其配主"，"配"之意显然是作名词使用。《周易》中"遇"者，"应在远，不可以言遇，遇者，适相值也"④。初九、六二为阴阳相遇，六二为下卦之主，且《明夷》卦中六二爻亦有主人之说法，所以，六二爻为初九爻的配主。

若《丰》卦取其明动相资之象，"凡卦爻取刚柔相应，丰则取明动相资"⑤。初九与九四虽不是阴阳相应，但二阳有并进之势，且有类于初九爻配主，九四爻"遇其夷主"。项安世曰："初以四为配，四以初为夷，上下异辞也，自下并上曰'配'。"⑥ 这两种说法都有一定的道理，无论六二爻还是九四爻为配主，都是与初九爻地位相当者，正如屈

---

① 陈鼓应、赵建伟：《周易今注今译》，商务印书馆2005年版，第497页。
② （汉）许慎撰，（清）段玉裁注：《说文解字注》，上海古籍出版社1981年版，第1309页。
③ 以上两说皆为：古文字诂林编纂委员会《古文字诂林》（十），上海教育出版社2004年版，第1167页。高鸿缙认为："𩰪，王静安曰配，对也。……说文，配，酒色也（谓酒之颜色）。古原有匹配字作𢁉作𢁉，变形极多。而均象人两手持相等之物，故有匹配之意。甲文金文均用为配偶。后世以同音同段酒色之配以代匹𢁉𢁉。久之而𢁉字废。而配亦失其本意。此处配自是匹配，但为动词。"这也就是说"配"之本义与现在常用的匹配之"配"并非同一个意思。戴家祥认为："配读滂佩切，妃读芳非切，不但同部而且同母，故经传妃、配通用。配字从卩，象人踞形，其意当为配耦之配。古者娶妇必先以酒礼飨焉……左传隐公八年'先配而后祖'，贾逵云'配成夫妇也。'公羊传宣公三年'王者必以其祖配'，何休注'配，配食也。'……许云'酒色'，恐非本义。"
④ （宋）冯椅：《厚斋易学》，《文渊阁四库全书》本。
⑤ （清）李光地：《周易折中》，巴蜀书社2008年版，第214页。
⑥ 同上。

万里先生解释，配主即匹配之主。①

"旬"之意，亦有多种说法，一种认为"旬"为均。初爻、九四爻都是阳爻，故曰均。王弼注："旬，均也。虽均无咎，往有尚也。初、四俱阳爻，故曰均也。"② 另有解释"旬"所指为时间，十日为旬。由于卦辞中有"宜日中"，所以爻辞中便出现了旬日的说法。虞翻认为离为日，十日为一旬。来知德从虞说："文王象丰，以一日象之，故曰'勿忧宜日中'。周公象丰，以十日象之，故曰'虽旬无咎'。十日为'旬'，言初之丰，以一月论，已一旬也，正丰之时也。"宋代杨万里提出"旬"为旬时之意，"言虽无咎而未久也，过是则灾及矣"③。"虽旬无咎"之意即是虽无咎并不代表永远是无咎，旬时过了就有灾了。

先儒释"旬"为"均"，古籍中这两个字一般是通用的。实际上，"旬"字古文写作"从勹从亘"，后来发生讹变，金文作"从日从勻"，这两个字形十分形似，所以到了大约东周之后，"旬"与"均"二字通用。但从《周易》作于殷末周初的时间来看，"旬"字本义当为卜辞十日之义，与后来的均义关系不大。

卜辞及筮法中"旬"为常用术语，其意义多解释为"十日"。《说文》："旬，徧也，十日为旬。"徐中舒在《甲骨文字典》中说道："旬"字甲骨文从"6"上加一指示符号，"6"乃亘之省变，或省作"c"，表示从甲到癸十日周匝循环而为旬。并引用卜辞：

> 甲申卜㱿贞：妇好娩嘉？王乩曰：其叀（惟）丁娩，嘉；其叀（惟）庚娩，弘吉；三旬有一日甲寅娩，不嘉，叀（惟）女。（《合集》14002 正）④

这条卜辞是武丁亲自为妻子妇好分娩进行的占卜。其中出现"三旬有一日甲寅娩"就是说到三旬第一天甲寅日分娩。《礼记·曲礼上》中亦有记载："凡卜筮日，旬之外曰远某日，旬之内曰近某日。丧事先远

---

① 屈万里：《读易三种》，台北：联经出版事业有限公司1983年版，第336页。
② （魏）王弼、韩康伯注，（唐）孔颖达疏：《周易正义》卷六，中华书局1980年影印《十三经注疏》本，第68页。
③ （宋）杨万里：《诚斋易传》，《文渊阁四库全书》本。
④ 徐中舒：《甲骨文字典》，四川辞书出版社1990年版，第1017页。

日，吉事先近日。"① 由此来看，初九爻《象传》中出现的"过旬"即"旬之外"，爻辞"虽旬"近似于"旬之内"。

此爻大意是讲遇到相匹配之主，在十日内不致咎害，前往会得到佑助。《象传》解释为："'虽旬无咎'，过旬灾也。"就是进一步解释占筮至此爻，一定要注意时间的度，虽在十日之内没有过错，一旦过了旬时，就可能由吉变凶了。

六二，丰其蔀，日中见斗。往得疑疾，有孚发若，吉。

蔀，王弼注："幡幔者是也。"孔疏："蔀，覆暧，障光明之物也"②，即障蔽光明之意。对"丰其蔀，日中见斗。往得疑疾，有孚发若"的理解有以下几种：一种认为六二爻处明动之时，以阴居阴，故有阴暗之极。二、五位都处阴位，二往求五，有"疑疾"。唯六二爻居中履正，处阇有信，方能有吉。孔疏："二、五俱阴，二已见斗之暗，不能自发，以自求于五，往则得见疑之疾，故曰往得疑疾也。然居中履正，处暗不邪，是有信者也。有信以自发其志，不困于暗，故获吉也"。③ 朱熹认为六二爻居离之中，本为盛明之时，因上应六五柔暗之爻，故有阴暗之势。跟随昏庸君王，反而被疑，只有心怀诚意感发，才能获得吉祥。

一种认为六二爻被九四爻所遮蔽。元儒吴澄："二之应位在五，如丽天之日，离之中，画在二为照地之日，日丽天中而光照地上，故二象日中。九四为蔀，障蔽丽天之日，而地上无光日暗，则星见故日中而见斗也。"④ 为何九四为障蔽六二，并未指出。

今人陈鼓应、赵建伟等认为"丰"当为蓬，草帘遮盖。日中见斗为梦占，前往得疑惑之疾。"丰当读为蓬。丰、蓬皆为东部字，声纽皆属并组，古同音……蓬作名词为帘薄……古汉语名动相因，蓬作动词谓以帘遮盖……斗，北斗星。日中见斗，是说中午梦见北斗，此是梦占。古人以梦见星辰多为不吉，如吃官司等……有孚，卦兆显示出某种迹象……此言卦兆显示一切都会过去，即将转为有利。"⑤ 孚，征兆。发，除去。"有

---

① （汉）郑玄注，（唐）孔颖达疏：《礼记正义》卷三，中华书局1980年影印《十三经注疏》本，第1251页。
② （魏）王弼、韩康伯注，（唐）孔颖达疏：《周易正义》卷六，中华书局1980年影印《十三经注疏》本，第68页。
③ 同上。
④ （元）吴澄：《易纂言》，《文渊阁四库全书》本。
⑤ 陈鼓应、赵建伟：《周易今注今译》，商务印书馆2005年版，第497页。

孚发若",但卦兆显示一切都将过去,即将转吉。

六二爻居下卦离中,离为日,故为日中。六二又以阴居阴,"蔀"为幡幔,有障蔽光明之意。六二与六五爻均为阴爻,不是正应,六二前往会有猜疑。但是好在六二爻居中得正,以其中正对待。从卦象来看,六二居下卦离中,与《中孚》卦类似,中孚为诚信。由此来看,六二爻的结果最终能够依靠自我的主观努力,改善其黑暗不应的结果,自然为吉。

此爻大意是说广大的遮蔽起来,犹如中午见到斗星。往前会有猜疑的灾患。若能发挥中正诚信,吉祥。《象》曰:"'有孚发若',信以发志也。"六二爻以诚信来表现心意。

九三,丰其沛,日中见沫,折其右肱,无咎。

沛之意为大暗,较之蔀,更加暗淡。沛之意,《九家易》解释为:"大暗谓之沛。"① "沛"为黑暗之意。沫,"《字林》作昧,亡太反,云:斗杓后星。王肃云:音妹。郑作昧,服虔云:日中而昏也。子夏传云:昧,星之小者。马同。薛云:辅星也。"② 沫是小星,星光弱小,微昧之光也。

以王弼为代表,"丰其沛,日中见沫"解释为"沛,幡幔,所以御盛光也。沫,微昧之明也。应在上六,志在乎阴。虽愈乎以阴处阴,亦未足以免于阇也。所丰在沛,日中则见沫之谓也。施明,则见沫而已。施用,则折其右肱,故可以自守而已,未足用也。"③ 六二爻以阴处阴,非常暗淡。较之六二爻而言,九三爻与上六爻相应,黑暗程度相对好些,但仍然属于暗淡。处光大之时却暗淡不已,不能用于大事,所以有折其右肱的说法,自守而已。

宋儒赵汝楳则认为沛为大雨貌。沫,星之小者,昏暗。"沛读如沛然下雨。沫,昏昧雨甚而昼昏也……又与上六位应,乃有丰沛见沫之象。视见斗者阇抑甚矣,运动而适致右肱之折,虽废而不可用,乃无冥行之咎。"胡煦认为沛为泽也,沫为水源也。"沛,泽也。沫,水源也……雷象在上,中爻有泽有风,方取沛沫之象,有何筮象哉?"他们给这一爻设定的情景是白天下起倾盆大雨,使得白天忽然变黑暗了。陈鼓应、赵建伟

---

① (唐)李鼎祚,(汉)郑玄注,(唐)孔颖达疏:《周易集解》,《文渊阁四库全书》本。
② 丁四新:《楚竹书与汉帛书〈周易〉校注》,上海古籍出版社2011年版,第161页。
③ (魏)王弼、韩康伯注,(唐)孔颖达疏:《周易正义》卷六,中华书局1980年影印《十三经注疏》本,第68页。

以为"蓬其苇,谓以苇席遮蔽……沬,为小星",好像被苇席遮蔽起来,中午梦见星星。

虞翻解释九四"丰其蔀","蔀,蔽也。《噬嗑》离日之坎云中,故丰其蔀"①。虞翻在解释此三爻时,都是以日云相蔽为喻。再来仔细对照:六二,丰其蔀,日中见斗。九三,丰其沛,日中见沬。九四,丰其蔀,日中见斗。前面皆以天象为示,各爻后面紧接人事,如"往得疑疾""折其右肱""遇其夷主",这正符合《周易》推天象明人事的推理原则。上六爻中虽出现"家""屋"这类实物,"丰其屋,蔀其家",但其使用"蔀"形象表示了"家"之黑暗。上六整个爻辞皆是从人事角度直接阐发,只是借助"蔀"这个日云相蔽的形象词汇。如此来看,"蔀""沛"都应该是虚物,并非实物。观六二、九四、上六诸爻,衡量诸训,当以虞翻注最为详确。

"折其右肱",郑玄从卦象来看,"三,艮爻,艮为手,互体巽,巽又为进退。手而便于进退,右肱也,犹大臣用事于君,君能诛之,故无咎"②。孔颖达以为是比喻之词,假如折其右肱,自守而已,乃得无咎。

九三本来是阳爻居阳位,又有上六正应,本可以有所作为,奈何黑暗,"丰其沛,日中见沬",无法施展,正如"折其右肱"。九三一方面是处于互卦《巽》中,巽为股,股肱常连用,股肱之意在辅助。另一方面处于互卦《兑》之中,兑为毁折,故有折其右肱之说。九三为何得不到九五之君的信用?九三自身的原因所致。人一般以右肱主事,能够有为。折掉右肱,不能有为了,这样就可以无咎。李光地曰:"所谓丰其蔀丰其沛者,乃蔽日之物,非蔽人之物也。"③ 臣子是君王之左右臂,"君视臣为手足,则臣视君为腹心",右臂断,意味着贤人终不可用。正如《象传》所释:"'折其右肱',终不可用也。"

六二、九四之丰其蔀,昏暗之时,还能看见北斗星,而九三丰其沛之时,光明被遮蔽,只有小星星看得见,可见九三昏暗甚于六二、九四爻。九三居位得正,且与上六阴阳相应,为何如此黑暗?九三爻居下卦离之终,有损光明。上六爻居震之终,使得明动相资皆处于至弱之时,

---

① (清)李道平撰,潘雨廷点校:《周易集解纂疏》,中华书局1994年版,第485页。
② (唐)李鼎祚:《周易集解》,《文渊阁四库全书》本。
③ (清)李光地:《周易折中》,巴蜀书社2008年版,第215页。

故犹日中反见其微星。相较，六二爻居位中正，虽有昏暗，但是其中正之德使其并未完全暗淡，以柔中之信德可致丰。九四遇其夷主，能相辅而吉。

九四，丰其蔀，日中见斗，遇其夷主，吉。

"蔀"字，上博藏楚竹书记载为"坿"，汉帛书记载为"剖"，坿、剖二字均读作"蔀"，声通。或为名词"小席"，或为动词以席覆盖。皆为障蔽光明之物。楚竹书记载"夷"为"宝"，帛本、今本都作"主"。何为"夷主"？

从爻位来看，初九与九四同为阳爻，初九为九四之夷主。孔疏："夷，平也，四应在初，而同是阳爻，能相显发而得其吉，故曰'遇其夷主，吉'也。"[1] 初九与九四两爻类似于宾主关系，初九上与九四，则为"遇其配主"。若九四下与初九，则为"遇其夷主"。初九与九四的关系呈现二阳势力均当，决定是配还是夷，主要看二爻的主动性如何。

虞翻则以为六五为夷主，"震为主，四行之正成明夷，则三体震为夷主，故遇其夷主吉也。四处上卦之下，以阳居阴，履非其位而比于五，故曰遇也。夷者，伤也。主者，五也。谓四不期相遇，而能上行伤五则吉，故曰遇其夷主，吉行也"[2]。九四爻居上卦之下，居位不正，与六五爻相遇。虽然不想伤害六五，可是却不期而遇。

王引之认为夷主乃远方君主，初九为九四爻远方之国主。陈鼓应、赵建伟依照初九爻配主之意，认为夷主与配主之意类似，即肥主。"夷主即肥主。夷、寅、肥音近相通。初九、九四之'肥主'盖皆指六五"[3]，遇到仁厚之主。

"夷"之意，《说文》："夷，平也。从大从弓，东方之人也。"段玉裁《注》："出车、节南山、桑柔、召旻传皆曰：'夷，平也。'此与君子如夷，有夷之行，降福孔夷，传：'夷，平也'同意。夷即易之假借

---

[1] （魏）王弼、韩康伯注，（唐）孔颖达疏：《周易正义》卷六，中华书局1980年影印《十三经注疏》本，第68页。
[2] （清）李道平撰，潘雨廷点校：《周易集解纂疏》，中华书局1994年版，第486页。
[3] 陈鼓应、赵建伟：《周易今注今译》，商务印书馆2005年版，第499页。

也。易亦训平，故假夷为易也。"① 由段玉裁的说法来看，"夷"有平的意思，是假借作"易"而来的。

周海清先生认为夷为平之意，应该是夷被假借作屍以后的引申义，正如尸假借作屍，引申为"陈"。无论"夷"是被假借为"易"还是"屍"，"夷，平也"的意思都是引申义，非其本意。那么"夷"字在《周易》产生时本意究竟为何呢？

从上古历史来看，"夷"之意为持弓或者负弓的人。田倩君从"四夷""东夷"的称谓考虑"夷"之意。"殷乙、辛征人方的经过在董师的殷历谱上占了相当篇幅，征人方的卜辞有'……佳王来正（征）人方。'傅孟真先生说'人方'似不如释作'夷方'……东夷人凭着他们轻便而可及远的武器——弓矢，征服四方，所以有'四夷'之称。夷字从先殷金文、甲骨文、周金文，以及今日的楷书，都离不开弓，凡是离开弓的夷字，那是简化了的。所以《说文》谓夷，从大从弓，东夷之人也。"② 上古时候，东方的人被称为东夷人，东夷人崇尚武道，有常携带弓箭在身的习惯，所以创造的"夷"字也显然表现出东夷人的生活特性。

李济先生从甲骨文中的"夷"分析出其有弯身乞怜的人之意，"从大从人，是一个人立在中间，一个在旁作鞠躬的样子……在商朝的时候，人的写法与夷字的写法没有什么分别，故甲骨文登记的征人方的刻辞中所认的人方也可认作夷方。到了周代，把夷字写作俯伏乞怜或箕踞放肆的形象"。③ 由田倩君和李济对"夷"字的解释来看，甲骨文"夷"字的写法与"人"的写法没什么区别，且"夷"倾向指示带弓之人。周代的时候，"夷"字的写法"把夷字写作俯伏乞怜或箕踞放肆的形象"，还带有臣服之意。

《丰》卦九四爻为臣位，近六五之君位，六五爻乃是九四爻之君主、人主。由此来看，夷主，当为东夷之主人，犹如王引之所说远方之国主。从六四所处爻位来看，前往遇到的夷主为六五的可能性偏大。比

---

① （汉）许慎撰，（清）段玉裁注：《说文解字注》，上海古籍出版社1981年版，第879页。
② 古文字诂林编纂委员会：《古文字诂林》（八），上海教育出版社2004年版，第798页。
③ 同上书，第799页。

较九四爻，初九爻中遇到的"配主"为六二爻可能性偏大。

六五，来章，有庆誉，吉。

六五爻之"庆誉"，一种可能乃六五爻自身所处，"以阴之质，来适尊阳之位，能自光大彰显其德"①。一种可能是六五爻处君位，其质柔弱，不足以成其大，但能下来得众爻之助则有庆誉。程颐曰："五以阴柔之才，为丰之主，固不能成其丰大。若能来致在下章美之才而用之，则有福庆，复德美誉，所谓'吉'也。"② 程颐认为六二爻居离之中位，为光明中正之才，能够与阳刚之才，共同接受六五爻的委任，可有丰大之誉，足以章美六五爻。

今人陈鼓应、赵建伟另辟新辞，认为"誉"为衍词。"有庆，有福庆。誉字疑涉塞卦'来誉'一词而抄衍……并且六五小象'六五之吉，有庆也'，亦无'誉'字。"③ 但是查观《周易》卦爻辞，《小象传》中对爻辞省略的例子很多，不能单凭《小象传》中没有"誉"字而定论。

六五爻以阴柔居中，如何彰显丰大之意呢？王弼、孔颖达认为六五之庆誉，乃是六五爻自身所处地位而决定的。程颐等人则从《丰》卦六爻整体运行的角度来看，认为六五爻处震之中，居中而动，下有众贤人来相助。自下而上曰来。初九、六二、九三、九四爻皆为阴暗遮蔽，六五爻能够屈己以下，使得众爻得以彰显。如此一来，六五爻便有了得贤任贤的庆誉之事。

《丰》卦六爻中只有初九爻与六五爻没有言及丰，初九以其居六爻之初，尚未丰之时；六五爻虽未言丰，但其丰包含其中。六五自身以阴爻居阳位，处君位，能够招致天下之贤人，章美其丰道，得到庆誉。

上六，丰其屋，蔀其家。窥其户，阒其无人，三岁不觌，凶。

《经典释文》："《说文》作寷，云，大屋也。"④ 对于此说法，段玉裁认为是陆德明不明白许氏解字体例所误致。且从爻辞"丰其屋"来看，若丰解作大屋，于爻意不通。再者，丰为卦名，六二、九三、九四皆是"丰其蔀""丰其沛"，为何上六爻"丰其屋"变成了"寷其屋"

---

① （魏）王弼、韩康伯注，（唐）孔颖达疏：《周易正义》卷六，中华书局1980年影印《十三经注疏》本，第68页。
② （宋）程颐：《伊川易传》，《文渊阁四库全书》本。
③ 陈鼓应、赵建伟：《周易今注今译》，商务印书馆2005年版，第499页。
④ （唐）陆德明：《经典释文》，中华书局1980年影印《十三经注疏》本，第103页。

呢？与《丰》卦爻辞不一致。所以《经典释文》中所说"亹"当为错误。

"窥"，楚竹书与帛书均作"闚"，"闚"通"闚"。"《方言》卷十：'闚，视也。凡相窃视，南楚谓之闚。''闚'、'窥'二字音义俱同，可以换用。"① 不过从视"其户"的意思来看，"闚"字形相符，可能是经文本字。濮茅左训"'闚'为空，空寂无人之貌。'覿'，徐锴曰：'覿，见也。'"②

"三岁"，一指三年，孔颖达："三年，丰道之成。"③ 一指九三爻，亦指上六处震体，震数为三。李鼎祚："上应于三，三互离，巽为户，离为目，目而近户，窥之象也。既屋丰家蔀，若窥地户，闚寂无人。震木数三，故三岁致凶于灾。"④ 一指天地人之数为三者。干宝："三者，天地人之数也，凡国于天地有兴亡焉，故王者之亡其家也，必天示其祥、地出其妖、人反其常，非斯三者，亦弗之亡也。"⑤ 另一指长久之意。"'三岁不覿'，三岁，长久；覿，见。上六孤立自蔽，自绝于人，不见有人，亦不为人所见的状况长时期不会改变。陷于自蔽而不能拔，其凶必矣。"⑥ 以上几种说法，于爻意都可讲得通。

过于盛大，必然衰亡。上六位处穷极，下与九三相应，但是相隔三位，"三年不见"。上六居丰极，开始就遮蔽人之明，最终也遮蔽了自己，所以结果为凶。《象传》解释"天际翔""自藏也"都非凶象，上六处于《丰》卦之极，一者为自藏，一者为天际翔。朱骏声说："天际翔者，贤人飞遁之象；自藏者，贤人蟄伏之象。"爻辞结果明确为"凶"，说明，为君者昏暗不明，失去贤人的辅助，国家的形势岌岌可危，有凶象。

《丰》卦卦辞显现出盛大日中之象，而爻辞却是一片黑暗。借助卦爻辞，笔者认为丰卦光明与黑暗相互影响，互为隐形的"在场者"。作者如此相反取象，意在盛极而衰、丰大易暗之意，慎以自戒。初爻阳爻

---

① 丁四新：《楚竹书与汉帛书〈周易〉校注》，上海古籍出版社2011年版，第165页。
② 古文字诂林编纂委员会：《古文字诂林》（五），上海教育出版社2004年版，第795页。
③ （魏）王弼、韩康伯注，（唐）孔颖达疏：《周易正义》卷六，中华书局1980年影印《十三经注疏》本，第68页。
④ （清）李道平撰，潘雨廷点校：《周易集解纂疏》，中华书局1994年版，第488页。
⑤ 同上。
⑥ 金景芳、吕绍刚：《周易全解》，吉林大学出版社1991年版，第395页。

居下，上有配主，前进会有所吉祥。六二居下卦离之中位，本当位，但是上无应，犹如中午见到星斗，本居明却黑暗。但是只要六二心中怀有诚信之德，结果还是吉祥的。

九三至离之终，且与上六相应，居位当，本应为吉祥，但是九三居互巽互兑之中，股肱有所折毁，故而须静以待时而动。帛书《缪和》解释《丰》卦九三爻辞时说："夫日者，君也；斗者，臣也。日中而见斗，君将失其光……几失君之德也。"① 周幽王时曾发生日食，《诗经·十月之交》"此日而食，于何不藏""烨烨震电"与此相吻合。"日中见斗"象征奸臣当朝、不用贤人之意。九四以阳居阴，位不当，仍处于互兑之中，幽暗之象仍在。但是九四前遇六五人主的佑助，故而有所吉祥。六五为君位，以阴居阳，有虚怀纳才之美德，故而吉祥。上六居《丰》卦之终位，丰大之时，遮蔽其家，深藏自我，凶象以露。

通观六爻，凡是处于上下卦之极者，多有过丰之咎。处下守中者，均有吉象，尤其是六五爻，有来章之庆誉。任何发展的事物，其丰大盛盈之势总归是短暂、相对的，终究难逃盛极而衰、丰大易暗的结果。面对六爻处境，面对遮蔽和黑暗之时，卦爻辞亦提出解决的办法："勿忧，宜日中"；"有孚发若"。一是提醒人们要注意日中过后的衰微，心存危亡；二是勉励人们及时修德，心怀诚信，所以卦辞称有德之君王才能致丰道。

第三节 《革》卦爻辞考论——革变政治

《革》卦位于《周易》第四十九卦，前有《井》卦，后继《鼎》卦。《序卦传》："井道不可不革，故受之以革。革物者莫若鼎，故受之以鼎。"井水养人，久之就会有败坏、有污垢，需要进行革变，"井之为物，存之则秽，易之则清洁，不可不革者也。故井之后受之以革者也"②，所以有革故的说法。革故之后需要立新，鼎有"烹饪有成新之用"③。《革》卦与《鼎》卦意义相连，革故鼎新难点在革故。

---

① 丁四新：《楚竹书与汉帛书〈周易〉校注》，上海古籍出版社 2011 年版，第 533 页。
② （宋）程颐：《伊川易传》，《文渊阁四库全书》本。
③ （魏）王弼、韩康伯注，（唐）孔颖达疏：《周易正义》卷五，中华书局 1980 年影印《十三经注疏》本，第 61 页。

《革》卦，上博藏楚简作"革"，汉帛书残缺，据爻辞补作"勒"，当为"革"。《说文》："兽皮治去其毛，革更之"，所以王夫之在《周易内传》中说道："革者，治皮之事"，这当是"革"的初始意。《释文》："马、郑云：改也。"由治皮毛引申到革改、更变意义。《杂卦传》："《革》去故也，《鼎》取新也。"《彖传》亦曰："汤武革命。"孔颖达曰："革者，改变之名也。此卦明改制革命，故名革也。"① 革有改朝换代、变革弊政之意。

《革》卦离下兑上，从卦象上来看，离为火，兑为泽。火势向上，泽水润下，两者产生的反应，从好的方面来看，二者有了交感。正如《泰》卦乾下坤上，天地阴阳二气相互交感，才有万物通顺的吉亨。但是进一步看交感的结果，泽水与离火互不相容，或者是水热成汤，或者是火灭气冷。若程度更剧烈，不是泽水灭了火，就是离火烧干了泽水，二者间并未出现相互融合的交感状态，而是相互排斥的状态。《彖传》："革，水火相息"，"息"有两个不同的意义，一是生长，如生生不息，孔颖达："息，生也"；二是止，止息，胡瑗："息，灭也"。《革》卦通过水与火两种自然物质之间的斗争，最后的结果是这两种物质在斗争中皆已发生了质的变化，即相革后的事物称为新的事物了，已不同于原先的物质。那么，既为排斥，"息"当为止息之意，《革》卦有了彻底地革变之意。

《彖传》："二女同居，其志不相得，曰革"，《革》卦离下兑上，从人事之象来看，离为中女，兑为少女，有二女之象，"二女同居，而其归各异，其志不同，为不相得也，故为革也"②。两女同居，相互间有影响和变化，但志向不同，同性相斥，终将有变。

《周易》中"兑"象为泽，"坎"象为水，泽火为《革》卦，水火为《既济》卦，水与泽两象有何区别，为何构成《革》和《既济》两个意义不同的卦呢？

关于坎与兑，两卦象不同，代表的意义不同。但水与泽象在取用时似有所关联，无论泽还是水都是自然物象，而且泽是水存在的一种方

---

① （魏）王弼、韩康伯注，（唐）孔颖达疏：《周易正义》卷五，中华书局 1980 年影印《十三经注疏》本，第 60 页。
② （宋）程颐：《伊川易传》，《文渊阁四库全书》本。

式。朱震曾讲到坎与兑二者的关系，认为两者间有相同之处，"坎、兑一也。泽者，水所钟，无水则无泽矣。坎上为云，下为雨。上为云者，泽之气也。下为雨，则泽万物也。故《屯》、《需》之坎为云，《小畜》之兑亦为云，《坎》为川，《大畜》之兑亦为川。坎为水，《革》兑亦为水。又兑为金，金者，水之母，此水所以周流而不穷乎！坎阳兑阴，阴阳二端，其理则一，知此始可言象矣"①。水是世间流动的液体存在的共性，具体无定向的流动方式。而泽作为水的一种存在方式，水性具有一定的局限，只在固定的区域内流动，相对共通的水来讲，保持一定的静止状态。《周易》吉凶判定讲求通塞，《革》卦上体为兑泽，因此要求变通。《既济》卦与之相反，火上之水为不断流动的水，水火之间，火炎上的力量催使水的滚动，二者间的交感恰到好处，而且《既济》卦六爻得正，所以能够渡过大川。

水在这两卦的存在属性不同，坎为阳卦，水在坎中属阳性；兑为阴卦，水在兑中属阴性。《革》卦为儿女同居之象，同为阴性间的排斥，冲突矛盾下的变革。《既济》卦卦象为离下坎上，离为中女，坎为中男，男尊女卑，不违反道德等级关系，阴阳相合。从五行关系来看，水以木生火，火以金生水，有生息之道。不同于《革》卦二女同居，无生息之理，所以需要变革。

从卦德来看，离为明，兑为悦，革变是一个艰难蜕变的过程，中间肯定会遇到各种意想不到的波折和抵触，但是从《革》卦卦德看，总体方向为"文明以悦"，"圣人既变暴乱之事于天下，遂以文章光明之道感悦于民，又有元亨利贞之四德，以为革之道，拯天下之难，兴天下之治"②。《革》卦爻辞具体讲述了如何变革及变革的方式。为方便论述，兹录卦爻辞如下：

49. 革卦 ䷰（离下兑上）

《革》：已日乃孚。元亨。利贞。悔亡。

《彖》曰：革，水火相息，二女同居，其志不相得曰革。"已日乃孚"，革而信之。文明以说，大亨以正。革而当，其悔乃亡。

---

① （宋）朱震：《汉上易传》，《文渊阁四库全书》本。
② （宋）胡瑗：《周易口义》，《文渊阁四库全书》本。

天地革而四时成,汤武革命,顺乎天而应乎人。革之时大矣哉!

《象》曰:泽中有火,革。君子以治历明时。

初九,巩用黄牛之革。

《象》曰:"巩用黄牛",不可以有为也。

六二,巳日乃革之,征吉,无咎。

《象》曰:"巳日革之",行有嘉也。

九三,征凶。贞厉。革言三就,有孚。

《象》曰:"革言三就",又何之矣。

九四,悔亡。有孚改命,吉。

《象》曰:"改命之吉",信志也。

九五,大人虎变,未占有孚。

《象》曰:"大人虎变",其文炳也。

上六,君子豹变,小人革面,征凶,居贞吉。

《象》曰:"君子豹变",其文蔚也。"小人革面",顺以从君也。

卦辞:《革》:己日乃孚,元亨利贞,悔亡。

对于"己日",上博简楚竹书写作"改日",丁四新认为"改,读作巳"。汉帛书写作"巳日"①,虞翻作"已日"②。"己"字出现了"巳、巳、祀"三种写法,因此产生几种不同的解读:"己"写作"巳"(sì)来讲,孔颖达认为:"巳日乃孚者,夫民情可与习常,难与适变,可与乐成,难与虑始。故革命之初,人未信服,所以即日不孚,巳日乃孚也。"③王夫之等主其说。革命初期人们还未信服,需要经过一段时间,所以有即日不孚,巳日乃孚。

"己"作已(yǐ),虞翻曰:"离为日,孚谓坎,四动体离,五在坎中,故已日乃孚,以成既济。"④李简曰:"已日者,已可革之时也。"已经,终日。已日意即革命即将完成之日。史徵、胡瑗、程颐、苏轼、

---

① 丁四新:《楚竹书与汉帛书〈周易〉校注》,上海古籍出版社 2011 年版,第 145 页。
② (清)李道平撰,潘雨廷点校:《周易集解纂疏》,中华书局 1994 年版,第 436 页。
③ (魏)王弼、韩康伯注,(唐)孔颖达疏:《周易正义》卷五,中华书局 1980 年影印《十三经注疏》本,第 60 页。
④ (清)李道平撰,潘雨廷点校:《周易集解纂疏》,中华书局 1994 年版,第 436 页。

朱熹、李光地、陈梦雷等主此说。"己"作"祀"（sì），意即祭祀。高亨："革，改也。古人祭祀，皆先占筮日期，改期则另占筮。筮与此爻，祭祀之日乃改之。"①"己日"之意是说重新占筮吉日进行祭祀。李镜池亦从此说。

荀爽则解作"己（jǐ）"，解释为"甲乙丙丁戊己庚辛壬癸"的"己"。己日，又称为浃日，即指天干循环一周，象征性地代表一个周期或一个历史阶段。"日以喻君也，谓五己居位为君……故曰己日乃革之。"②"己"为戊己之"己"，从己至更发生了变化，象征更革。

"己""已""巳"三种说法分析来看，首先，人们对于"己"字大致是从改革的时段来看的。在十天干中，"己"处于中间位置，且相邻"庚"，"庚"即变更之意。顾炎武《日知录》："天地之化，过中则变……故《易》者所贵者中。十干则'戊己'为中，至于'己'则国中而将变之时矣，故受之以'庚'；庚者，更也。"③"己"处十天干中间位置，有转变的意味。《周易》重"中"，过中就会发生变化。宋儒朱震在《汉上易传》中认为经历"庚"革至"己"时已是经历了十日的循环，故又为"浃日"，"自庚至己十日浃矣。己日者，浃日也"④。金景芳等认为"浃日"并非具体的十日循环，而是以十天干象征经历了一个循环或者是一个周期。应该说《周易》包含"天下之动"的能量，对于"己"不应是十日循环具体明确的规定。故而认为"己"象征经历了一段时间更为准确。

其次，"己"作"已"字，即已经。"革既改旧易新……以其初施法令，民有所感未便从伏必须已竟今日，明日方始从令"⑤，"已日则事已成之日"⑥。这是从大众接受的角度来看，认为改革初期，人们对此是抱着怀疑的态度，等到改革即将胜利之时，才为人们所信服。

最后，"己"作"巳"，前人的注解中并未明确地指出"巳"为何意？但是从其对"巳日乃孚"的解释来看，"革命之初人未信服，所以

---

① 高亨：《周易大传今注》，齐鲁书社1979年版，第407页。
② （唐）李鼎祚：《周易集解》，《文渊阁四库全书》本。
③ （清）顾炎武撰，（清）黄汝成集释：《日知录集释》卷一，岳麓书社1996年版，第16页。
④ （宋）朱震：《汉上易传》，《文渊阁四库全书》本。
⑤ （唐）史徵：《周易口诀义》，《文渊阁四库全书》本。
⑥ （宋）胡瑗：《周易口义》，《文渊阁四库全书》本。

即日不孚，巳日乃孚也"①。应该与"己""巳"字的解释是一致的，"即日"与"巳日"是相对来讲的，认为革命的初期人们不能立刻信从，而是持怀疑态度，但是经过一段时间或者革命成果有所显露时，人们才会完全信从。

综上，这三字基本都包含一个共同的意思：让人们完全跟随革命，在革命开始之时可能性不大，但是革命经过一段时间后，其成果有所显现，才逐渐为人们所信服。故这三种说法并不排斥，有一定相通之处。"己日"讲的是变革时机问题，变革的客观条件要具备，应时而革。《吕氏春秋·慎大览第三·贵因》中记载周武王克商前对时机的把握和准备：

> 武王使人候殷，反报岐周曰："殷其乱矣！"武王曰："其乱焉至？"对曰："谗慝胜良。"武王曰："尚未也。"又复往，反报曰："其乱加矣！"武王曰："焉至？"对曰："贤者出走矣。"武王曰："尚未也。"又往，反报曰："其乱甚矣！"武王曰："焉至？"对曰："百姓不敢诽怨矣。"武王曰："嘻！"遽告太公，太公对曰："谗慝胜良，命曰戮；贤者出走，命曰崩；百姓不敢诽怨，命曰刑胜。其乱至矣，不可以驾矣。"②

周武王在决定攻克殷商前，曾派人刺探殷商朝政状况。这段话描述了武王几次询问乱象"焉至"的程度，刺探结果一次比一次深入。第一次刺探结果是谗佞小人多过忠良之臣，武王认为此时还不是起兵的时机；第二次混乱的程度又加剧了，忠贤之人都离开朝廷了，武王认为还不到时候；第三次混乱更加厉害，范围已经从朝廷内部扩展到民众之中了，老百姓都充满怨言。这时，姜太公分析时局，认为第一次称为朝廷暴乱，第二次称为朝政崩溃，第三次臣民皆乱，已经达到混乱的极点了，此时不起兵伐纣更待何时！历史上关于周武王伐纣的时间问题争论很多，有一种看法认为周武王伐纣的时间是选在节日期间，达到攻其不

---

① （魏）王弼、韩康伯注，（唐）孔颖达疏：《周易正义》卷五，中华书局1980年影印《十三经注疏》本，第60页。
② 王立器：《吕氏春秋注疏》（三），巴蜀书社2002年版，第1757页。

备的战果。① 总之，一场变革前，一定要选好时机，好的时机会达到事半功倍的效果，否则会功亏一篑。关于选错时机进行变革导致人事皆败的例子数不胜数，比如汉景帝时削藩，草草收场，可是到了汉武帝上台却执行得很顺利，为什么同样的政治体制改革，两者相差如此之大呢？笔者认为，任何一项大的变革，尤其是关乎国政大局的变革，首先需要具备一个成熟的时机，成熟的条件。"君子以治历明时"，《革》卦在开始便强调了"己日"，时机这一重要问题。

"乃孚"之"孚"为诚信，意即变革主体需要有诚信，这是变革的主观条件。《彖传》解释"己日乃孚，革而信之"，强调主体作用，改革中要真诚地考虑到老百姓的切身利益以及心理承受能力。即便中间过程艰难坎坷，但最终会有好的结果。有选择地做出暂时的妥协，都是为了最终结果。所以，当面临必变革之时，选择好的时机，主体有诚信，最终会大吉大利，之前的疑虑、悔意都会消失。《彖传》："天地革而四时成，汤武革命，顺乎天而应乎人。"在《周易》中出现这样推天道明人事的直接论证一般是比较重要的，人事的变化需要像天地四季变革一样，不断地革新才能推动发展。"汤武革命"，商汤灭夏，周武王灭商，君权也是在逐渐革变中。改革要公正合理，关注国家、民族的长远发展，顺天应人，《周易》不禁赞叹道："革之时大矣哉！"

至于变革后的效果，是一方消除对方还是会达到融合，宋儒郑刚中在《周易窥余》中说道："己日乃孚谓革易其故体，不能即日孚也，惟革事之日已矣，然后人始孚而信之。盖水湿火燥虽已就革，而燥湿之性未能遽尽，必少须之使二气分而燥湿定，然后水火纯一，此阴阳之妙，物理人事所同也。"②《革》卦象显示水与火间相革变的具体过程，即水湿火燥两性斗争不是立即展现的结果，而是斗争结束后才呈现出两气融合为一的现象。透过此也可看出，《革》并不是矛盾的双方扩大矛盾，而是透过内部的斗争表现出两相融合为一，《革》卦重点并不是分化与扩大矛盾，最终想要的是和谐。《革》卦初期，出现了多种不同的意见，随着斗争的深入，矛盾的双方逐渐相互认可和信服，直至矛盾不断消融，最终出现了殊途同归的和谐局面，这就是"己日乃孚"要达到

---

① 何幼琦:《周武王伐纣的年代问题》,《中山大学学报》1981 年第 1 期。
② (宋) 郑刚中:《周易窥余》,《文渊阁四库全书》本。

的效果。

初九，鞏用黄牛之革。

鞏，固也。黄，中也。牛革，牛皮也。鞏用黄牛之革，意为用黄牛的皮革牢固束缚住。此爻与《遯》卦六二爻类似："执之用黄牛之革。"以王弼为代表，认为此爻是站在阴爻的位置，六二想要束缚住阳爻，使之不能逃遁。王弼注："居内处中为遯之主。物皆遯己，何以固之。若能执乎理，中厚顺之道以固之也，则莫之胜解。"① 黄，为中之色。牛为性顺坚韧。六二居中正之位，有中和厚顺之道，所以不是想要逃遁之人。怎样才能使其他爻也不逃离自己呢？认为只要坚守中和之道，就可以使其他爻不能脱离自己。《遯》卦用"黄牛之革"是说下卦之中爻，而《革》卦初九爻便言"黄牛之革"，中顺之道所不足，说明初九爻更加不可以有所作为。

初九居《革》卦初爻，阳刚卑微处革之始，位微力弱，主客观条件、改革的能力皆不具备，且初九与九四不相应，不能应变，不可妄为，此时不是改革的绝佳时机。所以《象传》："鞏用黄牛，不可以有为也"，说明初九此时不可以有所作为，妄行变革。

六二，巳日乃革之，征吉，无咎。

六二爻首次出现"革之"，对此有不同的看法。结果为"吉，无咎"，其原因亦有不同说法：

以王弼为代表的众家普遍认为："阴之为物，不能先唱，顺从者也。不能自革，革已乃能从之，故曰已日乃革之也。二与五虽有水火殊体之异，同处厥中，阴阳相应，往必合志，不忧咎也，是以征吉而无咎。"② 六二为阴爻，故不能自革，不能为先，待革命成功之后跟随即可。由六二上与五相应，故而往应，其结果为吉。荀爽、史徵、孔颖达、程颐、沈该、朱震、郑刚中、朱熹、易袚、俞琰、保巴、来知德、潘士藻等诸家主此说。

宋儒胡瑗在《周易口义》中认为六二处中且正，能以中正之道进行变革，故而吉，"今此六二以阴居阴，处得其中又得其正，而又处离明

---

① （魏）王弼、韩康伯注，（唐）孔颖达疏：《周易正义》卷五，中华书局1980年影印《十三经注疏》本，第60页。

② 同上。

之中，能以大中之道，变革于民，民既信之，所以得为革之事"①。苏轼在《东坡易传》中认为六二爻处于火之中，初九、九三依附于六二，六二被火所依附即处于灾咎之中，容易被上下阳爻所革，故而不能居此不动，"初九、九三所以为革者，火也。而六二者火之所附，初九、九三之所欲革者也，火以有所附为利，而所附者以得火为灾，故初九、九三常愿六二之留而不去也"。②从上下卦体来看，苏轼认为是离革兑，即火烧干了水。从爻体来看，则是阳革阴，六二是被革者，初九、九三、九四、九五为革人者。下卦体离火，六二为火的焦点，初九、九三得以免灾。但是六二爻想要摆脱这种境况，欲像《遯》卦之九三爻欲遁，所以便有了"己日乃革之"。

对于此爻的争议在于，一种认为六二本身处下卦之中位，势弱，必须依附于九五，不能自革之；一种认为六二处离卦之中位，既明且中，故而可以自革，然后取信于民。一种认为六二处火之中位，容易和初九、九三两爻出现相革之事，故而六二需要离开此位，离开才能免除被革的命运。究竟哪一种说法符合此卦呢？

《革》卦卦辞"己日乃孚"中的"己日"与六二爻辞中出现的"己日"应该是同一个意思，据此，"己日"应为变革初始阶段，但是已有希望的苗头，调整改革的时机，可以为部分人所信服。攘外必先安内，在内部改革稳定的条件下，即使此时用兵也是吉祥的，"征吉，无咎"。此爻已经信服革命之理，开始跟随着进行革命了。故而从爻辞经文来看，第一种说法似更准确。

九三，征凶，贞厉。革言三就，有孚。

《周易》中卦爻辞大多是"以征为凶者则贞为吉，以贞为厉者则征为亨"③，现在九三爻辞则是征凶贞厉都兼有，如何解读呢？林栗在《周易经传集解》中认为"为其刚而不中，又在下卦之上故也。刚而不中易失之过，是故不可以征，征则有妄动之凶矣。然则可以贞固守之，而不变乎？曰不可也。穷则变，变则通。九三、上六皆穷而当变者也。虽欲贞固守之，能无厉乎？"④

---

① （宋）胡瑗：《周易口义》，《文渊阁四库全书》本。
② （宋）苏轼：《东坡易传》，《文渊阁四库全书》本。
③ （宋）俞琰：《周易集说》，《文渊阁四库全书》本。
④ （宋）林栗：《周易经传集解》，《文渊阁四库全书》本。

林栗的解释认为一方面九三处于刚而不中之位，不宜前进妄动；另一方面九三处于下卦之上位，本是当变之位，不动则厉。林栗把"贞"解释为贞固守正，故而有"征凶，贞厉"的说法。九三的处境是既不能前进也不能固守不动，否则都会有危险。傅佩荣《解读易经》中也认为是"前进有凶险，正固有危险"。

黄寿祺、张善文在《周易译注》中解释为"急于求进必生凶情，守持正固防备危险"[1]。"贞厉"强扭着增字解经，解释为"守持正固防备危险"。而九三处于下卦之上，欲与上六相应，如何守持得住？如何才能不动，来防备危险呢？

问题是经文中"贞"字解释为"贞固守正"准确吗？虽然《周易》传文中"贞"字解释为贞固守正，但是经文中"贞"经考证，应该解释为"贞，贞问、占问"。那么"征凶，贞厉"应该是：九三处于刚而不中之位，虽欲与上六相应，但是此时不宜急于前行。通过占筮的手段得到的结果也是危险的。

前人对"革言三就"不同的看法：孔颖达认为："九三阳爻刚壮，又居火极，火性炎上，处革之时，欲征之使革，征之非道则正之危也。故曰征凶，贞厉。所以征凶致危者，正以水火相息之物，既处于火极，上之三爻，水在火上，皆从革者也。自四至上从命而变，不敢有违，则从革之言三爻并成就不虚，故曰革言三就。其言实诚，故曰有孚也。"[2] 从爻位来看，九三处于下卦之上，有"革"道初成之象，此时若急于进行征伐，那是非常危险的。但是九三、九四、九五三阳爻相并行进行改革，"三"即指此三爻。若有诚信，结果会有所改变。程颐在《伊川易传》中认为"三"指多次，或者众多之人，即九三处下卦之上，有革道初成之象，故需多番俯就人心，争取民心。

苏轼的说法与上面两种相异，认为："革言三就犹曰革以三成，三者相持而成革，明二之不可去也。二存则初与三相信，二去则初与三相疑，此必然之势也，故曰革言三就有孚。"[3] "三"是指初九、六二、九三三爻，意指三爻相持能够形成相革之势，如若六二爻欲上应，则与初

---

[1] 黄寿祺、张善文：《周易译注》，上海古籍出版社2009年版，第288页。
[2] （魏）王弼、韩康伯注，（唐）孔颖达疏：《周易正义》卷五，中华书局1980年影印《十三经注疏》本，第61页。
[3] （宋）苏轼：《东坡易传》，《文渊阁四库全书》本。

九、九三爻不能形成革势。

宋儒俞琰在《周易集说》中认为："三"是指九四、九五、上六三爻，"革言三就"谓谋之再三而后可成就也。来知德在《周易集注》中认为："革言者，革之议论也。……就者，成也。三就者，商度其革之利害可否，至再至三而革之议论定也。离居三，'三就'之象也。"① 离居三，即"三就"之象。"革言三就"意指商量革命之利害至三次才最终确定。

对于"征凶，贞厉"阐解清楚后，那么"革言三就，有孚"的意义也就清晰了许多。虽然六二至九三，变革已初见成效，但是九三此时不应急于快速变革，正如《象传》："革言三就，又何之矣！"此时变革的措施应该关注各方面的条件变化，以暂退求进，稳健地变革才能孚信于民。在变革初期应多注意抚慰人心，安定大局，巩固成果。

《革》卦下离卦体中出现的数字"三"，遍查《周易》六十四卦爻辞，离卦体中出现数字"三"并非个案，还有多个卦爻存在这种情况，大致有以下几种情况：

第一种是离卦体中出现数字"三"：《同人》卦离下乾上，九三爻曰"三岁不兴"；《未济》卦坎下离上，九四爻曰"三年有赏于大国"；《既济》卦离下坎上，九三爻曰"三年克之"；《明夷》卦离下坤上，初九爻曰"三日不食"。这几卦卦体中都有离卦，并且在离卦中出现了数字"三"。

第二种情况是数字"三"经常出现在《离》卦的错卦坎之中，如：《坎》卦上六爻曰"三岁不得"；《困》卦坎下兑上，初六曰"三岁不觌"；《解》卦坎下震上，九二爻曰"田获三狐"。这几卦中数字"三"都是出现在坎之中，坎为离的错卦。还有《渐》卦艮下巽上，九五爻曰"妇三岁不孕"，《巽》卦六四爻曰"田获三品"，九五爻曰"先庚三日，后庚三日"，这几卦的特点是互卦有离卦。

另有一个特例是，《丰》卦离下震上，上六爻曰"三岁不觌"，上六变爻即为离卦。作《周易》者精密至此，至于数字"三"如何解释，笔者认为"三"在《周易》中并非确指，多数情况下属于泛指，《革》卦九三爻"革言三就"之"三"指九三、九四、九五三爻，或者是九

---

① （明）来知德：《周易集注》，《文渊阁四库全书》本。

四、九五、上六三爻,还是笼统地指称多次俯就人心,都可以讲得通。"革言三就,有孚"意为变革初见成效时需要关注条件变化,谋划再三,并注意抚慰人心,安定大局,处事心存诚信。

九四,悔亡。有孚改命,吉。

九四爻阳爻居阴位,本不当位,故有悔。九四爻又处于上下卦交接之际,即水火之际,正是相革之时,由于九四自身诚信,使得上下之人都能够信服,故而吉。此时正处于改革过程之中,强调的是执行力,须有上下的相互信任才能顺利变革。屈原一生追求美政,但最终改革失败,究其原因有很多。通过《离骚》的描述,我们认为屈原行走在改革的路上,一直是孤独的,在朝廷中失去政治地位,失去了主流意识形态的支持,加之人际关系的紧张,不断受到诽谤、打击,致使其美政的终极理想幻灭。改革过程中除了主观的坚持努力之外,还有一点至关重要,那就是人与人间的互相信任,有了这一点,改革才能有执行力。

古往今来的改革过程中,为政者为了赢得广大民众的信任,可谓用尽心思。商鞅变法前,为取信于民,曾把一根圆木放在集市上,告知民众,谁若将此木搬到城外就赏银百两,集市上的人都不信。于是商鞅又加赏银,有人就抱着试试看的心态把木头搬到了城外,商鞅果然如数赏给那个人。商鞅靠一诺千金取信于民,为秦国的改革扫清路障,增强了其后改革中的执行力。

九五,大人虎变,未占有孚。

九五爻已进入改革的深水区必然触动利益集团,但是谋求发展必须深化改革。富国强兵,稳定国家的万年基业,保证国家安全,都要靠改革来推动,不改革就意味着发展的道路被堵死。改革进入深水区必须敢闯,并且巧妙地化解危险。触动利益集团在所难免,为了整个国家、民族长远利益必须打破固有的利益格局,并取得利益者的理解和信任,使改革循序渐进地推进。

九五爻阳刚中正居尊位,全面推进改革,犹如"大人虎变"。虎变指虎变其文彪炳,意为改革旧制后,焕然可观。正如孔颖达所说:"九五居中处尊,以大人之德为革之主,损益前王,创制立法,有文章之美,焕然可观,有似虎变其文彪炳,则是汤武革命,顺天应人,不劳占决，信德自着。"① 九五爻阳刚中正居尊位，初九、六二、九三、九四经过各方面准备和积聚，攻坚阶段遇到各种意想不到的挫折，"革言三就""有孚"直至悔亡。改革至此，已进入改革成果彰显阶段，因此诸家都认为以虎之文采炳然来象征大人革故的成果显著。

由九五爻中"虎变""有孚"辞来看，提醒改革过程中一方面要注意形式的表达，动作迅捷，另一方面要彰显诚信的美德。如此一来，可谓顺天应人，无须问天，结果也是吉祥的。马融曾讲到这方面的典型案例："大人虎变，虎变威德折冲万里，望风而信以喻。舜舞乾羽而有苗自服，周公修文德越裳献雉，故曰未占有孚矣。"② 上古君王，舜帝曾多次征伐三苗，周公也曾征服越裳人，均采取的手段不是诛杀，而是以德服人。

上六，君子豹变，小人革面，征凶，居贞吉。

对于"君子豹变，小人革面"的理解，众家都认同，国家处于变革之中，每一个人都在不断地洗心革面，不断地提升自我。君子处变革之中，亦是润色宏业，如豹文之蔚缛，小人处之改面顺应其君主。程颐在《伊川易传》中讲道："革之终，革道之成也。君子谓善人，良喜则已从。革而变其着见，若豹之彬蔚也。小人昏愚难迁者，虽未能心化，亦革其面以从上之教令也。龙虎，大人之象，故大人云虎，君子云豹也。人性本善皆可以变化，然有下愚，虽圣人不能移者。以尧舜为君，以圣继圣百有余年，天下被化可谓深且久矣。"③ 九五为"大人虎变"，上六"君子豹变"，九五为君主之尊位，上六爻位为君子之位，辅佐九五之君主。故而其变革之文采稍次于虎者。小人虽然不能真正改变其内在的本质，但表层还是有所变化。

上六处《革》卦之终，所变之道已然完成。但是有德之君子可以辅佐君王，对君王的变革之道进行润色修改，进一步完善君主的宏业；而小人只能顺应君主，察言观色，不能对变革之道做出本质的或深入的修改。故而君主面对此一变道，在用人方面需要谨慎。同时，《革》卦对君王之革道亦提出了另一个警示，即认为革道成功之时，需要静心守护，大的变革之后需要一段时间的休养生息，不能紧接着又出现大的变

---

① （魏）王弼、韩康伯注，（唐）孔颖达疏：《周易正义》卷五，中华书局 1980 年影印《十三经注疏》本，第 61 页。
② （清）李道平撰，潘雨廷点校：《周易集解纂疏》，中华书局 1994 年版，第 442 页。
③ （宋）程颐：《伊川易传》，《文渊阁四库全书》本。

故。故而有"征凶,居贞吉"。

《革》卦呈现水火相交之象,改革必是激烈冲突的,无论是改革前,还是改革进入深水区,甚至改革过后。公元前359年,商鞅辅佐秦孝公酝酿变革时,固有利益者奋起反抗,他们认为"法古无过,循礼无邪",商鞅指出:"治世不一道,便国不法古,故汤武不循礼而王,夏殷不易礼而亡。反古者不可非,而循礼者不足多",主张"当时而立法,因事而制礼"。① 商鞅与既得利益者进行了针锋相对的斗争,《革》卦在《象传》中也明确提到"天地革而四时成,汤武革命,顺乎天而应乎人"。商鞅为进一步改革做好了舆论方面的准备,否则,改革实难。

《革》卦以火泽相对、二女同居之象引申至社会变革、天地变革之事。六爻围绕着卦辞"己日乃孚"深发其旨。初九位卑力弱不宜进行变革,戒革之早。六二柔中有应,适时进行变革。九三进入下卦上爻,变革小有成之时,宜戒躁,且处位刚而不中,故须谨慎变革的各方面关系,安抚人心。九四心存诚信,全力变革,应注意团结上下的关系。九五阳刚中正居尊位,变革已成,其效果彰显盛美。上六处于变革已成之时,需要君子的辅助,进行小的修补,而此时小人只能顺应大人的变革,并不能助其更上一层楼。

从《革》卦来看,变革成功的前提主要包括两点:一是在转机来临之际,能够适时抓住机遇。二是要有诚信,推行正道。一为客观条件,一为主观条件,主客观条件相结合才能取得最后的成功。同时,《革》卦在六爻中也注意到改革中的每一步所要注意的细节问题,如从六二至九四爻在变革中时止时进,结合变革中各方面的复杂关系,注意到变革的速度问题和变革中以及变革后的用人问题。由于面对的是革故鼎新,变革后可能是质的变化,所以要谨慎注意变革中的每一个细节问题,"革之时大矣哉"!

第四节 《鼎》卦爻辞考论——重鼎铸国

《周易》六十四卦卦名的命名皆以道,唯独《井》《鼎》两卦是以

---

① 蒋礼鸿:《商君书锥指》,中华书局2001年版,第5页。

器命名，由此可见"道器一也，由道可见器，由器可推道也"①。鼎之意，一般是指古代烹饪器具，许慎在《说文解字》里说："鼎，三足，两耳，和五味之宝器也。"②从卦画来看鼎象，初六阴爻，象鼎足；九二、九三、九四皆阳爻，有实象，象鼎腹；六五中虚，象鼎之耳；上九在鼎口之上，象鼎之铉。《鼎》卦由巽下离上构成，上体离卦，为火；下体巽卦，为木，为入。木在火内，以木入火，有烹饪之象，《象传》曰："鼎，象也；以木巽火，烹饪也。"《彖传》的解释认为鼎作为烹饪之器的功能在于养人，"圣人亨以享上帝，而大亨以养圣贤"。鼎所烹饪之物一是用来祭享上帝，一是用来奉养贤人。

对鼎养人的两种功用，《彖传》似有所分别，祭祀之用为"圣人亨"，养圣贤之功则为"大亨"，这是何意？《释文》云："亨，本又作烹，同普庚反，煮也。"③《诗经·七月》一诗有："七月亨葵及菽"，所以《彖传》中的"亨"当为烹饪之意。圣人用鼎烹饪食物不仅用来祭祀天地，"又用鼎大烹饪食物，以养圣人贤人"④。何谓"大烹"？依高亨先生之意，当是从数量上区分"亨"及"大亨"。孔颖达认为根据祭祀的礼仪来看，上天神灵为大；若是依据人间宾客来说，则圣贤为大。之所以出现"亨"及"大亨"的区别，在于"享帝尚质，特牲而已，故直言亨；圣贤既多，养须饱饫，故'亨'上加'大'字也"⑤。祭祀神灵重在承祭人的心态，正如《既济·九五》卦辞："东邻杀牛，不如西邻之禴祭，实受其福。"而圣者贤人广遍天下，需要生存，重在实质内容，故而物质丰富。故有"大亨"，以此来区别上天之"亨"。

宋儒林栗在《周易经传集解》中提出另一解释，认为"而大亨以养圣贤"句应为"而天下亨以养圣贤"。即"天"误写为"大"。"据文当曰'天下亨以养圣贤'，传写者误天为大，遂去其下字耳。或曰鼎之为养当养天下而止于养圣贤耶，何其不知鼎之义也。"⑥《周易》上经

---

① （宋）冯椅：《厚斋易说》，《文渊阁四库全书》本。
② （汉）许慎撰，（清）段玉裁注：《说文解字注》，上海古籍出版社1981年版，第577页。
③ （唐）陆德明：《经典释文》，中华书局1980年影印《十三经注疏》本，第103页。
④ 高亨：《周易大传今注》，齐鲁书社1979年版，第413页。
⑤ （魏）王弼、韩康伯注，（唐）孔颖达疏：《周易正义》卷五，中华书局1980年影印《十三经注疏》本，第61页。
⑥ （宋）林栗：《周易经传集解》，《文渊阁四库全书》本。

《颐》卦是讲养道，"天地养万物，圣人养贤以及万民"。王道所当养为两段，一为养贤，一为养民。下经卦中《井》卦言养，井坐落于村邑里巷间，往来者及万物皆依赖井水的养育。《鼎》卦讲养，是讲庙堂之中燕享及奉养贤人之养。由此，林栗以为"天"误写为"大"之意还需要坚实的证据。

鼎在古代社会生活中还存在另一个重大功用，即为国之重器。鼎作为王庭权力象征，具有极其稳定的特性，同时法象之器具有建制更新的特质。《左传·宣公三年》中记载有楚子问鼎大小轻重之事，王孙满依礼答道"在德不在鼎"，"成王定鼎于郏鄏，卜世三十，卜年七百，天所命也"。强调鼎的权威是上天所赐，任何人不能擅自拥有。王孙满历数鼎之变迁，从夏铸鼎，用于协承上下，到夏桀迁鼎于商，再至商纣迁鼎于周，好似鼎的稳定性受到了威胁。实不然，鼎虽然在迁移，但是鼎背后所代表的王权政治并没有变动，变动的只是鼎的拥有者。

《杂卦传》曰："革，去故也；鼎，取新也"，鼎之意还蕴含着变革之后的鼎新气象。"工欲善其事，必先利其器"，鼎器的确立表明政治革新之后的重新稳定。从国家政治来看，圣人革命后，重立新法。鼎离国家权力很近，但是与普通民众则有很大的现实隔膜，其内在含有强烈政治的权威意识。兹录卦爻辞如下：

50. 鼎卦䷱（巽下离上）

《鼎》：元吉，亨。

《彖》曰：鼎，象也。以木巽火，亨饪也。圣人亨以享上帝，而大亨以养圣贤。巽而耳目聪明，柔进而上行，得中而应乎刚，是以元亨。

《象》曰：木上有火，鼎。君子以正位凝命。

初六，鼎颠趾，利出否。得妾以其子，无咎。

《象》曰："鼎颠趾"，未悖也。"利出否"，以从贵也。

九二，鼎有实，我仇有疾，不我能即，吉。

《象》曰："鼎有实"，慎所之也。"我仇有疾"，终无尤也。

九三，鼎耳革，其行塞，雉膏不食，方雨，亏悔，终吉。

《象》曰："鼎耳革"，失其义也。

九四，鼎折足，覆公餗，其形渥，凶。

《象》曰："覆公餗"，信如何也。
六五，鼎黄耳金铉，利贞。
《象》曰："鼎黄耳"，中以为实也。
上九，鼎玉铉，大吉，无不利。
《象》曰：玉铉在上，刚柔节也。

卦辞：《鼎》：元吉，亨。

遍查《周易》，唯有《鼎》卦辞既有"元吉"又有"亨"，如何理解"元吉，亨"？上博藏楚竹书缺此卦，汉帛书亦缺此卦辞。以王弼为代表，认为结果为元吉之后，才能亨通。"变故成新，必须当理，故先元吉而后乃亨。"① 有的解释为"元亨"之意，认为"元吉，亨"中的"吉"为衍字，应为"元亨"。或者解为"元吉"之意。如程颐所说："以卦才言也，如卦之才可以致元亨也。止当云元亨，文羡吉字。卦才可以致元亨，未便有元吉也。《彖》复止云'元亨'，其羡明矣。"② 占断结果元亨就是大吉，因此"吉"字当为衍文。

《象传》解释卦辞时只提"元亨"，而未说"吉"，以程颐为代表根据《彖传》判定"吉"为衍文。实查《周易》经传文，多有《传》文阐释时省略卦辞内容，主要是简略明了，无须多言；抑或是词意接近，不多解释。如《睽》卦九四爻："交孚，厉无咎"，《象传》曰："'交孚无咎'，志行也"，就省略了"厉"。《比》卦初六爻："有孚比之，无咎；有孚盈缶，终来有它，吉"，《象传》则解释："《比》之初六，有它吉。"因为初六爻辞较长，为方便论述，直接以"初六"来代指其整个爻辞。再如《随》卦卦辞为"元亨利贞，无咎"，《彖传》则解释："随，大亨，贞无咎"，显然没有明确出现"利"，可能是亨与利意义接近。由此来看，卦辞"元吉，亨"中"吉"并非衍文。

高亨认为"亨"为假借字"享"，祭祀之意。"元，大也。筮遇此卦者，大吉，故曰元吉。亨即享字。古人举行享祀，曾筮遇此卦，故记之曰亨。"③ 前文已对卦辞中"亨"字意进行了阐释，详见《乾》卦

---

① （魏）王弼、韩康伯注，（唐）孔颖达疏：《周易正义》卷五，中华书局1980年影印《十三经注疏》本，第61页。
② （宋）程颐：《伊川易传》，《文渊阁四库全书》本。
③ 高亨：《周易古经今注》，中华书局1987年版，第304页。

考论。

　　《彖传》对《鼎》卦进行解释："鼎，象也。"遍查六十四卦《彖传》有几种情况：对卦意的解释和显示卦的结果，唯独《鼎》卦特殊。对此，前人进行了解读，虞翻认为"象事知器，故独言象也"，①《鼎》卦之意本自鼎器这一物象，由鼎器知《鼎》卦象。程颐亦曰："卦之为鼎，取鼎之象也。鼎之为器，法卦之象也。有象而后有器，卦复用器而为义也。"②朱震则详细解说"象"包含三方面的意思：从卦画看，六爻组合为鼎器之象；从卦体看，上下体为鼎器之用；"象"包含"像也"之意，即类推。商周时期，鼎为重宝，为大器。所以在形制制作过程中非常严苛，以鼎器代表天地君威。《鼎》卦就是借用鼎象形喻指鼎背后的政治含蕴。

　　清代端木国瑚立新意，尚秉和先生赞同此解，认为"象"并非《鼎》卦画，而是来自《屯》卦画中。"鼎之象不在鼎，而在伏象屯。屯下震为足，互坤为腹，上坎为耳，为铉，凡鼎之象无一不备"，"二千年误解，得是而正，其功甚伟"。③国瑚提出鼎象在伏象屯之中，是错认为鼎足在巽卦体，鼎腹在互卦乾体，鼎耳在离卦体。对此，于省吾先生反驳道："舍鼎形之实象而信伏象，未免疏失。"④从《鼎》卦本身就可以看出鼎象，何必从伏象《屯》卦中曲折找寻呢？"鼎，象也"乃是《鼎》卦卦画六爻组合起来成为鼎象，初六爻为鼎足，中阳爻为鼎腹，六五爻为鼎耳，上九爻为鼎铉。

　　宋儒郑刚中在《周易窥余》中亦提及："艮止震动，实其上下，而自二至五，四爻虚其中则颐亦象形也，而颐不以象言者，何哉？"其解释是："易不可执一论也。鼎以象言，而用在其中；颐以用言，而象在其中矣。"⑤《鼎》卦从卦画和卦体来看，鼎器之象甚明，且其烹饪之用途亦含在其中，不言象自明。《颐》卦虽从卦画来看，震下艮上，与齿牙之象相似，但是卦爻辞并未以齿牙为象。故而鼎有"象也"，《颐》卦并未有此说法。

----

① （清）李道平撰，潘雨廷点校：《周易集解纂疏》，中华书局1994年版，第445页。
② （宋）程颐：《伊川易传》，《文渊阁四库全书》本。
③ 尚秉和：《周易尚氏学》，中央编译出版社2012年版，第179页。
④ 同上书，第276页。
⑤ （宋）郑刚中：《周易窥余》，《文渊阁四库全书》本。

初六，鼎颠趾，利出否。得妾以其子，无咎。

从爻位来看，初六阴爻居阳位，本不当位。上与九四阴阳相应，故无咎。与之相反，《井》初六爻："井泥不食，旧井无禽"，根据句意来看，王弼注："最在井底，上又无应，沉滞潭秽……久井不见渫治，禽所不向，而况人乎？一时所共弃舍也。井者不变之物，居德之地，恒德至贱，物无取也。"① 即《井》初六爻不当位，又无应且爻辞意充斥着无用之物，其结果断定为凶。

爻辞中"颠"，汉帛书作"填"。陆德明《释文》："丁田反，倒也。"② "颠""填"音相通。"趾"，汉帛书本作"止"。《贲》初九爻："贲其趾"，《噬嗑》初九爻："屦校灭趾"，汉帛书"趾"皆作"止"。"止"乃"趾"之古文，徐灏认为，从止之字，其义皆为足趾。"否"，汉帛书作"不"，《释文》："悲巳反，恶也。"③ "不"读作"否"，与"臧"相对，谓之不善之物。"鼎颠趾，利出否"，以鼎象推知人事。阳实阴虚，鼎为烹饪器具，鼎腹为虚空状态，方可填实烹煮。现在是初六为阴虚状态，中三爻为阳实状态，类似于鼎上下颠倒，即"鼎颠趾"。鼎颠倒之后，口朝下，利于倾倒出一些污秽之物，清洗干净，故有"利出否"之言。

由此推知人事方面"得妾以其子"，对此句前人有不同的理解，第一种看法认为妾低贱，凭子而贵得继为正室。孔颖达曰："妾为室主，亦犹鼎之颠趾而有咎过。妾若有贤子，则母以子贵，以之继室，则得无咎，"④ 后世多主此说。第二种看法以冯椅为代表，认为贵其有子而得为妾："孔子之意非贵其得为妾，贵其有子而得为妾，尔位最卑下而贱则始，非妾矣。石守道曰：未妾而有子，是亦颠倒之象。"⑤ 与第一种看法区别之处在于，地位起初更加的卑下。冯椅认为"得妾以其子"是原因后置，妾之位的由来是因为有了儿子。

第三种看法，"以"即"与"之意。高亨先生解为："以犹与也，

---

① （魏）王弼、韩康伯注，（唐）孔颖达疏：《周易正义》卷五，中华书局1980年影印《十三经注疏》本，第60页。
② （唐）陆德明：《经典释文》，中华书局1980年影印《十三经注疏》本，第103页。
③ 同上。
④ （魏）王弼、韩康伯注，（唐）孔颖达疏：《周易正义》卷五，中华书局1980年影印《十三经注疏》本，第61页。
⑤ （宋）冯椅：《厚斋易学》，《文渊阁四库全书》本。

盖妾固曾为人妇，且有子焉，今携其子归我也。"① 尚秉和先生也解"以"为"与"之意，意即兼得妾与其子。

由爻辞前部分"鼎颠趾，利出否"来看，是先颠倒，然后废物出，意即去旧立新，结果鼎为有利。鼎足立，鼎口朝上为鼎的常态，"鼎颠趾"是鼎的非常态，虽然初六爻之鼎处于非常态化，但并非无益，利于倾倒废物。根据这一易象来看，"得妾以其子"有两种可能：一是"妾"之象即为"鼎颠趾"象。在等级礼教社会，妾的地位卑微是常态，现在妾扶作继室，是母以子贵的缘故，由此原因来看，扶正妾室并非无益，也无咎错。二是"得妾"之象为"鼎颠趾"象。与无亲无故、非妻妾关系的女人生子，然后因女人生有儿子，纳为妾室。但是在等级社会，纳妾可说是顺理成章，是常态，并非有类于"鼎颠趾"之象，因此以冯椅为代表的解释似有牵强。

同样，由"鼎颠趾"象进行相似相关的人事推理来看，以高亨为代表的第三种看法亦不能成立。得到妾和儿子，是一种平顺的描述，并没有发生类似"鼎颠趾"的转折关系。由此来看，第一种说法更准确些，因其生子，妾室得以尊贵。正如《象传》："鼎颠趾，未悖也"，妾升格为继室，依据礼制是合理的，没有违背常规礼制，来知德亦道："凡事迹虽若悖其上下尊卑之序，于义则无咎也。"② "利出否，以从贵也"，妾因生子而得以尊贵，与《鼎》卦成新之大意亦相合。

九二，鼎有实，我仇有疾，不我能即，吉。

"鼎有实"，阳为实阴为虚，鼎中不空虚，谓鼎中有食物。九二以阳爻居于鼎下体之中，故曰"鼎有实"。王弼注："以阳之质，处鼎之中，有实者也。"③

前人对"我仇有疾，不我能即"有不同理解：一种以孔颖达为代表，认为"我"指九二；仇，匹配，即六五；意为六五乘刚，并为之阻隔，故而不能下应九二。"六五，我之仇匹，欲来应我，因于乘刚之

---

① 高亨：《周易古经今注》，中华书局1987年版，第305页。
② （明）来知德：《周易集注》，《文渊阁四库全书》本。
③ （魏）王弼、韩康伯注，（唐）孔颖达疏：《周易正义》卷五，中华书局1980年影印《十三经注疏》本，第61页。

疾不能就我，刚我不溢，而全其吉也。"① 后史徵、胡瑗、程颐等同此意。

一种以林栗为代表，认为"我"指九二；仇指初六。意为九二上与六五相应，与初六为仇。由于初六与九四相应，无暇九二，故而九二得以与六五相应。"阳爻而乾体有实其中矣，居下而得中，刚柔之不过得亨饪之宜也，故曰我仇有疾，不我能即，吉。嘉耦曰妃，怨耦曰仇。六五者，二之配也。初六者，二之仇也。初与五皆体巽而从乾故也。五远而初近，五上而初下，二之所患者在初而已，是以谓之仇也。有疾者，物或害之也，幸其物或害之不能即我，故二得守其实以应六五之求，斯之谓吉矣。"② 后俞琰、冯椅、何楷、陈梦雷等主此说。

一种以虞翻为代表，认为"我"指九二，"仇"指九二与九四之间，九二与初六、九四与六五相比，阴阳失其相应，故而产生仇。"二为实，故鼎有实也。坤为我，谓四也。二据四妇，故相与为仇。谓三变时，四体坎，坎为疾，故我仇有疾。四之二历险，二动得正，故不我能即，吉。"③ 朱震进一步指出："九二、九四匹敌也，九二据初九，四比五，二、四失其应，故相与为仇。"④ 后有郑刚中、尚秉和、黄寿祺、张善文、傅佩荣等主此意。还有一种认为"救"通"仇"，阮元说："案求戈即救，帛书从支之字多误从戈，此假为仇。"⑤ 但是阮元并未具体阐释此爻之意，故存疑。

"我"指九二爻，"仇"解为匹配之意，"即"与诗《东门之墠》"子不我即"之"即"同。具体到哪一爻与九二爻相匹配，就产生不同的解读。从爻位来看，九二与初六近邻，与六五相应。至于九二究竟与哪一爻更加亲密呢？虞翻等认为嘉耦曰妃，怨耦曰仇。九二与九四相匹敌的原因是，九二与初六近，九四与六五相近，导致阴阳爻不能相互应和。如何产生吉祥的结果呢？为此，又从互卦九二、九三、九四中九二变化为阴爻，形成互体艮卦，艮为止，强调谨慎之象来求得吉祥的结

---

① （魏）王弼、韩康伯注，（唐）孔颖达疏：《周易正义》卷五，中华书局1980年影印《十三经注疏》本，第61页。
② （宋）林栗：《周易经传集解》，《文渊阁四库全书》本。
③ （清）李道平撰，潘雨廷点校：《周易集解纂疏》，中华书局1994年版，第448页。
④ （宋）朱震：《汉上易传》，《文渊阁四库全书》本。
⑤ （清）阮元：《〈六十四卦〉校勘记》，中华书局1980年影印《十三经注疏》本，第66页。

果。如此推断有些曲折。

根据"怨耦曰仇"的解释，初六与九二为仇，但由于初六与九四相应，无暇顾及九二爻，所以九二爻仍上与六五相应和。对此，《鼎》卦诸爻与《井》卦类似，《井》卦以阳刚为泉水，《鼎》卦以阳刚为盈实。《井》九二爻有泉水象，下比初六爻有射鲋之象；《鼎》九二爻有盈实之象，下比初六，则有我仇之象。《井》初爻为泥，二视之为鲋；《鼎》初爻为否，二视之为疾，都是阴恶之象。《井》卦二位上无所相应，所以终不行。《鼎》卦则与此不同，《鼎》九二爻上与六五爻相应，鼎有实，可以阴荐上帝，奉养诸圣贤，所以有吉祥。

王弼、孔颖达的解释认为"鼎有实"不能再增加，以免溢出。由此从爻位来说，初六爻位不正，且与九四正应，故六五对九二的吸引更强。尽管二、五之间有两阳爻相隔，六五不能立即下应九二，但是九二居中守刚，有类于君王不能给你分配其他职事，九二能够专心尽己之才，结果为吉。并且随着事情的发展，最终能够与九二相应。九二爻在复杂的关系中，谨慎小心，牢牢把握前进的方向，坚守自己的刚中之德。正因此，九二以刚中与六五之柔中相应，君臣相互配合，成就一番作为。

由此来看，"仇"为初六爻或者六五爻可与"鼎有实"之象产生相似相关，都可讲得通。鲁师提出新说，以"仇"为对手之意。《鼎》卦在《革》卦之后，有革故鼎新之意，"我仇有疾，不我能即"，即是革故，就是讲我的对手有疾病，不能来干扰我，所以结果为吉祥。九二爻鼎中装满食物，此象亦为吉祥之象。

九三，鼎耳革，其行塞，雉膏不食；方雨亏悔，终吉。

从鼎的构造来看，九二爻至九四爻形成鼎腹之象，六五为鼎耳。而九三爻出现鼎耳之象，大致是讲铸造鼎耳的初始处。铸造鼎耳处为纯刚之质，且起于鼎的中下部。鼎耳虽然处于鼎部，但其根在鼎腹，所以九三爻鼎腹处出现鼎耳并不稀奇。鼎这一器具移动，若鼎足折，不能搁放于地；若是鼎耳处变形毁坏，那么无法插杠子进行移动。物体行走皆靠足，鼎举措行止皆靠耳，所以这两个部位非常关键。《象传》曰："鼎耳革，失其义也"，"义"者，宜也。虞翻解释："鼎以耳行，耳革行塞，故失其义也。"鼎耳部位本应当虚中以纳物，今变形无法纳物，是失去其本貌。黄寿祺、张善文解释："以阳居阳，刚实不能虚中，犹如鼎耳中空处变异堵塞，无法插杠举鼎运行。"① 之所以鼎耳变革，是因为所处爻位九三爻阳刚盈实之象。

"鼎耳革，其行塞，雉膏不食"，大致是说九三爻处于鼎耳根部，若其变形，无法移动鼎，那么人们就无法享用鼎所载的美食。此爻与《井》卦九三爻所处境地类似，皆是居下而未被食用。《井·九三》："井渫不食，为我心恻"，九三爻开始修治旧井，淘去污泥使井水干净，能够为人所食用。但是人们仍然没有食用，不禁心生忧恻之情。《鼎》卦九三爻犹如鼎中有美食而不得为人所食用，六五鼎耳，九三与六五不相遇，类似鼎耳发生变革而不能移动，所以行不通。同样，《井》卦九三爻，从卦象来看，九三爻居阳位，阳刚得正，欲与上六相应，但是被九五所阻隔，故而暂时不会与上六相应。是不是九三始终会处于这种不为人食用的局面呢？九三寄希望于九五君主之圣明，九五会汲引九三与上六相应。君王圣明，汲引贤人，这样使得天下人民都有福了。那么《鼎》卦九三爻如何摆脱这种困境呢？"方雨亏悔，终吉。"

对于"方雨"之雨象有不同理解：第一种认为下巽为阴卦，九三阳刚之爻，如此阴阳调和，必能出现雨象。孔颖达曰："雨者，阴阳交和，不偏亢者也。虽体阳爻，而统属阴卦。若不全任刚亢，务在和通，方欲为此和通，则悔亏而终吉。"② 第二种认为九三与六五阴阳交畅，故而有雨。程颐在《伊川易传》中说道："五有聪明之象，而三终上进之物，阴阳交畅则雨。方雨且将雨也，言五与三方将和合。亏悔终吉谓不足之悔，终当获吉也。"③ 第三种认为从变卦来看，九三动而成坎，且九三处于互体兑，故而有雨象。朱震曰："九三自守虽有美而不食，五安知其旨哉？夫君子不为己甚与，其独善其身，曷若兼善天下。然刚正自守人必有知者，上感而动，坎水上兑泽流方雨而其悔亏矣。坎变兑，兑为毁，亏悔也，始不正而正终吉也。"④ 对此，后有冯椅、何楷、吴澄、陈梦雷、尚秉和、傅佩荣等主此意。

以上说法相通之处在于阴阳相合顺，阴阳调和必能出现雨象。相异

---

① 黄寿祺、张善文：《周易译注》，上海古籍出版社2009年版，第294页。
② （魏）王弼、韩康伯注，（唐）孔颖达疏：《周易正义》卷五，中华书局1980年影印《十三经注疏》本，第61页。
③ （宋）程颐：《伊川易传》，《文渊阁四库全书》本。
④ （宋）朱震：《汉上易传》，《文渊阁四库全书》本。

之处在于寻找阴阳的出处。《周易》中"雨"象并不只有此爻，遍查《周易》经文卦爻辞，有以下几例：

《小畜》：亨。密云不雨，自我西郊。
《小畜·上九》：既雨既处，尚德载。妇贞厉。月几望，君子征凶。
《睽·上九》：睽孤见豕负涂，载鬼一车，先张之弧，后说之弧，匪寇，婚媾。往遇雨则吉。
《夬·九三》：壮于頄，有凶。君子夬夬独行，遇雨若濡，有愠无咎。
《小过·六五》：密云不雨，自我西郊。公弋取彼在穴。

这几例无论是卦象还是卦画，都不太有关联，唯一关联之处是都出现了"雨"象。《周易》有些卦涉及坎卦时，以雨来解释坎水象。《震》卦讲动荡不安，却没有一个雷象出现，正是坎不露水，巽不说风。《屯》卦卦画为震下坎上，坎象为水，象辞解释卦辞为："雷雨之动满盈，天造草昧。"《解》卦卦画为坎下震上，与《屯》卦相反。其《象传》："天地解而雷雨作，雷雨作而百果草木皆甲坼。解之时大矣哉！"《象传》曰："雷雨作，解"。从其象辞中看出雨有润泽万物生长之大功，这一点在《乾》卦中已表明，如："大哉乾元，万物资始，乃统天。云行雨施，品物流形。""云行雨施，天下平也。"云积雨降，各类事物在雨润中流布成形，一片生机勃勃之象。

在《周易》中遇到雨象，无论之前是多么悲惨的状况，无论遇到什么挫折，自雨象的出现便发生了转折，由凶转吉。《睽》卦本来是讲乖违之道，上九爻睽违至极时，曾看到有猪背着重物，又有一辆大车载着鬼国的人。先张开弓后又放下弓，原来并非强寇，而是有婚嫁之喜。且《睽》卦上九爻与六三爻有阴阳遇合之象，可见，遇到雨就会吉祥。《夬》卦九三爻开始有凶象，但是以君子之气度，终会有所转变。九三爻与上六爻，这唯一的阴爻阴阳相遇合，产生雨象，结果也发生了变化，由凶转无咎。《小畜》上九爻与《鼎》卦九三爻皆处于巽卦第三爻位，此爻变化就会形成《坎》卦。"既雨既处，尚德载"，是浓云密布之后的一场大雨，巽为风，风为云聚雨凝之信号，是先兆，也是预示，

161

常有"山雨欲来风满楼"。此时此刻,若有行动,就会有凶兆,"君子征凶",强调此时静观事态发展再筹谋。而"月几望"则是月圆则亏、阴衰阳盛、盛极必衰的征兆,所以有"妇贞厉"。"密云不雨,自我西郊"共出现两次,一次是《小畜》卦辞,另一次是《小过》六五爻辞,这与"既雨既处"是相反之象,浓云密布却不见有雨降临大地。《小畜》卦是风行天上,《小过》卦为山上有雷,风也好,雷也罢,都是山雨欲来前的先兆。至于为何不雨,前人有多种解释,可参见《小畜》卦考论。

"方雨亏悔,终吉",在"终吉"之前也是充满挫折,"鼎颠趾""鼎耳革",都是鼎器受损之象,但是九三爻雨的出现使得阳刚受损之象发生了逆转,有"终吉"之喜。雨象之所以有此功效,大概是缘于初民对于天降甘露的寄托。在远古生存环境恶劣的情形下,人们的生存寄望于天的恩赐,包括沾润雨露,雨露降临使得万物复苏,生机勃勃。不像雷电带给人们的是一种恐惧,畏惧雷电的闪击,造成人与万物的伤害,如"震来虩虩""震来厉""震苏苏"等。人们对于雨的喜爱自然显现在卦爻辞中,赋予了雨一种巫卜意绪,雨成为上天指示好恶的转向标。

此爻大意是说,鼎器耳部变形(无法插杠),无法移动,因此无法获得烹煮的美味食物;九三阴阳和合,悔意减少,结果最终为吉祥。

九四,鼎折足,覆公餗,其形渥,凶。

"餗",《说文》曰:"鬻,鼎实,惟苇及蒲。"《周官醢人》疏引郑注:"糁谓之餗。震为竹,竹萌曰笋。笋者,餗之为菜也。"① 许慎认为"餗"是加入竹笋等蔬菜的粥。陆德明引马融的注解,提出另一解:"餗,食建也。"《广雅》:"食建也,粥也。"②《系辞传》:"易曰:鼎折足,覆公餗。"马融本作"鬻"。"餗"即单纯的粥。清代学者王引之认为"餗"解释为粥为长,理由是《左传·昭公七年》:"正考父鼎铭曰:'饘于是,鬻于是,以糊余口。'"杜预注:"于是鼎中为饘鬻,是食建为鼎实。""食建,粥也。"③《谷梁传·僖公二十四年》:"餗,谓糜

---

① (唐)陆德明:《经典释文》,中华书局1980年影印《十三经注疏》本,第103页。
② 同上。
③ 《辞海》,上海辞书出版社1979年版,第843页。

也。"鼎者，鬶鼎也。孔颖达解释为："铼，糁也。八珍之膳，鼎之实也。"① 尽管对"铼"具体指称哪种粥有争议，但在此处"铼"可以理解为粥。

对"形渥"的解释有两种：或指重刑；或指在屋中行刑。汉石经作"其刑渥"……渥，《说文》云："霑也，从水屋声。"段注："渥之言深厚也，于角切，古音在三部。"《汉书叙传》："厎渥鼎臣。""注"云："服虔曰渥者厚刑谓重诛也。"② 今本"形"，汉石经作"刑"，"渥"为重刑，与刑罚有关。

王弼对此字的解释与以上诸家相异，认为"形渥"，"形"乃指鼎身，"渥"为沾濡之意。"形渥"意即鼎中的粥倾倒之后沾濡鼎身。由九四爻辞"鼎折足，覆公铼"来看，王弼的解释更贴切些。

从古书通假情况来看，"形""刑"通用，"渥""屋""握"三字相通，由此前人提出不同解读。汉帛书《二三子》："《易》曰：'鼎折足，覆公铼，亓形屋，凶。'孔子曰：此言下不胜任也。非亓任也而任之，能毋折乎？下不用，则城不守，师不战，内乳反上，谓'折足'。路亓国，无亓地，五种不收，谓覆公铼。口养不至，饥饿不得食，谓刑屋。"③ 孔子的解释是把九四爻辞拆开来解，割裂了每句间的联系，认为"鼎折足"是说所处此位置的人不能担当重任，所以有折足之象。"覆公铼"，认为亓国无亓地，五谷不生，田地荒芜，导致君王贵族饥饿，这就是"刑屋"。

从九四爻辞间关联来看，其"形渥"源自"鼎折足，覆公铼"。从爻位来看，九四处于上卦之下，近君多惧之位。且下应初六"鼎颠趾"，此时鼎所处九四爻无需"颠趾"清洗，其处互体兑之中，兑为毁折，鼎足毁坏，鼎中的粥淌出，沾濡鼎身应是理中应有之义。

同时，鼎食的倾倒无论是客观因素还是主观因素导致，只能说是上天暗示君王。不能惩罚君王，那么只能责罚臣子，因此得到重刑，也是极有可能的，正如《象传》："覆公铼，信如何也！"所以从爻意直接推论，可得出鼎粥沾濡鼎身。引申爻意来看，鼎粥倾覆，臣子可能要受重刑。

---

① （魏）王弼、韩康伯注，（唐）孔颖达疏：《周易正义》卷五，中华书局1980年影印《十三经注疏》本，第61页。
② 徐芹庭：《周易举正评述》，中国书店2009年版，第364页。
③ 丁四新：《楚竹书与汉帛书〈周易〉校注》，上海古籍出版社2011年版，第509页。

从九四爻位来看，九四阳居阴位，本不当位但有满盈之势。九四一面近君位，一面下应初六，与初六阴阳相应。从人事来看，初六居初位，且不当位，有小人之势，故九四下应之，有亲近小人之嫌。且居互体兑，故有毁折之意。《系辞传下》子曰："德薄而位尊，知小而谋大，力小而任重，鲜不及矣！《易》曰'鼎折足，覆公餗，其形渥，凶。'言不胜其任也。"九四阳爻居阴位，处于上下卦体之间，近君位，其能力和权力皆未成熟稳固，故而有德薄位尊之疑。

六五，鼎黄耳金铉，利贞。

《鼎》卦取象，六五为鼎耳，上九为鼎铉。六五阴爻居中，有虚中纳物之实，居中为黄，上九爻阳刚故有金铉。金指铜，《尚书·舜典》"金作赎刑"。古代赎罪者都用铜，至汉代才开始改用黄金。孔颖达疏："此传黄金，《吕刑》黄铁，皆是今之铜也。"[①] 铉为举鼎的器具，西周时期的金都是指青铜，所以金铉当是说铜制的鼎杠。《鼎》卦从初爻至九四爻，经历了清洗鼎器，煮鼎食，鼎餗成。虽然过程有些麻烦，但至六五爻之时食物已经煮熟，此时需用青铜制的鼎杠来移动鼎食。《象传》曰："鼎黄耳"，六五爻中以为实也。虚中以待，从九三"鼎耳革，其行塞"至此已经鼎耳通顺，等待上九鼎杠的举措。六五与上九爻有顺承之关系，《象传》曰："鼎黄耳，中以为实也"，是说六五阴柔居中，待受上九刚实之益。

"利贞"之意是对六五爻辞占断的结果，意即占卜到六五此爻，虽然六五以阴居阳，所处位不正，看似不吉利。但是六五虚中作鼎耳，正合鼎器之用，以待上九之用。以六五以承上九，犹鼎之黄耳得金铉举措移动，所以贞问的结果有利。金景芳、吕绍纲等认为："六五毕竟以阴居阳，位不得正，它欲使黄耳受金铉有可能变为现实，还要努力守正，故爻辞在黄耳金铉之后更曰利贞。"[②] 其在解读时把"贞"解读为正固，解释曲折。

上九，鼎玉铉，大吉，无不利。

从初六爻至上九爻，鼎中烹饪食物养人，需要上九玉铉提举移动。

[①] （魏）王弼、韩康伯注，（唐）孔颖达疏：《周易正义》卷五，中华书局1980年影印《十三经注疏》本，第61页。

[②] 金景芳、吕绍纲：《周易全解》，吉林大学出版社1991年版，第356页。

"井、鼎皆以上爻为吉，盖水以汲而出井为用，食以烹而出鼎为用也。"①《井》卦上六爻从卦象上来看，巽下坎上，巽为绳，坎为水，水已经上达至井口。上六居井之终，甘甜的井水已经为人们所食用。处于此时虽然井道已成，但并不应该立即收起汲水的绳子，也不能把井口覆盖，而应该让更多的人汲引此井之水。井养之功为更多的人所敬仰，故而至为吉祥。

从君王角度来看，《鼎》卦上九爻处于鼎之终，此时改革的结果趋向成功。玉乃承天地之阴阳，主和之气。正如《象传》曰："玉铉在上，刚柔节也。"上九爻阳居阴位，刚而节柔，同时六五阴柔承上九阳刚，犹如玉之温润。

至于为何六五言金铉，上九言玉铉，可以从两方面来看：一方面，从爻位来看，六五阴柔居中，鼎耳虚中待铉。六五承上九阳刚之铉，故而六五期待上九青铜制的鼎杠。另一方面，从玉的天然属性来看，玉质体刚性柔，孔疏："玉者，坚刚而有润者也。"②上九爻位阳居柔位，玉刚柔两全的属性与此相合。李季辨曰："五取金，上取玉，金刚而玉和，五体柔故贵刚，上体刚故贵和。离为火而铉居之，金畏火而玉不畏火，故成鼎之功，以玉为贵也。"③

总之，"鼎"一方面是古代烹煮用的器物；另一方面为国之重器，权力的象征。还可以作为烹人的刑具。《鼎》卦以鼎器烹煮食物为象，说明为君养贤以柔以诚，为臣侍君需忠信为国，正如《象》曰："君子以正位凝命。"

观《鼎》卦中六爻，取鼎器的部位或配件为喻，诸爻占断结果吉祥居多。初六位于鼎足，倾斜鼎趾，使里面的废物得以清除，故而对于鼎来说并无大碍。初六阴居阳位，足趾并不牢固。且初六与上卦九四相应，预示着九四可能会有不好的结果。九四处互体乾中，鼎中烹煮美味。可是由于足趾不牢固，致鼎足折毁。阳爻居阴位，不当位又近君位，承担重任，奈何能力不足，最终难逃本身条件限制，落得凶的结果。九二鼎中有实，与六五爻相应。六五为鼎耳的位置，中虚纳物，故

---

① （清）李光地：《周易折中》，巴蜀书社2008年版，第198页。
② （魏）王弼、韩康伯注，（唐）孔颖达疏：《周易正义》卷五，中华书局1980年影印《十三经注疏》本，第61页。
③ （宋）冯椅：《厚斋易学》，《文渊阁四库全书》本。

而结果有利。上九为鼎铉的位置，上九阳爻居阴位，性刚体柔，如此才能刚柔相调，终为无不利。九三鼎耳变易常道，使得鼎铉无法插入，故而鼎中的美味无法享用。九三爻位正，在上九刚柔相合的引导下，不断改变被动的局面，故九三终会吉祥，"方雨亏悔，终吉"。综观全卦，唯九四一爻有"折足""覆悚"之凶险，九四上承君主，下应小人之道，故而失去其应有的忠信，即便有所重任，依旧是德薄无功。

第四章 《周易》为臣之道卦爻考论(上)

商周时期,君王在国家行政管理中发挥了一定的积极作用,因为他需要亲自参与治国理政。作为统治者,居于极权的位置,拥有超越所有官员的君权。但是据考证,由于君王的"个人能力有所不同,特别是西周中晚期有些周王的统治力薄弱,强势的大臣势必会乘机影响王室决策"①。这就说明虽然君王参与政治管理,但实际上他的决策可能受到臣子的干涉。而且,君王的决策很大程度上是由臣子来实施的。可见,国家行政管理过程中,为臣者扮演了非常重要的、不可或缺的角色。《周易》借助占筮,对为臣者的修养和实践提出了一定的要求和规范。

《周易》在《坤》卦中对为臣者提出总的精神纲领,即顺承君王,宽容厚德。同时对君臣间的关系进行了确证,君臣间关系并非权力的绝对征用。《周易》卦爻辞中体现出臣下可以选择君主,具有独立特性,这一点与封建时代臣子对君王的绝对归属是不同的。《离》卦表达为臣者依附英明、归附正道,《随》卦讲求择善而随、顺随天道。为臣者对于君王认定之后,就要发挥自我的才能,效命王道。在执行王命之时,一方面要畜聚美德,低调而行;另一方面要保持谲谏,畜止君王的过失。

第一节 《坤》卦爻辞考论——宽容厚德

《坤》卦为坤下坤上,从卦画来看,阴爻象征臣子;从卦德来看,

---

① 李峰:《西周的政体——中国早期的官僚制度和国家》,生活・读书・新知三联书店2010年版,第149页。

坤为顺，《杂卦传》曰："《乾》刚《坤》柔"，《坤》卦有柔顺之德。《坤》卦，帛书作"川"（"巛"），《玉篇·川部》："巛读川，古为坤字"，坤有水德，水善万利而不争，地载万物而不重。无论是水还是大地，都有不争之德，宽容之意，这正体现《坤》卦的宽容厚德之意。为方便论述，兹录卦爻辞如下：

2. 坤卦䷁（坤下坤上）

《坤》：元亨，利牝马之贞。君子有攸往，先迷，后得主。利西南得朋，东北丧朋。安贞吉。

《彖》曰：至哉坤元，万物资生，乃顺承天。坤厚载物，德合无疆。含弘光大，品物咸亨。牝马地类，行地无疆，柔顺利贞。君子攸行，先迷失道，后顺得常。西南得朋，乃与类行。东北丧朋，乃终有庆。安贞之吉，应地无疆。

《象》曰：地势坤。君子以厚德载物。

初六：履霜，坚冰至。

《象》曰："履霜坚冰"，阴始凝也，驯致其道，至坚冰也。

六二，直、方、大，不习，无不利。

《象》曰：六二之动，直以方也。"不习无不利"，地道光也。

六三，含章可贞，或从王事，无成有终。

《象》曰"含章可贞"，以时发也。"或从王事"，知光大也。

六四，括囊，无咎无誉。

《象》曰："括囊无咎"，慎不害也。

六五，黄裳，元吉。

《象》曰："黄裳元吉"，文在中也。

上六，龙战于野，其血玄黄。

《象》曰："龙战于野"，其道穷也。

用六，利永贞。

《象》曰：用六"永贞"，以大终也。

卦辞：《坤》：元亨，利牝马之贞。君子有攸往，先迷，后得主。利西南得朋，东北丧朋，安贞吉。

《坤》卦辞"元亨利贞"与《乾》卦"元亨利贞"相同，不同之处是《坤》卦"利贞"间加上"牝马"二字，从字意上来看，牝马乃母马，有柔顺之意。

历来解易者对"利牝马之贞"都有不同的理解：

王弼认为牝马为至顺之物，至顺而后可正固，"贞之所利，利于牝马也。马在下而行者也，而又牝焉，顺之至也。至顺而后乃亨，故唯利于牝马之贞"①。"利牝马之贞"与《乾》卦"利贞"有所不同，《乾》卦乃利于万事为正。《坤》卦强调牝马为贞，牝马为柔顺，利于柔顺者正固。

虞翻则从卦变来看，阴极阳生，初六动得正，即下卦体为震，震为马，坤为牝，所以有"利牝马之贞"。朱震认为乾为马，坤为至阴卦，为牝马。俞琰从北地马群群居经验看，十牝马专一跟随一牡马，不会进入其它牝马群中，是为"利牝马之贞"。

拥有柔顺之质的动物有很多，比如牛，此处为何选择马？取马者，一方面是《坤》卦与《乾》卦相配。乾为马，坤为母马。《坤》卦柔顺，《乾》卦健行。如果《坤》卦柔顺却不健行，那么则不能与《乾》卦相匹配。另一方面，牝马体性能承载重物，广行无疆。正如孔疏："不云牛而云马，牛虽柔顺，不能行地无疆，无以见坤广生之德，马虽比龙为劣，所行亦能广远，象地之广育。"②再者，牝马又能繁育，这正好符合《坤》卦载万物而资生，亦有地道顺承天道之意。《坤》主臣道，人臣顺承君主，能够忠诚地执行君命，完成君主之大业，以此不失为臣之道。

君主有所行动时，为臣者该如何做呢？"君子有攸往，先迷，后得主。""先迷后得主"之"主"，前人有不同说法：《文言》中解释"主"为常之意，"坤至柔而动也刚，至静而德方，后得主而有常，含万物而化光。坤道其顺乎，承天而时行"。其后林栗、保巴、陈士元、何楷等皆同此意。

惠栋从卦变角度进行解读，初六由阴爻变为阳爻，有震象，震为主。《序卦传》曰：主器者莫若长子，故受之以震。是震为主也。剥穷

---

① （魏）王弼、韩康伯注，（唐）孔颖达疏：《周易正义》卷一，中华书局1980年影印《十三经注疏》本，第17页。
② 同上。

上反下为复，复初体震，故后得主。"① 惠栋依据《序卦传》认为"震为主"，问题是《序卦传》中并未明确出现"震为主"的说法。《序卦传》："革物者莫若鼎，故受之以《鼎》。主器者莫若长子，故受之以《震》。《震》者，动也。"《鼎》卦、《震》卦皆是以物象推知卦名，《鼎》乃是由革物之鼎而来。同样，《震》之象乃为主器之长子，《说卦传》中明确有："震为长子。"为了避免误会，作者在"主器莫若长子"之后专名《震》之意为动，而非长子之意。再者，《坤》卦六爻皆为阴爻，为何独独是初爻变为阳爻？《坤》卦六爻都可以变化，可见是为了解释"先迷后得主"而牵强勾连。由此来看，惠栋依据"震为主"进行解释是无法成立的。

陆德明《经典释文》释："攸，所也。"② "君子有攸往"乃是君子有所前往。后面紧接出现"得主"，猜测其意为前行遇某人。《周易》经文中出现"主"辞有：

1. 初九，明夷，于飞垂其翼。君子于行，三日不食。有攸往，主人有言。（《明夷》卦）

2. 九二，遇主于巷，无咎。《象》曰："遇主于巷"，未失道也。（《睽》卦）

3. 《彖》曰：震，亨。"震来虩虩"，恐致福也。"笑言哑哑"，后有则也。"震惊百里"，惊远而惧迩也。"不丧匕鬯"，出可以守宗庙社稷，以为祭主也。（《震》卦）

4. 初九，遇其配主，虽旬无咎，往有尚。（《丰》卦）

5. 九四，丰其蔀，日中见斗，遇其夷主，吉。《象》曰："丰其蔀"，位不当也。"日中见斗"，幽不明也。"遇其夷主"，吉行也。（《丰》卦）

《震》卦《象传》提到"祭主"一词，当为祭祀宗主之意。《明夷》初九爻"主人"究竟何指？王弼、孔颖达、程颐都未有明释。苏轼以"上六"为主人；李光地以上体卦坤为主人；来知德认为是"所

---

① （清）惠栋撰，郑万耕点校：《周易述》，中华书局2007年版，第67页。
② （唐）陆德明：《经典释文》，中华书局1980年影印《十三经注疏》本，第98页。

适之地的主人";陈梦雷以"所之之地主我者"为主人;今人黄寿祺、张善文以"主事之人"为主人;李光地从坤、震的卦象及其象征意义来解释"主人"及"主人有言";来知德等依据爻辞"君子于行……有攸往"的逻辑顺序来推论"主人"的大致含义,主人即指所往之地的主人,有可能是指"上六",亦即暗主。

《丰》卦出现"配主""夷主",众家多从爻位角度阐解,如"配主",以王弼为代表,认为配主指九四爻。《睽》卦"遇主","主"当为六五爻,居处尊位。九二爻不当位,因其阳居阴位,且有六五与之相应,故而没有违失正道,即《象》曰:"未失道也。"

综上来看,"主"当处支配地位。至于"主"究竟所指何人,尚无定论。从商周宗法等级社会的背景来看,"主"一般是指贵族统治者。《礼记·曲礼》曰:"凡执主器",郑玄注:"主,君也。"①《周易》卦爻辞中出现的"王""公""君"等与"主"同意。② 由"君子有攸往"推测"主"应为所往之地的君主。

众家解释"西南得朋,东北丧朋"之意,多以后天八卦方位解释。此以孔疏为代表:"西南坤位,是阴也。今以阴诣阴乃得朋,俱是阴类,不获吉也……'东北丧朋,安贞吉'者,西南既为阴,东北反西南,即为阳也。以柔顺之道,往诣于阳,是丧失阴朋,故得安静贞正之吉,以阴而兼有阳故也。"③《坤》处西南方,为阴地,所以《坤》卦西南得朋。东北方为阳地,为丧朋。

历来解易者,大多以"西南""东北"两个方位进行解读,也就是认为"东北""西南"两词为复合方位词而不是词组。但是,与此意相悖者,如崔憬曰:"西方坤兑,南方巽离,二方皆阴,与坤同类,故曰西南得朋。东方艮震,北方乾坎,二方皆阳,与坤非类,故曰东北丧朋。"④ 其明确地以西、南二方对应"坤兑""巽离"四个阴卦解释"西南得朋"。以东、北二方对应"艮震""乾坎"四个阳卦解释"东

---

① (汉)郑玄注,(唐)孔颖达疏:《礼记正义》卷四,中华书局1980年影印《十三经注疏》本,第1256页。
② 连劭名:《〈周易〉中的"主"及相关问题》,《河南科技大学学报》(社会科学版)2006年第3期。
③ (魏)王弼、韩康伯注,(唐)孔颖达疏:《周易正义》卷一,中华书局1980年影印《十三经注疏》本,第17页。
④ (清)李道平撰,潘雨廷点校:《周易集解纂疏》,中华书局1994年版,第70页。

北丧朋"。杨济襄在《〈周易〉经传方位观念的文化意义与学术价值——兼论〈说卦〉、帛书〈易之义〉及汉代式盘的方位观》一文中提出反对意见，认为四方概念在甲骨文时期已出现了，但是八方观念则出现在较晚的时期，大概至春秋战国时期。因此他主张西、南应是指西方与南方，而不是指"西南方"一隅，东、北应是指东方与北方，而不是东北方。①

经查先秦史料，甲骨文卜辞中已经有"东北、东南、西北、西南"的复合方位词。黄天树先生在《说殷墟甲骨文中的方位词》一文中举例进行阐述，如甲骨卜辞中的"东北"方位词：

(5A) 己亥卜，内贞：王㞢（有）石在鹿北东，作邑于之？一。

(5B) 王㞢（有）石在鹿北东，作邑于之？二。

(5C) 作邑于鹿？三。　合13505正＝乙3212［宾一］

石，石料。鹿，地名。邑，城邑。作邑，修筑城邑。"(5A)(5B)卜问'作邑于之'。之，代词，可译为'这里'。作介词于的宾语，指代处所，所代的对象即上句中出现的处所'鹿北东'……综合起来看，代词'之'所指代的处所不是'鹿'，而是'鹿北东'，即'鹿地的东北'一带……我们知道占卜者最关心的焦点是在何地修筑城邑最佳……若'鹿北东'指鹿地之北和鹿地之东，则同时作邑于两地，似不合情理，因此'鹿北东'之'北东'应视为复合方位词。"②研究甲骨卜辞中出现的"东西南北"方位及其组合，得出结论："殷人不但有基本方位东、南、西、北；而且也有中间方位东北、东南、西北、西南。'四方'加'四隅'，构成八方。"③由此可见，殷商时期人们对方位已经有了精确的划分。因此，杨济襄提出"八方"直至春秋战国才产生的说法是不能立足的。但不能否认的是，既然甲骨卜辞中

---

① 杨济襄：《〈周易〉经传方位观念的文化意义与学术价值——兼论〈说卦〉、帛书〈易之义〉及汉代式盘的方位观》，《易学与儒学国际学术研讨会论文集》（易学卷），2005年8月。

② 黄天树：《说殷墟甲骨文中的方位词》，《夏商周文明研究·六——2004年安阳殷商文明国际学术研讨会论文集》。

③ 同上。

已然出现了八方之说，那么《周易》经文中的方位词"西南""东北"究竟是复合方位词还是词组，还是两种解读都合理呢？

结合《周易》卦爻辞产生的时代背景来看，既有具体的单纯方位指示，也有复合方位词指示。《周易》卦爻辞中出现"西南""东北"一词除了《坤》卦之外，还有《蹇》卦、《解》卦。《周易》卦爻中除了"西南""东北"的说法外，还有单纯方位词"西、南、东"的用法，如《小畜》卦辞"自我西郊"；《明夷·九三》爻辞"明夷于南狩"；《升》卦卦辞"南征吉"；《既济·九五》爻辞"东邻杀牛，不如西邻之禴祭"。由此来看，《周易》中"西南""东北"作为复合方位词的可能性偏大。

对于"西南""东北"的解释，有人根据马王堆帛书《易之义》"岁之义，始于东北，成于西南。君子见始弗逆，顺而保"认为，这是"以八卦卦气说来解释坤卦卦辞'东北丧朋，西南得朋'"[①]，不依赖《说卦传》等记载的八方、四季、十二月相配的理论，《坤》卦卦辞是不可解读的。对此，梁韦弦先生一语道破，"依八卦方位或卦气来解说坤辞存在着无法克服的矛盾。这种矛盾表明，《坤》卦卦辞制作时根本没考虑到什么八卦方位或卦气运行的问题。也就是说，《坤》卦卦辞并非根据所谓八卦卦气说写成，《周易》本经中并没有什么卦气之类的东西"[②]。

如此来看，"西南得朋，东北丧朋"不能根据后天八卦方位图和卦气理论来解释。那么"西南""东北"所指为何？元代吴澄另辟蹊径，提出六爻方位："凡卦之位，四为西，三为南，初为东，上为北。"[③] 认为"得朋"者乃是六四、六三二阴爻，阴位彼此相近。而丧朋者乃是初六、上六二阴爻，原因是两爻相隔甚远。此种提法前所未有，吴澄亦未提出其新法之根据，故暂存疑。

"西南""东北"在《周易》中不只出现在《坤》卦中，《蹇》卦、《解》卦卦辞中都再次出现，即《蹇》："利西南，不利东北。"《解》："利西南。"以上卦辞表述中有一个共同点，即对方位占筮结果，"西

---

① 廖名春：《周易经传与易学史新论》，齐鲁书社2001年版，第12—42页。
② 梁韦弦：《关于帛书〈易之义〉解说坤卦卦爻辞之文义的辨正》，《周易研究》2005年第3期。
③ （元）吴澄：《易纂言》，《文渊阁四库全书》本。

南"方向为易者所推崇。《解》卦象辞对此解释:"'解,利西南',往得众也",推崇的原因是西南方有众庶,"往之西南,得施解于众,所以为利也"①。人类为了生存,需要从事社会生产劳动,因此在实践中不断总结出了各种方位观念。通过这些明确的方位指示,人们才能在生产生活中趋吉避凶。从自然气候方面来看,西南方向多阳气,气候温和,古人尚之。东北为背阳之方,多阴冷。《后汉书·臧宫传》注:"人喜阳而恶阴,北方,幽阴之地,故军败者皆谓之北。"②《坤》卦为六阴爻之卦,自然对于西南阳性受到吸引,排斥东北之阴性。

再者,还有一种可能性,正如屈万里先生所说:"盖纣都洹水之滨,周在渭水之域,一居西南,一居东北。周人冀殷人之归己,恶周人之附殷,故于征行之人,告其来西南则利,则得朋,往东北则否,以遂其天与人归之愿,此揆诸情势而可信者也。"③ 殷商与周当时的地理位置,恰好是殷商居东北,周居西南。周国希望人们归附于己,于是借方位来指示吉凶。可以说,周人聪明地借用《周易》,在占筮之中寓含了宣传的功能。

再看"朋",《周易》经文中出现"朋"之处有:《豫·九四》:"朋盍簪。"《豫》卦六爻唯有九四爻为阳爻,"朋盍簪"是说九四爻若能够刚直不疑,那么其他阴爻都会与之相应。《蹇·九五》:"大蹇朋来",《蹇》卦卦画为艮下坎上,九五爻居坎中,为大蹇之时。"凡易之应,莫重于二、五,故二之称王臣者,指五也;五之称朋来者,指二也。"④ 在九五蹇难之时,六二上应之,谓之朋来。《复》卦辞:"朋来无咎",复卦唯初爻为阳爻,初九复动之上,则有群阴相来。《解·九四》:"朋至斯孚",初六与之相应,故有朋至。总之,以阴遇阳为朋,皆是"得朋"之意。由此,以上卦爻辞所言"朋至""得朋"多指有阴爻相助。

《周易》经文中也有"敌""朋亡""绝类上"之语,同是"丧朋"

---

① (魏) 王弼、韩康伯注,(唐) 孔颖达疏:《周易正义》卷一,中华书局1980年影印《十三经注疏》本,第17页。
② (宋) 范晔:《后汉书》(一),中华书局2012年版,第544页。
③ 屈万里:《〈周易〉卦辞利西南不利东北说》,《屈万里全集》(第一册),台北:联经出版事业有限公司1985年版,第75页。
④ (清) 李光地:《周易折中》,巴蜀书社2008年版,第25页。

之语:《同人·九三》《象传》:"伏戎于莽,敌刚也。"九三阳爻刚健,居下卦之上,"欲下据六二,上与九五相争也"①,阴阳失和的原因。《中孚·六三》:"得敌",《中孚·六四》《象传》:"马匹亡,绝类上也"。《中孚》卦六三、六四俱阴爻,六三阴柔失正,与六四爻为敌。六四爻本下应初九爻,但《中孚》卦要求专一诚信之德,与初九爻相比,六四近九五并上承之,故而与初六爻相绝类,接近九五爻。《泰·九二》:"朋亡,得尚于中行",九二爻居下卦之中位,上下皆阳爻,与九二皆不应,故有"朋亡"之辞。再者,"亡"还有在外之意,《国语·晋语三》"其亡之不恤",韦昭注:亡,在外。朋亡,就是朋友在外。"尚者,右也,助也"②,九二上应于六五爻,得到上卦六五爻的相助。《颐·六二》:"六二征凶,行失类也",六二爻前行所遇皆是阴爻,与六五爻不相应,因此有"失类"之说。以上皆为同性相斥之类。

《周易》中所谓同类并非指阴遇阴为类,阳遇阳为类。所谓"类",在《乾·文言》中有明确的解释:"同声相应,同气相求。水流湿,火就燥。云从龙,风从虎。圣人作而万物睹就。本乎天者亲上,本乎地者亲下,则各从其类也。"这就是说阴阳相应为类。《睽·象传》亦点明此理:"天地睽而其事同也,男女睽而其志通也,万物睽而其事类也,睽之时用大矣哉!"前人解读"西南得朋,东北丧朋",多从方位阴阳属性来讲,西南属阴性,东北属阳性,坤为阴,以阴得阴,同类为朋。由此来看,此解并不符合《周易》对"朋"的要求。

还有一种说法,认为依照"朋"之古意,此卦之"朋"确指钱财。此以陈鼓应、赵建伟的说法为代表:"(朋)在此指货币、钱财。……西南方对人有利,所以能赚钱;东北方对人不利,所以会赔本。"③ 查证"朋"的本义并非钱财、货币之意,而是作为贝的计量单位。"殷时,玉与贝皆是货币也。"④ 王国维先生在《说珏朋》一文中考释:"古制贝玉皆五枚为一系,合二系为一珏、若一朋。"⑤ "朋"古义为"集合

---

① (魏)王弼、韩康伯注,(唐)孔颖达疏:《周易正义》卷一,中华书局1980年影印《十三经注疏》本,第18页。
② (清)王引之:《经义述闻》卷一,江苏古籍出版社1985年版,第14页。
③ 陈鼓应、赵建伟:《周易今注今译》,商务印书馆2005年版,第35页。
④ 王国维:《观堂集林》,河北教育出版社2003年版,第76页。
⑤ 同上书,第77页。

数量单位"①。另外，根据《坤》卦整体逻辑含义，此处解释为货币显得极为突兀，并且与爻辞毫无关联。再联系《周易》经文中他处"朋"字意，解释相当独立，远离了卦爻之意。

综上所论，《坤》卦六阴爻，主阴性。而"西南"方倾向阳性，故容易得到《坤》卦的青睐，谓之得朋。"东北"方为阴性，故而丧朋。因此，当占筮者筮得此卦时，西南方向有利，东北方向无利。那么，在商周时期，如何定论"西南"方为有利，"东北"方无利呢？从《周易》产生的文化背景来看，商周时期，卜筮手段乃是沟通天人之际的途径，其最终的目的是实现神权政治。占筮者不仅是神意的体察者，更是神意的创造者、传达者，而神与君相谋得到了权威的展现。由此来看，"西南""东北"方位词进入占筮语境，颇有人为强加因素在里面。

此句有不同的句读方式，大致有两种：第一种是"利"字归前面，与后面"西南得朋，东北丧朋"隔离。如"君子有攸往，先迷后得，主利。西南得朋，东北丧朋，安贞吉"，或者"君子有攸往，先迷后得主，利。西南得朋，东北丧朋，安贞吉"，或者"君子有攸往，先迷，后得主利。西南得朋，东北丧朋，安贞吉"。先看"君子有攸往，先迷后得主利"，为臣者，如何能超越君主，走在君主的前面呢？若是则迷，不能认清自己的位置。"后得主利"就是与"先迷"的情况相反，为臣者当随顺、顺承君主之意，如此才有利。正如孔颖达所说："以阴不可先唱，犹臣不可先君，卑不可先尊故也。"②《坤》顺承《乾》，臣子随顺君王，在下者当摆正自己的位置，如此当为"安"，结果为吉祥。

第二种句读"君子有攸往，先迷，后得主。利西南得朋，东北丧朋。安贞吉。""利"字句读为下两句，是说在西南方利于得到朋，东北方则丧朋。从整爻的思维逻辑来看，"得朋""丧朋"与前面的"得主"相对应。

遍查《周易》经文提到"利"者，除了"无不利""无攸利"等，大都是"利见大人""利有攸往"等，其结构形式皆是主语在"利"之后，即"利××"。几乎没有说"××利"，若单独以"利"为句，则

---

① 吴峥嵘：《"朋"与"友"的词义发展》，《信阳师范学院学报》（哲学社会科学版）第2期，第77页。
② （魏）王弼、韩康伯注，（唐）孔颖达疏：《周易正义》卷一，中华书局1980年影印《十三经注疏》本，第17页。

遍查《周易》经文，尚无此例。与"利西南得朋，东北丧朋"句式相类似的，《周易》经文中有两例，即《蹇》："利西南，不利东北。利见大人。贞吉。"《解》："利西南，无所往，其来复吉。有攸往，夙吉。"由此，本书采用第二种句读方式：君子有攸往，先迷，后得主。利西南得朋，东北丧朋。安贞吉。

初六：履霜，坚冰至。

《坤》卦以六而不以八的原因在于，六为老阴，八为少阴，依据老变少不变的易例，《坤》为万物资始，以变为用，故而《周易》中阴爻不用八而选用六。初六为阴，为柔顺之始，渐渐积著为刚。《坤》卦六阴爻虽为柔顺者，但并非一味顺以从之，经过六爻的发展得以刚强，强健。王弼曰："始于履霜，至于坚冰，所谓至柔而动也刚。"[1]《坤》卦六爻完成了先履霜，至坚冰的过程，即实现了从柔顺至刚健的过程。

初六爻取天地阴阳之象说明爻意，类似于《乾》卦中的"潜龙""见龙"之类。"履霜，坚冰至"，爻象显现的是自然界的气候变化之象，"初六阴气之微，似若初寒之始。但履践其霜，微而积渐，故坚冰乃至"[2]。《象传》："履霜坚冰，阴始凝也。"踩着霜花，说明阴气渐渐凝结，由此就能推测出即将出现坚冰，这是从生活经验总结出的自然规律。

从自然规律感悟天道，再推天道明人事。此爻告诫人们要防微杜渐，不可不早做准备。《乾》卦初九爻言勿用，意即健行之君子需要养精蓄锐，不可躁进。而《坤》卦本阴柔之质，从社会等级地位来看，初爻为最低位，本为弱势之群体，需要小心翼翼行事。"霜""坚冰"并非温和之物，一般偏于不好事情，故而能够见微知著，防患于未然。《韩非子·外储说右上》："子夏曰：《春秋》之记臣杀君，子杀父者，以十数矣。皆非一日之积也，有渐而以至矣。"[3] 与《文言》略同。初六爻重在由量变直至质变的过程，在此过程中要能够见微知著。

六二，直方大，不习，无不利。

六二爻阴爻居阴位，体中正。以爻位而言，二位已在地之上，以地

---

[1] （魏）王弼、韩康伯注，（唐）孔颖达疏：《周易正义》卷一，中华书局1980年影印《十三经注疏》本，第18页。

[2] 同上。

[3] （清）王先慎：《韩非子集解》，中华书局2003年版，第314页。

道言直方大之性。"直方大，不习，无不利"，王弼认为"直方大"为地之三德，无须修营，自得其利。"俱包三德，生物不邪谓之直也，地体安静是其方也，无物不载是其大也。既有三德，极地之美，自然而生，不假修营，故云不习无不利。"①"直方大"是人们对大地形象的直观感觉，"直"，从感官来看，大地一望无际，是平直的。各种生物的成长过程，也是一直向前发展，可谓"直"。由这些直观外象推论出人道，人也应该像大地一样正直无邪。"方"，古人有云天圆地方，地是方形的，地方是静止不动的，有一定的形状和距离。联想到人们道德谦顺，有一定的规矩和原则，推论出人们行事要安静有方。东汉王逸曾评价屈原为方直之人："屈原履方直之行，不容于世。上为谗佞所潛毁，下为俗人所困极，章皇山泽，无所告诉。"②"大"，讲的是大地的包容性，"无物不载"，推论人也应该胸怀宽广。

易袚提出新解，直方是正直端方，而"大"疑为衍字。"直方下无'大'字，郑厚存古亦曰大字疑衍文。六爻自履霜至玄黄皆叶音象，文言皆无此字，或曰大字别自为句。"③他是把《坤》卦六爻辞当作诗歌来解读，认为只有去掉"大"，才能与霜、章、囊、裳、黄协阳部韵。"大"为衍字，其不妥之处在于：《文言》中保留了"大"字，汉帛书本中亦有此字，且陆德明作《经典释文》时，汉魏六朝本字也都在，都有"大"字。由此，仅仅依据叶韵而断定大为衍字，理据不足。

"不习，无不利"，"习"，前人多解读为与"学而时习之"之"习"同，即"习"为练习、演习。由大地德行引申为人道，便是为臣者有大地之德，不用修习，没有功业，那也是无所不利。

只要拥有大地之德，也就是主观德行有了，那就没有必要修习功业了，因为不修习功业也能够有吉祥的结果。笔者认为这种解读稍有偏差，即个人德行中只重视德而忽略了行，不符合《周易》强调的德行一致的原则。因此，笔者倾向解读"习"为"重"，《周易》中《坎》卦，帛书称之为"习贛"即"习坎"。"习"，《释文》曰："便习也，重也。刘云：'水流行不休故曰习。'"由此，"不习"是对前面"直方

---

① （魏）王弼、韩康伯注，（唐）孔颖达疏：《周易正义》卷一，中华书局1980年影印《十三经注疏》本，第18页。
② 黄灵庚疏证：《楚辞章句疏证》（三），中华书局2007年版，第1731页。
③ （宋）易袚：《周易总义》，《文渊阁四库全书》本。

大"的进一步解读，认为大地的"直方大"的特性，世间任何物体都无法与之相比，再也没有像大地般"直方大"了。"无不利"是"直方大，不习"的占卜结果，即占筮到此爻时，有大地般的德行，那就无所不利了。

六三，含章可贞，或从王事，无成有终。

"含章可贞"，意即蕴含美好的德行，可以贞问。"或从王事"中"或"一词，《乾》卦九四爻"或跃在渊"为选择性辞语。九四爻位临近九五君位，进退当慎之又慎。无论是前进，还是继续沉潜，都取决于个人的志向。与九四爻之"或"意义不同，《坤》卦六三爻并非选择性语气，前人在解读时有两种倾向：一种是以林栗为代表的解读，认为"或"亦如《乾》九四爻之"或"，当为选择性语辞："或之者，疑之也。或含章，或从事也。"① 六三爻、九四爻都是阴爻处阳位，阳爻居阴位，阴阳相杂之卦。或者含章，或者从事，可以解释通。

另一种《象传》曰："含章可贞，以时发也。或从王事，知光大也。"《象传》认为，"含章"虽是隐藏韬晦之谋，藏而不露，但并非永远不发出来，不能有所作为，而是要看时机的成熟与否，见机行事。为臣之道与地道是相同的，跟从君王建功立业，其功要归之于君王，如此方能像阳光一样广大无边。"或"字表明了前后的平行关系：顺从王道，却含藏而不居功，这与"含章"一语是相类的。

《坤·文言》解释此爻说："阴虽有美，含之，以从王事，弗敢成也。地道也，妻道也，臣道也。地道无成，而代有终也。"《坤》卦六三爻居下卦之上，预示着小有功业之时。但为阴性，需要追随阳性，为臣者顺随君王，不能居功自傲。此时需要谨慎，避免上面的猜疑。但又并非上六爻之极，因此有"无成"之说。直至上六爻才完成整个功业，辅佐君王之臣不敢，也不能居其功，一定要归之于君主。如此，方能有终。

总之，为臣者一要内畜圣贤之事，章美之道；二要适时彰显其道；三要功成而居后，即"或从王事，无成有终"。正如荀子曰："主道知人，臣道知事"②，坤为臣道，故当知辅佐之要务。

---

① （宋）林栗：《周易经传集解》，《文渊阁四库全书》本。
② 荀况撰，王天海校释：《荀子校释》，上海古籍出版社2005年版，第1072页。

六四，括囊，无咎无誉。

"括囊"，扎起口袋。"坤是阴卦，六四本阴位，又以阴居之，则是阴阳之道不交，而君臣之间不相接也。然六四既当此否塞之时，则必括结其囊，藏其德，卷而怀之，以待其时。"① 与六三爻所处不同，六四爻以阴爻居阴位，非中正之位，且逼近六五尊位，因此需要谨密深藏。正如朱熹所言："是则无咎而亦无誉，盖或事当谨密，或时当隐遁也。"② 由"括囊"可见，此时此境要有深深的忧患意识，需要不断地反省。

《象传》解释说："括囊无咎，慎不害也。"扎起口袋，闭上嘴，时刻保持谨慎，就能不受伤害。荀子在《非相篇》中提到："凡人莫不好言其所善，而君子为甚。故赠人以言，重于金石珠玉；观人以言，美于黼黻文章；听人之言，乐于钟鼓琴瑟。故君子之于言无厌。鄙夫反是，好其实而不恤其文，是以终身不免卑污庸俗。故易曰：'括囊，无咎无誉'，腐儒之谓也。"③ 荀子认为人人都爱听好话，喜欢被夸，所以君子应该修饰美辞、美章赞美人，如此才能讨人欢喜，不受伤害。《周易》强调的"括囊，无咎无誉"，只有腐朽的人才这么说。当然，荀子在此处引用"括囊，无咎无誉"稍嫌牵强。但是，《周易》并不反对多赞美，强调要多鼓励、奖赏人们。"括囊，无咎无誉"只是强调在特定的位置、特定的时间，一定要懂得含蓄，不能外露。

六五，黄裳，元吉。

这一爻有两个关键点，一是何为黄裳"？二是"黄裳"与"元吉"间有何逻辑关联？对此，前人有不同解释，一是从立身处世方面解说，认为黄乃是明德，黄为中色。只要内怀忠信之德，结果为吉祥。程颐曰："黄，中色。裳，下服。守中而居下则元吉，谓守其分也。"今人陈鼓应则从审美层面解读，认为穿上华贵鲜亮的黄色衣裳，吉庆无比。高亨先生从社会地位角度看，认为黄赏为贵族服饰，社会地位高，自然吉祥。"古人贵黄金，故以黄为贵色。……黄裳者吉祥之服也。元吉犹言大吉也。此爻乃以黄裳示吉祥之兆，故曰黄裳元吉。"

---

① （宋）胡瑗：《周易口义》，《文渊阁四库全书》本。
② （宋）朱熹：《周易本义》，《朱子全书》第1册，上海古籍出版社2002年版，第33页。
③ 荀况撰，王天海校释：《荀子校释》，上海古籍出版社2005年版，第185页。

《周易》时代，尚无"黄为中色"的说法，如此解读黄裳不准确。上古三代，夏人尚黑，殷人尚白，周人尚红。周代贵族崇尚红色，黄裳则是田野农夫所穿，是卑贱之人的服饰。《礼记·郊特牲》："蜡之祭，仁之至，义之尽也。黄衣黄冠而祭，息田夫也。野夫黄冠，黄冠，草服也。"另外，"黄"在《周易》中出现时，爻位往往处于低位。如《革》初九："鞏用黄牛之革"；《离》六二："黄离，元吉"。由此来看，黄乃为贱色，并非贵色，因此黄裳为卑贱之人的服饰。正如六五爻所处爻位，阴尊阳位，谦卑待下，结果为吉祥。

从爻位来看，六爻之中第五位为尊位，君位。《周易》第五位并不局限君主，比如《离》卦六五爻则以"王公"言，《小过》卦六五爻则以"公"言。"公"虽非君王，但仍不失其尊贵，如此则与六五之爻位相当。

《坤》卦六爻重在为臣之道，六五爻与六二爻皆居中位，六二中正，有直方大之质。六五爻以阴爻居阳位，虽有不当位之嫌，其秉承中正之心，以柔顺之德谦下，也可获得吉祥。正如孔疏："坤为臣道，五居君位，是臣之极贵者也。能以中和通于物理，居于臣职，故云黄裳元吉。"[1] 若能坚守则会有元吉的结果，若不能，则会有大凶。《左传·昭公十二年》传文以裳为下饰，依此把上衣比作君主，下裳当作臣子。

> 南蒯枚筮之，遇《坤》之《比》，曰："黄裳元吉。"以为大吉也，示子服惠伯，曰："即欲有事，何如？"惠伯曰："吾尝学此矣，忠信之事则可，不然必败。外强内温，忠也。和以率贞，信也。故曰'黄裳元吉'。黄，中之色也。裳，下之饰也。元，善之长也。中不忠，不得其色。下不共，不得其饰。事不善，不得其极。外内倡和为忠，率事以信为共，供养三德为善，非此三者弗当。且夫《易》，不可以占险，将何事也？且可饰乎？中美能黄，上美为元，下美则裳，参成可筮。犹有阙也，筮虽吉，未也。"[2]

---

[1] （魏）王弼、韩康伯注，（唐）孔颖达疏：《周易正义》卷一，中华书局1980年影印《十三经注疏》本，第18页。

[2] 杨伯峻编著：《春秋左传注》，中华书局2011年版，第1336页。

这一易例所筮为:《坤》☷之《比》☵,《坤》的六五爻发生了变化,《坤·六五》:黄裳元吉。南蒯从爻辞判断,认为是吉卦;而子服惠伯则从爻象和爻位判断,认为《坤》卦的五爻为变爻,是不忠的表现,同时与下卦的二爻不相应。此卦成立的前提条件为黄、裳、元三德,只有符合这三德,才能得出吉的结果。第五位为尊位、君位,而六五爻以阴爻居之,若在别的卦中就有不当位,甚至僭越之嫌。此为《坤》卦,地道也,妻道也,臣道也。为臣者当须以中正谦顺之势配乾道,才会有元吉之兆。

初六爻由履霜而未雨绸缪,知坚冰将至。六三爻内含有美德但不显露于外,至六四爻扎紧口袋,表明要谦谨慎行。六五爻以阴顺阳,处下辅佐君王之业,几乎都贯彻了《坤》卦之谦顺谨慎之意。

上六,龙战于野,其血玄黄。

上六爻居《坤》卦之极,以阴爻居阴柔之位,阴盛已极,所以有"穷"之象。阴盛至极欲与阳势不两立,故有相战之象,此战非阴爻间之战,故而不在六爻间,而在卦外之阳。极盛之阴与刚健之阳决战互不相让,以致乾坤相合,血泣天地。对于"玄黄"之意,有的认为是黑色,有的认为是暗红色,还有的认为是天地之杂,究竟哪种说法正确呢?《说文·玄部》:"玄,幽怨也。黑而有赤色者为玄。象幽而入覆之也。凡玄之属皆玄。"[①] 玄为赤黑色。"玄黄"有偏意复合之意,说黑色,暗红色都是有道理的。吴澄另有新解,认为"玄黄"反映了血变的过程。"阴伤故言血玄者暂变为黄之色,黄者本质为阴之色,虽变为阳而质则阴,故其血虽玄而犹黄也。"[②] 血为阴性,血由玄色暂时变为黄色,黄色本为阴色,虽然二龙相战,有阳性之血,但是本质仍为阴之质。

还有解易者认为血流土地,呈现青黄混合之色,高亨注解道:"二龙搏斗于野,流血染泥土,成青黄混合之色。"[③]《文言传》对经的解读则认为:"夫玄黄者,天地之杂也;天玄而地黄。"二龙相争的程度为

[①] (汉)许慎撰,(清)段玉裁注:《说文解字注》,上海古籍出版社1981年版,第305页。

[②] (元)吴澄:《易纂言》,《文渊阁四库全书》本。

[③] 高亨:《周易大传今注》,齐鲁书社1979年版,第82页。

天地之杂。惠栋："玄黄，天地之杂，言乾坤合居也。"① 朱熹亦同："钧敌而无小大之差也。《坤》虽无阳，然阳未尝无也。血，阴属，盖气阳而血阴也。玄黄，天地之正色，言阴阳皆伤也。"② 以上说法虽相异，但都表达出上六爻阴极盛之时将与阳爻相争，会有矛盾冲突，争乱不清。《乾》卦上九爻言"亢"，《坤》卦上六爻言"穷"，都预示着走到极处需要革变。

用六，利永贞。

"用六"之意，参照卜筮来看，当筮得六爻皆变之时，就以此爻进行卜筮。或者如孔颖达所言："此坤之六爻总辞也。言坤之所用，用此众爻之六，六是柔顺，不可纯柔，故利在永贞。"③ "用六"是对《坤》卦六爻进行的总结。六十四卦中《乾》《坤》两卦多出"用九""用六"两爻，由此来看，一方面可能是跟占筮方法有关系；另一方面可能是突出《乾》《坤》两卦的重要性。"《乾》《坤》，其《易》之门邪？乾，阳物；坤，阴物也。阴阳合德而刚柔有体，以体天地之撰，以通神明之德。"乾坤分别代表阴阳之物，由此而形成其余卦爻，才能撰写天地之德。这两卦是《周易》的门户，可见其重要性。"利永贞"，经文"贞"当为占筮、占问之意。产生疑问并且犹豫不决时，利于占问。

较之《乾》卦，《坤》卦侧重讲的是为臣之道。李光地评《坤》卦曰："自此卦发明之，而六十四卦臣道准焉。"④ 乾为天，坤为地，有天尊地卑，地以承天之意。《坤》卦以六阴爻为组合，承天道而行地道，强调的是顺随、端直、宽容、厚德。

卦辞中以"牝马"之象表明《坤》卦之道：柔顺。初六爻从自然天象的变化中见微知著，对时间变化的预感。人们处于天地之间，体验着大自然变化的规律，再由自然规律联想到人们的生活准则，引导人们实践。当微霜降临时，人们自然警醒不久就要进入冰雪天了。从人道来看，为臣者居下位，不能完全决定事情的发展方向，但是若能见微知

---

① （清）惠栋撰，郑万耕点校：《周易述》，中华书局2007年版，第10页。
② （宋）朱熹：《周易本义》，《朱子全书》第1册，上海古籍出版社2002年版，第33页。
③ （魏）王弼、韩康伯注，（唐）孔颖达疏：《周易正义》卷一，中华书局1980年影印《十三经注疏》本，第18页。
④ （清）李光地：《周易折中》，巴蜀书社2008年版，第25页。

著，就会预测到事情发展的趋势，从而避免不必要的损伤。六二爻居中正之位，当为六爻之主。"直方大"是对空间的描述，地面平直，天圆地方，无物不载的地道广大。其性质正直、端方、广大，随其性发展，结果会大吉大利。这是为臣者最重要的操守：宽容、顺从。

六三、六四爻居上下卦间，"三、四多惧之地"，故而有含章、括囊之戒。但并非完全不能有所作为，"或从王事，以时发也"，根据情势的发展，抓住时机，跟从君王成就大事。功成而居后，即使没有赞誉，但至少没有咎错。处多惧之地的谨慎，方能长久守终。《淮南子·原道训》："土处下，不在高；水下流，不争先。"为臣者当学习水德，流水滋润万物，方位却始终向下。不争先，万物感其恩德。六五爻阴爻居尊位，虽不当位，但其"黄裳"，既中且谦，为臣道之极。上六阴极盛则将于阳相战，直至天玄地黄，混杂不清。阴爻发展到极致就要发生变化，阴阳交合，方能有长久的发展。阴阳矛盾促进了事物的无穷创变，所谓"天地生生之德"。

第二节 《离》卦爻辞考论——依附英明

《离》卦从卦画上看，由两个离卦叠合而成，上下一体，为八纯卦之一。孔颖达说："八纯之卦，论象不同，各因卦体、事义，随文而发……今'明'之为体，前后各照，故云'明两作，离'。是积聚两明，乃作于'离'；若一明暂绝，其'离'未久，必取两明前后相续，乃得作《离》卦之美。"[1]《离》卦为上下两明相继之象，任何一明消失，整个《离》卦的光亮都会受到影响。前人对《离》卦名之意的说法多是从《离》卦象与卦德分而言之。荀爽认为《离》卦之意为附丽，是从离象为火角度阐解卦意："离者，火也。托于木，是其附丽也。"[2]《离》卦象为火，火需要依附在火把之上才得以保存。《彖传》亦解读为："离，丽也。"按照现代汉语规则来看，离是丽的反义词，为何又说离为丽呢？金景芳、吕绍刚认为："这与古人的语言习惯有关。古人往往一字两用，

---

[1] （魏）王弼、韩康伯注，（唐）孔颖达疏：《周易正义》卷三，中华书局1980年影印《十三经注疏》本，第43页。

[2] （清）李道平撰，潘雨廷点校：《周易集解纂疏》，中华书局1994年版，第305页。

用它的正义又用它的反义。比如'乱'字，有事便当作它的反义词治字用。古人使用离字也是如此。"① 如此来看，"离"解释为"丽"便讲得通。

苏轼在《东坡易传》中也说道："火之为物，不能自见，必丽于物而后有形。故'离'之象，取于火。"②《离》卦上下两阴爻居中位，有中虚之象，火之为物，是有气而无形的，它需要附着于物才能有火焰的形状，才能明亮。上下卦两边的阳爻依附中间的阴爻，正如火焰依附于灯芯。因此，《离》卦之意为火附着在火把之上，引申为附丽。王弼注解："《离》，犹著也，各得所著之宜。"孔颖达进一步从六二、六五两爻位解读："丽谓附著也。以阴柔之质，附著中正之位，得所著之宜，故云'丽'也。"③ 从离为火进一步推知为光明，《说卦传》："离也者，明也。"《象传》中说："大人以继明照于四方。"离为火，火需要依附他物得以光明，得以显现。

另外，荀爽还提出另一种解读："阴丽于阳，相附丽也。亦为别离，以阴隔阳也。离者，火也。托于木，是其附丽也。烟焰飞升，炭灰降滞，是其别离也。"④ 离为火，火依附于木，随着燃烧，火逐渐燃烧木，最后化为一堆灰烬，由此来看，离又有离别之意。

《离》卦从上下卦体而言，离之象为火，火是光明，卦德为依附。屈原的《离骚》中"离"除了遭受，亦有别离之意，因此学术界解读"离骚"之意或者为遭受忧愁，或者为离别的忧愁，或者两者组合起来解读为遭受离别的忧愁。与之类似，《离》卦之意合起来看，火需要依附在火把上，为依附光明之意。并且《离》卦之明乃是持续不断之光明，并非短暂的。从卦画上来看，《离》卦由两个《离》卦叠合而成，上下卦都是由阴爻居于中位，所以卦体主柔，象征君臣一心。"离中虚，坎中满"，离为火，中虚火才能燃烧，正如同人虚心则明。同时火势不可过刚，过刚则发而遽灭。火焰燃烧的方向是向上，而处于君位的六五为阴，因此这一卦是说为君者以仁德施行天下，为臣者与为君者同心协

---

① 金景芳、吕绍刚：《周易全解》，吉林大学出版社1991年版，第229页。
② （宋）苏轼：《东坡易传》，《文渊阁四库全书》本。
③ （魏）王弼、韩康伯注，（唐）孔颖达疏：《周易正义》卷三，中华书局1980年影印《十三经注疏》本，第43页。
④ （清）李道平撰，潘雨廷点校：《周易集解纂疏》，中华书局1994年版，第305页。

力，相互协作。兹录卦爻辞如下：

30. 离☲（离下离上）

《离》：利贞，亨。畜牝牛，吉。

《彖》曰：离，丽也。日月丽乎天，百谷草木丽乎土。重明以丽乎正，乃化成天下。柔丽乎中正，故亨，是以"畜牝牛吉"也。

《象》曰：明两作，离。大人以继明照于四方。

初九，履错然，敬之，无咎。

《象》曰："履错之敬"，以辟咎也。

六二，黄离，元吉。

《象》曰："黄离元吉"，得中道也。

九三，日昃之离，不鼓缶而歌，则大耋之嗟，凶。

《象》曰："日昃之离"，何可久也？

九四，突如，其来如，焚如，死如，弃如。

《象》曰："突如其来如"，无所容也。

六五，出涕沱若，戚嗟若，吉。

《象》曰：六五之吉，离王公也。

上九，王用出征，有嘉折首，获匪其丑，无咎。

《象》曰："王用出征"，以正邦也。

卦辞：《离》：利贞，亨。畜牝牛，吉。

对于"利贞，亨"的解读，王弼、孔颖达从阴阳爻切入解释，认为《离》卦体以阴柔为主、为正，但是阴爻近于不正，不正则结果不会亨通，因此此卦意为"利在行正，乃得亨通"[①]，即把"贞"解释为"贞正"之意。据研究，在《周易》经文时代，"贞"为"贞卜""贞问"之意。直至《彖传》时期才有"贞正"之意，如《离卦·彖传》："柔丽乎中正，故亨。"因此王弼、孔颖达在此处的解释有误，"利贞，亨"应解释为"占问有利，亨通"。

《坤》卦辞有"利牝马之贞"，牝马为母马，有利母马的占问。母

---

① （魏）王弼、韩康伯注，（唐）孔颖达疏：《周易正义》卷三，中华书局1980年影印《十三经注疏》本，第43页。

马象征人臣，《坤》卦主要讲为臣之道。《离》卦辞有"畜牝牛"，牝牛就是母牛，也象征人臣，所以《离》卦也主要是讲为臣之道。对于"畜牝牛"的解释，王弼、孔颖达主要是从母牛的自然性情解读，"柔处于内而履正中，牝之善也。外强而内顺，牛之善也。离之为体，以柔顺为主者也。故不可以畜刚猛之物，而'吉'于'畜牝牛'也"①。从《离》卦体构成来看，上下卦中爻皆为阴爻，以柔顺居中，意指牝牛拥有谦顺之德。《离》卦之德内顺外强，若能如牝牛之德，那么占卜的结果为吉。

今人邓球柏从历史上畜牧生产出发，认为《离》卦辞"畜牝牛"之意为："用网捕禽兽是很好的办法，用索网套住了大母牛，非常利于畜养繁衍，妙极了，问蓍得大吉之占。"②古人在发展畜牧业过程中，不仅用网捕猎飞禽，还可用于捕捉母牛，反映了当时生产力获得大的发展。疑问之处在于，仅仅靠"畜牝牛"三字，如何捕捉动态的用网套牛的生产技术呢？此说法虽然新颖，但理据不足。

至于卦辞中出现的"牝牛"之象，前人亦有不同说法。虞翻则从卦变角度解释"牝牛"："坤为牝牛，乾二五之坤成坎，体颐养象，故畜牝牛吉。俗说皆以离为牝牛，失之矣。"③坤象为牛，《离》卦上下卦中爻为阴爻，如得到《坤》卦上下卦中爻，所以《离》卦辞中有牝牛说法。实际上，《左传·昭公五年》中曾记载有"离为牛"的说法：

> 初，穆子之生也，庄叔以《周易》筮之，遇《明夷》之《谦》，以示卜楚丘。曰："是将行，而归为子祀。以谗人入，其名曰牛，卒以馁死……《离》，火也。《艮》，山也。《离》为火，火焚山，山败。于人为言，败言为谗，故曰'有攸往，主人有言'，言必谗也。纯《离》为牛，世乱谗胜，胜将适《离》，故曰'其名曰牛。'"④

---

① （魏）王弼、韩康伯注，（唐）孔颖达疏：《周易正义》卷三，中华书局1980年影印《十三经注疏》本，第43页。
② 邓球柏：《帛书周易校释》，湖南出版社1996年版，第285页。
③ （清）李道平撰，潘雨廷点校：《周易集解纂疏》，中华书局1994年版，第305页。
④ 杨伯峻编著：《春秋左传注》，中华书局2011年版，第1263页。

穆子的父亲庄叔用《周易》为他刚出生的儿子穆子占问一卦《明夷》之《谦》，卜楚丘便解释《周易·明夷》初九爻辞："明夷于飞，垂其翼；君子于行，三日不食。有攸往，主人有言。"据"《明夷》，日也"，《谦》卦下卦为艮，为山，《明夷》下卦为离，为火。正是两卦的下卦发生了变化，故而有"《艮》，山也。《离》为火，火焚山，山败"，由此象引申到人事中的言语，认为"'有攸往，主人有言'，言必谗也"。卜楚丘从《谦》卦的卦体构成来解说本卦《明夷》经文，并采用卦象火和山的关系进行类比联想。其中提到"纯离为牛"，穆子将来可能得到一个名牛的人的帮助。虞翻否认离为牛，尚秉和认为虞翻没有看到《左传》的解释。

《离》卦辞中出现的"畜牝牛"之象，体现了该卦主体思想即为柔顺、依附。《彖传》中从天道推论人事，自然界太阳、月亮附着于天，百谷草木附着于大地之上。"重明以丽乎正，乃化成天下"，《离》卦为两离叠合而成，离为光明，所以有重明之象。上下皆为光明之卦象，以之附着于正道之上，乃可以光明之德化成天下。依附正道，就是依天道而行。人的道德源自天道，以天为师，教化天下民众。上下卦中爻皆为阴爻，两阴爻附着于中正之位，柔顺者在内且居中位，内柔外刚，正与具有柔顺之性的母牛类似，这正是从为臣者的角度阐释的。《大象传》曰："大人以继明照于四方"，《周易》中"大人""君子"大都是对为君者的指领。虽然《离》卦主要是站在为臣者的角度，同时《周易》也提醒读者，所有占卜的人都要领悟，只不过各有侧重而已。"继明"与"明两作"意思相连，强调日月轮转，光亮要持续不断。金景芳认为："明两作，即同一个明出两次，是作而又作，有时间上的连续性。"[①] 也就是说，为君者要像太阳、月亮一样永远保持英明，继承先代圣贤之明德，以此普化天下。

初九，履错然，敬之，无咎。

"履"，汉帛书作"礼"，阜本与今本皆作"履"。《说文》："礼者，履也，所以事神致福也。"[②] 二字经常互训。此爻"履"为动词，即行

[①] 金景芳、吕绍纲：《周易全解》，吉林大学出版社1991年版，第230页。
[②] （汉）许慎撰，（清）段玉裁注：《说文解字注》，上海古籍出版社1981年版，第25页。

走。"错然",王弼注:"错然者,警慎之貌也。"①人在行走时左右脚有序交替,《序卦传》:"有上下,然后礼仪有所错。"行走错落有致,依礼而行。"敬之"是讲恭敬、敬畏之心,行事要怀着恭敬之心,依礼而行。

初九爻居初位,地位低,一切皆需按规则行事。但阳爻居初位,有躁动不安之貌,欲向上行进。这与离为火之象有关,火性炎上,志在依附上方,所以欲上进。尽管其还未上进,但行迹可查。一旦有所行动,不依本分安定,就会有咎错。但初九爻阳刚英明,能够洞晓其内涵,所以在其行进中能够怀有谨慎恭敬之心,明晰其进退之道,了解其所附着之道。如此一来,结果自然没有咎错。

《象传》解读初九爻之所以能够"以辟咎也",就在于其能够"敬"之而行。以柔顺依附刚强者,不需要谄媚,依靠的是其智者的傲气。与此不同,初九爻上行欲附着于六二爻,是以刚强附着阴柔之象。这种情况下刚强者当以恭敬之态去寻求阴柔者的支持,而不是亵渎、无礼。宋儒胡瑗说道:"居《离》之初,如日之初生。于事之初,则当常错然警惧以进德修业,所以得免其咎。"②这正与《离》卦所强调的柔正之性一致。

六二,黄离,元吉。

"黄"一词在《周易》中多次出现,如《坤·六五》:"黄裳,元吉";《革·初九》:"鞏用黄牛之革";《遯·六二》:"执之用黄牛之革"等。对于"黄"一词的解释,大多解释为黄色,"黄裳"就是黄色的下衣,"黄牛"即为黄色的牛或者牛皮。对此诸家皆无异议,已成定论。但是"黄"究竟有何特性,"黄离"如何解读,为何"黄离"爻象结果就是元吉呢,这之间有何关联?

前人对"黄"的理解大致有以下几种:王弼、孔颖达、程颐、朱熹等皆从爻位角度阐述"黄"之意,"黄"为中色。《左传·昭公十二年》中也记载有对《坤》卦六五爻"黄裳"的解释:"黄,中之色也;裳,

---

① (魏)王弼、韩康伯注,(唐)孔颖达疏:《周易正义》卷三,中华书局1980年影印《十三经注疏》本,第43页。
② (宋)胡瑗:《周易口义》,《文渊阁四库全书》本。

下之饰也。"① 尚秉和解释："五位正中，黄色中色。"② 为什么中色就是黄色呢？虞翻认为"地色黄"，坤为地，东西南北中五方配以颜色就形成中黄。另一种看法，认为黄为文饰。《文言》中有"君子黄中通理，正位居体，美在其中，而畅于四支，发于事业，美之至也"。黄色是美好的文饰，是美丽的颜色。还有一种看法是从道德角度出发，认为"黄"即为有善德的表达，"中顺之德，充诸内而见于外"③，但是以上的解读还是无法理顺"黄离"之意，究竟如何解读"黄离"呢？

《周易》产生于商周时期，在商周时期黄色并非如后人设想的那么尊崇。高亨在《周易大传今注》中曾提到："黄为吉祥之色。"但我们知道殷人崇尚白色，周人崇尚红色，都不是黄色。《困·九二》爻中记载："朱绂方来，利用享祀"，也就是说红色的蔽膝利于祭祀，而不是黄色。于雪棠在对《坤》卦"黄裳"的考证中提出新的见解，从典籍《礼记·郊特牲》中查到"蜡之祭，仁之至，义之尽也。黄衣皇冠而祭，息田夫也。野夫黄冠，黄冠，草服也。"④ 也就是说，黄色的服饰乃是乡村野夫的服饰，并非贵族服装。由此，《坤》卦中六五爻出现"黄裳，元吉"，其意就是说居高位的人穿着卑贱，即以上处下，谦虚之态，所以为大吉。

再联系《革》《遯》《离》诸卦中"黄"之意，从爻位来看，皆处于下位，其"黄"并非高贵之色，而是借指处下谦卑之意。因此"黄离"乃是讲六二爻居下卦中位，以阴居阴位，当位，处于既中且正之位，此时当以谦虚谨慎的态度依附中正之道。以中正之道为标准，判断为臣者是否明达，正如《象传》的解读："黄离元吉，得中道也。"依中道而行事，无过不及，不偏不倚，用权去调适，这与《中庸》之"中"是一脉相承的。对于"黄离"的解读，多种多样，更有甚者认为"黄"乃是黄昏，离为张网。黄离就是黄昏时张网罗禽兽，如此就是大吉。⑤ 这些歧义产生的关键都在于对"黄"的误解。

---

① 杨伯峻编著：《春秋左传注》，中华书局2011年版，第1336页。
② 尚秉和：《周易尚氏学》，中央编译出版社2012年版，第34页。
③ （宋）朱熹：《周易本义》，《朱子全书》第1册，上海古籍出版社2002年版，第57页。
④ 于雪棠：《〈易·坤〉卦"黄裳"考释》，《古籍整理研究学刊》1997年第5期。
⑤ 邓球柏：《帛书周易校释》，湖南出版社1996年版，第285页。

九三，日昃之离，不鼓缶而歌，则大耋之嗟，凶。

关于此爻的解释大致有以下几种：王弼注认为："处下离之终，明在将没，故曰'日昃之离'也。明在将终，若不委之于人，养志无为，则至于耋老有嗟，凶矣，故曰'不鼓缶而歌，则大耋之嗟凶'也。"孔疏解释道："'不鼓缶而歌，大耋之嗟凶'者，时既老耄，当须委事任人，自取逸乐。若不委之于人，则是不鼓击其缶而为歌，则至于大耋老耄而咨嗟，何可久长？"① 认为此爻为假设问句，若是在衰老之时，不及时行乐，安然享受老年之乐，那么就有可能面临凶险。

李光地则认为此句当为选择问句，引梁寅的说法："三处日之夕，而过刚不中，其志荒矣，故'不鼓缶而歌，则大耋之嗟'。其歌也，乐之失常也。其嗟也，哀之失常也。哀乐失常，能无'凶'乎？君子值此之时，则思患之心，与乐天之诚，并行而不悖，是固不暇于歌矣，而亦何至于嗟乎？"李光地同意此说，并补充道："盖'日昃'者，喻心之昏，非喻境之变也。"② 将"日昃"解释为心智迷昏，如此则不是坠入不当乐而乐的境地，就是坠入不当哀而哀的境地，无论哪一种境地都是有凶险的。

高亨假借离为螭，即云气之类。"日在西方附丽于天，不久将落，如人在晚年寄托于世，不久将死。当此时，如不鼓缶而歌，及时行乐，则大耋之龄一至，徒自悲叹，是凶矣。"③ 离为螭，转为霓音。意为日昃之时有霓出现天空时凶兆，如不击鼓唱歌以解除之，则老人悲叹矣。

邓球柏依据离为网之意出发，认为中午时分张设罗网是捕不到禽兽的。不奏乐而歌唱是不符合乐礼的，穿着大麻袋的丧服而嗟叹，这些都是要带来不好的后果的。④

日昃是太阳落山之时，光线浅淡，此时阳光附着在天上。由太阳落山的天象推知人事，耋乃是年八十岁，大耋是极言年龄大，这与太阳落山之象是一致的。缶是瓦器，用来敲击而歌的。"不鼓缶而歌，则大耋之嗟，凶"，乃是如王弼、孔颖达的解释，若是年龄都八十多了，还不

---

① （魏）王弼、韩康伯注，（唐）孔颖达疏：《周易正义》卷三，中华书局1980年影印《十三经注疏》本，第43页。
② （清）李光地：《周易折中》，巴蜀书社2008年版，第125页。
③ 高亨：《周易大传今注》，齐鲁书社1979年版，第283页。
④ 邓球柏：《帛书周易校释》，湖南出版社1996年版，第286页。

能放权，顺随规律，寻找人生的快乐，鼓缶而歌以安然自乐，那么将会有穷嗟之哀叹，这是凶险之象。王弼、孔颖达的解释似乎更符合原意。

九四，突如，其来如，焚如，死如，弃如。

九四爻依从九三爻而来，九三爻描述的时间为日昃之时，那么九四当是描述太阳落山时的短暂霞光。王弼注解认为九四描述的是早霞之象，"处于明道始变之际，昏而始晓，没而始出"①。联系九三爻来看，似不妥。来知德在《周易集注》中则避开时间，认为离为火，在天为太阳，可孕育万物；在地则为火，能焚烧树木。又从爻位上分析九三与九四两爻火势不同，"火性炎上，三之旧火既上于四，而不能回于其三，四之新火又发，五得中居尊，四之火又不敢犯乎其五，上下两无所容，则火止于四而已"②。火的运行方向是向上，九四处于两离相交之位，下迫于九三，其火欲烧向六五尊位，但势微不能侵犯，所以火势消止于自身。

高亨在《周易大传今注》中提出新解："突借为宄，宄即流放之流，逐之远方也。如犹之也。此言古人对于不孝之子、不忠之臣、不顺之民，则流放之，如其归来，则或焚之，或死之，或弃之。"③邓球柏也另出新意，认为出为离弃，弃去，乃古代休弃妻子的方式和理由，"出：离弃，弃去，乃古代休弃妻子的方式和理由……来如：娶焉，一边出妻，一边娶妻……纷如：争啊，纷，争执，纠纷，盖谓新娶来的夫妇之间又发生了纠纷……死如：杀人之刑。弃如：杀而弃其尸之谓也"④。这两种解读一是缺乏与整体卦爻间的联系，二是缺乏确凿的理据。

九四爻处于上下卦体之间，但是不能很好地延续九三爻之光明，与《象传》所要求的"继明于四方"相违背。《离》卦提倡的不是短暂的光亮，而是持久的光明。查其原因在于，九四爻阳爻居阴位，其势上扬。刚躁而不中正，以刚盛之势强为之，犹如像晚霞回光返照之时，光亮只是瞬间的，不可能长久。正如《象传》解释"无所容也"，九四爻

---

① （魏）王弼、韩康伯注，（唐）孔颖达疏：《周易正义》卷三，中华书局1980年影印《十三经注疏》本，第43页。
② （明）来知德：《周易集注》，《文渊阁四库全书》本。
③ 高亨：《周易大传今注》，齐鲁书社1979年版，第283页。
④ 邓球柏：《帛书周易校释》，湖南出版社1996年版，第287页。

所处之时，不能够永久附着高空，持续光明。

六五，出涕沱若，戚嗟若，吉。

六五爻辞从字面义来看，是说泪水滂沱不止，悲戚嗟叹不止，此皆为忧患意识之表现，因此终将获得吉祥。为何"出涕沱若，戚嗟若"，结果为吉祥呢？

王弼、孔颖达认为："履非其位，不胜所履。以柔乘刚，不能制下，下刚而进，将来害己，忧伤之深，至于沱嗟也。"① 六五爻以阴居阳位，本不当位。以柔乘刚，不能控制全局。面临下面的阳爻有侵入之害，所以才有忧伤不止，痛哭流涕之象。但是众阳爻皆欲依附，帮助六五爻，"忧伤至深，众之所助，故乃沱嗟而获吉也"②。所以六五爻又转危为安，获得吉祥。其后程颐、朱熹等皆同此意。

《象传》认为六五之吉是由于"离王公也"，就是依附于君王。孔颖达解释："以其所居在五，离附于王公之位，被众所助，故得吉也。五为王位，而言公者，此连王而言公，取其便文以会韵也。"③ 孔颖达认为此处的王公乃是指为君者。其实，无论是君王还是公侯，都是居于尊位，都需要众人的辅助，方能有英明的表现。

上九，王用出征，有嘉折首，获匪其丑，无咎。

对"王用出征"的理解，有两种看法：王弼注解为："处离之极，离道已成，则除其非类以去民害，'王用出征'之时也。故必'有嘉折首，获匪其丑'，乃得'无咎'也。"④ 他认为其中"王"就是上九之位，即王用此爻出征，出征者为君王。来知德等人认为，其中之"王"指六五，上九乃臣位，王用上九出征，出征者为贤臣。国之大事，在祀与戎。出征乃是国家的大事，赢得战争并非易事。无论此处"王"是指君王还是贤臣，此爻重点强调的是《离》卦意义的重要性。

怎样才能赢得战争呢？"有嘉折首，获匪其丑"。"有嘉折首"就是斩首敌方的首级。对"获匪其丑"的理解前人多语焉不详，王弼、虞翻等都认为"丑"为非其同类。今人黄寿祺亦遵此意："匪其丑，即

---

① （魏）王弼、韩康伯注，（唐）孔颖达疏：《周易正义》卷三，中华书局1980年影印《十三经注疏》本，第43页。
② 同上。
③ 同上。
④ 同上。

'非其类'，指不愿附从的'异己'"①，丑即为异己；来知德认为丑即为小丑；傅佩荣解释为"丑为众，指相从的同类人"等。其实，从爻辞"获匪其丑"整体意思来看，傅佩荣的解读与王弼注解是相似的。《诗·小雅·出车》："执讯获丑，薄言还归。"郑玄笺："丑，众也。"②由此，"获匪其丑"就是说俘获了众多的敌人。从爻辞的解读来看，赢得战争，必须要附着于臣民，做出英明的决断，如此，才能获取胜利。

综论，《离》卦正是以卦象与卦德显示其"依附英明"的深意。《象传》中以自然天象推论人事，"日月丽乎天，百谷草木丽乎土"，上有太阳、月亮依附天上，下有百谷草木依附于土地。由此，"重明以丽正，乃化成天下"，明为英明，正为正道，依附英明的正道，方能教化天下。何谓正道？依天道而行，依礼而行才是正道。

从《离》卦六爻来看，阳刚冲动，如何能够保持没有咎错呢？"《坎》者阴险之卦，惟刚足以济之，沉潜刚克也。《离》者阳躁之卦，唯柔足以和之，高明柔克也。二五同归于'吉'，以柔而然也。"③初九爻处位低下，本欲随火势向上，即将陷入凶险之地，但其守持敬慎的态度，按规则行事，所以最终没有咎错。九三、九四爻从光线来切入，九三是太阳落山之时，推知人事，以八十多岁的大耋之人为喻，预示此时当顺随规律，放归权力，寻找自我的快乐，否则的话将会有大凶的结果。九四爻以晚霞为喻，不能够如《象传》所说"继明照于四方"，保持持续的光明。原因在于九四不当位，有躁进的倾向。二、五两位皆为阴爻居中位，六二中的"黄"并非高贵之色，而是借指处下谦卑之意。也就是说六二爻处低位，当以谦虚谨慎的态度，依中道而行。六五爻附着于尊位，在众人的帮助下，最终获得吉祥。上九爻则从用兵角度阐述离卦的重要意义，面对出征的国之大事，在位者需有英明的决断，附着于民众，才能出征大胜。《离》卦以六二、六五两爻为主，以柔顺、中道为吉。

《离》卦辞"畜牝牛"与《坤》卦"利牝马之贞"类似，《离》卦总体上是从为臣者的角度进行阐解的。但是，《象传》中也出现了"大

---

① 黄寿祺、张善文：《周易译注》，上海古籍出版社2009年版，第129页。
② （汉）毛公传，郑玄笺，（唐）孔颖达疏：《毛诗正义》卷九，中华书局1980年影印《十三经注疏》本，第416页。
③ （清）李光地：《周易折中》，巴蜀书社2008年版，第126页。

人"一词，这是站在君王的立场上进行阐述的，其实，这是告诉我们《周易》中的卦爻辞可以从各个角度进行阐释，只是每一爻的侧重点不同。《离》卦就是讲附着英明，无论是臣依附于君，还是君柔顺于臣，都是借助依附使得整个社会变得稳定有序。对于君王来说，"重明以离乎正""继明照于四方"，才能有明德化成天下，成文明之俗。

第三节 《随》卦爻辞考论——择善而随

"随"之意，陆德明《经典释文》："随，从也。"① 随的本义为跟从、跟随。《随》卦由震下兑上构成，从卦象来看，震为雷，兑为泽。雷震于泽中，泽随之而动，泽随雷之意。从另一角度来看，震为长子，兑为少女，少女随长男，随之意。从《随》卦德来看，震为动，兑为悦，动而悦随。《系辞下》曰："服牛乘马，引重致远以利天下，盖取诸随。"御牛驾马托运重物，以便利天下，下动上悦，《随》之意。震动上趋，兑泽下润，故而上下相交通，有"元亨利贞"之象。因此，《随》卦有随顺、随从之意。

《随》卦的卦画是三阳三阴，上、下卦体中，阳爻都在阴爻之下，六十四卦中这两种情况具备的只有这一卦。初九、六二、六三为下体震卦，行动上趋，故有随从上体兑卦之势。同时，阳爻都在柔爻之下，"阳下于阴"，刚主动随从于柔，柔也因感应随从于刚，"为随己能随物，物来随己，彼此相从，其通易矣"②。这就是刚柔相应，双向互动。此动而彼悦，有随顺的意义。吴因之曰："此卦以初九、九五两爻为主，初、二、三随朋友四，臣随君五，君随臣上。泛言五伦之相随，随人之道。正与孚尽之矣，其始也当择而后随，不可不正其既也，当以心相随不可不孚。观初、二、三见从正之义，观四、五、上见孚诚之义。"③ 从爻位来看，九五为君位，有臣随君之象。上下卦随从的标准不一，下卦随贞正，上卦随孚信。

《序卦传》说："豫必有随，故受之以随。"《随》卦位于《豫》卦

---

① （唐）陆德明：《经典释文》，中华书局1980年影印《十三经注疏》本，第100页。
② （宋）朱熹：《周易本义》，《朱子全书》第1册，上海古籍出版社2002年版，第46页。
③ （明）潘士藻：《读易述》，《文渊阁四库全书》本。

之后，韩康伯曰："顺以动者，众之所随。"圣贤以悦乐赢得众民的喜悦，众民皆欲跟随。豫是好事，物必来随，所以《豫》卦之后次以《随》卦。《豫》卦是"愉悦、安乐"，要达到这种状态，就要《随》，随时而动，修养正德。

《杂卦传》曰："随，无故也。"李光地在《周易折中》讲道："无故，犹《庄子》言'去故'，人心有旧见，则不能随人。故尧舜舍己从人者，无故也。"① 由此来看，"故"就是指故有的成见。无故就是随时之见，没有一成不变之见。时事在发展中，时义不主于故，要依时势与条件而定行止，即随时。

至于随谁，如何随，随的结果如何，《随》卦爻辞中都有所指示。程颐在《伊川易传》中曰："君子之道，为众所随，与己随于人，及临事择所随，皆随也。"② 依从君子之道，"随"包含三方面内容：一是为天下表率，众人相随；二是独立的个体要追随众人；三是遇到事情时选择相随。至于如何随，随的标准是什么，程颐并未讲到。《说卦传》说："动万物者莫疾乎雷"，"说万物者莫说乎泽"，故"泽中有雷"蕴含着"动而说"的哲学意义，随时、随从需要主体内心快乐。《书》则曰："德无常师，主善为师，善无常主，协于克一，是以随之。"③ 随从需要快乐，内心的愉悦需要善的支持，"元者善之长也"，随从之时需要择善而随。兹录卦爻辞如下：

17. 随䷐（震下兑上）

《随》：元亨利贞，无咎。

《彖》曰：随，刚来而下柔，动而说，随。大亨贞无咎，而天下随时，随时之义大矣哉！

《象》曰：泽中有雷，随。君子以向晦入宴息。

初九，官有渝，贞吉，出门交有功。

《象》曰："官有渝"，从正吉也。"出门交有功"，不失也。

六二，系小子，失丈夫。

---

① （清）李光地：《周易折中》，巴蜀书社2008年版，第513页。
② （宋）程颐：《伊川易传》，《文渊阁四库全书》本。
③ （汉）孔安国传，（唐）孔颖达疏：《尚书正义》卷八，中华书局1980年影印《十三经注疏》本，第54页。

《象》曰："系小子"，弗兼与也。

六三，系丈夫，失小子，随有求，得。利居贞。

《象》曰："系丈夫"，志舍下也。

九四，随有获，贞凶。有孚在道，以明，何咎？

《象》曰："随有获"，其义凶也。"有孚在道"，明功也。

九五，孚于嘉，吉。

《象》曰："孚于嘉吉"，位正中也。

上六，拘系之，从乃维之，王用亨于西山。

《象》曰："拘系之"，上穷也。

卦辞：《随》：元亨利贞，无咎。

"元亨利贞"的解读向来众说纷纭，《周易》六十四卦中《乾》《坤》《屯》《临》《随》《无妄》《革》七卦有"元亨利贞"之说，这七卦中有全善之卦，也有非全善之卦，那么如何解读"元亨利贞"？孔疏认为《随》卦非全善之卦，为何又有"元亨利贞"之说呢？孔颖达认为正是《随》卦坚持"元亨利贞"四德，才后有"无咎"。但四德说仍有局限，具体辨释参见前文《乾》卦中的"元亨利贞"。《周易》本是算卦书，为大人君主谋，君主更多的是关心结果，以便决策。君与臣之间向来关系微妙，君希望得到臣的忠信辅助，又不需要臣僭越君命。也就是说，臣子既要保命又要能够做到忠君，为此，需要采取主文而谲谏，委婉而有谋略地尽忠职守。《周易》吉多凶少，预测者之所以采取激励的方法，重在使君主乐于接受。所以，元亨，就是大通、大顺。利贞，就是占问、贞卜的结果有利。

《彖辞》对《随》卦从卦象、卦德、爻位等角度进行深入阐释，"随，刚来而下柔"，孔疏是从卦体来解读《随》："刚谓震也，柔谓兑也。震处兑下，是'刚来下柔'；震动兑说，既能下人，动则喜悦，所以物皆随从也。"[①] 刚指下卦震，震是阳卦，所以称刚。柔指上卦兑，兑是阴卦，所以称柔。"刚来而下柔"是说震作为阳卦本应居阴卦之上，现在却屈居阴卦兑之下，正有以大下小，以贵下贱的意思，这就

---

① （魏）王弼、韩康伯注，（唐）孔颖达疏：《周易正义》卷三，中华书局1980年影印《十三经注疏》本，第34页。

是随。

虞翻则从卦变角度解释"刚来而下柔",认为"否乾上来之坤初,故刚来而下柔,动震说兑也。"① "刚来而下柔"中的"刚"是《乾》卦的一个刚爻,把《坤》卦的初爻变为刚爻,就叫做"刚来而下柔。"按此说法,那么《随》卦还有很多种来历,比如《随》卦本是《困》卦二来居初,或是《噬嗑》卦上来居五,又或是《未济》卦二来居初,上来居五等。如此来看,诸卦都可以推论出《随》卦的来历,"抑此时此一卦来,移时彼一卦来耶?"② 因此,以卦变来推理并不合适。

从卦体来看,震卦阴多阳少,为阳卦;兑卦阳多阴少,为阴卦。下动上悦,上下相随。站在阴卦角度,阴在上,阳在下,阳卦谦居阴卦之下,阳卦顺随阴卦。站在阳卦角度,阴在上,阳在下,阳卦屈尊阴卦之下,要求阴卦柔顺、低调。从君臣民角度,为臣者要顺随君主,为君、为臣者要顺随万民百姓,总的原则是要顺随天道而行。由此,"天下随时,随时之义大矣哉!"

《随》卦讲求随时而动,不同时期要有不同的应对策略,不能盲目地随。"时"当为季节、时机,《随》卦体为震上兑下,有互卦艮、巽,这四卦分别为春秋冬夏四时之卦,故而《随》之时大。《周易》很讲究这个"时"字,认为天下万物都相互随从于适宜的时机。《随》卦的关键问题是正,随而得其正,然后方可大亨而无咎。失其正则有咎,更谈不到大亨了。不过什么是正,什么是不正?这没有固定的标准,须因时而定,所以说"天下随时"。孔颖达说:"可随则随,逐时而用,所利则大,故云'随时之义大矣哉。'"③ 强调"随时"的重要性,随并不难,随而能各当其时则不易做到。"随时"一词提醒人们要体察时势的变化,调整自己的行动,与时俱进。

《象》曰:"泽中有雷,随。君子以向晦入宴息。"《随》卦上为"雷",下为"泽",泽中有雷。雷在泽水下打响,泽水随着声动会产生波动,故有随之象。晦,冥也,从卦象上看,震卦乃东方之卦,意即日出阳谷。兑卦乃西方之卦,意即日入昧谷。所以,"向晦入宴息"就是

---

① (清)李道平撰,潘雨廷点校:《周易集解纂疏》,中华书局1994年版,第209页。
② (清)李塨:《周易传注》,《文渊阁四库全书》本。
③ (魏)王弼、韩康伯注,(唐)孔颖达疏:《周易正义》卷三,中华书局1980年影印《十三经注疏》本,第34页。

晚上按时休息。依据礼制，"君子昼不居内，夜不居外"，君子白天要努力工作，自强不息，晚上才能入内室休息。按时起居，不仅符合人体生物规律，而且应和天道变化规则，是《随》时之大义。

初九，官有渝，贞吉，出门交有功。

何为"官"？前人有多种解读，以孔颖达为代表，认为"官"乃是指"谓执掌之职，人心执掌与'官'同称，故人心所主谓之'官'"，胡瑗在《周易口义》中解释为"官，主守也"。"官"是指心之官，"心之官则思"①，可理解为思想观念。"渝"是改变，此处有改善之意。"官有渝"就是指初九之时，就要改变思维观念。观念随着时代的变迁而变化，如此占卜的结果为吉祥。

九家易认为"官"是指"得士之位，故曰官也"，②"官"就是指官职。"官有渝"讲的是官员的官职随着道德修养、能力的提升而有所变迁。

尚秉和在《周易尚氏学》中认为"官"应作"馆"，其依据是蜀才本作"馆"，"惠栋云：官，古文馆。以《穆天子传》'官人陈牲'为证。案作馆是也。艮为馆，下卦艮覆，故曰馆有渝。"③《聘礼》中亦有曰："管人布幕于寝门外。"郑《注》云"管犹馆也。古文管作官。"古文中的"馆""管"都有作"官"的例证，并不能由此就说"官"当作"馆"。而且，按照宋翔凤《考异》中所说："蜀才晚出，所传或有讹字。"④"官"解释为官职还是思想观念，"官有渝"都可以疏通，而且都符合《随》卦之大意。

"出门交有功"，前人多从爻位解读产生歧义，九家易认为"阴往之上，亦不失正"，⑤初爻与上爻相交通，结果为吉。以朱震为代表，认为初爻与九四爻相随而得正，依据是"四艮为门，初舍二，出交于四，出门也。出门交之不失其正，何往而无功？"⑥《随》卦互体有艮卦，艮为门，出门相交当为初九爻与九四爻相随而交。来知德则认为：

---

① （宋）胡瑗：《周易口义》，《文渊阁四库全书》本。
② （清）李道平撰，潘雨廷点校：《周易集解纂疏》，中华书局1994年版，第212页。
③ 尚秉和：《周易尚氏学》，中央编译出版社2012年版，第81页。
④ 丁四新：《楚竹书与汉帛书〈周易〉校注》，上海古籍出版社2011年版，第416页。
⑤ （清）李道平撰，潘雨廷点校：《周易集解纂疏》，中华书局1994年版，第212页。
⑥ （宋）朱震：《汉上易传》，《文渊阁四库全书》本。

"中爻艮，门之象也。二与四同功，二多誉，功之象也，故九四小象亦曰功。"① 六二、六三、九四互体为艮，为门之象。从爻位来看，《系辞传》有"二与四同功而异位"之说，故而是初九爻随六二爻有功。尚秉和也提到类似见解："艮为门，初临之，而震为出，故曰出门。出门则有交接，阳遇阴则通，故有功。凡阳临重阴者无不吉，此其一也。"② 下卦震覆卦为艮，艮为门，震为出。初九爻与六二爻阴阳相遇，故吉。

实际上，无论初九爻上与六二爻还是九四爻相交，都是讲随着客观规律的变化，随着观念的变化，走出家门和社会上的人交往产生交集。与家族以外的人交往，而不要与家族内的亲人交往，"出门"是一种比喻，用以表明交的对象不是私昵，相交以正。"交"就是相随，如此"出门交有功"，才能够"不失也"，即不误入歧途。

六二，系小子，失丈夫。

六二爻开始强调随什么，如何选择的问题。一"系"一"失"，六二爻两者不可兼得，只能从中择优选择。对于"系"与"失"，前人有多种说法，王弼认为："阴之为物，以处随世，不能独立，必有系也。居随之时，体分柔弱，而以乘夫刚动，岂能秉志违于所近？随此失彼，弗能兼与，五处己上，初处己下，故曰系小子，失丈夫也。"③ 六二爻为阴爻，阴爻不能随处独立，必要交系某物。六二爻随此失彼，不能同时随从。最终选择与初九爻相系，失去了九五爻的联结。

虞翻认为六二爻相系的是九五爻，失去的是九四爻的丈夫，"应在巽，巽为绳，故称系。小子谓五，兑为少，故曰小子。丈夫谓四，体大过，老夫故称大夫。承四隔三，故失丈夫"④。

朱震在《汉上易传》中则认为相系的是九四爻，失去的是初九爻，"四艮为少男，有乾父坤母，小子也。初震为长男，有巽妇夫也。随利于正，初九正也，九四不正也。二与四同功以情言之，柔必随刚，阴必随阳。初九、九四皆阳刚也，其能兼与之乎"⑤？六二爻处互艮中，艮

---

① （明）来知德：《周易集注》，《文渊阁四库全书》本。
② 尚秉和：《周易尚氏学》，中央编译出版社2012年版，第82页。
③ （魏）王弼、韩康伯注，（唐）孔颖达疏：《周易正义》卷三，中华书局1980年影印《十三经注疏》本，第35页。
④ （清）李道平撰，潘雨廷点校：《周易集解纂疏》，中华书局1994年版，第213页。
⑤ （宋）朱震：《汉上易传》，《文渊阁四库全书》本。

为少男，有小子象，震为长男，有妇夫之象。二与四爻位同功而异位，所以六二相系九四爻，失去初九爻的丈夫。尚秉和正与此说相反，认为"系小子"指初九爻，"失丈夫"指九四爻，"初震为小子，四艮为丈夫。二近初，故系小子。为六三所隔，不能承四，故失丈夫"①。其提出的依据"震为小子"说法有误，震当为长男，非少男，艮为少男。

李过提出"系小子"指六三爻，"失丈夫"指初九爻，"随之六爻以渐而随，不能越次，故初随二，二随三，三随四，四合而随五。二虽五之应，然未能随五也。且随三，小子，三也。丈夫，初也。随三不随初，上进也"②。其后有赵汝楳、俞琰、来知德、胡煦、李塨等同此说。《随》卦对于六爻间遵循何种规律进行相随，并未言明，因此对李过提出六爻间渐次相随，不能越界相随的规则存疑。

六二爻究竟是系初九爻，失九五爻；还是系九五爻，失九四爻；亦或是系九四爻，失初九爻呢？从爻辞"系小子，失丈夫"来看，当是系小失大的爻象。六二以阴柔居中，需要依傍他人不能自立。六二不能小大两边都相随，既要随君子也要随小人，这是不可能的，正如《象传》曰："系小子，弗兼与也。"那么相随的标准，正如初九爻《象传》："从正吉也。"六二爻也当随大，随正，方有吉祥。但是此时却是随小失大，所以结果不言自明。

六三，系丈夫，失小子，随有求得。利居贞。

与六二爻相反，六三爻是"系丈夫，失小子"，对此一"系"一"失"，前人也有不同的见解。以王弼为代表的众家普遍认为六三爻上系九四爻、下失初九爻，"虽体下卦，二已据初，将何所附，故舍初系四，志在丈夫也。四俱无应，亦欲于己随之，则得其求矣，故曰随有求得也"③。初九爻已经被六二爻占有，六三爻由于远离初九爻，只能舍弃，选择相随九四爻。林栗则认为六三爻上系九四爻，下失六二爻，"六三下体为艮，上体为巽，以阴居刚，而在下卦之上，上无其应而随于九四，故曰系丈夫。失小子，二为艮，艮为小子，四有震体，震为丈

---

① 尚秉和：《周易尚氏学》，中央编译出版社2012年版，第82页。
② （宋）李过：《西溪易说》，《文渊阁四库全书》本。
③ （魏）王弼、韩康伯注，（唐）孔颖达疏：《周易正义》卷三，中华书局1980年影印《十三经注疏》本，第35页。

夫，三系于四，则失于二矣。三之系四而失二，与二之系三而失初，一也"①。六三处互艮，艮为小子，六二处艮中，所以无交。与九四相系，是九四处震，震为丈夫。

仲虎则认为初九为小子，依据是《周易》中《渐》卦初六爻出现"小子"的语辞，"易之例不问阴阳，小子皆指初而言。随初九阳称小子，渐初六阴亦称小子"②。其实细析易例，《周易》中君子小人的指称具体是指哪爻并没有常则，而是随时取用。小人的语辞有时是从道德角度指称，有时又是从年龄指称，并无一定的规则。

《象传》解释"系丈夫，志舍下也"，意味着六三爻"失小子"，所失去的是六三爻以下的爻位，或是六二爻，或是初九爻。"系丈夫"，所相系的当为六三爻以上的爻位。

六三爻与六二爻都出现了一"系"一"失"，所不同的是，六二爻志在兼有两者，但并未能实现，所以只能择其一。六三爻虽然也有一"系"一"失"，但其"志舍下也"，并不想同时兼有两者，其本意是系大舍小。因此六三爻是"随有求得"，追随得当，就会有收获。六二、六三相比较，选择随从的对象很重要，相随不同，结果也必不同。

九四，随有获，贞凶。有孚在道，以明，何咎？

九四爻"随有获"，为何结果为凶？对此，王弼认为九四爻有两大失误：一是九四爻处上卦，下有两阴爻欲系九四爻，九四爻并未拒绝，而是不加选择地系之，"处说之初，下据二阴，三求系己，不距则获"。二是从位置上看，四近君位，多惧之地。但此九四爻擅拥君主的臣民，超越为臣之职，所以有凶，"居于臣地，履非其位，以擅其民，失于臣道，违正者也，故曰贞凶"③。

虞翻从卦象上分析，认为九四爻处于互体《大过》象中，《大过》有凶。并且九四爻阳居阴位，失位不当，有凶象。苏轼在《东坡易传》中认为九四爻居于尴尬的境地，六二爻上与九五爻相应，经过九四爻，一方面，九四爻知趣不应，于九五有功。另一方面，若九四取系之，于九五则是凶。由于六二爻选择系小失大，六二爻与九五爻相应的过程非

---

① （宋）林栗：《周易经传集解》，《文渊阁四库全书》本。
② （明）潘士藻：《读易述》，《文渊阁四库全书》本。
③ （魏）王弼、韩康伯注，（唐）孔颖达疏：《周易正义》卷三，中华书局1980年影印《十三经注疏》本，第35页。

常艰难，九四爻在其间位置被九五爻怀疑。所以苏轼曰："二之往配于五也，历四而后至，四之势可以不义取之，取之则于五为凶，不取则于五为有功。"① 何楷认为六三随从九四，六三爻为随有求得。九四爻舍初九爻而私系六三爻，故凶。正如《象传》曰："随有获，其义凶也。"

九四爻居互体艮，艮为止，下有震动，且处上下卦体交接之际，动荡不安。九四爻近君位，为臣之道在于尊上，随上为有道。而此时九四爻蠢蠢欲动，与下阴爻有所牵绊。九四爻所处位置欲系下阴爻，也想随顺九五爻，两者都欲兼得，可谓盲目地随从。六二、六三爻都知道择其一而从之，九四却盲目地随从，可谓不明智。九四爻之所以错误地选择，在于其没有摆正自身的位置，九四爻阳居阴位，处位不当。一是没有处理好与下方的关系，盲目地相系；二是有僭越君权的危险，九四欲系下位，意味着要得到天下众民的拥护，这样九四的威望将会超过人君，处境会非常危险。这种情形，在《随》卦看来并非没有解救的方法，"有孚在道，以明，何咎"。一方面，自身行得正，有诚信；另一面，要顺随天道，随天下之时，此为有明。如此一来，九四爻又有何咎错呢？

九五，孚于嘉，吉。

嘉，善。孚，诚信。九五居尊得正而且中实，唯善是从。君王以至诚感动万民，万民亦以美好的心态顺随君王，君王顺随天道和万民。正如胡瑗所说："九五居随之时，以刚阳居至尊，而履得其正，处于大中，故天下之人莫不鼓舞而随之。然则如何以副天下所随之望，故当虚其心，尽其诚，以信任大才大贤嘉善之人，以共成天下之大治，则吉莫与盛。"②

"孚于嘉"，就是随善。自人君至于众民，随道结果吉祥，唯在随善而已。随之时以得中为好，不宜随之太过，正如《象传》曰："孚于嘉吉，位正中也。"《随》之九五，以诚信忠实随天下之善而不过，故称"孚于嘉"。杨万里更强调君主居尊能从善，认为："此圣君至诚，乐从天下之善者也。"③

---

① （宋）苏轼：《东坡易传》，《文渊阁四库全书》本。
② （宋）胡瑗：《周易口义》，《文渊阁四库全书》本。
③ （宋）杨万里：《诚斋易传》，《文渊阁四库全书》本。

上六，拘系之，从乃维之，王用亨于西山。

上博藏楚竹书中上六爻作："系而敂之，从乃䌛之，王用亯于西山。"①《尔雅·释诂》："系，继也。"邢昺疏："系者，系属之继。"②由此来看，"系"乃围而束之，束缚之意，与六二爻中"系小子，失丈夫"之"系"意义相同。而且，《坎·上六》："系用徽纆，寘于丛棘"，当是先用绳索束缚住，然后才能囚置于棘丛。由此来看，拘与系的关系是先系才能拘之，楚竹书"系而敂之"逻辑关系表达更清楚。

"乃从"，楚竹书作"从乃"，由于楚竹书所记录最早，所以当从楚竹书作"从乃"。"䌛"，濮茅左说："读为'繻'，或读为'维'。"《说文》："繻，维纲，中绳。从糸𦎛声。读若画，或读若维"，③《诗经·小雅·白驹》："系之维之，以永今朝。""维"与"系"同意，"系"之意就是"繻""维"之意，在上六爻中用作动词，即束缚之意。如此来看，楚竹书"从乃䌛之"与"系而敂之"的意义是相似的，都是指用绳索束缚住以囚禁之。《周易》字简意赅，重复阐释，并且两句联系如此紧密。那么，此爻还有其他解读吗？

廖名春先生认为楚简本"从乃䌛之"中并非是"从"，而是"纵"字，"从"为"纵"，即"纵乃懰之"，纵，释放之意。《说文》："懰，有二心也。"再联系前面"系而敂之"，上六爻的意义就是说"文王被商纣王捆绑拘禁，释放后产生了背离之心，因而在西山兴师反商。"④傅佩荣在《解读易经》中提出，"维"，帛书作"襦"，意思是解开。但是查证《康熙字典》和《说文解字》，"襦"字意为"周燕也"，是一个名词，并没有解开这一动词之意。若是解读为解开之意，"此处所指为周文王被商纣王'拘于羑里'之事，由于周文王随顺，所以被释放回到岐山"⑤，实际上是把这句"王"解读为周文王，并且联系史事来解读上六爻。

相较来看，廖名春和傅佩荣的解读合理些。但问题是"王"究竟是

---

① 丁四新：《楚竹书与汉帛书〈周易〉校注》，上海古籍出版社2011年版，第418页。
② （晋）郭璞注，（宋）邢昺疏：《尔雅注疏》卷一，中华书局1980年影印《十三经注疏》本，第2569页。
③ （汉）许慎撰，（清）段玉裁注：《说文解字注》，上海古籍出版社1981年版，第1151页。
④ 廖名春：《周易经传十五讲》，北京大学出版社2004年版，第84页。
⑤ 傅佩荣：《解读易经》，线装书局2006年版，第141页。

否代指周文王,"西山"确指岐山吗?《周易》经文卦爻辞年代问题争论很多,顾颉刚先生在《周易卦爻辞中的故事》一文中详细考证,基本确定《周易》卦爻辞作于"西周初叶",但其形成年代的下限并未确证。对于"西山"地名,在先秦文献中,所指代的地方很复杂,并非单指岐山。比如《国语》卷八《晋语二》中记载"伐虢之役"中提到"以其孥适西山",此处的"西山",韦昭注:"国西界。"再如《史记·韩世家》中记载:"昭侯元年,秦败我西山。"《史记会注考证》云:"河南宜阳鲁山一带皆是",并非指岐山。① 而且,历史文献中记载岐山时并未有西山就是岐山的表述。尽管阜阳本中记载为"支山",似乎是"岐山"的表述,但是从更早的记载来看,楚竹书和汉帛书中均记载为西山,并没有西山就是岐山的说法。《周易·升》卦六四爻有:"王用亨于岐山。"可见,《周易》中西山就是西山,岐山就是岐山。

由此来看,《随》卦上六爻辞"王用亨于西山"的解读有两种可能:如果《随》卦中的"王"指的是周文王,那么廖名春或者傅佩荣的阐解符合上六爻辞逻辑关系:文王被商纣王捆绑拘禁,由于文王随顺纣王,于是释放后在西山兴师反商。如果"王"并没有确指,而是拥有天下者的统称,那么"王用亨于西山"指君王在西山祭祀天地。"拘系之,乃从维之"当指九五爻随系上六爻,但是上六居亢之时,不能随系下,顺随众民,正如《象传》曰:"拘系之,上穷也。"于是《周易》提出改善的方法:"王用亨于西山",顺随上天。这与《随》卦的精神顺随天道行事是一致的。

与此句型类似的,《周易》中有几例:《大有·九三》:"公用亨于天子";《益·六二》:"王用亨于帝";《升·六四》:"王用亨于岐山"。祭祀主体或者是公侯,或者是王。祭祀对象或者是君王,或者是天帝,或者是山川。《随》卦中出现在西山祭祀的爻象,可能与其卦体兑有关,兑为正西方,而且《周易》卦中有兑卦者多讲祭祀之卦爻象。比如,《萃》卦卦辞"王假有庙";《困》卦九五爻"利用享祀";《升》卦六四爻"王用亨于岐山",互体有兑卦。

《比》卦讲求亲附之意,《同人》卦讲求志意相同。《随》卦与《比》《同人》两卦相较,《随》卦讲求不必太亲密,也不必志向相同,

---

① 朱继平:《〈周易〉"西山"考》,《中国历史文物》2008年第5期。

而是重在以时相随。《随》卦卦名主要由卦象卦德而定，雷下泽上，雷在泽水下面发出声响，泽水会随着声波的震动而波动，是谓《随》。《随》卦上体是兑柔，下体是震刚，刚而能下柔，顺随强调屈尊、低调、柔顺。"随时之义大矣哉"，天下万物随着季节和时机的变化而发展，顺随天道。推天道明人事，为臣者要顺随君主、顺应万民，为君者顺随天道、顺应万民。如此才能发展为和谐的循环。

初九爻居初位，要求为臣者随着道德修养的提高而提升能力或是思想观念随着时机的变化而变化，如此一来，出门与社会人交往才会有成效。六二爻、六三爻强调顺随要有目标，选择顺随何者，不能盲目地顺随。选择错误，会出现"系"小"失"大。选择正确，"随有求得"。九四爻占卜为凶，在于九四爻处位不当，没有摆正自身的位置。一是没有处理好与下方的关系，盲目地相系；二是有僭越君权的危险，处境会非常危险。这种情形下，提出解救的方法，"有孚在道，以明，何咎"。一方面自身要有诚信，另一方面是要顺随天道，随天下之时，此为有明。如此九四爻又有何咎错呢？九五爻为君位，既中且实。众民顺随君王，君王择善从之，顺随天道。上六爻有"拘系"，说明是被迫而随。根据楚竹书记载"系而敏之，从乃曬之，王用亯于西山"，此爻有两种解读的可能性：一是文王被商纣王捆绑拘禁，由于文王随顺纣王，于是释放后在西山兴师反商。二是"拘系之，乃从维之"当指九五爻随系上六爻，但是上六居亢之时，不能随系下，顺随众民。此时为君者当在西山祭祀天地，顺随上天。这与《随》卦的精神顺随天道行事是一致的。

《随》卦就告诉我们该怎样随从：随什么？随时、随势、随人、随心、随天道。从什么？择善而从，从善如流。怎么随人、随人心呢？就是要选择一个值得随从的人，要随"丈夫"，随"大人"。怎么才能随"大人"呢？修养道德、顺随天道。《随》卦讲求顺随、随从之意，正是集中体现"从善"的宗旨，择善而随。

第四节 《小畜》卦爻辞考论——小有畜聚

何谓畜？《经典释文》曰："畜，积也，聚也"，畜有畜聚之意。程颐说："止则聚矣"，"止而后有积，故止为畜义"①，林栗亦说："畜之为义，说者曰止者，聚也，养也。"② 畜物既可以聚物、养物，也可以止物。《小畜》与《大畜》都有畜聚、畜止之意。《小畜》卦爻辞对于畜聚与畜止的关系呈现为聚而止，郑刚中说："畜之为卦，有容而相得之意。"③ 也就是说，在《小畜》卦中，畜止为条件、过程，畜聚为结果。

《小畜》之意，《杂卦传》曰："《小畜》，寡也。"《小畜》卦阴阳爻的比例为一比五，为一柔五刚的组合，"寡"当是针对阴爻的数量而言。朱熹解释《小畜》之意，"畜，止之之义也。上巽下乾，以阴畜阳。又卦唯六四一阴，上下五阳皆为所畜，故为《小畜》。又以阴畜阳，能系而不能固，亦为所畜者小之象"④。从卦德来看，《大畜》卦为乾下艮上，乾卦居下位，有阳刚劲健之势。上体为艮，艮为止，故能止之刚健。与此相比，《小畜》上为巽，体柔顺，不能完全节制刚健之势。《小畜》因以一阴爻畜止五阳爻，以小畜大。同时下体三阳爻并进之势强劲，六四一阴爻阻止前进的能力有限，故只能小畜。从卦画组成上看，《小畜》卦为一阴五阳之卦，虽能畜止但并不牢固，所以称为小畜。王弼、孔颖达等认为小畜之小在于"但小有所畜，唯畜九三而已"，六四一阴爻不能畜止乾三阳，只能畜止九三爻，所畜狭小，所以得名小畜。《小畜》卦乾下巽上，卦画为五阳一阴组成。依据《周易》卦爻规则，阴与阳为五比一时，阳爻与阴爻形成相应的关系，也就是说《小畜》卦中所有的阳爻相应于阴爻。

从卦象上来看，《小畜》卦巽上乾下，巽为山，乾为天。《九家易》曰："风者，天之命令也。今风行天上，则是令未下行；畜而未下，小畜之义也。"⑤ 总之，《小畜》卦得名主要是源自卦画与卦德。

较之《大畜》卦，《小畜》卦更加注重主动畜止。《小畜》卦为一阴五阳之卦，以阴爻畜止阳爻常常力所不及，即使加以畜止也并不强固。但《小畜》卦则是五阳亲应一阴，阴爻自然实现了畜聚众阳。由

---

① （宋）程颐：《伊川易传》，《文渊阁四库全书》本。
② （宋）林栗：《周易经传集解》，《文渊阁四库全书》本。
③ （宋）郑刚中：《周易窥余》，《文渊阁四库全书》本。
④ （宋）朱熹：《周易本义》，《朱子全书》第1册，上海古籍出版社2002年版，第39页。
⑤ （清）李道平撰，潘雨廷点校：《周易集解纂疏》，中华书局1994年版，第150页。

此来看，无论是《大畜》卦还是《小畜》卦，有容而相得之意。依据天道规则，《小畜》卦一阴五阳的构成，类似人事君臣间的关系，即下畜上，臣畜君。兹录卦爻辞如下：

9. 小畜䷈（乾下巽上）

《小畜》：亨。密云不雨，自我西郊。

《彖传》："小畜"，柔得位而上下应之，曰小畜。健而巽，刚中而志行，乃亨。"密云不雨"，尚往也。"自我西郊"，施未行也。

《象传》：风行天上，"小畜"。君子以懿文德。

初九，复自道，何其咎？吉。

《象》曰："复自道"，其义"吉"也。

九二，牵复，吉。

《象》曰：牵复在中，亦不自失也。

九三，舆说辐，夫妻反目。

《象》曰："夫妻反目"，不能正室也。

六四，有孚，血去惕出，无咎。

《象》曰："有孚惕出"，上合志也。

九五，有孚挛如，富以其邻。

《象》曰："有孚挛如"，不独富也。

上九，既雨既处，尚德载。妇贞厉。月几望，君子征凶。

《象》曰："既雨既处"，德积载也。"君子征凶"，有所疑也。

卦辞：《小畜》：亨。密云不雨，自我西郊。

对于"密云不雨，自我西郊"有多种理解：孔颖达认为阴阳相遇方能为雨，今六四阴爻畜止下卦九三爻，使得阴阳爻不能相遇为雨，仅能为密云。"密云不雨者，若阳之上升，阴能畜止，两气相薄则为雨也。今唯能畜止九三，其气被畜，但为密云。初九、九二犹自上通，所以不能为雨也。"[①]《小畜》卦唯六四爻为阴爻，阴气下降，阳气上升，阴阳相遇才能形成雨。今九三阳气上升，但被六四爻畜止，使之两气不能交

---

① （魏）王弼、韩康伯注，（唐）孔颖达疏：《周易正义》卷二，中华书局 1980 年影印《十三经注疏》本，第 26 页。

流，自然无法形成雨。阴气聚集，形成浓云密布，聚集在西郊。

李鼎祚则认为《小畜》卦阴阳爻不平衡，阳多阴少，故仅为密云。六四爻在互卦兑中，兑为西，故有西郊。"云雨者，阴之气也。今小畜五阳而一阴，既微少，才作密云，故未能为雨。四互居兑，西郊之象也。"[①] 虞翻则从卦变角度阐释，坎为水，水气凝聚至上才下雨，今上体巽卦为半坎，故而为密云。"需坎升天为云，坠地为雨，上变为阳，坎象半见，故密云不雨，上往也。"[②]《小畜》卦中没有坎卦，虞翻则找到了六四、九五两爻，组成半象坎卦，由此来解释密云不雨之意。林栗从《比》与《小畜》两卦卦变角度寻求坎卦，"《小畜》之坎由《比》来也。观夫《序卦传》则得之矣。《比》之六四，上六坎也，其九五坎之中爻也。自比之畜不变者，二爻耳。是以上卦之巽有坎象焉，明其所从来也"[③]。对此，疑处在于，《比》卦上体确是坎卦，但与《小畜》相比，不变的并不只有两爻。《比》卦与《小畜》卦虽是相连的两卦，但确是两个不同的卦。以此寻找坎象，理据不足。

傅佩荣则认为由于风速过快，以至于浓云没有来得及下雨就飘散了。"《小畜》卦下乾上巽，乾之位在西北，巽之位在东南，爻画由下而上，等于风雨由西北吹向东南，使浓云未及下雨就飘聚过去，所以说自我西郊。"[④] 从卦体来看，乾在西北，巽在东南，西北风快速吹向东南，造成浓云被吹散了，所以密云不雨。

《小过·六五》爻亦有同样的爻辞："密云不雨，自我西郊"，《小过》卦六五阴爻居尊位，阴盛至极，阴阳之气相和，才能有雨之象。今六五阴爻，居上卦震体。下卦艮体，艮为止，阻止阳气不能上升，阴气聚集故为云，不能形成雨。由此来看，《周易》中形成雨象必须阴阳相和，阳气上升，阴气下降，二气相交相畜才能形成雨。如果阳气上升受阻或者阳气不足，阴气下降，二者也不可能形成雨；再或者阴气不足，阳气上升受阻，二者也不可能形成雨。所以，对于《小畜》卦中的"密云不雨"的解释，无论是从爻位还是从卦变，都说明阴阳不和，以致没有雨象。

---

① （清）李道平撰，潘雨廷点校：《周易集解纂疏》，中华书局1994年版，第148页。
② 同上。
③ （宋）林栗：《周易经传集解》，《文渊阁四库全书》本。
④ 傅佩荣：《解读易经》，线装书局2006年版，第80页。

西郊之意，有的认为是云气聚集的方位，一般解释为西方、西邑；有的认为是风向，解释为从西北方吹来的云。何楷认为之所以不降雨，是因为云来自西方，"凡云自东北起者有雨，云自西南起者无雨"[1]；还有解释西郊乃是指岐周之地，朱熹在《周易本义》中提到："西郊，阴方。我者，文王自我也。文王演易于羑里，视岐周为西方。"[2] 沈该也猜测西郊可能跟西伯有关，"盛德无辅，王泽未加于民，其西伯之事乎？是以西郊为言也"。[3] 李镜池说道："还有许多爻辞似乎在称说故事的"，[4] 并且举出"自我西郊"为例。诸家莫衷一是，笔者认为这些说法都存在可能性。

《象传》对卦辞进行了解释，《小畜》之卦名，"柔得位而上下应之，曰小畜"，《小畜》卦六四阴爻居阴位，柔得位。卦画为五阳一阴组成，依据卦爻规则，阴与阳为五比一时，阳爻与阴爻形成相应的关系。上下阳刚与六四阴柔相应，《小畜》重在以柔顺与诸爻相应和，如此方能应付阳刚。《小畜》卦为亨通之卦，原因在于"健而巽，刚中而志行"，《小畜》下体乾健，上体柔顺。上下卦中爻皆为阳爻，阳刚居中正之位，志向可以实施。"密云不雨，尚往也"，由于《小畜》卦只有一阴爻，阴气不足，无法畜止阳气，阳气不断上升离去，阴阳不交和，浓云密布也无法形成雨势。《象传》解释"密云不雨"乃是由于阴气无法畜固阳气，阳气上行离开。"自我西郊，施未行也"，即使阴气畜聚，暂时也无法形成雨。

《小畜》，小有畜聚，以阴畜阳。从人事上来看，六四阴爻为臣，臣畜君之象。对于君王文德来说，为臣者能够畜聚文德，待时传播；对于君王的过错而言，为臣者能够畜止制止，及时修正。为臣者居下位，修正上位，需要有诚、能柔，谦逊待之，感化上者，才能实现畜聚、畜止，这正符合《小畜》卦"柔得位而上下应之"的谦逊行事态度。

初九，复自道，何其咎？吉。

此爻"复"字，与"无往不复""不远复"之意相同，都是说处下

---

[1]（明）何楷：《古周易订诂》，《文渊阁四库全书》本。
[2]（宋）朱熹：《周易本义》，《朱子全书》第1册，上海古籍出版社2002年版，第39页。
[3]（宋）沈该：《易小传》，《文渊阁四库全书》本。
[4] 李镜池：《周易探源》，中华书局1978年版，第36页。

位不进之意。"复自道,何其咎?"对此解读大致有三种:第一种以王弼、孔颖达为代表,认为"处乾之始,以升巽初,四为己应,不距己者也。以阳升阴,复自其道,顺而无违,何所犯咎?得义之吉。"① 初九健行,与六四爻阴阳相应,六四乃顺其性。

第二种认为初九处乾健之下,与上体巽卦尚远,故能无咎。苏轼从上下卦来看,"乾之欲去于巽,必自其交之未深也,去之则易。初九复自道,何其咎?吉。进而尝之,知其不可,反循故道而复其所,则无咎"②。

第三种朱震从卦变角度,借助《履》《小畜》两卦,《履》《小畜》两卦皆为一阴五阳之卦,"《小畜》,《履》之反,初本在上,二本在五,三本在四,故初、二皆以复言之,三受畜而不得复者也。初者,九之位正也,正者,君子之道。初九不受畜而复,四犹未为得所宜,有咎。然由正道而复,四亦以柔道下之,何其咎哉?于义吉也"③。初九位正,且有六四下应,所以没有咎错。

对于"复自道"之意,以上三种观点是一致的,只是论证角度不同。初九爻宜自复其道,不宜有所行动。初九爻以阳刚之才居下位,为六四所畜,但阳刚之才不希望被阴柔畜聚,所以知几不进,才自复其道。《乾·九三》:"君子终日乾乾",孔子指出"知至至之,可与言几也;知终终之,可与存义也",九三有知几之慧,知道进取的目的而不断努力,知道终止之时而果断终止,如此才是知微之人,明断吉凶先见者。《春秋繁露》曾记载有:"凡人有忧而不知忧者,凶;有忧而深忧之者,吉。易曰:'复自道,何其咎'此之谓也。"④ 初九爻便与之类似,都是心怀忧患,能够知几微。

九二,牵复,吉。

"牵复",杨万里曾说道:"初安于复,故为自复;二勉于复,故为牵复。"⑤ "牵"古人解释为或者勉强,或者牵连。二者区别不大,意义

---

① (魏)王弼、韩康伯注,(唐)孔颖达疏:《周易正义》卷二,中华书局1980年影印《十三经注疏》本,第27页。
② (宋)苏轼:《东坡易传》,《文渊阁四库全书》本。
③ (宋)朱震:《汉上易传》,《文渊阁四库全书》本。
④ (汉)董仲舒撰,曾振宇注:《春秋繁露新注》,商务印书馆2010年版,第48页。
⑤ (宋)杨万里:《诚斋易传》,《文渊阁四库全书》本。

都是指九二被动而复。九二究竟是被哪一爻而复,对此,前人有不同说法。

王弼、孔颖达等认为九二牵复九五爻,"'牵'谓牵连,'复'谓反复。二欲往五,五非止畜之极,不闭固于己,可自牵连反复于上而得吉也"。① 九二爻欲上往九五爻,九五爻虽然以阳刚居上,但是其处于巽体之中,巽为巽顺,并不能畜止九二爻。且九二爻、九五爻同在六四爻旁,同患相忧之同志。于是,九五爻便牵连九二爻共同复至上九爻,故此得吉。

其中有个疑问是,九五处于巽体,巽畜乾,为何又反与九二相牵连呢?郑刚中说道:"《小畜》,《履》之反。初本在上,二本在五,三本在四,是则阳肯久居下乎?初之复也,四为之应,所谓复自道也。自道而复于义为吉,何咎之有?二之复五,本不应也。然以《履》卦考之,五固尝在下,为阴所乘。今虽在上,又为阴所畜,其与二盖同志也。故牵而复之。牵云者,以二受畜渐深,故其助之力也。"② 二之欲五的原因,郑刚中对比《履》与《小畜》两卦,两卦共同点是一阴五阳,不同在于阴阳爻组合的位置。依据汉代卦变的规则,认为二位本在五位,阳爻刚健,岂有居下爻。从《小畜》来看,二、五两爻皆是阳爻,本不相应,但五爻被阴爻所畜,由此来看,二爻与五爻乃有相同之志。二爻受畜渐深,相互协助,五爻帮助二爻,故有牵复。归根结底,郑刚中还是采用卦变的方法进行解释。问题是,为何取《履》卦进行变卦解读呢,一阴五阳构成的卦不止《履》卦,还有《夬》卦、《大有》卦等,并且《大有》卦为乾下离上,二、五两爻相应,岂不更容易解读"牵复"之意?实际上,易经讲求随时取义,《小畜》得名,主要是从全卦解释,一阴畜五阳。

崔憬提出新的解读,认为"牵复"乃是九二爻牵复六四爻,"四柔得位,群刚所应,二以中和牵复,自守不失于行也"③。九二爻以阳居阴,处于下卦之中,上与九五不相应。五阳相应一阴爻,所以九二爻上应六四爻。问题是,从人事上来看,君子处下位,上不与君相应,反勾

―――――――――
① (魏)王弼、韩康伯注,(唐)孔颖达疏:《周易正义》卷二,中华书局1980年影印《十三经注疏》本,第27页。
② (宋)郑刚中:《周易窥余》,《文渊阁四库全书》本。
③ (清)李道平撰,潘雨廷点校:《周易集解纂疏》,中华书局1994年版,第150页。

结臣子。即便是自身居中守正，难免不受牵连。这种解读与后面预测结果"吉"稍有所出入，所以不采纳这种解读。

苏轼比较初九、九二两爻，认为较之初九爻，九二爻亦远离上体巽卦，能够自脱其咎。"九二爻深于初九矣，故其复也。必自引而后脱，盖已难矣，然犹可以不自失也。"① 若是如此，初九、九二爻都应该是"复自道"，何来九二"牵复"一说呢？

朱熹认为九二居中近阴，与初九牵连。"三阳志同，而九二渐近于阴，以其刚中，故能与初九牵连而复，亦吉道也。占者如是则吉矣。"② 九二居下卦乾体中，乾健上行，但是九二能够受初九的牵连，明确自身势微，能够复自道，如此也能获得吉祥。正如《象传》所言"牵复在中，亦不自失也"。初九居位正、九二居位中，中正使得初九、九二两爻获得吉祥。

《小畜》下卦乾体刚健，向上健行之质使其不甘心居下。六四一阴爻虽是唯一之阴爻，但其并不能畜止下卦乾体健行。因此初九、九二爻都强调"复"，即在大的形势发展下，下卦阳爻必将上行而止。"复自道"与"牵复"究竟区别在哪里？郑刚中："初之复也，四为之应，所谓复自道也，自道而复，于义为吉，何咎之有。"③ 九五与九二爻相牵复，还是九二爻与初九爻相牵复，从爻意上都可讲得通。但从初九与九二两爻联系的紧密性来看，初九、九二爻都面临畜止的情况。并且，九二爻以阳处阴，居下得中，与同类相牵连而复。初九、九二爻采取"复自道"的措施，保证自身的安全，所以九二爻中"牵复"当是与初九爻的关系而言。

九三，舆说辐，夫妻反目。

《大畜·九二》："舆说輹"，《小畜·九三》："舆说辐"，其中"輹"与"辐"之意有何不同？《小畜》九二爻传世本皆作"辐"。对于"辐"与"輹"二者的区别，项安世曾辨析道："辐，陆氏释文云本亦作輹。按辐，车辕也。輹，车轴转也。辐以利轮之转，輹以利轴之转。然辐无说理，必轮破毂裂而后可说。若輹则有说时车不行则说之

---

① （宋）苏轼：《东坡易传》，《文渊阁四库全书》本。
② （宋）朱熹：《周易本义》，《朱子全书》第 1 册，上海古籍出版社 2002 年版，第 40 页。
③ （宋）郑刚中：《周易窥余》，《文渊阁四库全书》本。

矣。大畜、大壮皆作輹字。"①《左传·僖公十五年》记载晋献公把伯姬嫁到秦国前进行占筮，占筮的结果是《归妹》之《睽》。史苏解释说《归妹》卦上卦为震，现变为离卦，有"车脱其輹"之象。"车脱其輹"，杜预注："輹，车下缚也。"②

依据古代车辆构造，"輹"为运转部位。车轴在车厢下面，为了固定，便在车厢的底部安装木头，用绳索将其系绑住，这就是"輹"。其作用在于固定车轮、承载车厢、传递动力，在运行期间极易脱落。"辐"为辐条，"三十辐共一毂"。辐条的作用在于固定轮子及其平衡度，整个车子都依靠它受力支撑。若其毁坏，则车子就不能前行。但"辐"脱落的几率很小。由此来看，"辐"是车轮中毂所依赖转动者，"輹"是连接车身之轴。轴可脱，脱落了可以重新连接。但是辐条断了，则不可重新安装了。

《大畜》和《小畜》两卦所强调的畜止程度是不一样的。《大畜》卦九二爻被六五爻畜止，与初爻相视，仍表现为车不能行进，停止的状态，但与《小畜》中的"舆说辐"是不一样的情形。《大畜》为主动自止，《小畜》是被动脱辐。《大畜》是暂止而后可以复行，《小畜》是车败不可复行。

"舆说辐"与"夫妻反目"两者间的联系，王弼、孔颖达认为是平行关系。九三爻刚健而行，上九爻畜止九三爻，犹如车子的辐条断了，无法前进，人事上类似夫妻不和。苏轼则认为"舆说辐"与"夫妻反目"是一个发展过程，不是平行关系。"至于九三其交益深而不可复，则脱辐而与之处，与之处可也，然乾终不能自革其健，而与巽久处而无尤也，故终于反目"，③九三阳爻近上体《巽》卦，脱辐去咎。但《乾》卦刚健，终不能与《巽》卦长久相处，最终会有反目的结果。程颐则认为："夫妻反目，阴制于阳者也，今反制阳，如夫妻之反目也。"④九三阳爻，六四阴爻并且乘凌九三，上下关系颠倒，犹如夫妻反目。

从卦象上来看，坤象为车、为辐。今有《乾》卦，故而有车脱辐之象。巽为妻，震为夫，离为目，有夫妻反目之象。从《象传》来看，

---

① （清）李光地：《周易折中》，巴蜀书社2008年版，第54页。
② 杨伯峻编著：《春秋左传注》，中华书局2011年版，第364页。
③ （宋）苏轼：《东坡易传》，《文渊阁四库全书》本。
④ （宋）程颐：《伊川易传》，《文渊阁四库全书》本。

"夫妻反目，不能正室也"，夫妻反目的原因主要是由九三自身造成的。九三亲比六四爻，本应为阴阳相和之象，但是由于九三爻刚性过中，不能以阳畜阴，反为阴爻畜止，所以才有了夫妻反目的苦果。九三阳爻居于下体《乾》卦之极，距离六四阴爻最近，为六四阴爻畜止。下体《乾》卦刚健，初九、九二两阳爻健行，能够得以"复自道"。九三爻阳刚健行，被六四爻畜止，结果自然不能如初九、九二爻之吉。

六四，有孚，血去惕出，无咎。

对于"血去惕出"的理解，前人有不同的解释：王弼、孔颖达认为六四乘凌九三爻，下三阳爻紧逼之，故六四爻惧惕。幸上九爻与六四爻合志，使得血去惕出。"六四居九三之上，乘凌于三，三既务进，而己固之，惧三害己，故有血也。畏三侵凌，故惕惧也。但上九亦憎恶九三，六四与上九同志，共恶于三，三不能害己，己故得其血去除，其惕出散。"① 六四爻以柔顺居位，下三阳刚健而行，六四若阻挡其势，不让它们行进，势必有所伤害。六四便联合上九爻，共同畜止，那么伤害自然小，甚至没有大的咎错。

朱熹则认为，六四一阴爻面对众阳爻，幸有九五、上九两爻相助。"以一阴畜众，阳本有伤害忧惧，以其柔顺得正，虚中巽体二阳助之，是有孚而血去惕出之象也。"② 六四之"有孚"，可以是内有孚诚，感化众阳爻，也可以是以孚诚之心交接上九爻，与之共同畜止。

苏轼则提出新解，认为："六四之所孚者初九也，初九欲去之，六四欲畜而留之，阴阳不相能，故伤而去，惧而出也。以其伤且惧，是以知阴之畜乾，其欲害乾之意，见于外也。如此以其为害也浅，而乾去之速，故无咎。"③ 六四之"有孚"是针对初九爻而言。但是阴畜乾刚，有害乾之意，所以初九远离六四而去，结果自然没有咎错。

六四爻居九三爻之上，阴畜止阳。且乾三阳刚健而行，尤其是九三爻欲进，故六四爻惧怕。《象传》曰"上合志也"，其中"上"究竟是指九五爻还是上九爻？上九爻与九三爻不合志，因此六四爻与上九爻共

---

① （魏）王弼、韩康伯注，（唐）孔颖达疏：《周易正义》卷二，中华书局1980年影印《十三经注疏》本，第27页。
② （宋）朱熹：《周易本义》，《朱子全书》第1册，上海古籍出版社2002年版，第40页。
③ （宋）苏轼：《东坡易传》，《文渊阁四库全书》本。

同抵挡九三爻的侵势；还是六四爻寻求九五、上九两爻相助呢？从六四爻所处爻位来看，面临乾三阳攻势，有些势单力薄。六四近君，以阴畜阳，必有忧惧。免于忧患的唯一办法便是"有孚"，心中有诚信，以信感人，取得对方的理解和信任。为臣者赢取君心，也需有诚信、忠诚。六四爻以阴居阴，居位正且柔顺，这也是为臣者忠诚、守信的表现。同时，为君者也必须是宽容理解、诚信之人，如此双方交往实现合志才有可能。而这一点在九五爻中有所表达："有孚挛如"，由此来看，六四爻中的"上合志"当是指九五爻而言。

九五，有孚挛如，富以其邻。

九五君位，为君者"有孚"，心怀诚信。六四爻为近君之位，依从《小畜》卦意，九五能够畜聚文德，以受臣子所畜。"挛"，孔颖达解释："挛者，相牵系不绝之名也。"① 六四爻"有孚"，是臣子积诚以感动君王。九五为君者亦"有孚"，推诚以待臣。上下相孚，有孚挛如，畜道乃成。

对于"富以其邻"中"邻"具体所指，前人有异议：王弼、孔颖达等认为"邻"是指九二爻，"处得尊位，不疑于二，来而不距，二牵已挛，不为专固，有孚挛如之谓也。以阳居阳，处实者也。居盛处实，而不专固，富以其邻者也。"② 九五居尊位，刚健而行，但处巽体，有柔顺之质。对于九二爻前来归附，来而不拒。且九二与九五同为阳爻，志意相同，是有信而来，九五不专己之富，与之共富。

苏轼则认为"邻"指上九爻，"六四与上合志，而九五以其富附其邻，并力以畜之邻上九也"③。虞翻认为"邻"指九三爻。通过卦变，出现兑西震东，与《既济》卦中"东邻""西邻"同。"五贵，称富。邻，谓三。兑西震东，称邻。二变承三，故富以其邻，《象》曰'不独富'。二变为既济，与东西邻同义。"④ 李光地则依据六四爻与九五爻间的密切关系，"四曰上合志者指五也，五曰以其邻者指四也。四与五相

---

① （魏）王弼、韩康伯注，（唐）孔颖达疏：《周易正义》卷二，中华书局1980年影印《十三经注疏》本，第27页。
② 同上。
③ （宋）苏轼：《东坡易传》，《文渊阁四库全书》本。
④ （清）李道平撰，潘雨廷点校：《周易集解纂疏》，中华书局1994年版，第152页。

近，故曰邻"①。"邻"指六四爻。

《九家易》则认为九五居中正，与诸爻共享。"有信下三爻也，体巽故挛如，如谓连接其邻，邻谓四也。五以四阴作财，与下三阳共之，故曰不独富也。"②九五爻居中正之位而有诚信，以诚待人，众人皆欲归应，九五亦推其财力与众人共享。为君者与臣共享财富，实际也是壮大自己的实力，正如《象传》曰："有孚挛如，不独富。"依据《小畜》卦意，九五居尊位，处位中正，有孚信。九五爻又是阳爻居尊，必是富实。阳实为富，阴虚为贫，《泰·六四》："翩翩不富以其邻，不戒以孚。"《谦·六五》："不富以其邻，利用侵伐，无不利。"六四、六五两爻皆为阴爻，所以都出现"不富"一词。九五爻面对无论阴爻、阳爻，凡是归附自己的都来而不拒。实现《小畜》畜聚的目的。

上九，既雨既处，尚德载。妇贞厉。月既望，君子征凶。

"既雨既处，尚德载"，这与卦辞"密云不雨"正好相反。孔颖达认为："九三欲进，已能固之，阴阳不通，故己得其雨也……已处小畜盛极，是闭畜者也。阳若亨通则不雨也。所以卦系辞云：'小畜，亨，密云不雨。'今九三之阳被上九所固，不获亨通，故'既雨'也。"③孔颖达认为阴阳相通没有雨象，阴阳不通则可获雨。从爻间阴阳相应原理来看，这种说法有待商议。

胡瑗则从上九爻中找到了阴性物质，认为上九虽为阳爻，但阳居阴位，并且处巽体，巽为柔顺，由此上九与九三便是阴阳相应而成雨。程颐则从另一个角度阐释，认为上九处巽顺之极，为畜之终。以阴畜阳，不相和则不能止，今至上九爻既雨既处，说明畜止之道已成。阴柔畜止阳刚，非一朝一夕能成功，必是积累深厚。"然阴既盛而抗阳，则君子亦不可以有行矣，其占如此为戒深矣。"④《周易》卦爻之占筮结果并非一成不变，而要注重条件影响，因时、因地、因人之变化而变化。《小畜》卦意在于密云不雨，而上九已然有雨，说明《小畜》之道穷尽，

---

① （清）李光地：《周易折中》，巴蜀书社2008年版，第55页。
② （唐）李鼎祚：《周易集解》，《文渊阁四库全书》本。
③ （魏）王弼、韩康伯注，（唐）孔颖达疏：《周易正义》卷二，中华书局1980年影印《十三经注疏》本，第27页。
④ （宋）朱熹：《周易本义》，《朱子全书》第1册，上海古籍出版社2002年版，第40页。

需要阳刚被畜止，阴已畜阳，这是危险的征兆。

"妇贞厉。月既望，君子征凶"便是"既雨既处，尚德载"的进一步显现。"妇贞厉"，至上九爻之时，是阴畜阳之极，此时阴盛，盛极而衰。此时妇人占筮到此爻则必是有危险，是不好的结果。"月既望"一语，《归妹》《中孚》卦中都出现过。"望"，从月象上来看是指十五，即满月之时。"月既望"，汉石经、今本写作"月几望"，查汉帛书《周易》及荀爽皆作"月既望"。若为"月几望"，查《周易》其他卦爻辞中"几"之意或作速，或作近。"月几望"其意当为月亮接近圆满之时，是即将功成之象。若作"月既望"，当是月亮过了十五满月之后，开始由圆满走向消残，是一种不好的现象。"月既望"的卦象规律是与《兑》卦、《离》卦有关，"月既望"之象的吉凶无定律，其结果是由整体卦爻象辞决定的。"君子征凶"，上九居畜极之时，君子若是不知畜止，依然有所前往，那么结果也有凶险。正如《象传》曰："君子征凶，有所疑也"，《小畜》上九之时，乃是阴怀疑阳之时。

总之，《小畜》卦讲述了阴畜阳到阴疑阳的发展过程。《小畜》为一阴五阳之卦，众阳爻与阴爻相应。六四阴爻畜止、畜聚众阳爻，这一过程中阳爻柔顺以从，阴爻诚信以待，实现小畜大。

具体来说，初九、九二爻相互牵复自止，自畜阳刚获吉；九三爻阳刚健行，被六四爻所畜止，结果自然不能如初九、九二爻之吉。"夫妻反目"的原因主要是由九三自身造成的。九三爻密比六四爻，本应为阴阳相和之象，但是由于九三爻刚性过中，不能以阳畜阴，反为阴爻畜止，所以才有了夫妻反目的苦果。六四爻面临乾三阳攻势，有些势单力薄。又处近君之位，以阴畜阳，必有忧惧。免于忧患的办法便是"有孚"，心中有诚信，以信感人，取得对方的理解和信任。为臣者赢取君心，需有诚信、忠诚。同时，为君者也必须是宽容理解、诚信之人，如此双方交往实现合志才有可能。九五爻中表达为："有孚挛如，富以其邻"，九五爻居中正之位，以诚待人，众人皆欲归应。九五亦推其财力与众人共享，为君者与臣共享财富，实际也是壮大自己的实力。直到上九畜积已满，"既雨既处"，密云终形成降雨，本应为好事，但可惜的是，《小畜》唯能"密云不雨"。上九居《小畜》穷极之时，阴柔畜止阳刚，这并非好事，所以紧接着出现了"妇贞厉。月既望，君子征凶"。

《小畜》为阴畜阳，臣畜君，若是为臣者一方面能够畜止君王的过失，另一方面畜聚君王文德，那么正如卦辞所说"亨"。由于《小畜》所畜之小，只能"密云不雨"，一旦出现"既雨既处"，结果就会有危险。同时，为臣者能够实现畜聚、畜止君王的关键在于君王乃有孚之君，能够以诚待下，谦虚柔行，如此才能顺利完成"畜"与"被畜"之间的关系。

第五章　《周易》为臣之道卦爻考论（下）

《周易》考虑到为臣者在执行王命过程中，需要遵循"中正"原则。制定国家政策时，要"不伤财，不害民"。但是很多事情态势复杂，需要识时知变。对待小有过失，多采用损余补缺的措施，在变化中追求适中。对于君臣不遇的情况，《周易》也提出了为臣者的万全之策：《艮》《遯》。为臣者当控制自我的欲念，适时而止，及时隐遁。在政治与生命之间，《周易》给出了合理的答案，"生生之谓易"，对生命的关注与尊重甚于一切。

第一节　《节》卦爻辞考论——节以制度

"节"本义为竹节，《杂卦传》："节，止也"，引申为节约、节制之意。《象传》由自然物理推知社会规范，以"节"当有"节以制度"之意。胡瑗从多个方面总结了《节》之道，从道德到社会实践，从个人再至国家制度，都需要节度：

> 然谓之节者，盖节之道在于人之一身。则言语、饮食、心意、思虑、出处、进退，以至嗜欲皆有所节。使父子有礼，上下有等，男女有别，尊卑有序，长幼有伦，夫妇有制，内外有分，皆有所节。至于一国以及天下用度，礼乐刑政赏罚号令，宫室旌旗，车舆服器，以至税赋徭役，以其时贤不肖，各有所处。士农工商各守其业，富贵贫贱各当其分。如此之类，举而言之，是修身齐家治国正天下，皆有所节，故谓之节。①

---

① （宋）胡瑗：《周易口义》，《文渊阁四库全书》本。

社会人需要依照一定的规则和秩序行动,依礼节度。生活消费需要节俭、节制,上自国家制度,都需要有礼有节。但其节制并非毫无目标,无限度的节制,节制讲求适当,追寻中和之制来约束社会民众。

李季辩也提到"节"有标准:"天下之物莫不有节。节,则也,理之不可过者也。"节,为准则、标准。其划分的标准,即为"中",恰当、适中即为"节"。王宗传在《童溪易传》中讲道:"有一言足以尽天下事物之理曰'中'是也。"①"节者,贵于适事之宜者也。"② 俞琰等认同以上解读,"节者,约也,有限而止之之谓。非但训止也,泽上有水,平则满,满则泄,是泽有常限而不可过,所以谓之节"③。即《节》有止之意,并包含适中、适宜之理。

尚秉和先生在《周易尚氏学》中提出新解,认为节为符信之意,"节,信也。古剖竹为符,合以取信。故《说文》云:'节,竹约也。'《序卦传》云'物不可终离,故受之以节。'节之用在合,故与离对文。又曰'节而信之',是《序卦传》即以《节》为符信也。凡卦名皆从象生,震为竹,而二至五正反震,两竹相合,则信成矣。"④ 笔者认为尚先生的说法欠妥。

首先,若《节》卦为符信之意,其后的《中孚》卦亦讲符信,若如此,圣人作卦岂有重复之意?其次,尚先生提出《节》卦为信之意,论据一为:"古剖竹为符,合以取信",古籍中确有此记载,《中孚》卦兑下巽上,两相吻合。问题是《节》卦上下卦无法合一。且《说文》云:"节,竹约也"之意,并非是讲信。"《说文》:约,缠束也",另有"束缚"之意,如《庄子·骈拇》:"待绳约胶漆而固者,是侵其德也。"⑤ 上古还有"结""绳"之意,《仪礼·既夕礼》:"约绥约辔。"⑥ 因此,竹约之意,更多的是指竹子本身的外貌特征,即竹节。由此,"节"讲的是竹子的环束,也就是竹节。

---

① (宋)王宗传:《童溪易传》,《文渊阁四库全书》本。
② (宋)司马光:《温公易说》,《文渊阁四库全书》本。
③ (宋)俞琰:《周易集说》,《文渊阁四库全书》本。
④ 尚秉和:《周易尚氏学》,中央编译出版社2012年版,第208页。
⑤ 钱穆:《庄子纂笺》,生活·读书·新知三联书店2010年版,第82页。
⑥ (汉)郑玄注,(唐)贾公彦疏:《仪礼注疏》卷四十一,中华书局1980年影印《十三经注疏》本,第1162页。

论据二：尚先生提出《序卦传》云："物不可终离，故受之以节。"节之用在合，故与离对文。虽然从语辞而言，离与合相对，但是《序卦传》是否是此意呢？对此，《杂卦传》，提出"节，止也"，这就解释了《涣》卦之后为何继之以《节》。事物不能总是处于涣散相离的状态，随着发展，这种状态会有所节制。又曰："节而信之，是《序卦传》即以《节》为符信也。"《序卦传》"物不可终离，故受之以节"，此为《涣》卦之后出现《节》卦的原因。至于"节而信之"，其后有"故受之以中孚"，这是一个完整的意思，《节》卦之后出现了《中孚》卦，《中孚》卦为符信、诚信之卦。这也就表明"节而信之"并不是讲《节》卦的，而是重点讲《中孚》卦。依照《序卦传》逻辑思维，《节》卦为节制涣散相离的状态，加之以信，才能形成泰和中孚局面。

论据三：尚先生提出从卦象来看卦名，这个前提不容置疑。问题在于如何看《节》卦象？尚先生根据"震为竹"象，从《节》卦中找出二爻至第五爻为互体震，所以能够相合，《节》卦有信之意。既然是从卦象来解释卦名，那么仅以《节》卦之局部卦象来代表整体卦象，恐有不妥。且《周易》中《中孚》卦为兑下巽上，两卦象相对，正好相合。由此来看，尚先生提出《节》卦意为符信之意，尚欠妥当。

《杂卦传》传中对"艮"与"节"的解释都为"止"之意，那么《艮》卦与《节》卦有何区别？据《序卦传》对两卦的描述，我们大致可以了解一些："震者，动也。物不可以终动，止之，故受之以艮"；"涣者，离也。物不可以终离，故受之以节"。艮，更多强调的是自身保持止、静，与动相反，其面临的是如何选择自我的行动，"时止则止，时行则行，动静不失其时"。节，与离相反，防止物相离，强调对人们的行为进行节制和控制，"当位以节，中正以通"。张敬夫曰："周官所谓六节者，其器也。烈士徇节者，其道也。处节之道，要在识时而知变。"较之《艮》卦，《节》卦强调"度"，一种恰当的节制，做到中和，不可太过的"度"。

有关《节》卦得名的原因，大致可从卦象角度推知。《节》卦，兑下坎上。从卦象来看，坎为水，兑为泽，泽上有水。对此，有两种理解：一是以侯果为代表，关注点是水泽堤防的节制作用，"泽上有水，以堤防为节"①。与此观点类似的，还有易祓、陈鼓应、赵建伟、黄寿祺和张善文等。二是以史徵、程颐为代表，关注的是水泽本身容积有限，所以要主动节制。"泽之容有限，泽上置水，满则不容，为有节之象，故为节。"② 孔颖达关注点在水，"水在泽中，乃得其节"③。

以上两种解读都有一定的道理，强调了泽上有水，以堤防节制，防止大水涣漫。泽水为静态的，它有一定的包容空间。坎水为流动的，若上坎水不加以节制，不断地向泽水注入，那么泽水泛滥的后果不堪设想，需要加以节制。引申至人事，有为之君子须制定法度，德行有度，行使有节，不逾矩。

《节》卦卦画为三阳三阴，坎阳兑阴，"刚柔分"。上下卦中位皆为阳爻，"刚得中"为节之主，阳刚居中正之位成为"节"主。朱震："《节》，《涣》之反，《泰》之变也。《泰》分九三之五以节其上之柔，分六五之三以节其下之刚。刚柔分而有节。"④ 这正似天地四季依节制加以分割，国家以典章制度加以节制。兹录卦爻辞如下：

60. 节䷻（兑下坎上）

《节》：亨。苦节，不可贞。

《彖》曰："节亨"，刚柔分而刚得中。"苦节不可贞"，其道穷也。说以行险，当位以节，中正以通。天地节而四时成。节以制度，不伤财，不害民。

《象》曰：泽上有水，节。君子以制数度，议德行。

初九，不出户庭，无咎。

《象》曰："不出户庭"，知通塞也。

九二，不出门庭，凶。

《象》曰："不出门庭凶"，失时极也。

六三，不节若，则嗟若，无咎。

《象》曰："不节之嗟"，又谁咎也。

---

① （清）李道平撰，潘雨廷点校：《周易集解纂疏》，中华书局1994年版，第512页。
② （宋）程颐：《伊川易传》，《文渊阁四库全书》本。
③ （魏）王弼、韩康伯注，（唐）孔颖达疏：《周易正义》卷六，中华书局1980年影印《十三经注疏》本，第70页。
④ （宋）朱震：《汉上易传》，《文渊阁四库全书》本。

六四，安节。亨。
《象》曰："安节之亨"，承上道也。
九五，甘节，吉，往有尚。
《象》曰："甘节之吉"，居位中也。
上六，苦节，贞凶，悔亡。
《象》曰："苦节贞凶"，其道穷也。

卦辞：《节》：亨。苦节，不可贞。

卦辞"苦节，不可贞"，上博简中此卦暂缺，阜阳简为卦辞残，只有帛书本还保留《节》卦："亨。枯节不可贞。"究竟是枯还是苦？首先，"苦"与"枯"字，郑玉姗认为，枯与苦皆是以"古"为声符，可以通假。[①] 丁四新则以二字同为溪纽鱼部，二者相通。[②] "苦节"究竟如何解读？

"苦节"，以孔颖达为代表，众家普遍认为过分节制，不能保持适中之道，"节须得中，为节过苦，伤于刻薄，物所不堪，不可复正，故曰'苦节不可贞'也"[③]。今人傅佩荣认为"苦"有过度而苦之意，"苦节，不可贞，苦涩的节制不能正固"[④]。虽与前人说法类似，但是"苦涩的节制"一语似不通，"节制"为动词，"苦涩的"形容词搭配动词，语法不通。

高亨认为："'苦节'者，以俭为苦也。苦节则必奢，君子奢则病国，小人奢则败家，是苦节乃不可之事，故曰'苦节，不可贞'。"[⑤] 高亨提出苦节的后果必为奢，从后果出发认为不宜提倡"苦节"。以节俭为苦，则是苦节。正因节俭太苦，主体很容易走向另一个极端：奢侈。从《节》卦整体来看，日常生活节俭只是其节道的一部分。

以王弼、程颐为代表，认为"贞"为"正"或为"常"，黄寿祺、张善文与之相同，其句读方式为"苦节不可，贞"。这是从正反两面发

---

① 郑玉姗：《出土与今本〈周易〉六十四卦经文考释》，台北：花木兰文化出版社2010年版，第871页。
② 丁四新：《楚竹书与汉帛书〈周易〉校注》，上海古籍出版社2011年版，第281页。
③ （魏）王弼、韩康伯注，（唐）孔颖达疏：《周易正义》卷六，中华书局1980年影印《十三经注疏》本，第70页。
④ 傅佩荣：《解读易经》，线装书局2006年版，第446页。
⑤ 高亨：《周易古经今注》，中华书局1987年版，第337页。

明其意，先言节制过苦则有伤事理，故不可；又言节制应当持正，则其道可通，故曰贞。但据甲骨卜筮，学术界公认"贞"为占问、占卜之意。同时，"不可贞"的说法在《周易》中还出现在《蛊》卦，如《蛊》卦九二爻"干母之蛊，不可贞"，此处"不可贞"亦不可拆分。由此来看，此种说法欠妥。

虞翻从象数角度解释"苦节"，"谓上也，应在三。三变成离，火炎上作，苦位在火上，故'苦节'。虽得位乘阳，故'不可贞'也"①。"苦节"指上六爻，六三爻变为阳爻，形成互卦离，离为火，向上至上六爻，故有"苦节"。尽管《节》卦上六爻辞也有"苦节"，但卦辞中"苦节"应当作总体概括，更具普遍性，不是单指上六爻。

以上诸家多解"节"为有限而止，节制应当遵循中道，如此方能有亨通之象。若是太过，则为苦节，其道易困穷。"节：亨。苦节，不可贞"实包含两层意思：第一层是"节，亨"；第二层是"苦节，不可贞"。适中的节制、节止对于事物的发展是有好处的，因此结果亨通，正如《中庸》："喜怒哀乐之未发谓之中，发而皆中节谓之和。"但若节制过度，超过了应有的限度，那贞卜的结果就不利了。总之，从客观来讲，国家制定政策要考虑到老百姓心理、精神所能承受的度，不能让人感觉痛苦。从主观上讲，每个人在面对节制时，都会感到痛苦，但个人品性修养可迫使遵守制度，不逾矩。"苦节"就体现出个体与制度间的矛盾纠结。

就《大象传》来看，《节》卦爻辞中的"节"，一为"制数度"；一为"议德行"。国家经济、政治、生活都需要制定规章、礼仪，较之自我节制，此处更强调节制民众。对于民众，"德"要求遵照社会公德标准行事，为"节"的标准。"行"是民众的内在修养要转化为道德实践，君子从这两方面效法《节》卦，建立制度就会适宜得中。若如卦辞中"苦节"，是对于民众的节制有些过度，类似于苛政，这样的结果自然不会有利。

《象传》一方面从《节》卦上下二体来说，上卦坎为阳卦，下卦兑为阴卦，阳刚阴柔，且九二、九五两爻居中得正，故有刚柔分而刚得中。且阳卦在上，阴卦在下，九五为君位，君臣上下等级之分严明。九

---

① （清）李道平撰，潘雨廷点校：《周易集解纂疏》，中华书局1994年版，第511页。

五阳刚居中正，君道节制天下。另一方面从《节》卦德来讲，上卦坎为险，下卦兑为悦，故有说以行险。胡瑗："盖言圣人缘人之情，酌中以为通，制当节之时，虽有险阻，能以说顺行，则人亦乐从之也。"① 推论《节》之道，天地有节，故能成四时，无节则失序也。圣人立制度以为节，故能不伤财不害民。

初九，不出户庭，无咎。

今本"不出户庭，无咎"，帛书本作："不出户牖，无咎。"差异在于"庭"还是"牖"？《说文》："牖，穿壁以木，为交窗也，"② "庭，宫中也"。二者所处皆在家室之内。依此人们对爻意的解读误差不大，"庭""牖"均可。

以王弼、孔颖达为代表，认为初九以阳居阳，为《节》卦初始阶段。引申人事角度，制度涣散需重新整顿立制，以不出户庭为象指示谨密不失，"为节之初，将整离散而立制度者也，故明于通塞，虑于险为，不出户庭，慎密不失，然后事济而无咎也"③。《系辞上》举"不出户庭"作为表达缜密之意："'不出户庭，无咎。'子曰：'乱之所生也，则言语以为阶。君不密则失臣，臣不密则失身，几事不密则害成。是以君子慎密而不出也。'"朱熹曰："户庭，户外之庭也。阳刚得正，居节之初，未可以行，能节而止者也，故其象占如此。"④ 从大的方面提出居《节》卦之始，不可始行，所以不出户庭。

崔憬从卦象来看，"为节之始有应于四，四为坎险不通之象。以节崇塞，虽不通，可谓知通塞矣。户庭，室庭也。慎密守节，故不出焉而无咎也，"⑤ 初九爻居《节》卦之初，与六四相应，但六四处于坎险不通之时，故初爻不出则无咎。

无论是从义理还是象数解读，都说明初九处在事物发展的初始阶段，各种条件还不成熟，应该积蓄力量，为发展做准备，故不适宜立即

---

① （宋）胡瑗：《周易口义》，《文渊阁四库全书》本。
② （汉）许慎撰，（清）段玉裁注：《说文解字注》，上海古籍出版社1981年版，第576页。
③ （魏）王弼、韩康伯注，（唐）孔颖达疏：《周易正义》卷六，中华书局1980年影印《十三经注疏》本，第70页。
④ （宋）朱熹：《周易本义》，《朱子全书》第1册，上海古籍出版社2002年版，第84页。
⑤ （清）李道平撰，潘雨廷点校：《周易集解纂疏》，中华书局1994年版，第512页。

作出行动。所以在初九阶段，以"不出户庭"来比喻事情发展的初始阶段应有的状态，这样做的结果是"无咎"。初九爻"不出户庭"，本为知塞之时，《象》则曰"知通塞"，初九爻知通知塞，此时虽为塞，但亦为知通塞，为偏意复合词。

九二，不出门庭，凶。

孔子曰："中正以通，节所以亨"，此处说的是二、五两爻，但为何又有凶呢？"不出门庭，凶"，是说九二爻为宜出之时，可仍然选择不出门庭，故而有凶，"初已造之，至二宜宣其制矣，而故匿之，失时之极，则遂废矣，故不出门庭，则凶也"①。从象数来看，有几种理解：第一，虞翻曰："变而之坤，艮为门庭。二失位，不变出门应五则凶，故言'不出门庭，凶'矣。"②九二爻当行之时，但上与九五爻不相应，故不出而凶。第二，冯椅认为"九五当位以节，陷于坎险，正赖本爻同德以相辅者也。互体震足，前无蔽塞，可以行矣。而坎险正陷约象之，艮在前而止之，节又有止义，此其所以不出门庭而致凶也。凶非特本爻也，五亦凶矣。"③九二爻处互体震中，可前行。但前行为互艮，艮为止，故无法前行辅助九五爻，故有凶。第三，尚秉和先生认为九二阳爻前遇阴爻，当通之时而不出，故凶，"互艮为门庭，二比重阴，阳遇阴则通，通则利往，乃竟不出，是失时极也，故凶"④。第四，苏轼认为九二爻处于泽中，此时当节之通，但九二不知通塞，故凶，"节之于初九则太早，节之于六三则太莫，故九二者施节之时，当发之会也。水之始至泽，当塞而不当通，既至当通而不当塞，故……九二以不出门庭为凶，言当通也"⑤。

《周易》很重视"时"的观念，当动不动，是凶险的前兆。九二爻并不是一味地节制，突出"时"的观念。较之初九爻，九二爻时可以稍微有所行动，此时当动不动，则是对时机的延误。《节》卦为动中有静，静中有动，隐含着行动的因素。初爻刚起步，能力及准备不足，可

---

① （魏）王弼、韩康伯注，（唐）孔颖达疏：《周易正义》卷六，中华书局1980年影印《十三经注疏》本，第70页。
② （清）李道平撰，潘雨廷点校：《周易集解纂疏》，中华书局1994年版，第513页。
③ （宋）冯椅：《厚斋易学》，《文渊阁四库全书》本。
④ 尚秉和：《周易尚氏学》，中央编译出版社2012年版，第209页。
⑤ （宋）苏轼：《东坡易传》，《文渊阁四库全书》本。

以选择"不出门庭",则为"知几"。面对不同的境况,九二爻该出之时,依然"不出户庭",则为"违时",所以有凶。

六三,不节若,则嗟若,无咎。

"不节若",是指六三爻居位不正,阴爻居阳位,且有乘刚之嫌。因此,六三爻既不能节制自身,又不能节制其他。正如胡瑗所讲:"今六三以阴居阳,是为不正,在下卦之上,是为不中,既失其中,又非其正,且在卦之上,是居众人之上者也……今反不能自正其身,又不能节制其人……如是必不可为节制之主也。"① 六三爻居下卦之上,处上下卦体转变之时,面临坎险,必要节制,却不知节制,所以才有了"则嗟若"的哀叹。

苏轼则为六三辩解,认为六三处于苦节之时,不得已而为之,所以才有了嗟叹,"六三之节,节于既溢,节之者嗟见,节者苦焉。苦节者人之所不能堪,而人终莫之咎者。知六三之不得已也,嗟者不得已之见于外者也"②。《易传》则反对苏轼的辩解,认为六三之哀叹皆是自身的原因,"节可以免过,而不能自节以致可嗟,将谁咎乎"?这一爻与《离》卦九三爻"不鼓缶而歌,则大耋之嗟,凶",象异而意同,是说九三爻处下卦之上,阳极之处,若不能长久附丽就会有大耋之嗟叹的后果。

对于"无咎",《易传》以补过为善。"不节若,则嗟若"的结果为"无咎",对此有两种解释:一是认为无咎即无所怨咎,没有可怨,"自己所致,无所怨咎,故曰无咎也"。③ 二是以朱震为代表的看法,"无咎"是作者提出摆脱哀叹的出路,若是六三能够加以节制,就没有过错,"三不能节则乘刚失位,以说从人,而已不能堪焉,故忧发于口,咨嗟而已。三变而刚,刚不失节而上自应,夫何忧哉"④?六三以阴居阳,位不正,失位乃违节之道,祸已至己,将有哀嗟。"无咎",或者是由于"祸由己致",故无所怨咎;或者是六三若节之,则没有咎错。事实上,这两种说法都是提示善补过之意。

---

① (宋)胡瑗:《周易口义》,《文渊阁四库全书》本。
② (宋)苏轼:《东坡易传》,《文渊阁四库全书》本。
③ (魏)王弼、韩康伯注,(唐)孔颖达疏:《周易正义》卷六,中华书局1980年影印《十三经注疏》本,第70页。
④ (宋)朱震:《汉上易传》,《文渊阁四库全书》本。

"不节若，则嗟若"的重点在于"嗟若"，六三爻位不中正，又有乘阳之嫌，互卦艮，艮为止，宜节不宜动。若不加以节制，必有凶。但此时主体已意识到自己的问题，并进行了反省，所以结果为"无咎"。正如《离》卦六五爻："出涕沱若，戚嗟若，吉。"

六四，安节，亨。

"安节"，"安"为状态，有止、静之意。王弼注："得位而顺，不改其节，而能亨者也。承上以斯，得其道也。"① 六四爻以阴居阴，当位，谨守法度以节之。六四爻顺承九五，已经安于节制，习惯节制。陈鼓应、赵建伟则认为"安"为安居之意，"安节"就是节制百姓使其安居。六四爻处近君之位，与百姓安居关系稍远。此爻主要是强调为臣者要谦卑顺承君主，主动安于节制。

六四爻阴爻居阴位，得位承五应初，故有亨。孔疏："明六三以失位乘刚，则失节而招咎，六四以得位承阳，故安节而致亨。"② 对于"安节之亨"，《象传》解释为"承上道也"，从六四爻所居爻位来看，上承九五之君位，且处坎险之中，当安止不动。朱震说："节以安为善，强守而不安，则不能常，岂能亨也？"③ 程颐提出补充意见，认为此爻之所以能够有亨象，是由本爻及整体卦爻之象所决定的，并非单单与君王有关。当然，承九五刚中正之位确实非常重要。但从卦象来看，还有其他因素需要关注：兑下坎上，泽为有限的容具，水在上，若上溢则会溢出容具，为无节，没有节度，就下为有节，"水上溢为无节，就下有节也"，此时当安于节。

九五，甘节，吉，往有尚。

"甘"，不苦。居中正之位，不失其中。王弼注："当位居中，为节之主不失其中，不伤财，不害民之谓也。为节之不苦，非甘而何？术斯以往，往有尚也。"④ 九五之甘节，甘为味之中，赵汝楳曰："咸苦酸辛，味之偏。甘，味之中也。甘受和，和者节味之偏而适其中。行之以

---

① （魏）王弼、韩康伯注，（唐）孔颖达疏：《周易正义》卷六，中华书局1980年影印《十三经注疏》本，第70页。
② 同上。
③ （宋）朱震：《汉上易传》，《文渊阁四库全书》本。
④ （魏）王弼、韩康伯注，（唐）孔颖达疏：《周易正义》卷六，中华书局1980年影印《十三经注疏》本，第70页。

甘，人不吾病，而事以成，节之吉也。"① 尚秉和解释"甘节"为美节，"《说文》：'甘，美也，美，甘也'，而坎为美脊，故坎有美象，'甘节'即美节也。节而美善，方可用以取信，与下苦节为卦文，五当位居中，下乘重阴，正位居体，故甘节吉"②。

九五居位刚中且正，为《节》卦之主，能够融合联系各个方面，节以中和，"不伤财不害民"。与"苦节"相对，"甘"为不苦，还是解释为"美也"，都强调适当地节制。对君主而言，当位以节。对天下臣民来讲，需乐意遵从之。总之，"甘节"符合《节》卦强调的总体精神，降低成本，以尽可能低的成本创造最大的社会财富。

"往有尚"解释有多种，一般解释为节制之道贵乎中正，以九五中正之道行之，所往皆有嘉尚。"往有尚"则是指人乐从之。前人多从爻位关系来解读"往有尚"，对此解读纷纭，举例说明：虞翻则认为"往有尚"指九二与九五爻间关系："得正居中，坎为美，故'甘节吉'。往谓二。二失正，变往应五，故'往有尚'也。"③ 朱震、潘士藻亦从之。尚秉和驳斥其说不成立，依据《泰》卦、《否》卦中出现的"往""来"之意，"爻在外为往，往得尊位，居之不疑，故曰'往有尚'。虞翻氏强命二变应五，以释往字，岂知爻在外即曰往"④。苏轼解释为九五与上六间关系："乐则流井则坏，故以往适上六，阴阳相配，甘苦相济为吉也。"⑤ 吴澄则从九五与六四爻间关系解读，"下虽无应于二，然有六四往外承上而与己配合，故曰往有尚。凡爻辞言往皆谓内往外，然有此往彼者，亦有彼往此者。屯六四往吉，初往四也。睽上九往遇雨，三往上也。此之往有尚，四往五也"⑥。陈鼓应、赵建伟则认为：尚犹赏。"往有尚，前往会得到好处。三无咎、四亨、五吉，正是'知之者不如好知者，好知者不如乐知者'。"⑦ 前往会受到推崇。

《周易》卦爻辞中"往有尚"中的"尚"，还有其他几例：《泰》卦九二爻"得尚于中行"；《坎》象辞："行有尚"；《丰》卦初九爻及

---

① （宋）赵汝楳：《周易辑闻》，《文渊阁四库全书》本。
② 尚秉和：《周易尚氏学》，中央编译出版社2012年版，第209页。
③ （清）李道平撰，潘雨廷点校：《周易集解纂疏》，中华书局1994年版，第514页。
④ 尚秉和：《周易尚氏学》，中央编译出版社2012年版，第209页。
⑤ （宋）苏轼：《东坡易传》，《文渊阁四库全书》本。
⑥ （元）吴澄：《易纂言》，《文渊阁四库全书》本。
⑦ 陈鼓应、赵建伟：《周易今注今译》，商务印书馆2005年版，第538页。

《节》卦九五爻皆言"往有尚"。王弼解释"尚"为配之意，但是古训无证。孔颖达为解通所有的卦爻意，就逐句解释"尚"字意，《坎》卦之"尚"为事可尊尚，《丰》《节》卦的"尚"为往有嘉尚。同一个"尚"字前后解读不一，也不妥。虞翻解《泰》卦"尚"为上，"往有尚"就是说二得上居五，若是则变为《既济》卦。《节》卦"往有尚"则认为二失正，变往应五。问题是，九五爻往应九二爻，以阳助阳，可以说是往有尚。《丰》卦初九上应九四可谓往有尚，若是不变也可往应，那又何必变而后往应呢？

针对此问题，王引之在《经传释文》中提出新的解释，并且能够疏通所有的"往有尚"之意：

> 《尔雅》右，助，勴也。亮介尚右也。郭注曰：绍介劝尚。皆相右助。《大雅》抑篇，肆皇天弗尚。谓皇天不右助之也。泰九二得尚于中行。尚者，右也，助也。中行，谓六五。二应于五，五来助二，是得其助于六五，故曰得尚于中行也。坎象辞：行有尚。谓二往应五。五往应二，以阳适阳，同类相助，是往而有助，故曰行有尚也。往而有助，乃克有成。故传曰行有尚，往有功也。丰初九，节九五皆言往有尚，谓丰初应四，节五应二，以阳适阳，同类相助，是往而有助也。故皆曰往有尚。①

"尚"在《周易》中统一解读为相助之意可通，正如王引之所释，《泰》卦九二爻"得尚于中行"，是说九二爻上应六五爻，九二爻得到六五爻相助，称为"得尚于中行"。《坎》卦九二爻与九五爻为同类相助，往前行有助，称"行有尚"。《丰》卦与《节》卦中"往有尚"，《丰》卦初九爻有九四爻相助，《节》卦九五爻下有九二爻相助，是"往有尚也"。由此来看，王引之从爻位解释"往有尚"，多是从相对应的两爻出发，如初位与四位、二位与五位等。两爻间相助，得以前行。

《临》卦六三爻也出现"甘"辞："甘临，无攸利"，此与《节》卦九五爻"甘节，吉"结果也不同，同为"甘"，为何会产生这种不同呢？笔者认为主要是两爻所处爻位的不同，导致不同的结果。"甘临"

---

① （清）王引之：《经义述闻》卷一，江苏古籍出版社1985年版，第14页。

处于《临》下卦之极。六三阴柔，阴爻据刚位，且处于兑体之上，所处不中正，"甘"有佞邪之意。六三爻面对初九、九二两个阳爻来势汹汹，考虑到自身的处境，只好违反正道而以巧媚之态去应对，最终的结果是不会有利的。"甘节"与"甘临"所处爻位不同，"甘节"为九五中正之位，因此能够以中正之道去节制各方面使之趋向中和，而依此之节，天下人不以此为苦，乐从之。

上六，苦节，贞凶，悔亡。

上六居《节》卦之极，有困穷之象。"苦节"从主观来看，苦于节制，把节制看作痛苦的事情。从客观方面来看，过分的节制让人感觉痛苦，不舒服。对于"贞凶，悔亡"有不同的理解。

程颐解"贞"为正之意，"固守则凶，悔则凶亡。悔捐过从中之谓也。《节》之悔亡与他卦之悔亡辞同而义异也"。[①] 贞为固守，悔为悔恨。"悔亡"若是心中有悔，则苦节所造成的凶果会随之消亡。"贞凶，悔亡"是"苦节"这一境况假设的正反结果。"悔亡"是破解凶果的条件。黄寿祺、张善文释"贞凶"为守正防凶，"应当守持正固防备凶险，悔恨就可以消亡"[②]。扭曲解读"贞凶"，不足证。

上六爻居《节》卦之极，过中有亢之危。尚秉和解释"贞"为占问、贞卜之意，"节为信约，窳恶则不能符合，故贞凶。得位故无悔"[③]。贞凶，占问为凶。悔亡，无悔。贞凶与悔亡的前提不同，故结果相异。"过节之中，以致亢极，苦节者也。以斯施人，物所不堪，正之凶也。以斯修身，行在无妄，故得悔亡"，[④] 若以此道待人，结果为凶；若以此修己，则悔恨消亡。从象数角度来看，虞翻认为，"乘阳故贞凶，得位故悔亡"，[⑤] 上六阴爻居阴位，得位故悔亡。但上六乘凌九五，故有凶。《象传》认为贞凶的原因是"其道穷也"，上六爻节制至极，已经困穷，不能前进。《周易》总是在绝望的时刻给人以希望，虽然有凶祸，但是经过调节，最终会悔恨消除。

---

① （宋）程颐：《伊川易传》，《文渊阁四库全书》本。
② 黄寿祺、张善文：《周易译注》，上海古籍出版社2009年版，第349页。
③ 尚秉和：《周易尚氏学》，中央编译出版社2012年版，第210页。
④ （魏）王弼、韩康伯注，（唐）孔颖达疏：《周易正义》卷六，中华书局1980年影印《十三经注疏》本，第71页。
⑤ （清）李道平撰，潘雨廷点校：《周易集解纂疏》，中华书局1994年版，第514页。

前人对于《节》有不同理解，以王弼为代表，以依礼之序为节；以胡瑗为代表，以节制为节；以李泰发为代表，以停止为节。由于对"节"的理解差异，故而造成对于六爻之"节"解释不同。从《节》卦字意、《杂卦传》传及卦爻象来看，《节》卦有节止、节制、节中之意。

《节》卦总体上讲节度，行止有度。《节》卦六爻，以当位为吉，不当位为凶。若以卦爻相比来看，则相邻两爻结果不同。初九与九二相比，同为不出，但一"无咎"、一"凶"。六三与六四相比，六三爻阴柔不正，为"不节"，六四当位为吉，"安节"。九五与上六两爻相比，九五中正为节之甘，上六爻过中居《节》之极，有苦节。其中，初九为初始之时，不当出，故"不出户庭"，为"无咎"，九二当出，而不出，故而"凶"。失时是一方面，同时也是失节。六三乘凌二阳，又不当位，所以在本卦即为"不节"之象，六四得位同时承五，所以"得节"。九五得位，又乘二阴，为一卦之主，故得节之极。上六不当位，又以阴乘阳，处一卦之末，不得节甚矣，故而"贞凶"。

总之，得节与否即为吉凶的条件。《节》卦的目的不是要一味地节制，而是要得节度。万事合乎节度，则无不利，无不成。所以"天地节而四时成"。人事的发展变化规律可以在自然天象中寻求，依据天道运行规律，人事也需加以制度，达到"不伤财，不害民"的目的。《节》卦上升至国家财政管理层面看，要实现财政收支平衡，并制定适当的制度加以节制，谨防奢靡浪费。

第二节 《小过》卦爻辞考论——过常适中

《小过》卦名之意，《彖传》解释为"小者过"，对此有多种解读。有的把《小过》之"过"解释为经过之意。此种解读应源自对《序卦传》的误解："有其信者必行之，故受之以小过。"理解为有诚信之人必能通过。但是《序卦传》本意是否真如此言？对于这句话，前人普遍解读为："守其信者，则失贞而不谅之道，而以信为过也，故曰小过。"[①]《小过》卦位于《中孚》卦之后，人们心理上彼此信任，并付诸

---

① （魏）王弼、韩康伯注，（唐）孔颖达疏：《周易正义》卷九，中华书局1980年影印《十三经注疏》本，第96页。

行动，言行合一，结果应该不会有咎错。但如果人们所守之信是非道德或非礼所允许的，那么坚守之信则就成为过失了。后人认同"经过"之说，也有可能是误解"亨"之意。如郑刚中："谓小过亨者，盖不过于大而过于小，而又以正为利，虽过可通也，故曰小过亨利贞。"① 亨，亨通，作为占断结果并没有通过之意。可见《序卦传》中"过"之意并非"通过"。

有的与《大过》卦进行比较，认为《小过》卦是四阴二阳，阴为小，阳为大，阴过阳，小过大，故称之为《小过》。以朱熹为代表："小谓阴也，为卦四阴在外，二阳在内，阴多于阳，小者过也。"② 苏轼在《东坡易传》中也表达了类似的意见，认为阴爻过阳爻，有阴盛阳弱之意。后有朱震、李子思、程可久、冯椅、林栗、来知德、潘士藻、何楷、胡煦等众人都主其说。

宋儒郑刚中认为《小过》乃是阴爻过于阳爻，一方面是阳爻失位且居位不中，故为小。另一方面，"小者过谓二、五也。二、五皆阴爻，而得位得中，是以谓之过也。大者宜得位得中，而三、四皆无所得。小者宜不及，而二、五乃以阴爻居之，岂非过耶？"③ 二、五爻阴爻居中，故为有过。

以上说法从阴阳爻数量和爻位中正角度考虑《小过》之卦意。笔者有两个疑问：阴爻过于阳爻之卦并非只有《小过》卦，从数量上来看，甚有五阴一阳的多重组合卦爻；从组合上来看，《小过》卦是四阴包围二阳，《周易》中也有二阳包围四阴之卦，那为何独独四阴在外，二阳在内者才称为《小过》卦？

今人尚秉和在《周易尚氏学》中跳出阴阳爻数量及爻位思维，通过对比《大过》《小过》两卦，提出一种新的解读：

> 《太玄》拟《大过》为《失》，云"阴大作贼，阳不能得"。言阳为阴贼，而失其用也。拟《小过》为《羡》为《差》，云"阳气资幽，推包羡爽，未得正行"。言震阳本可直出，乃为上下四阴

---

① （宋）郑刚中：《周易窥余》，《文渊阁四库全书》本。
② （宋）朱熹：《周易本义》，《朱子全书》第1册，上海古籍出版社2002年版，第85页。
③ （宋）郑刚中：《周易窥余》，《文渊阁四库全书》本。

所包，推排曲抑，仍有羡爽。羡，邪曲；爽，差也。盖《大过》按卦气时当小雪，穷阴极寒，故阳气极衰。《小过》时当立春，阳气辟东，本无可阻，乃为阴气所包，仍不免小有回曲。大、小过纯以卦义言，不以阴阳多少言也。①

尚先生认同扬雄在《太玄》里利用阴阳之气解释《大过》《小过》两卦之意。模拟《大过》卦作《失》，《大过》卦为四阳二阴之卦，阴爻盗取了阳爻，使其无法发挥正常的作用。另模拟《小过》卦作《羡》、作《差》，《小过》卦中二阳爻为四阴爻所包围，无法突破，仍有差池。尚先生进一步推进阴阳气解释，以卦气进行解读，推测《大过》卦当为小雪季节，穷阴极寒之际，阳气为极衰。《小过》卦当为立春时节，阳气升起，但仍有阴气包围其中，不免有所回曲。对于《大过》《小过》二卦不能从阴阳爻数量上进行解释，以免让解释者陷入矛盾境地。

从卦象来看，《小过》卦为艮下震上，艮为山，震为雷，山上有雷之象。雷在天上，其声远播四方。雷在山上，其声闷沉，不如在天上之响亮明彻，但又比在地上听到的要响一些，故而山上有雷之象，有稍过之意，异于常态之声。从卦德来看，艮为止，震为动，动止皆为时也，"过以利贞，与时行也"。该止则止，该动则动，动止皆时，《小过》之象必有和谐之态势。考察前人的诸多说法，以孔疏、胡瑗为代表的说法较为合理，认为："小有过差，惟可矫以小事，不可正以大事。"② 胡瑗认为："过者，过其常也。若矫枉而过正，过所以就正也。事有时而当然有待，过而后能亨者，故小过自有亨义……天下之事，小有所差。君子固当过越而行，其小小之事以矫世励俗，使复趋大中之道可也。"③ 小有过错或者过失之时，小事可以进行局部矫正。若是遇到重大事件出现过错，恐怕有时很难进行更正。其后沈该、朱震、林栗、冯椅、俞琰、李光地等主此说。

《象传》从人事角度进行了具象的描述："君子以行过乎恭，丧过

---

① 尚秉和：《周易尚氏学》，中央编译出版社2012年版，第214页。
② （魏）王弼、韩康伯注，（唐）孔颖达疏：《周易正义》卷六，中华书局1980年影印《十三经注疏》本，第71页。
③ （宋）胡瑗：《周易口义》，《文渊阁四库全书》本。

乎哀，用过乎俭"即为"小过"。君子效法"小过"之象，在行止、丧哀、用俭等具体方面按照礼制，加倍施行，可谓重之尊礼。褚云谓："小人之行，小有过差，君子为过厚之行，以矫之也，如晏子狐裘之比也。此因小人有过差，故君子为过厚之行，非即以过差释卦名……小有过差，惟可矫以小事，不可正以大事。"① 君子与小人在处理事情时会有所差别，对于小人来说，往往得过且过，对于礼制往往也是应付了事，总有一些差池；对于君子来说，不仅会尽力为之，而且还会超越自身能力去进一步推动，其行为往往显得很厚重。因此君子当对小人的行为进行矫正，遵循适度原则。

《象传》强调在行恭、丧哀、用俭三方面，若遵从礼之本，则其稍过，其实并没有远离礼之本。其过与不及之说，与《论语》中论及礼之本的说法有异曲同工之意：林放问礼之本。子曰："大哉问！礼，与其奢也，宁俭；丧，与其易也，宁戚。"② 对此有不同的解释：一种是认为礼的本质在俭，丧是戚。另一种是认为俭戚不及而质，奢易过文，二者皆不合礼，但朱熹同时又认为"然凡物之理，必先有质而后有文，则质乃礼之本也。"笔者认为朱熹的话并不矛盾，针对礼的本质来讲，奢易俭戚这些具象并不能准确说明礼的本质。而朱熹后来所讲质是礼之本，是从具象中得出的抽象、一般的结论。从句式上来看，"与其……宁"，是析取性对比关系，即二者取其一项。但是具体到此句中来看，二者并非都符合礼之本，只是从中取其更切近的一项，可见孔子所讲的礼不是一种哲理的思想，而是一种实在的生活。中国古人喜用具象来阐明深刻的道理，由此我们可以看出礼之本是处于动态平衡之中的。③

由此来看，《小过》卦意倾向于过其常态，过厚，小有过差之意。其理想的状态过其常，但并非没有度，而是倾向于时中。对此前人亦有表述，朱震讲道："时当小过，君子不得不小有所过，以矫正一时之过……小过乃所以为时中也。"④《小过》之过的目的在追求适中，使其

---

① （魏）王弼、韩康伯注，（唐）孔颖达疏：《周易正义》卷六，中华书局1980年影印《十三经注疏》本，第71页。
② （魏）何晏注，（宋）邢昺疏：《论语注疏》卷三，中华书局1980年影印《十三经注疏》本，第2466页。
③ 孙亚丽：《〈论语〉中的礼》，《四川文理学院学报》2011年第1期。
④ （宋）朱震：《汉上易传》，《文渊阁四库全书》本。

在运动变化之中能够适时应变。

君子虽然在行事中期盼适中，但是很多事情的态势复杂，需要加以应变。在应变的过程中可能不会依照社会规则，一板一眼地去实施，多有损余补缺，事必矫枉而后平。《周易》对于这种做法并不反对，比如《损》《益》两卦相配合损有余而补不足，"损，损上益下，其道上行。损而有孚""损上益下，民悦无疆；自上下下，其道大光"，减损其下，增益其上，根据情境的变化进行了局部调整，于整体亦有益。

《周易》总是用形象的思维方式来感悟人世间的大智慧，《小过》从卦象到卦德，强调的是自我修养的度，人们需要克制自己的欲望，时刻保持谦恭的心态。《小过》中的"小"包括了主语、程度及方向的描述，从整体卦爻辞来看，着重指示为臣者或者下属如何行事。再来看《小过》卦爻辞是如何解读过常适中之道的。兹录卦爻辞如下：

62. 小过 ䷽（艮下震上）

《小过》：亨利贞。可小事，不可大事。飞鸟遗之音，不宜上，宜下，大吉。

《彖》曰：小过，小者过而亨也。过以利贞，与时行也。柔得中，是以小事吉也。刚失位而不中，是以不可大事也。有飞鸟之象焉，"飞鸟遗之音，不宜上，宜下，大吉"，上逆而下顺也。

《象》曰：山上有雷，小过。君子以行过乎恭，丧过乎哀，用过乎俭。

初六，飞鸟以凶。

《象》曰："飞鸟以凶"，不可如何也。

六二，过其祖，遇其妣。不及其君，遇其臣。无咎。

《象》曰："不及其君"，臣不可过也。

九三，弗过防之，从或戕之，凶。

《象》曰："从或戕之"，凶如何也？

九四，无咎。弗过遇之，往厉必戒，勿用永贞。

《象》曰："弗过遇之"，位不当也。"往厉必戒"，终不可长也。

六五，密云不雨，自我西郊。公弋取彼在穴。

《象》曰："密云不雨"，已上也。

上六，弗遇过之，飞鸟离之，凶，是谓灾眚。
《象》曰："弗遇过之"，已亢也。

卦辞：《小过》：亨利贞。可小事，不可大事。飞鸟遗之音，不宜上，宜下，大吉。

《小过》为何不是"元亨利贞"而是"亨利贞"呢？从《小过》卦意来看，过者，过其常态。天下的事情，若是小事有所差别，或过或失，都可以矫治，使之复归中道。但若是大事有所差池，怕是很难调转方向。"元"为大之意，所以《小过》占辞没有出现"元"。再者，从卦辞来看，直接点明"可小事，不可大事"。

对于"可小事，不可大事"，前人有不同看法：从象数角度，一是六二、六五爻以柔居中位，故小事吉，不可大事。《象传》对古经的解释是："柔得中，是以小事吉也。刚失位而不中，是以不可大事也。"孔疏曰："柔顺之人，惟能行小事，柔而得中，是行小中时，故曰'小事吉'也。刚健之人，乃能行大事，失位不中，是行大不中时，故曰'不可大事'也。"[1] 从爻位推测人事，上下卦体的中位皆是阴爻，柔顺居中不正，不能做成大事。其后胡瑗、沈该、朱震、郑刚中、林栗、朱熹、易祓、李过、俞琰、来知德、陈梦雷、李塨、胡煦等主其说。二是虞翻认为"小谓五，晋坤为事，柔得中，故可小事也。大事四，刚失位而不中，故不可大事也"[2]，六五阴柔居中，只能做小事。九四阳爻，失位不中，故不可承担大事。

其实，无论"小""大"具体是指哪一爻，古人的不同看法都表明一个观点：凡做大事的人，欲成就大功业，必须具备两点：一是内在要有刚明之才，二是为人需以柔顺之道。何为"大事""小事"？李光地指出："大事，谓关系天下国家之事；小事，谓日用常行之事。"[3]《小过》之时，为臣者需低调、谦恭，内心涵容家国之事，这样结果会吉祥。

"飞鸟遗之音，不宜上，宜下"，关于"飞鸟"之象，前人有不同

---

[1] （魏）王弼、韩康伯注，（唐）孔颖达疏：《周易正义》卷六，中华书局1980年影印《十三经注疏》本，第71页。
[2] （清）李道平撰，潘雨廷点校：《周易集解纂疏》，中华书局1994年版，第521页。
[3] （清）李光地：《周易折中》，巴蜀书社2008年版，第236页。

的看法：虞翻从卦变角度认为离为飞鸟，"离为飞鸟，震为音，艮为止。晋上之三，离去震在，鸟飞而音止，故飞鸟遗之音"①。尚秉和先生认为艮为鸟，"《小过》下艮，故曰鸟。上震，故曰飞鸟。而震为覆艮，是上下皆鸟，故《传》曰有飞鸟之象焉……艮为鸟，上艮覆，故曰逆，下反，是故顺。又五乘刚故逆，二承阳故顺。"② 由于《小过》卦体的特殊性，即上下卦体为覆卦，所以艮为鸟，那么震亦为飞鸟。问题是，虞翻、尚秉和先生所说的古象现多遗失，不知所据。

从卦画可以推测出飞鸟之象，《小过》卦画为四阴二阳，二阳在内，四阴包围二阳，组合起来似作飞鸟之象。即二阳爻为鸟身，四阴爻为鸟的上下翅膀。对此，宋衷曰："二阳在内，上下各阴，有似飞鸟舒翮之象，故曰飞鸟。震为声音，飞而且鸣，鸟去而音止，故曰遗之音也。"鸟身与鸟翼二者存在制约关系，苏轼描述"《小过》有鸟之象，四阴据用事之地，其翼也。二阳因于内，其腹背也。翼欲往，腹背不能止。翼欲止，腹背不能作也。故飞鸟之制在翼。"③ 鸟翼是飞翔的主导，往止的动作，鸟身不起作用。林栗："尊者之过，君骄而臣谀也。卑者之过，臣强而主弱也。君骄臣谀故以栋挠象之，臣强主弱故以飞鸟象之。然以其刚过而得中故谓之大过，以其柔过而得中故谓之小过也。"④ 为臣者作为辅佐君主的两翼，必须把握好方向和具体的行动措施，否则家国大事一旦稍有差池，就很难扭转。

"飞鸟遗之音，不宜上宜下"，《象传》对此的解释是："'飞鸟遗之音，不宜上宜下，大吉'，上逆而下顺也。"王弼从爻位关系解读，认为"上则乘刚，逆也。下则承阳，顺也"，六二顺承九三，六五乘凌九四，一逆一顺。孔疏解释："顺则执卑守下，逆则犯君凌上，故以臣之逆顺，类鸟之上下也。……上则乘刚而逆，下则承阳而顺。"⑤ 推知人事，为臣者需顺应君主，若是乘刚以逆其意，后果为凶。

陈梦雷亦从爻位关系，认为"以卦体言，飞鸟遗音不宜上宜下，上

---

① （清）李道平撰，潘雨廷点校：《周易集解纂疏》，中华书局1994年版，第281页。
② 尚秉和：《周易尚氏学》，中央编译出版社2012年版，第214页。
③ （宋）苏轼：《东坡易传》，《文渊阁四库全书》本。
④ （宋）林栗：《周易经传集解》，《文渊阁四库全书》本。
⑤ （魏）王弼、韩康伯注，（唐）孔颖达疏：《周易正义》卷六，中华书局1980年影印《十三经注疏》本，第71页。

逆下顺者，上卦乘阳，四、五失位，逆也。下卦乘阳，二、三得位，顺也，故占此者，凡事不宜上而宜下也。"① 四、五、上六爻位，失位为逆。二、三当位为顺，故为不宜上而宜下。

从爻位来解释"飞鸟遗之音，不宜上宜下"总是隔了一层，陈士元则直接指出其意涵所在，此象借指为臣者应该低调，不宜有过高之意："盖鸟有所飞，必有所归。若飞而无归，下弃其栖止之艮山，而欲上穷乎震之太空，徒哀鸣而遗音则无及矣，此不可大事之象也，故占者不宜于过高而宜于卑下，乃得大吉，此可小事之谓也。"② 飞鸟展翅飞翔，是要飞出去觅食捕虫，而虫往往在草丛中，飞鸟要向下飞，才能觅到食。若是往上飞，一是找不到虫子，二是飞到一定的高度，往往会被猎人射杀。鉴于此，飞鸟都应该向下飞，不宜向上飞，顺应鸟的本性。对于人来讲，不宜向上膨胀，应该向下谦恭，尤其是处在伴君如伴虎的地位。所以，《周易》强调"德崇高，礼尚谦"，为人对崇高德行的追求是越高越好，但做事需要秉持依礼而行，低调谦虚。

初六，飞鸟以凶。

初六处初位，鸟刚起步，必要向上飞，欲飞往上应九四爻。正如易祓所说："夫当过者不以为过，不当过而过，则过矣。初六之飞鸟在艮止之下，固未至于过，自下而上，上应震之九四，所过之疾，一往弗反，其势将至于上六爻之灾眚，故圣人豫戒之曰飞鸟以凶。"③ 艮为止，初六本应暂时停止飞翔，若不顾劝阻，一味高飞，必会有上六爻所显示的灾祸。

飞鸟一般是先向上起飞，再向下滑向灌木丛，方能觅食。若是向上则易被猎人射杀。而对于人来讲，刚起步时期根基未稳，若强行向上，则凶的可能性极大。正如程颐所讲："初六阴柔在下，小人之象。又上应于四，四复动，体小人躁易而上有应。助于所当过，必至过甚，况不当过而过乎？其过如飞鸟之迅疾，所以凶也。躁疾如是，所以过之速且远，救止莫及也。"④ 若急躁不止，其行为不当过而过，偏离太甚，回复就会很难。初六爻是以飞鸟为象，告诫人们，若是像鸟逆势强飞，结

---

① （清）陈梦雷：《周易浅述》，上海古籍出版社1982年版，第216页。
② （明）陈士元：《易象钩解》，《文渊阁四库全书》本。
③ （宋）易祓：《周易总义》，《文渊阁四库全书》本。
④ （宋）程颐：《伊川易传》，《文渊阁四库全书》本。

果为凶险。

六二，过其祖，遇其妣。不及其君，遇其臣。无咎。

"祖"与"妣"之意，众说纷纭。从人事关系来看，虞翻认为"祖，谓祖母，初也。母死称妣，谓三坤为丧，为母，折入大过死，故称祖也。妣二过初，故过其祖。五变三体姤遇，故遇妣也。"①"祖"谓祖母，"妣"，母死称妣。黄寿祺、张善文则认为"祖"为祖父，"妣"为祖母。

从爻位关系来看，王弼则认为"祖"，始也，初也；"妣"，六二爻。"过而得之谓之遇，在《小过》而当位，过而得之之谓也。祖，始也，谓初也。妣者，居内履中而正者也。过初而履二位，故曰'过其祖'而'遇其妣'。"②胡煦认为"祖"为九三爻；"妣"为六二爻。"震、艮皆一君二民，三阳居二上，而为卦主，故称祖、称君。过祖遇妣据应言也，遇妣遇臣谓二、五皆阴遇而非正，故宜应而不应也。三阳为君，而二适处下，故曰不及五君。二臣今二适得乎臣位，故曰遇其臣，兼过不及言者为爻在中也。"③震、艮两卦皆是一阳二阴，阳为卦主，即称祖、称君。由于六二爻上与六五爻皆阴爻，不相应，故不及君。

林栗认为九三为"祖"，初六为"妣"，"二承乎三，三有君父之象焉。二承乎四，四之于二则其祖矣。初应乎四而连于三，配祖则为妣，从君则为臣也"。④项安世则以为九三、九四为祖，初六、六二为妣。"二阳，君也、祖也，乃降而居下。二阴，臣也、妣也，乃升而居上。二本与五为应，故往而求之，今乃过三与四而见六五焉，非所期也，故为过祖与君而遇妣与臣之象。臣不可言过其君，故变文曰不及其君，言不相值也，其实则过之矣。"⑤两阳爻为君，为祖，下卦两阴爻为臣、为妣，二阴爻欲上与六五相应，但有二阳爻相阻，且为臣者不能僭越君主，所以不得愿。

---

① （清）李道平撰，潘雨廷点校：《周易集解纂疏》，中华书局 1994 年版，第 523 页。
② （魏）王弼、韩康伯注，（唐）孔颖达疏：《周易正义》卷六，中华书局 1980 年影印《十三经注疏》本，第 72 页。
③ （清）胡煦撰，程林点校：《周易函书》（二），中华书局 2008 年版，第 740 页。
④ （宋）林栗：《周易经传集解》，《文渊阁四库全书》本。
⑤ （宋）项安世：《周易玩辞》，《文渊阁四库全书》本。

程颐认为"祖",九四阳爻为祖;"妣",六五阴爻为妣。"阳之在上者,父之象。尊于父者,祖之象。四在三上,故为祖。二与五居相应之地,同有柔中之德,志不从于三四,故过四而遇五,是过其祖也。五阴而尊祖,妣之象,与二同德相应,在他卦则阴阳相求,过之时必过其常,故异也。"① 李过则认为九四为六二之祖,六五为其妣。赵汝楳认为祖即六五爻;妣即上六爻。

六二爻中出现的"祖""妣""君""臣"皆为人事称呼。由祖、妣关系来看,妣从祖。由君臣关系来看,臣从君。两者皆不得越过各自的本分。从爻位关系来看,六二爻处于下卦之中位,虽已过初位,但六二爻上与六五爻不应,且处下位,故而不及其君。郑刚中曰:"六二一爻以闺门言之,则妣之位为其以顺配祖也。祖谓初也,谓初为祖者,初于二为始故也。以朝廷言之,则臣之位为其以顺上承也。君谓六五也,谓六为君者,五君之位也。二虽过其祖,然其所遇乃臣之分,过则僭矣。遇者适相当之,谓小过如是,尚奚咎哉?"② 所以"祖"当为初六爻,"妣"当指六五爻。

以古代人的社会地位而喻,二为士人,距离五爻天子之位尚远,臣不可僭越君。胡瑗:"为臣之分,则必奉君之职而行臣之事,不敢及于君,盖为臣之道,不可过越也。"③ 六二面对上下爻,臣子面临君主宜应中顺从之。君是承天所命,秉天之旨,臣子不能僭越君主,也就是不能违背天道。

《周易》一贯遵循阴阳相应,则有君臣、夫妇等配偶之象。若是无应,一般则出现父子、夷、嫡媵、妣妇等同类之象。六二爻与六五爻皆为阴爻,所以有妣妇之象,此时臣子未与君主相遇合。《小过》卦意主在过恭过俭过小,也就是对于妻道、臣道的要求。六二爻居中位,有中正之德,所以能够权衡过与不及,求得中和。

九三,弗过防之,从或戕之,凶。

王弼、孔颖达认为《小过》之世,小者才能立德。九三阳爻为大,不能过但能防。九三与上六相应,上六为小人,九三从于小人,会有凶

---

① (宋)程颐:《伊川易传》,《文渊阁四库全书》本。
② (宋)郑刚中:《周易窥余》,《文渊阁四库全书》本。
③ (宋)胡瑗:《周易口义》,《文渊阁四库全书》本。

祸。程颐则具体分析王注、孔疏之意，"《小过》阴过阳，失位之时，三独居正。然在下无所能为，而为阴所忌恶，故有当过者在过防于小人。若弗过防之，则或从而戕害之矣，如是则凶也"①。认为九三阳爻居阳位，当位。《小过》六爻中，九三爻为唯一正位的爻位。但是其所处环境不好，一是本身居下卦，无所能为；二是为众阴所恶，小人当道之时，防之从之，都可能有凶的结果。对此后世胡瑗、沈该、朱震、郑刚中、朱熹、易祓、李过、俞琰、来知德、杨启新、李光地、陈梦雷、胡煦等皆主其说。

苏轼认为六二为强臣，九三刚而不中，不能容六二爻。六二、九三相从逆君会有凶，但是"在内曰弑，在外曰戕"，表明咎错主要是在九三爻。林栗与此观点基本相同，认为九三阳刚不居中，有过乎刚之意。不过者为六二爻，六二柔居中承三阳，为下卦之主体。九三爻处下卦艮中，艮为土，为止，有提防之象。君臣有不相安之象，必有大变，但是六二中正柔顺，终无成功之可能。九三跟从小人作乱，则必将引来不测之凶祸。

九三爻所处位置微妙，一方面处于下卦之上，二阴爻围之。九三爻阳刚得正，若自恃强大忽视二阴爻，不加防备，那么很容易受到戕害。另一方面，九三爻处于上下卦之中，多变之时，更需多加防备。《小过》卦强调的是每遇此时可过防，就不会受到小人们的伤害。

九四，无咎。弗过遇之，往厉必戒，勿用永贞。

对于"弗过遇之"，前人有多种解释。王弼认为："虽体阳爻，而不居其位，不为责主，故得无咎也。失位在下，不能过者也。以其不能过，故得合于免咎之宜，故曰弗过遇之。"② 九四阳爻居阴位，不为责主，故得无咎。失位在下，不能有所作为。并且九四近五尊位，更不能逾越尊位，故而"弗过遇之"。

胡瑗认为九四下应初六，是能宜下，且九四能过行矫正之，"今九四虽位上卦之下，而应于初六，是能下附人情，故得无咎也。弗过遇之者，言《小过》之时，事小有差，君子宜过行而矫正之，乃权时之宜

---

① （宋）程颐：《伊川易传》，《文渊阁四库全书》本。
② （魏）王弼、韩康伯注，（唐）孔颖达疏：《周易正义》卷六，中华书局1980年影印《十三经注疏》本，第72页。

也"①。与之相反，来知德则认为九四阳爻，阳遇阴为弗过。且九四爻上遇两阴，两阴处上卦震，震为动，故弗过遇之。

朱熹认为九四阳刚居阴柔之位，有过乎恭之意，故无咎。虽为阳刚但不能过于刚，适可而止。"言弗过于刚，而适合其宜也，往则过矣，故有厉而当戒。阳性坚刚，故又戒以勿用，永贞。"②但是朱熹自认此并不能完全解释《小过》卦中的"过""遇"之辞，故而谨慎地提出"未详如是，当阙以俟知者"。

从九三、九四两阳爻"弗过防之""弗过遇之"、上六爻"弗遇过之"来看，其三爻"过""遇"皆与诸阴爻、六五爻尊位有关。九三阳爻下有二阴爻相围，不加提防，就会有危险。对待小人只需过分，多加提防并不为过。九四阳居阴位，外刚内柔，下应初六爻。若主动向下应初爻，符合"不宜上宜下"的过遇方针。若不能很好地把握度，不知道往哪个方向行动，则会有危厉。此时的九四前往遇合六五爻，那么就会有危险，此时需要"勿用"，才能免灾。上六爻居六五爻之上，已过六五爻，故有遇过之说。

六五，密云不雨，自我西郊。公弋取彼在穴。

六五阴爻居尊位，阴盛至极。阴阳之气相和，才能有雨之象，今六五阴爻，居上卦震体。下卦艮体，艮为止，阻止阳气不能上升，阴气聚集故为云，不能形成雨。

至于"自我西郊"之意，有几种不同的意见：王弼认为"六得五位，阴之盛也，故密云不雨，至于西郊也"③，六五阴爻上无阳爻相应，虽阴盛于上，九三艮止于下，阴阳没有交合，依然不能有雨。虞翻从象数角度，认为互卦兑为西，六五变卦后形成互卦乾，乾为郊，故有自我西郊之意；沈该猜测西郊可能跟西伯有关，"盛德无辅，王泽未加于民，其西伯之事乎？是以西郊为言也"④；何楷认为之所以不降雨是因为云来自西方，"凡云自东北起者有雨，云自西南起者无雨"⑤。诸家莫衷一是。

---

① （宋）胡瑗：《周易口义》，《文渊阁四库全书》本。
② （宋）朱熹：《周易本义》，《朱子全书》第1册，上海古籍出版社2002年版，第86页。
③ （魏）王弼、韩康伯注，（唐）孔颖达疏：《周易正义》卷六，中华书局1980年影印《十三经注疏》本，第72页。
④ （宋）沈该：《易小传》，《文渊阁四库全书》本。
⑤ （明）何楷：《古周易订诂》，《文渊阁四库全书》本。

"公弋取彼在穴"，从象数角度，公，九三爻，穴为六二爻，艮为手，坎为弓。九三取六二爻以助六五爻。程颐认为，九三取六二助六五爻，意在使六五爻成雨，可是两阴不相应，不能成雨。穴为隐伏之物，意即《小过》者治小之失，犹如公弋猎取得穴中隐伏之物。穴为隐伏在下，弋为射高者。即过行其事，意在矫下，"弋者，所以射高也。穴者，所以隐伏而在下也。公以弋缴而取穴中之物，犹圣贤虽过行其事，意在矫下也。然五以柔而处至尊之位，无刚阳之德，故止可为公之事也"①。六五阴柔居君位，尽管不能像阳刚中正之君行国家大事，但是向下看，就有很多王公贤臣代行其职。虽然王公过行其为臣的职责，"四本公之位，今于五言公者，所以见其过也"②，但是能够正确行使治政的全责，使得天下百姓能够安居。正如《小过》之意，小者过，但过能够控制在合理范围内，也能有和谐的结果。

上六，弗遇过之，飞鸟离之，凶，是谓灾眚。

上六爻居卦之终，阴爻处高，不能应和下阳爻，且九三阳爻过防两阴爻，无暇上与上六阴爻相应和。又超过了六五君位，可谓过越至极。对于"飞鸟离之"中的"离"，以孔颖达为代表，认为"离"是附着的意思，"以小人之身，过而弗遇，必遭罗网。其犹飞鸟，飞而无托，必离缯缴，故曰'飞鸟离之，凶'也"③。虞翻亦认为："离为飞鸟，公弋得之，鸟下入艮手而死，故飞鸟离之凶。"④飞鸟飞到一定高度，没有任何的遮拦，很容易成为猎人的目标。

此爻的占问结果既为"凶"，为何又有"灾眚"之语？此种占卜用语，在《复》卦上六爻亦曰："迷复，凶，有灾眚。"李光地认为："辞意不同，凶由己作，灾眚外至。"⑤《复》卦中的结果是因"凶"才导致灾眚的结果，而此爻"凶，是谓灾眚"，则是指明上六爻的凶果是外在原因导致。

此爻与九四爻正相反，九四爻曰"弗过遇之"，上六爻曰"弗遇过

---

① （宋）胡瑗：《周易口义》，《文渊阁四库全书》本。
② （宋）郑刚中：《周易窥余》，《文渊阁四库全书》本。
③ （魏）王弼、韩康伯注，（唐）孔颖达疏：《周易正义》卷六，中华书局1980年影印《十三经注疏》本，第72页。
④ （清）李道平撰，潘雨廷点校：《周易集解纂疏》，中华书局1994年版，第526页。
⑤ （清）李光地：《周易折中》，巴蜀书社2008年版，第239页。

之"。对此理解，仍然要回到《小过》卦意来审察。《小过》，小者过也，在《小过》中较之阳爻，阴爻较为强势，所以阳微不能过阴，只有遇合阴爻。"弗遇过之"，上六阴爻居极，不能遇阳而过阳。九四阳爻下有阴爻相遇，而上六爻已过阳爻，且不能与阴爻相遇合，所以言"弗遇过之"。

《小过》卦画为四阴二阳，虽然众家皆认为阴为小，阳为大，阴多于阳，故曰《小过》。但是从阴阳组合来看，阴多于阳的卦组合并不少，因此《小过》卦意并不能因此而断定。考察卦辞、《象传》及《大象》诸解，笔者认为《小过》卦意可以从卦象和卦德两者结合来看，艮下震上，艮为山，震为雷，雷在天上，其声远播四方。从卦德来看，艮为止，震为动，动止皆为时也，"过以利贞，与时行也"。该止则止，该动则动，动止皆时，《小过》之象最终追求和谐之态势。

初六阴居阳位，不当位，且居下卦《艮》之初，本应静止不动，却反其道强而行之，最终逃不过凶险的结果；六二居位得当，能够上与六五相遇，并且能够恪守中正之道，不僭越，仅过祖而不及君，故而没有咎害；九三爻阳刚居正，下有两阴爻相围。尽管过分防备，仍不为过，否则稍不警惕，就会有被戕害的灾难。九四爻处六五君位之下，虽有过六五君位之欲望，但无奈其势弱，并不能过六五君位。若不能很好地把握度，又不知道前往何方，就会有危险了；六五以阴柔居中，能够得到贤臣的辅佐。尽管为臣者稍有僭越君权，但是能够控制在一定的范围内，所以未有凶；上六爻居《小过》之终位，阴爻僭越至极，且处上卦《震》中，震为动，为足，仍不断向上行的趋势，故而有亢之灾悔。正如飞鸟高飞无遮拦，被猎人轻易地射杀，可谓灾眚。

由此来看，《小过》卦意为过其常态，小有过差之意。同时其意过其常，并非没有度，而是倾向于时中。《小过》者，指明为臣者要低调、谦恭。向下可以过越，但千万不要向上过越。《小过》指明了过越的主语、方向及程度，卦爻辞都是强调"可小事，不可大事""不宜上，宜下，大吉"。

第三节 《艮》卦爻辞考论——适时而止

《序卦传》："物不可以终动，止之，故受之以艮；艮者，止也。"

《艮》卦是第五十二卦，位处《震》卦之后，《渐》卦之前。崔觐曰："震极则'征凶，婚媾有言'，当须止之，故言'物不可以终动，止之'矣。"① 动静相因，极震之后理应走向静止，静中有动，所以在《震》卦之后出现了《艮》卦。古有"夏《连山》"，为夏朝的易书，其中是以《艮》卦为首卦。《说卦传》："……成言乎艮。……艮，东北之卦也，万物之所成终而所成始也，故曰'成言乎艮'。"《艮》卦位于东北方，时令象征立春。一年之计在于春，意味着生长、萌芽之意。而到了周朝之时，国家采用礼治，推崇《乾》为君之道，所以把《乾》卦划归首卦，这是与时代背景相关的。

《艮》卦在强调静止时行的同时，更强调了自我的控制。虽然君臣为政的过程中都需要自我控制，但是相对而言，为臣者处于弱势地位，更需要自我控制来保全其身。《象传》《说卦传》《杂卦传》并曰："艮，止也。"古今易家均取其"停止""静止""抑止""安止"之义。止之于未现之时，这不仅单是停止、静止、抑止之止。其实从卦爻辞来看，《艮》卦更强调的是自我的控制，时止则止，时行则行。从卦画看，《艮》卦是一阳在二阴上面，阳已升到极点，所以停止。互体有《震》卦，震为动，《艮》卦之中动静皆在，所以面临动之时，强调自我控制。

从卦象看，《艮》卦艮下艮上，山连山之象。古人行动时，遇山而止，更何况是两山相连。王弼注："凡物对面而不相通，否之道也。"② 《艮》卦是两艮相连，上下爻间没有相应，也没有交感，是止而不相交通，不相往来之卦。以人的身体作比附，身体各个部位中，最不容易动的部分是背部。背部静止，身体就是想动，也不能动。从卦德看，艮为止，艮止之，畜止之后方有大通。程颐："艮山之象，有安重坚实之意，非止义可尽也……然则畜止之意何异？曰：畜止者，制畜之义，力止之也。艮止者，安止之意，止其所也。"③ 兹录卦爻辞如下：

52. 艮☶（艮下艮上）

《艮》：艮其背，不获其身；行其庭，不见其人。无咎。

---

① （清）李道平撰，潘雨廷点校：《周易集解纂疏》，中华书局1994年版，第459页。
② （魏）王弼、韩康伯注，（唐）孔颖达疏：《周易正义》卷五，中华书局1980年影印《十三经注疏》本，第62页。
③ （宋）程颐：《伊川易传》，《文渊阁四库全书》本。

《彖》曰：艮，止也。时止则止，时行则行。动静不失其时，其道光明。艮其止，止其所也。上下敌应，不相与也，是以"不获其身，行其庭，不见其人，无咎"也。

《象》曰：兼山，艮；君子以思不出其位。

初六，艮其趾，无咎，利永贞。

《象》曰："艮其趾"，未失正也。

六二，艮其腓，不拯其随，其心不快。

《象》曰："不拯其随"，未退听也。

九三，艮其限，列其夤，厉熏心。

《象》曰："艮其限"，危熏心也。

六四，艮其身，无咎。

《象》曰："艮其身"，止诸躬也。

六五，艮其辅，言有序，悔亡。

《象》曰："艮其辅"，以中正也。

上九，敦艮，吉。

《象》曰："敦艮之吉"，以厚终也。

卦辞：《艮》：艮其背，不获其身；行其庭，不见其人，无咎。

卦辞中"艮其背"，前人多有不同的解读，第一种，以王弼为代表认为，背者乃是无见之物，"施止于背，不隔物欲，得其所止也。背者，无见之物，无见则自然静止。静止而无见，则不获其身矣。相背者，虽近而不相见，故行其庭，不见其人也"[①]。"背"解释为无见之物，看不见则自然没有欲望，没有行动自然就会静止不动，正如老子所说："不见可欲，使心不乱也。"这种制止的方法是防患于未然，防其未兆之时。后世胡瑗、程颐、朱震、郑刚中、苏轼、朱熹、林栗、郭忠孝、吴曰慎、黄寿祺和张善文、南怀瑾和徐芹庭、郑玉姗等主其说。

第二种解读，"艮"假借为"谨"，"'艮'疑假借为'谨'。艮、谨同为见母文部字，古为同音字"[②]。艮其背，意即谨慎背后有人暗算。

[①] （魏）王弼、韩康伯注，（唐）孔颖达疏：《周易正义》卷五，中华书局1980年影印《十三经注疏》本，第62页。

[②] 陈鼓应、赵建伟：《周易今注今译》，商务印书馆2005年版，第466页。

"其人"指问筮者,即初六。陈鼓应、赵建伟认为艮为两山之象,山象征着险阻,两山就意味着重重险阻,所以此时应当谨慎行之。这种说法的根源是采用假借字来解释,"艮"假借为"谨"。笔者认为古文解读能用本字解释清楚的,一般不采用假借字。卦辞"艮其背"据本字可以解释清楚,所以不再采用"艮"假借为"谨"来解释了。

第三种解读,高亨先生认为"艮"之字形为"见",释为还视、照顾之意。"艮亦为还视之意,引申为注视之意。本卦'艮'字皆当训顾,其训止者,当谓目有所止耳……艮其背,不获其身,犹云顾其背不获其身,顾其小者忘其大者,身之将亡,背何能有,故曰艮其背不获其身,行其庭不见其人。此当为凶象,不宜再言无咎,疑'无咎'二字衍文,盖今文经之所无也。"① "艮其背,不获其身"是指只看到背,没有注意身子,有顾小忘大之意。此为凶象,而卦辞中结果占断为"无咎",高亨认为是衍文。

许慎认为"艮"之本义为很,《说文》:"艮,很也。从匕目,匕目犹目相匕,不相下也。易曰'艮其限'。匕目为艮,匕目为真。"② 唐兰先生从小篆字形分辨,认为许慎之说不确:

> 按小篆见作🅑,艮作🅒,目形无别,许氏不得其说,故解为从匕目,又从而附会之耳。其实艮为见之变,见为前视,艮为回顾,见艮一声之转也。艮为回顾之意,艮顾亦变声也。易曰:"艮其背,不获其身,行其庭,不见其人,亡咎。"艮其背者,反顾其背,象传引作艮其背止,误也。后世假借为很,为限,而本义湮晦矣。③

"艮"字乃是由"见"字变化而来,二字意义相反:"见"的意思是前视,"艮"的意思是回顾。唐兰先生认为艮的本义为回顾,而非止之意。唐兰先生引用《艮》卦辞为例证,反证《象传》所说"艮为止"之意为误。从卦象来看,"艮"在这里有回顾之意。另外,《周易》卦

---

① 高亨:《周易古经今注》,中华书局1987年版,第311页。
② (汉)许慎撰,(清)段玉裁注:《说文解字注》,上海古籍出版社1981年版,第693页。
③ 古文字诂林编纂委员会:《古文字诂林》(七),上海教育出版社2004年版,第467页。

爻辞是依象而立，《艮》卦为山下山上，艮为山，山静止，故《艮》卦的性质为止。也就是说，《周易》中"艮为止"之意，是依照其卦象推论，并不是遵循"艮"字本义而来。

再者，依照唐兰先生的说法，"艮"本义为回顾，那么"艮其背，不获其身，行其庭，不见其人"，意思是回顾其背，看不见其身，行走在庭院，看不见其人。这尚且可以说得通，但是爻辞中同样出现的"艮其趾"译为看其足趾，这一象与后面的"无咎，利永贞"有何关联？"艮其腓"译为看其小腿肚，这一象与紧接着的"不拯其随，其心不快"又有何关联？讲不通了。

由此来看，唐兰先生训释"艮"本义为回顾可能是正确的，但是《周易》卦爻辞的作者在编撰过程中，有些卦爻辞并没有依据其字的本义进行编写，而是更注重卦爻象。所以唐兰先生、高亨先生从字源上来解释"艮其背"并不合适。

爻象选用人的身体部位作象，由此来看，"艮其背"之"背"就是后背的意思，在人的身体骨骼之中，只有后背是最富有静感的。"艮其背，不获其身"实际可以感悟出两层含义：一是像后背一样静止，意即有所不为，能够自我控制。"'艮其背'，则止于所当止也。止于所当止，则不随身而动矣，是不有其身也。"[①] 二是若是自我没能控制住，就要把这些见不得人的东西藏之于身后，正所谓"不获其身"。"行其庭，不见其人"紧承前面"艮其身，不获其身"之意，进一步强调行止，行走在庭院，如两两相背，互不见其人。也就是说人人都把自己的邪恶的欲念藏在背后，隐藏起来不显现。

《彖辞》解释卦辞"时止则止，时行则行；动静不失其时"，强调此卦的与时俱进。该止则止，该撤则撤，要顺势而行，根据客观条件的变化及时作出相应的调整，顺应天道。《大戴礼记·哀公问》："公曰：敢问君何贵乎天道也？孔子对曰：'贵其不已，如日月东西相从而不已也，是天道也'。"《艮》卦的终始即为天道，天道就是规律。孔子的意思是说为君者要顺从天道，世间任何事物的发展都逃脱不了客观规律的限制，人只能顺应，不能违背。《艮》上下皆是二阴一阳，阴浸逼阳之

---

① （宋）朱熹：《周易本义》，《朱子全书》第1册，上海古籍出版社2002年版，第77页。

卦。对于君子来说，此时的形势不利于行动，行止需要自我控制。艮止之道的关键并不是为保持静止或停止的状态而采取的具体动作，而在于要洞悉"动静不失其时"的规律，如此方能避免灾患。

《象传》引申至君子处事，"君子以思不出其位"，君子行止的效果是尽职但不越位。意即为臣者需要看清自己所处的地位，尽职尽责，理解、支持和辅佐君主的政治。正如孔子所说："君君、臣臣、父父、子子。"为政首要的便是正名，名不正则言不顺，言不顺则事不行，所以为君者要做君主该做的事情，为臣者就要尽职尽责地辅佐拥护君王，抑止邪恶的欲念，止于本分，不要做出越权之事。

初六，艮其趾，无咎。利永贞。

六爻象征事物发展过程，体现从低到高的趋势。《艮》卦六爻自下而上分别取象人体各个部位，从不同角度阐释《艮》卦自我控制的道理。初六爻位于卦之初爻，位卑势微，象征事物的发端萌芽。从身体"趾"部位说起，趾，足。初六居爻之初，此时施止于趾，止足不前，正是防微杜渐、防患未然。初六阴柔，居静而止，故有"利永贞"。王弼注："处止之初，行无所之，故止其趾，乃得'无咎'，至静而定，故'利永贞'。"[①] 初六居止之初，当止其足不得行，如此才能没有过错。

处于静止之初不可躁动，所以告诫"利永贞"，此处"贞"之意，王弼解释为正。"利永贞"解释为静而定，利在永贞，并不确切。"贞"在经文中应解释为贞问、贞卜，在传中一般解释为正。此爻"利永贞"有两种解释：一是贞问的结果为长久有利。二是（当你拿不定主意之时）贞问一卦对你有利。与上九之"敦艮，吉"两相呼应，强调施止必须有始有终、一以贯之，永久地守持此道才会获得吉祥。

六二，艮其腓，不拯其随，其心不快。

"腓"，汉帛书写作"肥"，"肥"通"腓"。"腓"就是小腿肚。廖名春、丁四新等认为从字形上来看，"足"字其上象腓肠，下从止，并且"腓"与"足""股"意义相近，所以"足"与"肥""腓"二字意近。腓，胫后肌肉，俗称"腿肚子"。许慎《说文解字》："腓，胫腨

[①] （魏）王弼、韩康伯注，（唐）孔颖达疏：《周易正义》卷五，中华书局1980年影印《十三经注疏》本，第63页。

也","腨,腓肠也",① 两字相邻,孔颖达把"腓"解为"肠",疑为窜乱致误。"拯"通承,兼上举、拯救之义;文中与"随"相连,则应取其"上举"之义。

至于六二爻的小腿肚是随着哪部分运动,前人有不同的观点:孔颖达认为"腓"指肠也,在足之上。足之动止随腓之动止,六二不动,则初六亦无法动。六二躁动,施止不得其所。"腓,肠也,在足之上。腓体或屈或伸,躁动之物,腓动则足随之,故谓足之随。拯,举也。今既施止于腓,腓不得动,则足无拯举,故曰'艮其腓,不拯其随'也。"② 陈鼓应、赵建伟则与之相反,认为初爻居刚位,有躁动之意,而六二阴柔无力止之,"六二阴柔,无力收止之,故'其心不快',盖恐其一旦影响自身也"③。

宋儒胡瑗、沈该、朱震等认为"腓"指足之腨肠也,腓之动止随足之动止。也就是六二爻动止紧随初六爻,"夫腓之为物,不能自动,随足而已。是足动则动,足止则止,今足既已动,而欲止其腓,必不可得而止也,是不能自拯救其失,但随物而动也"④。程颐、朱熹、杨简、郑刚中及明代的来知德、俞琰等又有新解,程颐曰:"股动则腓随,动止在股而不在腓也。二既不得以中正之道,拯救三之不中,则必勉而随之。"⑤ 腓之动止随股之动止,即六二之动止随九三之动止。

从初六至六二爻,从足趾到小腿肚,一步步提升控制能力。"不拯其随"究竟是指足趾不随着小腿肚运动呢,还是小腿肚不随着大腿的带动运动呢?从身体构造来看,抑止小腿肚的运动,足就无法行动;抑止大腿的运动,小腿肚无法运行,所以古人的几种理解都说得通,都是讲行止。

"其心不快",前人对"其心不快"多解释为内心不快乐。结合出土文献来看,上博藏楚简《周易》写作"丌心不悸","快"写作"悸",《说文》:"悸,心动也。"丁四新认为"悸"属于群纽质部字,

---

① (汉)许慎撰,(清)段玉裁注:《说文解字注》,上海古籍出版社1981年版,第324、325页。
② (魏)王弼、韩康伯注,(唐)孔颖达疏:《周易正义》卷五,中华书局1980年影印《十三经注疏》本,第63页。
③ 陈鼓应、赵建伟:《周易今注今译》,商务印书馆2005年版,第467页。
④ (宋)胡瑗:《周易口义》,《文渊阁四库全书》本。
⑤ (宋)程颐:《伊川易传》,《文渊阁四库全书》本。

"快"属于溪纽月部字,两字声韵相近,为通假字,所以"悸""快"二字可相通。[①] 心悸多有一种恐惧、担心在里面,并非单纯的快不快乐。若是理解为不快乐,那么"艮其腓,不拯其随"行止是不对的,所以内心才不快乐。若是理解为内心不恐惧、不担心,那就意味着"艮其腓,不拯其随"行止是适当的。联系六二爻修养的提高来看,"艮其腓,不拯其随"上下间行止是有度的,不是随意的跟随,那么六二之止当是适当和正确的,由此来看,"其心不快"解释为内心不恐惧更加准确。

九三,艮其限,列其夤,厉,熏心。

"限"就是分界,身体分界之处就是腰,限,身之中也,腰带处也。王弼注:"限,身之中也。三当两象之中,故曰'艮其限'。"[②] 虞翻曰:"限,腰带处也。"[③] "夤",当中脊之肉也,孔疏:"夤,当中脊之肉也。"[④] "列其夤",分裂中脊之肉。从脚趾到小腿肚,到腰,再到腰部以上的中脊肉,可见控制得越来越强烈,内心的要求与客观条件的冲突越来越激烈,"熏心",内心如焚。

九三居下体之极,乃与上九爻同为《艮》之主。以阳爻居阳位,既刚且正,正宜慎行,然而却被强止其行,故亦为施止不得其所,有施止不当之象。限,即腰部。夤,即背脊之肉。人之身体,本血肉相连,不可分隔。今被断腰裂脊,则不仅不能行动,更有性命之忧,大器将丧,自然危厉熏心。"止道贵乎得宜",如果将艮止之道一味地绝对化,时不当止而强为之止,就一定会招致巨大灾难,反受其害。

身体的各个部位是相互协调来运行,背脊之肉不能自己运动,随着下身动而动,随着上身动也能动。如果上下运动之时,背脊肉欲止,则有分裂背脊肉的危险,所以结果有凶。从国家政治运行来看,如果君臣不合,那么上下离心,有丧国的危险;若君臣共治,上下协调,行止得当,国家自然发展得当。为臣者在辅佐君王过程中一定要控制自身的欲

---

① 丁四新:《楚竹书与汉帛书〈周易〉校注》,上海古籍出版社2011年版,第151页。
② (魏)王弼、韩康伯注,(唐)孔颖达疏:《周易正义》卷五,中华书局1980年影印《十三经注疏》本,第63页。
③ (清)李道平撰,潘雨廷点校:《周易集解纂疏》,中华书局1994年版,第462页。
④ (魏)王弼、韩康伯注,(唐)孔颖达疏:《周易正义》卷五,中华书局1980年影印《十三经注疏》本,第63页。

念，紧随君王，与君王保持一致，在保全自身的同时也能有所作为，实现自我的人生价值。

六四，艮其身，无咎。

对于"身"之意，前人有不同的解释，王弼等诸家都认为"身"指身体中上部位，虞翻则认为"身"指腹部，苏轼及清代的胡煦、陈梦雷则认为"身"指人心，"《咸》之九四曰：朋从尔思。则四者，心之所在也。施之于一体，则艮止于所施，所不施者不及也。施之于心，则无所不及矣，故曰艮其身"①。

《艮》取身体部位作象规则，较九三爻背脊肉，六四已入人之上体，"身"应当是指上身。但若从全身讲，也可通，故有总止其身、心静身安之象。其以阴爻居阴位，柔而当位。正是时止则止，止得其所，因此没有咎害。然四乃为臣位，其上位为六五爻，即程颐所谓"以阴柔而不遇阳刚之君"，因此只能"止诸躬"，即自止其身，反躬修己，未能充分发挥六四以柔当位之德，故而仅是"无咎"，而未能呈现更大的吉祥。

六五，艮其辅，言有序，悔亡。

六五处上体中位，乃《艮》卦之主，虽以阴居阳、柔居尊位，却有柔中之德，是安守止道、持中守正、施止妥善之象，故《象》曰"以中正"。辅，即面颊，这里主要是指口。"艮其辅"，即抑止其口不使妄语，防止祸从口出。"言有序"，即"言有伦序"，发言而有礼、有理、有力、有节，所讲不偏离社会舆论主航道，则悔恨一定消亡。但是控制自身言行只是君子反躬修己、避免咎害的进一步表现，尚未能充分发挥君位本应具有的刚健之德，以达到居止有功的境界，因此爻辞仅言"悔亡"，而并未言"吉"。

上九，敦艮，吉。

《朱子语类》："咸、艮皆以人身为象，但艮卦又差一位。"②《咸》卦发展至上六爻时已入其舌头，人讲话总是离不开口，离不开舌头。《艮》卦强调的是务实，是自我控制。敦，本为怒呵重责之义，引申为

---

① （宋）苏轼：《东坡易传》，《文渊阁四库全书》本。
② （宋）黎靖德：《朱子语类》，《朱子全书》第16册，上海古籍出版社2002年版，第2476页。

督促、勤勉。"敦艮",言上九居止之极,有敦厚、笃实之象。指卦爻上位,本意味着事物发展到终极,即将向相反方向转化。上九以阳爻居阴位,失位反获吉祥,原因在于《艮》卦强调善始善终,而善终比善始尤难。止道行进、守持于此,方显其功,故六爻之中唯此称"吉"。

总之,《艮》卦中言"止",不单单讲到了"为何止"和"止于何处",更提到了"如何止"这一具有现实意义的问题。《艮》六爻从身体部位逐步描述当止所止的问题,初六居下位,止于脚趾,修养开始就要自我控制;六二处于小腿肚,无论是紧承大腿运行,还是脚趾紧承小腿肚运行,都要强止,不能举步随行,如此心里的恐惧担心才会消亡;九三以阳爻居阳位,既刚且正,正宜慎行,然而却被强止其行,故而有凶厉之象,表现出内心的要求与客观条件发生了激烈的冲突;六四阴柔顺势,能自止其行,故没有咎害;六五到了脸颊、口,能够言有序,故而懊悔消失;上九以其敦厚居极位,止于终,故吉祥。

为臣者当以君王、家国之意为自我控制的标准,也要兼顾社会规则,不能偏离社会舆论主航道。《系辞上》:"言行,君子之枢机,荣辱之主也……可不慎乎?"作为臣子,必须控制自我欲念,"时则动,不时则静"。"修身、齐家、治国、平天下",先做人方能做事,定要修身养性,使自我的行为规范符合社会规范。《艮》卦不只是讲到怎样控制,自我知止,也强调时行。"时止则止,时行则行,动静不失其时",顺应天道,方能彰显光大英明,"其道光明"。

第四节 《遯》卦爻辞考论——隐遁退避

庄子在《人间世》结尾总结:"山木,自寇也;膏火,自煎也。桂可食,故伐之;漆可用,故割之。人皆知有用之用,而莫知无用之用也。"[①] 这段看似冷峻的话语下面隐含着人生选择的重大智慧。山中之木,因有材而遭砍伐;膏油燃烧照明,为其有用,故被煎烧。世俗之人皆知有用的用处,而不知有用给自己带来了灾祸和痛苦,无用乃有大用。历来士子皆追求"学而优则仕",希望大展宏图,为民请命。"如欲平治天下,当今之世,舍我其谁也"的孟子,"安得广厦千万间,大

---

① 钱穆:《庄子纂笺》,生活·读书·新知三联书店2010年版,第46页。

庇天下寒士俱欢颜"的杜甫，他们都把从政当作自己一生的使命和追求，希望自己的政道能够被君王取用，能够有行道的机会。可问题是，君臣遇合的情况非常复杂，并非每一个士人都可以在政治上有所作为，因此，就有了很多逃避现实的政治秩序和道德秩序的人们，有"我岂能为五斗米折腰向乡里小儿"的陶渊明，也有"安能摧眉折腰事权贵，使我不得开心颜"的李白。

一切都是由于无道的环境，或是人为，让有用之人丧失了展示才能的机会。在这种境况下，人们开始思考政治权力是否是一个士人所必须追求的最终目的。除此之外，世间究竟有没有桃花源呢？古人以自身实践的经验告知今人，也许只有自我主动去寻找那个纯净的世界，采取收敛、躲避，把自己变成无用之人，或许是临时，或许是永久，这样才能让自我自在。孔子在《论语》中对几种隐蔽方式进行了概括："贤者辟世，其次辟地，其次辟色，其次辟言。"① 伯夷叔齐先是避地，而后避世；阮籍选择了"但恨处非位，怆恨使心伤"，"发言玄远，口不臧否人物"；陶渊明选择了"怀良辰以孤往，或植杖而耘耔。登东皋以舒啸，临清流而赋诗"；李白选择了"且乐生前一杯酒，何须身后千载名"；苏轼选择了"问汝平生功业，黄州惠州儋州"。《周易》中六十四卦是讲述人们面临的六十四种困境，及如何解脱困境，其中《遯》卦讲到君臣不遇合的状况，侧重从方法和心理方面解决这种困境，寻找一个可以安置失志之人的心灵的所在。《遯》卦爻辞不断提示为臣者暂避锋芒，明哲保身。

遯，上博藏楚简本写作"豚"，帛书本作"掾"。据文字考证，"豚"为"豘"的异体字，"掾"为"遯"的通假字。而今文中多次以"遁"代替"遯"，是由于"遯"与"遁"为异体字。② 遯与遁二字意义也都一样，皆有逃之意。

从卦象来看，《遯》卦艮下乾上，乾象征天，艮象征山，崔憬解释："天喻君子，山比小人。小人浸长，若山之侵天。君子遯避，若天

---

① （魏）何晏注，（宋）邢昺疏：《论语注疏》卷十四，中华书局1980年影印《十三经注疏》，第1513页。
② 王晶、胡海琼：《释上博简三〈周易〉遯卦之"遯"》，《语言文字学术研究》2010年第4期，第49—50页。

之远山。"① 天和山两物象，分别喻指君子与小人，天逐渐远离山，类似君子远避小人。天在上，阳气上升；山在下，二阴浸长。故从两者的运行状态来看，山虽有浸长，但阳气向上，天有遁避山之象。再者，为臣者对政治秩序失望时，往往选择去一个人迹罕至的地方，通常是山野。他们认为山野是一个与世俗世界相对隔绝的空间，是介于天、人之间的空灵世界。所以《遁》卦是天下有山之象，这就意味着天下的山都是供人隐居的地方。

从卦德来看，乾为健，艮为止。程颐："为卦天下有山，天在上之物，阳性上进。山高起之物，形虽高起，体乃止物，有上凌之象而止不进，天乃上进而去之。下凌而上去，是相违，《遁》故为遁去之义。"② 暂时停止，保存实力积蓄力量，乾健刚进有上升之势，以待止之后的健行。

从卦画来看，《遁》卦为四阳二阴之卦，站在阳爻的角度来看，阴爻不断侵逼阳爻，阳爻不得不选择遁避。《传》曰："浸而长"，这是说阴爻方长，消阳之时，所以此时利于静，不利于动。《遁》卦与《大畜》卦的卦画皆为四阳二阴之卦，不同的是，《大畜》卦是天在山中，天虽有上升刚健之势，但上有艮山之止，故而有畜止畜聚之意。《遁》卦艮下乾上，乾健在上，艮止在后，前三爻有自行行止之意。乾阳刚健上升，面对两阴爻浸长之势，有遁避之象。

《遁》卦主要是讲为臣者在困境下选择隐遁退避的智慧。《杂卦传》：遁则退也。从卦爻上看，两阴爻逐渐浸长，有阴消阳的趋势，若阴爻继续浸长，则为《否》卦。《遁》转《否》，此时为臣者需要洞察几微，知几而退。

《序卦传》："恒者，久也。物不可以久居其所，故受之以遁。遁者，退也。"《遁》卦在《恒》卦之后，任何事物都不会一成不变久居其位，随着发展都会有所变迁。韩康伯曰："夫妇之道，以恒为贵。而物之所居，不可以恒，宜与世升降，有时而遁者也。"③ 夫妻之道讲求恒久不变之道，除此之外，特别是朝政关系复杂，暗流涌动，若不及时

---

① （清）李道平撰，潘雨廷点校：《周易集解纂疏》，中华书局1994年版，第328页。
② （宋）程颐：《伊川易传》，《文渊阁四库全书》本。
③ （魏）王弼、韩康伯注，（唐）孔颖达疏：《周易正义》卷九，中华书局1980年影印《十三经注疏》本，第96页。

改变航向，可能就会有生命危险。《史记·货殖列传》记载："范蠡既雪会稽之耻，乃喟然而叹曰：'计然之策七，越用其五而得意。既已施于国，吾欲用之家。'乃乘扁舟浮于江湖。"① 范蠡清醒地意识到越王勾践是只可共患难，不可共太平，所以选择了主动隐退，得以保全自身，后世李白亦唱和"人生在世不称意，明朝散发弄扁舟"。为方便下文论述，兹录卦爻辞如下：

33. 遁䷠（艮下乾上）

《遁》：亨，小利贞。

《彖》曰："遁亨"，遁而亨也。刚当位而应，与时行也。"小利贞"，浸而长也。遁之时义大矣哉！

《象》曰：天下有山，遁。君子以远小人，不恶而严。

初六，遁尾，厉。勿用有攸往。

《象》曰："遁尾"之"厉"，不往何灾也？

六二，执之用黄牛之革，莫之胜说。

《象》曰："执用黄牛"，固志也。

九三，系遁，有疾厉。畜臣妾，吉。

《象》曰："系遁"之"厉"，有疾惫也。"畜臣妾，吉"，不可大事也。

九四，好遁，君子吉，小人否。

《象》曰："君子好遁，小人否"也。

九五，嘉遁，贞吉。

《象》曰："嘉遁贞吉"，以正志也。

上九，肥遁，无不利。

《象》曰："肥遁无不利"，无所疑也。

卦辞：《遁》：亨，小利贞。

对于"小利贞"之意，有不同的说法：一种以程颐为代表，认为"贞"为占问，"小利贞"即小事占卜有利。程颐："阴柔方长而未至于

---

① （汉）司马迁撰，张大可辑评：《史记》，长江文艺出版社2007年版，第889页。

甚盛，君子尚有迟迟致力之道，不可大贞而尚利小贞也。"①《遯》卦为阴消阳、君子隐遁之时，只可为小事，不可为大事。

另一种认为"贞"为正，阴为小、小人。《遯》卦为阴柔者渐长，"小利"指阳爻顺从阴爻之势而遁，此时利于守正。虞翻解释道："小阴谓二，得位浸长，以柔变刚，故小利贞。"②朱熹则明确指出"小"指小人，"小人则利于守正，不可以浸长之故，而遂侵迫于阳也。小谓阴柔小人也"③。对此后世朱震、郑刚中、林栗、蔡渊、吴澄、潘士藻、来知德、李光地、陈梦雷、尚秉和、高亨、傅佩荣、廖名春等主其说。

对于"小利贞"，关键是对"贞"和"小"之意的解读，一种认为"贞"为占筮、占卜之意。另一种认为"贞"为贞正、守正之意。据前文考证，卦辞"贞"当为占卜、占问之意。"小"，先贤解释或是指阴爻，或指小人。查证《周易》经文中"小"，"小利有攸往""小贞吉"，其中"小"之意都是指大小之小。《遯》卦为阴长阳消之卦，尚未发展至《否》卦。小人渐长，君子当遁藏之为亨。但是《遯》卦中阴柔方长而未至于盛之时，阳爻尚有所作为，不可大为，可小为。君子理应遁避善处，不可过激，所以有小利贞。

另外，《彖传》中则解释为小人，如《否》卦"不利君子贞，大往小来"，《彖传》解释为："天地不交万物不通也，上下不交而天下无邦也。内阴而外阳，内柔而外刚，内小人而外君子：小人道长，君子道消也。"传对经的解释多从天象推导人事之理，故"小"多解释为小人。由此来看，小人、阴爻都可以解释得通。"小利贞"意即小事或小人占卜有利。正因此，《遯》卦辞对整卦爻辞的占断结果为"亨"而非"元亨"。

《彖传》解释"遯，亨"为"遯而亨"，即是选择战略性撤退之后方有亨通。"刚当位而应，与时行也"，就是讲九五爻阳爻居阳位，当位之时，下与六二爻相应，能够预判客观现实条件，并随时作出理智撤退，故有亨道。"遯之时义大矣哉"，侯果曰："阴长刚陨，君子遯避，

---

① （宋）程颐：《伊川易传》，《文渊阁四库全书》本。
② （清）李道平撰，潘雨廷点校：《周易集解纂疏》，中华书局1994年版，第327页。
③ （宋）朱熹：《周易本义》，《朱子全书》第1册，上海古籍出版社2002年版，第61页。

遯则通也。"① 赞叹顺应阴长阳消的时势而退避，该撤退时就要果断及时撤退，保存实力以待时机。

为何说"遯之时义大矣哉"呢？由于古代士人多以政治仕途作为人生的价值和使命，为了蜗角功名蝇头利禄，士子们不顾一切去争夺。即使有李斯腰斩于世、晁错被杀，也无所畏惧。袁宏道在《与丘长孺书》中曾这样描写官场生态："弟作令备极丑态，不可名状。大约遇上官则奴，候过客则妓，治钱谷则仓老人，谕百姓则保山婆。一日之间，百暖百寒，乍阴乍阳，人间恶趣，令一身尝尽矣。苦哉！毒哉！"② 袁宏道任职江苏吴县县令，其中滋味很难言说。官场中等级分明，为了争取更多的利益，整日迎来送往，像奴仆妓女般，毫无尊严廉耻之心。作为一县之令，还要关心县里的收入支出，简直就是仓库管理员。面对百姓，又要摆出凶脸，像媒婆般苦口婆心宣讲朝廷的政策。作为县令，一天之中，可谓辛苦至极，又可谓苦毒至哉！所以袁宏道坚辞不做官。

但在如此艰难中，历代士人仍然前赴后继，不为所动。功名富贵，依然考验着人们，左右着人们的价值判断。可是君臣愈合需要际会，很多时候君与臣关系复杂，诸多矛盾。为臣者不能明哲保身，遭遇意外的祸患，最终非正常死亡。与此不同，陶渊明做到了，"欣然酌春酒，摘我园中蔬"，把"晨兴理荒秽，带月荷锄归"作为他最终的安身立命之所，正因此他能够活得自在。孔颖达道："叹美遯德，相时度宜，避世而遯，自非大人照几，不能如此。其义甚大。"③

如何处理与小人的关系，《遯》卦在《象传》中提出一种方式，即远离，"君子以远小人，不恶而严"，对待小人一定要远离。君子远避小人，尤其是语言上、行为上一定不要流露出对小人的厌恶，否则会招致不必要的麻烦。孔子曰："人而不仁，疾之已甚，乱也。"就是讲对于不仁之人，即小人，不要逼得太厉害，要不然会出乱子。诸葛亮在《出师表》中曾讲到为君者一定要"亲贤臣，远小人"。明代吕坤载《呻吟语》中则讲到对待小人的不同方式："君子所得不同，故其所行

---

① （清）李道平撰，潘雨廷点校：《周易集解纂疏》，中华书局1994年版，第327页。
② （明）袁宏道著，钱伯成笺校：《袁宏道集笺校》卷五，上海古籍出版社2008年版，第208页。
③ （魏）王弼、韩康伯注，（唐）孔颖达疏：《周易正义》卷四，中华书局1980年影印《十三经注疏》本，第48页。

亦异。有小人于此，仁者怜之，义者恶之，礼者处之不失体，智者处之不取祸，信者推诚以御之而不计利害，惟圣人处小人得当可之宜。"①所谓圣人对待小人，乃是衡量取舍之后做出双赢的方式，但是小人的情况又很复杂，所以应具体情况具体分析，不能一概而论。

初六，遯尾，厉。勿用有攸往。

"遯尾"，上博藏楚竹书作"豚丌尾"，汉帛书作"掾尾"，楚竹书多了一个"丌"字，"豚丌尾""遯尾"都可当作动宾结构，"丌"为指代语辞，可省略。《周易》初卦出现"尾"象，上卦出现"首"象，除了《遯》卦之外，还有《既济》初九爻：濡其尾。上六：濡其首。《遯》之"尾"是"尾之为物，最在体后者也"，有遁避滞后之意。"遯尾"的意思就是说撤退时落在了最后面，这个位置是最危险的，所以爻辞占断为"厉"。

"勿用有攸往"，以王弼为代表，认为"往"是前去逃遁，"勿用有攸往"即初爻处《遯》之尾，避免前往与阳爻相争，应该静处防凶。王弼解释道："遯之为义，辟内而之外者也。尾之为物，最在体后者也。处遯之时，不往何哉？而为遯尾，祸所及也，危至而后求行难。可免乎厉，则勿用有攸往也。"② 初六、六二两爻皆为阴爻，而初爻居于六二爻之后称之为遯尾，撤退时应在前面为安全，在后则有危险，"勿用有攸往"。

根据《遯》卦画的结构来看，阴消阳。主体处于初六之时，阴爻紧紧相浸长，直至出现二阴侵逼四阳爻的现象。这也就是说四阳爻在不断地逃避二阴爻，如此来看，在六爻整体撤退中，初六爻已经处于最末尾，此时与六二爻都处于最危险的阶段。《遯》卦此时指出若想摆脱危险的状况，只有"勿用有攸往"。"勿"为"用有攸往"整个的否定词，就是不能施之作用，也不能有所前往的行动。若是不遵循，就无利可图。

朱熹认为在现状的基础上或为进一步逃遁，不能固守不动，或为彻底停止不前。在《朱子语类》中记载对"勿用有攸往"的对话："问：

---

① （明）吕坤：《呻吟语》，《文渊阁四库全书》本。
② （魏）王弼、韩康伯注，（唐）孔颖达疏：《周易正义》卷四，中华书局1980年影印《十三经注疏》本，第48页。

'遁尾厉,勿用有攸往'者,言不可有所往,但当晦处静俟耳,此意如何?曰:《程传》作'不可往',往则危。往既危,不若不往之无灾。某窃以为不然,遁而在后,尾也。既已危矣岂可更不往乎?若作占辞看,尤分明。"①后有沈该等同此。《象传》也解释为:"遯尾之厉,不往何灾?"处《遯》之尾,灾祸即将来临,此时不赶紧潜逃,结果怕是更危险。

在险难面前,王弼、孔颖达和朱熹的解决办法都可行。一方面,从爻位来看,初六处于《遯》之尾,在危险时刻,去掉其尾,也许有可能摆脱危难。李道平也阐释道:"初动得正,则遯去其尾,故曰遯尾。"②"勿用有攸往"是指尾,最后者。另一方面,在危难来临之时,若要保全自身,更要加紧逃脱,坚决不能固守不动。但也可在极端情境下,完全静止不动,假象避祸,有类《三国演义》中诸葛亮的空城计。

六二,执之用黄牛之革,莫之胜说。

"执之用黄牛之革",以王弼为代表,认为此爻是站在阴爻的位置,六二想要束缚住阳爻,使之不能逃遁。王弼注:"居内处中为《遯》之主。物皆遁己,何以固之。若能执乎理,中厚顺之道以固之也,则莫之胜解。"③黄,为中之色。牛为性顺坚韧。六二居中正之位,有中和厚顺之道,所以不是想要逃遁之人。怎样才能使它爻也不逃离自己呢?需要坚守中和之道。

元儒吴澄则认为此爻是站在阳爻的位置,为了阻止阴爻继续侵逼阳爻,只有使用牛革束缚住六二爻,使之停止浸长。"二下卦之中,为黄。坤为牛,而上画变成艮,是牛外之皮变矣,故为革。阴之势浸长,欲其留止勿进,故拘执之以黄牛之革,使之不可解说而去。圣人虑阴之长,而欲遏其进也如此。"④

以侯果为代表,则站在阳爻的位置,为阴爻进行辩解。"上应贵主,志在辅时,不随物遯,独守中直,坚如革束,执此之志,莫之胜说,殷

---

① (宋)黎靖德:《朱子语类》,《朱子全书》第16册,上海古籍出版社2002年版,第2432页。
② (清)李道平撰,潘雨廷点校:《周易集解纂疏》,中华书局1994年版,第329页。
③ (魏)王弼、韩康伯注,(唐)孔颖达疏:《周易正义》卷四,中华书局1980年影印《十三经注疏》本,第48页。
④ (元)吴澄:《易纂言》,《文渊阁四库全书》本。

之父兄当此爻矣。"① 由于六二爻上应九五爻，此爻需要辅佐九五君位，不应该跟随其他阳爻选择撤退。在阴爻不断浸长的状况下，为阻止阴爻继续浸长，此爻需继续坚守。以中顺之道进行自我约束，任何外物都不能侵逼。程颐也强调六二爻因与九五爻相互交固而不能遯。"二与五为正应，虽在相违遯之时，二以中正顺应于五，五以中正亲和于二，其交自固。黄，中色。牛，顺物。革，坚固之物。二五以中正顺道相与，其固如执系之以牛革也。莫之胜脱，谓其交之固，不可胜言也。在遯之时，故记言之。"②

按照初六爻的思维方式，至六二爻时，主体本来想逃脱，但是客观条件不允许其逃避。因为已经被黄牛皮捆绑住了，已经来不及逃脱。所以是主观想逃也逃不了了。《象传》解释为"执用黄牛，固志也"，应为固六二阴爻之志，即继续侵逼阳爻的志向，而不是禁锢想要逃脱的主体之志。

再者，从《遯》六爻皆有"遯"，唯其六二爻无"遯"来看，正是由于六二爻本身是制止想要逃脱的主体，承接初六爻而来，所以此爻省略"遯"。陈士元在《易象钩解》中谈到六二为《遯》主，其他阳爻皆为六二爻而遯，故六二爻无"遯"。"艮止而乾健，有莫之胜说之象。五爻皆遯，而六二独不言遯者，二为遯之主也。前四阳皆为此爻而遯者也，圣人犹幸其柔顺中正之资，未必能乱天下，故示以执守中顺之道焉。六二，小人也，此即所谓小利贞也。"③ 可谓确论。

郑刚中、俞琰等解读则有些牵强，他认为六二爻与九五爻阴阳相应，是一体的。且《象传》中亦言"刚当位而应，与时行也"，故六二虽无"遯"字，但亦有遯之意。吴绮说道："六二居人臣之位，任国家之责，不当遯者也，故六二不言遯。"④ 虽然看似解释得通，实际弄错了逃遁的对象。由此来看，以王弼为代表的说法更可靠些。

关于"说"的读音和解释有异议，第一种认为"说"读为"shuō"，意即言说。程颐："莫之胜脱，谓其交之固，不可胜言也。在遯之时，故

---

① （清）李道平撰，潘雨廷点校：《周易集解纂疏》，中华书局1994年版，第329页。
② （宋）程颐：《伊川易传》，《文渊阁四库全书》本。
③ （明）陈士元：《易象钩解》，《文渊阁四库全书》本。
④ （宋）俞琰：《周易集说》，《文渊阁四库全书》本。

记言之。"① 胡瑗、赵汝楳等也持此意。第二种认为"说"读为"tuō"，意即解脱。王弼注："居内处中为遯之主。物皆遯己，何以固之。若能执乎理，中厚顺之道以固之也，则莫之胜解。"② 对此多数人都赞同，如侯果、孔颖达、朱震、郑刚中、林栗、朱熹、蔡渊、吴澄、陈士元、来知德、潘士藻、何楷、陈梦雷、李塨、尚秉和、傅佩荣、陈鼓应和赵建伟等。第三种认为"说"读为"yuè"，意即悦乐，遁世无闷者。朱震："二近初六而应五，处于内近小人，往从五则所执说矣。二从五成离兑，离火胜兑金，兑为毁折，有胜说至意。"③ 从六二爻的爻意来看，"说"唯有读为"tuō"更符合《遯》卦爻意。

九三，系遯，有疾厉。畜臣妾，吉。

"系遯"，众家对此皆认同九三系于下阴爻，遁而不得遁，故有危险。王弼注："在内近二，以阳附阴，宜遯而系，故曰系遯，遯之义为宜远小人，以阳附阴，系于所在，不能远害，亦已惫矣，宜其屈辱而危厉也。"④ 九三所处的位置，上无应，下有阴爻相比，所以阳爻欲附和阴爻，被捆绑不能逃避。

苏轼解读为："九三虽阳，而与阴同体，是为以阴止阳，徒欲止之而无应于上，止之不由其道，盖系之而已。彼欲去矣，而以力系之。我惟无疾而后可，一日有疾，则彼皆舍我而去尔。"⑤ 九三爻下系两阴爻，但奈何九三爻力弱，两阴爻皆自遁而去。苏轼在这里弄错了逃脱的主体，《遯》卦为阴消阳，阳爻逃避，所以此处并不是初六、六二两阴爻逃脱。

《象传》强调处《遯》之时，重在"与时行也"，时行则行，时止则止。从《遯》卦整体来看，初六"遯尾""勿用有攸往"、六二"执之用黄牛之革"、九三爻"系遯"是强调遁避的困境，无法真正遁避，时止则止；九四"好遯"、九五"嘉遯"、上九"肥遯"三爻则强调能够实现遁避，时行则行。

---

① （宋）程颐：《伊川易传》，《文渊阁四库全书》本。
② （魏）王弼、韩康伯注，（唐）孔颖达疏：《周易正义》卷四，中华书局1980年影印《十三经注疏》本，第48页。
③ （宋）朱震：《汉上易传》，《文渊阁四库全书》本。
④ （魏）王弼、韩康伯注，（唐）孔颖达疏：《周易正义》卷四，中华书局1980年影印《十三经注疏》本，第48页。
⑤ （宋）苏轼：《东坡易传》，《文渊阁四库全书》本。

"畜臣妾"，王弼等诸家皆认为是强调不可大事。在小人得志的情况下，大人无法完成大事业。此与《象传》的解读一致，"畜臣妾吉，不可大事也"。胡瑗则不赞同王弼之说，认为"畜臣妾"是指对待小人的方式，畜止下二阴爻，使之不能浸阳爻。"吉"，指能扭转"有疾厉"的局面，"为遯之道，在乎远去。九三居内卦之上，切比六二之阴，不能超然远遯，是有疾病而危厉者也。畜臣妾吉者，言九三既不能远遯，然畜群小以臣妾之道，即得其吉。盖臣妾至贱者也，可以远则远，可以近则近，如此则吉可获也"①。后有程颐、沈该、朱熹、赵汝楳、吴澄、陈士元、潘士藻、何楷、李光地、陈梦雷、李塨等同此说。

其实细分析以上两种说法，"畜臣妾"，一是从事象来解释，一是从人象来解释。二者结合起来解释则更加符合爻意。九三爻所处的位置是想遯而不得，以"畜臣妾"这一卦象来喻指面对人事要低调，这与《遯》卦辞"小利贞"是一致的。九三爻为之所系，不能实现遁避。爻位又处于下卦之极，只能行小，不可有大为，以此来趋吉避凶。历史上多有处于此种困境之人，有志意、有理想之士受到各种限制的羁绊，不能付诸实践，不得而暂遁之。如何暂避锋芒呢？有的真如"畜臣妾"，整日沉浸在温柔乡中，历朝历代的君主都不希望处于臣强君弱的境地，为限制臣子的过分强大，多采取一些措施抑止他们的发展，比如历史上著名的宋太祖"杯酒释兵权"。

九四，好遯，君子吉，小人否。

此爻中的"好"究竟是读入声还是读为上声字，向来有争论。以王弼、孔颖达等认为"好"是指情之所好，读为入声。此时"好"即为动词，对于是遁还是不遁，君子和小人两相选择。君子超然不顾，所以能够很好地躲避；小人因有所系恋，不能及时躲避，所以结果有凶。王弼注："处于外而有应于内。君子好遯故能舍之，小人系恋是以否也。"②后有苏轼、沈该、朱震、林栗、赵汝楳、陈士元、俞琰、李光地、尚秉和等主其说。

以郑刚中为代表，则认为"好"读为上声，意即阴阳相应之好。

---

① （宋）胡瑗：《周易口义》，《文渊阁四库全书》本。
② （魏）王弼、韩康伯注，（唐）孔颖达疏：《周易正义》卷四，中华书局1980年影印《十三经注疏》本，第48页。

"四与初虽有阴阳相好之义,然四乃乾体,有刚决得行之健,故时可遯。则以义掩恩,虽好有所不顾。小人则临爱而溺,相与牵系于艮止之中,祸至而后已。"① 后有吴澄、蔡渊、来知德、潘士藻、何楷、毛奇龄、陈梦雷、李塨、傅佩荣等主其说。

从爻位来看,《遯》九四爻与初六爻阴阳相应,阳与阴相和之意。无论是"好"(入声)还是"好"(上声),前人解释皆认为,九四刚健决断,能够与初六隔离。但若为小人则阴柔不决,不能及时遁避。

联系九五爻"嘉遯"来看,"好遯"与"嘉遯"都强调的是心理上对遁避的接受程度。而且《大象传》亦说:"君子以远小人,不恶而严",对于阴爻的紧逼,九四面临初六阴爻的诱惑,作为君子则可以从心理上正确理解《遯》之深意,权衡利弊之后,获得心理上的愉悦,毫不犹豫地选择远离小人。尽量不产生冲突,避免不必要的损失。但作为小人就未必能够有勇气摆脱这种诱惑。

由此来看,此爻"好"读解为上声更符合卦爻意,九四爻已经走出《艮》卦,进入上卦中,此时适时隐遁,君子能够避免灾患,所以"好"为合适的时机。

九五,嘉遯,贞吉。

"嘉遯",从爻位来解读,九五居中得正,下与六二爻相应。因其能够深察几微,及时遁避。从心理上来看,九五采取巧妙的方式,理智的抉择,及时地进行战略性撤退,避免不必要的冲突和问题,所以称之为"嘉遯,贞吉"。正如程颐所说:"九五中正,遯之嘉美者也。处得中正之道,时止时行,乃所谓嘉美也,故为贞正而吉。九五非无系应,然与二皆以中正自处,是其心志及乎动止,莫非中正而无私系之失,所以为嘉也。"②

《象传》解释"嘉遯,贞吉"为"以正志也",对"以正志也"有不同的理解,侯果等认为"以"是用来的意思,"以正志也",即用来正群小之志。"时否德刚,虽遯中正,嘉遯者也。故曰'贞吉',遯而得正则群小应命,所谓纽已紊之纲,正群小之志,则殷之高宗当此爻

---

① (宋)郑刚中:《周易窥余》,《文渊阁四库全书》本。
② (宋)程颐:《伊川易传》,《文渊阁四库全书》本。

矣。"① 后有孔颖达、胡瑗、苏轼、沈该、郑刚中、潘士藻、毛奇龄、陈梦雷等主其说。

朱震等则认为"以正志也"，意即以自正其志。"贞吉者，以自正其志而安也。正志者，行止无累于物也。"② 林栗、蔡渊、赵汝楳、来知德、何楷、李塨等主其说。

吴澄则认为"以"是因为的意思，"以正志也"，即因与六二阴阳相应，故九五与六二都正固获吉祥。"五与二中正相应，如嘉耦。然虽嘉耦亦当避之，故曰嘉遯。四与初皆不正，故其相应谓之好，言以情合也。五与二皆中正，故其相应谓之嘉言，以礼合也。"③ 傅佩荣在《解读易经》中也提到："九五居中守正，下有六二阴阳正应，双方都是'正志'，所以成就了'嘉遯'。"④

从九五爻辞来看，"嘉遯"主要是讲主体现在处境，并非指代六二爻。并且六二爻之时，并未能够成功地遁避，所以不能说是吉祥的结果。《象传》中所说"以正志也"，主要是针对九五爻辞。

针对九五爻到底是讲为君者及时隐退还是讲为臣者，历来有多种争论。有的认为九五为君位，当是讲为君者能够选取贤人，禅让帝位。有的则认为九五虽为君位，但是只有为臣者才有隐遁退避之意，九五位则是为臣者已居臣之高位，然后能够明了时事，心情愉悦地及时隐退。程颐曾道："《遯》非人君之事，故不主君位言。然人君之所避远乃遯也，亦在中正而已。"⑤ 从《遯》整体卦爻意来看，主要还是侧重为臣者及时隐退。为臣者居高位，若能够识微虑远，及时功成身退，则结果吉祥。商汤时的贤相伊尹，"'臣罔以宠利居成功'，岂非遯之嘉美者乎"?⑥ 大量的历史事实却显示高官贪恋功名利禄，不能及时放下，最终功高盖主，君主便对其采取了整治措施。

上九，肥遯，无不利。

"肥"即"飞"，解释为"肥"，饶裕、充裕，意即优裕自得的意

---

① （清）李道平撰，潘雨廷点校：《周易集解纂疏》，中华书局1994年版，第331页。
② （宋）朱震：《汉上易传》，《文渊阁四库全书》本。
③ （元）吴澄：《易纂言》，《文渊阁四库全书》本。
④ 傅佩荣：《解读易经》，线装书局2006年版，第137页。
⑤ （宋）程颐：《伊川易传》，《文渊阁四库全书》本。
⑥ （清）李光地：《周易折中》，巴蜀书社2008年版，第137页。

思。"'肥，饶裕也。'四、五虽在于外皆在内有应，犹有反顾之心。惟上九最在外极，无应于内，心无疑顾，是《遯》之最优，故曰'肥遯'，遯而得肥，无所不利。"① 至上九爻时，《遯》者已能够飘然远逝、无所滞碍。上卦为乾，乾有刚健之性，故能够无所系恋，实现优裕自得地隐退。赵汝楳在《周易辑闻》中提到："上居外卦之外，故其于遯皆吉利，而上则真遯者也。"②

历朝历代的政治史都充满了争夺倾轧，君臣间相互猜忌，为臣者只能在朝政中艰难行之。若真正让其放弃功名，从理论上能够理解，但是真正落实到实际中则很难实行，这种理想与现实间的冲突和矛盾，使得为臣者不能实现"肥遯"的自由。当君臣间出现隔阂，难以改变之时，或者如屈原执着地追求美政，"宁为玉碎，不为瓦全"。或者如陶渊明真正消解痛苦，"问君何能尔，心远地自偏"。或者如白居易所作《中隐》者，"大隐住朝市，小隐入丘樊。丘樊太冷落，朝市太嚣喧。不如作中隐，隐在留司官。似出复似处，非忙亦非闲。唯此中隐士，致身吉且安"。这些方式有个共同点，便是心理上隐遁得越远越好，"肥遯，无不利"。

《遯》是讲遁避隐退之意。从卦画来看，六爻为四阳二阴，四阳渐退，二阴浸长，是小人浸盛，君子遁藏之时。从卦象来看，艮为山，乾为天。天在上，阳气上升；山在下，二阴浸长。故两者的运行状态成为山虽有浸长，但阳气向上，天有遁避之象。从卦爻辞来看，处《遯》卦之时，初六、六二、九三三爻，二阴浸长，即将变为《否》卦之时，有所牵系，不能及时遁避。化解此时危机的办法要么是"勿用有攸往"，要么是"畜臣妾"。九四、九五、上九则能够与时行也，实现遁避。遁避讲求时，"与时行也"，时行则行，时止则止。《遯》贵在"见几"，《彖传》："遯之时义大矣哉！"《遯》卦爻辞告诉了我们为何遁，如何遁，怎样实现"肥遯"。

《遯》卦所言退隐，并非消极"逃世"，而是当发展受到阻碍时，须暂行退避。从人事角度看，为臣者处于衰败之世，"身退而道亨"。

---

① （魏）王弼、韩康伯注，（唐）孔颖达疏：《周易正义》卷四，中华书局1980年影印《十三经注疏》本，第48页。
② （宋）赵汝楳：《周易辑闻》，《文渊阁四库全书》本。

若不能及时隐遁,则可"畜臣妾",正如陆绩云:"'大事,谓天下之政'。潜遁之世,但可居家,畜养臣妾,不可治国之大事。"①

"遁",初六遁尾、六二执之用黄牛之革、九三系遁、九四好遁,爻辞中都强调了遁的关系。人是处于社会的集体人,当个体想要独立于集体之外时,也就是遁避之时,会有各方面的关系相牵连,不能够轻松、愉悦地实现飘然于外。此时,人们也许会对这种复杂的牵系而烦恼、疲惫,甚或有了疾病,不能够实现这种远遁的理想。但也有能够处理好各方面的复杂关系,以中正、无所滞碍的情绪来面对这一切,最终实现"嘉遁""肥遁"。正如王弼所言:"最处极外,无应于内,超然绝去,心无疑顾,忧患不能累,矰缴不能及,是以肥遁无不利。"②

古代士大夫面临君臣不遇合的情境,自身的政治理想亦不能实现之时,或者采用极端的方式以证明君主的昏庸,儒家是不鼓励极端方式,三谏而不从则去之,已经足以证明士人的忠心。或者为保全自身,多是选择隐遁。庄子曾经幽默地写道:"若唯无诏,王公必将乘人而斗其捷。而目将荧之,而色将平之,口将营之,容将形之,心且成之。"③ 本来信心十足的想要进谏之士,在强权的压力下,产生了胆怯,嘴上唯唯诺诺,心里迁就,"知其不可奈何而安之若命"。但是真正实现隐退并非易事,士人的内心充满着道德的善恶和是非,想要穿越自身的道德底线,真正与世隔绝,一方面要过自身道德这一关卡。另一方面,对于自我生存的要求,能够看淡功名富贵,做到真正的飞遁和恬淡。孔子曰:"龙德而隐者。不易乎世,不成乎名,遁世无闷,不见是而无闷。乐则行之,忧则违之,确乎其不可拔,潜龙也。"

古往今来,选择隐遁逃避的人很多,无论是伯夷、叔齐,还是庄子、渊明,其理由大致可以归结为两类:政治和道德,恰恰反映出了他们的关注点,其实这两个理由时刻扭结在一起,冲突不断。子路曾批判不仕者,"不仕无义""长幼之节不可废也,君臣之义,如之何其废之"。君臣关系是古代一大伦,可内心又无法突破自我的道德底线。而且"普天之下,莫非王土;率土之滨,莫非王臣",逃到哪里都存在君

---

① (唐)李鼎祚:《周易集解》,《文渊阁四库全书》本。
② (魏)王弼、韩康伯注,(唐)孔颖达疏:《周易正义》卷四,中华书局1980年影印《十三经注疏》本,第48页。
③ 钱穆:《庄子纂笺》,生活·读书·新知三联书店2010年版,第35页。

臣之义，怎么逃？《遯》卦告诉我们需要隐遁，这个隐遁是可以在众人之中实现的，无须逃避到山林之中，可以实现心隐。如"畜臣妾""好遯""嘉遯""肥遯"。

《遯》卦思想对后世有很大的影响，如：儒家的"穷则独善其身"，孔子有"道不行，乘桴浮于海"的畅想，道家的"天下莫大于秋毫之末，而泰山为小"的旷达。儒道两家对隐遁的不同态度，在于对政治权力的影响有不同的判断。但两者都继承了《周易》在出世入世之间不断寻求平衡的方式和界限，追求平和愉悦的心境。选择遁避一方面是对自我生命的关注，另一方面是对自我德行的修养，《遯》卦爻辞诠释了这两个方面。

第六章 《乾》《坤》等十七卦集注集评

第一节 《乾》《坤》《小畜》《随》卦集注集评

一 乾卦䷀（乾下乾上）

（一）卦名

1. 集校

"乾"卦，帛书作"键"，上博馆藏楚简《周易》无此卦。

按：马王堆帛书写《乾》卦为《键》卦，《广雅·释室》："键，户牡也。"孔疏："凡锁器入者谓之牡，受者谓之牝。"《周礼·地官·司门》："掌授管键以启闭国门。""键"为门闩，锁簧之意。因此《系辞传》："是故阖户谓之坤，辟户谓之乾，一阖一辟谓之变，往来不穷谓之通。""子曰：乾坤，其《易》之门户邪？"而"键"是辟户之工具，所以"键"即"乾"。

2. 卦名之意

《杂卦传》：乾刚坤柔。

《说卦传》："乾，健也"。

乾为天，为何不称为"天"卦呢？

孔疏：天者，定体之名。乾者，体用之称。故《说卦》云："乾，健也。"言天之体，以健为用。圣人作易本以教人，欲使人法天之用，不法天之体，故名乾，不名天也。（李鼎祚、史徵、程颐等同此说。）

胡瑗：伏羲画八卦始有三爻，一爻为地，二爻为人，三爻为天，以象三才之道。然未能尽变通之理，故文王重之为六爻。初为地之下，有蒙泉之象。二为地之上，三于人为臣民之位。四出于臣民之上，为储贰之象。五正当天位，六为天之上，有太虚之象。然后万物成形，而天下之能事毕矣。六爻皆阳，象天积诸阳气而成也。既象天其不名天，而名乾者？盖天者，乾之形。乾者，天之用。

3. 得名之因

《乾卦》由乾下乾上组成，六爻皆阳爻，有阳刚劲健之势。《杂卦传》曰："《乾》刚《坤》柔"，"乾"卦，帛书作"键"，与《坤》卦之柔性相比，《乾》卦有刚健的性质。从卦德来看，乾为健，健行不息，故名之"乾"。天道强健，君子当效仿自强不息。卦名之意主要用卦德来显现，乾为健。

（二）卦爻辞集注

《乾》：元亨利贞。

1. 集校

汉帛书：键，元亨利贞。

2. "元亨利贞"

（1）元亨利贞，为天之四德，人之四德

《文言传》：元者善之长也，亨者嘉之会也，利者义之和也，贞者事之干也。君子体仁足以长人，嘉会足以合礼，利物足以和义，贞固足以干事。君子行此四德者，故曰乾元亨利贞。

孔疏："元、亨、利、贞"者，是乾之四德也。言此卦之德，有纯阳之性，自然能以阳气始生万物而得元始亨通，能使物性和谐，各有其利，又能使物坚固贞正得终。此卦自然令物有此四种使得其所，故谓之四德……圣人以人事托之，谓此自然之功，为天之四德，垂教于下，使后代圣人法天之所为，故立天四德以设教也。（李鼎祚、程颐、李过、傅佩荣等同此说。）

（2）元亨利贞，亦是与仁义礼智四德相配的四时，代表四季

孔疏：引庄氏之意，元是物始，于时配春，春为发生，故下云"体仁"，仁则春也。亨是畅通万物，于时配夏，故下云合礼，礼则夏也。利为和义，于时配秋，秋既物成，各合其宜。贞为事干，于时配冬，冬既收藏，事皆干了也。于五行之气，唯少土也。土则分王四季，四气之行，非土不载，故不言也。（史徵、胡瑗、尚秉和、黄寿祺和张善文等同此说。）

（3）元亨，利贞。"亨"为祭祀；"贞"为贞卜

高亨：元，大也；亨，即享祀之享；利，即利益之利；贞，即贞卜之贞也。（屈万里、张立文等同此说。）

(4) 元亨，利贞。此为占筮术语

朱熹：元亨利贞，文王所系之辞，以断一卦之吉凶，所谓彖辞者也。元，大也。亨，通也。利，宜也。贞，正而固也。文王以为乾道大通而至正，故于筮得此卦，而六爻皆不变者，言其占当得大通而必利在正固，然后可以保其终也。此圣人所以作易教人卜筮，而可以开物成务之精意。（李光地、陈梦雷、李镜池等同此说。）

按："元亨利贞"之语的解读始于《左传·襄公九年》。穆姜是宣公的妻子，成公是她和宣公的儿子。但她在贞德上有问题，成公十六年的时候，和人合谋想要推翻成公，结果失败了。于是穆姜被贬入东宫，记载：

> 穆姜薨于东宫。始往而筮之，遇《艮》之八。史曰："是谓《艮》之《随》。《随》其出也。君必速也。"姜曰："亡。是于《周易》曰：'《随》，元亨利贞，无咎。'元，体之长也；亨，嘉之会也；利，义之和也；贞，事之干也。体仁足以长人，嘉德足以合礼，利物足以和义，贞固足以干事，然故不可诬也，是以虽《随》无咎。今我妇人而与于乱。固在下位而有不仁，不可谓元。不靖国家，不可谓亨。作而害身，不可谓利。弃位而姣，不可谓贞。有四德者，《随》而无咎。我皆无之，岂《随》也哉？我则取恶，能无咎乎？必死于此，弗得出矣。"

对于"元亨利贞"究竟哪种解读更加接近《易经》本初的意义呢？四德说大概始于春秋后期，历代最为流行的一种解读。高亨先生在《元亨利贞解》一文中提出了质疑："据此解释，则元、亨、利、贞为人之四德。元以仁为本，亨以礼为宗，利以义为干，贞以固为质。然执此以读周易，往往扞格不通。姑举一例：坤卦辞曰：'元亨利牝马之贞。'如谓元亨利贞为四德，则此果何等语乎？岂牝马亦有所谓贞操乎？余故谓文言、左传所云，决非元亨利贞之初义。"

《周易》本是算卦书，为大人君主谋，君主更多的是关心结果，以便决策。《周易》吉多凶少，经统计，《周易》六十四卦卦爻辞中，结果为凶的大概占 25.33%，结果为吉和中性的大概占 74.67%。预测者之所以采取激励的方法，重在君主容易接受，这样既谏言又保命，可谓是两全其美。所以，元亨，就是大通、大顺。利贞，就是占问的结果有利。

此句大意为：《乾》：大为亨通，利于占问。

初九：潜龙，勿用。

1. 集校

汉帛书：初九：浸龙勿用。

丁四新认为：二字音相同。

2. "勿用"

（1）勿用，不可施用之意

孔疏：潜者，隐伏之名；龙者，变化之物。言天之自然之气起于建子之月，阴气始盛，阳气潜在地下，故言"初九潜龙"也。此自然之象，圣人作法，言于此潜龙之时，小人道盛，圣人虽有龙德，于此时唯宜潜藏，勿可施用，故言"勿用"。（马融、沈驎士、干宝、史徵、胡瑗、苏轼、程颐、朱熹、李光地、陈梦雷、傅佩荣、黄寿祺和张善文、张立文等同此意。）

（2）勿用，是说大衍之数，虚一不用，初九爻即是虚待不用之爻

惠栋：易，逆数也。气从下生，以下爻为始，乾为龙，阳藏在下，故曰潜龙。其初难知，故称勿用。大衍之数，虚一不用，谓此爻也。荀爽注大衍之数五十，云乾初九，潜龙勿用，故用四十九。初九，元也，即太极也。太极函三为一，故大衍之数，虚一不用耳若。

此句大意为：初九，潜隐的龙，暂不宜施用。

九二：见龙在田，利见大人。

1. 集校

汉帛书：九二：见龙在田，利见大人。

2. "大人"

（1）从爻位来看，"大人"唯二、五两爻

王弼：德施周普，居中不偏，虽非君位，君之德也。初则不彰，三则乾乾，四则或跃，上则过亢。"利见大人"，唯二、五爻焉。

（2）"大人"指九五爻

胡瑗：九二之爻是十二月中气之后，正月中气之前，阳气发见地上之时也。田者，稼穑所生而有资益之地也。以人事言之，则是圣贤君子有中庸之德，发见于世之时也。夫君子之道，积于内则为中庸之德，施于外则为皇极之化。此爻但有君德而无君位，故曰见龙在田。利见大人者何？盖凡有大人之德，必须利见有大才大德之君，然后可以行己之道。（程颐、陈梦雷、傅佩荣等同此意。）

（3）"大人"指九二爻，泛论有道德作为的人

孔疏："利见大人"，以人事托之，言龙见在田之时，犹似圣人久潜稍出，虽非君位而有君德，故天下众庶利见九二之大人。故先儒云：若夫子教于洙泗，利益天下，有人君之德，故称大人。

干宝曰：二为地上，田在地之表，而有人功者也。阳气将施，圣人将显，此文王免于羑里之日也。故曰"利见大人"。（史徵、苏轼、朱熹、黄寿祺和张善文、张立文等同此意）

（4）乾为"大人"

尚秉和：乾为大人，二虽不当位而居中。利见者，言大人宜于此时出见也。郑康成谓利见九五之大人，非。五无应也。阳息至二，《临》，阳出地上，由潜而显。大人亦如此也。

此句大意为：九二，龙现于田地，占筮此爻对大人有利。

九三：君子终日乾乾，夕惕若厉，无咎。

1. 集校

汉帛书：九三：君子终日键键，夕泥若厉，无咎。

2. "夕惕若厉，无咎"

（1）句读为："夕惕，若厉无咎"。若，如也。随时保持警惕，即使有倾危之祸，结果没有咎错

王弼：居上不骄，在下不忧，因时而惕，不失其几，虽危而劳，可以无咎。

孔疏：夕惕者，谓终竟此日后，至向夕之时，犹怀忧惕。若厉者，若，如也。厉，危也。言寻常忧惧，恒如倾危，乃得无咎。谓既能如此戒慎，则无罪咎。如其不然，则有咎。故系辞云：无咎者，善补过也。此一爻因阳居九三之位，皆以人事明其象。（胡瑗、朱熹、李光地、陈梦雷等同此意。）

（2）句读为："夕惕若，厉，无咎"。若，助词，描述意义

胡瑗：九三居下卦之上，在人臣之极位，正当公相之权也。上则须辅弼于君，下则须总领百官，以平均天下之民。凡朝廷之几务，莫不一责于己。若专奉上而怠于恤下，则有佞邪之谄。若勤恤于下而简于奉上，则有侵权之诛。固宜终朝乾乾，日不自暇，慎思之力行之，不倦以终之，是上则以思辅其君，下则以思总百官，以治天下之民。自朝及夕，常戒惧而惕若，则可以无咎矣。若者，辞之助。注以为至于夕犹惕

然，若厉今则不取。（苏轼、沈该、林栗、胡炳文、傅佩荣、黄寿祺和张善文、张立文等同此意。）

（3）句读为："夕惕若厉，无咎"

荀爽：日以喻君，谓三居下体之终，而为之君，承乾行乾故曰乾乾。夕惕以喻臣，谓三臣于五，则疾修柔顺危去阳行，故曰无咎。（赵汝楳、陈鼓应和赵建伟等同此意。）

按：第一，《乾》卦诸爻皆称龙，唯独此爻称之以君子，这是为何？

郑玄：三于三才为人道，有乾德而在人道，君子之象。虞翻曰：谓阳息至三，已变成离，离为日，坤为夕。王弼：夫《易》者，象也；象之所生，生于义也。有斯义，然后明之以其物……统而举之，《乾》体皆龙，别而叙之，各随其义。杨时：乾之九三，独言君子，盖九三人之位也。履正居中，在此一爻。故文言于九四，则曰上不在天，下不在田，中不在人。于九三止言上不在天，下不在田而已。其曰君子行此四德者，盖乾之所谓君子也。

《周易》用象灵活，随事取义，王弼认为各爻选取物象，是由各爻意自身决定的。六爻从上至下，分别象征天道、人道、地道。三、四位居于六爻中的人道，即九三爻位于人道，所以此爻有"君子"的说法。

第二，这一爻更为重要，初九还处在事业的初期，九二爻才崭露头角，那么到了九三，就已进入下卦的最高阶段，并且处于上下卦变革之际。《系辞传下》说道"三多惧"，所以此时更需要警惕。乾，健也。终日乾乾，就是说整日不停地努力，不停地进取。"夕惕"，白天努力工作，晚上还需非常警惕，这是一种忧患意识。"若厉"是危险，"无咎"就是没有咎错。这里为什么会出现两种相反的结果呢？《周易》强调忧患观念，以忧解忧。

此句大意为：九三，君子白天努力工作，晚上还警惕，即使陷入危险的境地，结果也会没有咎错。

九四：或跃在渊，无咎。

1. 集校

汉帛书：九四：或䠯在渊，无咎。

2. "或跃在渊"

（1）句读为："或跃，在渊无咎"

《子夏易传》：位革于下也，可无惧乎？位上公也，逼帝王也，可进而谦让。恤患以勤百姓，将务时以进其道也，而犹自疑。德之薄而位之下，而卑以自守，故曰在渊无咎也。

（2）句读为："或跃在渊，无咎"

孔疏：或，疑也。跃，跳跃也。言九四阳气渐进，似若龙体欲飞，犹"疑或"也。跃于在渊，未即飞也。此自然之象，犹若圣人位渐尊高欲进于王位，犹豫鹦疑，在于故位，未即进也。云："无咎"者，以其鹦疑进退，不即果敢以取尊位，故"无咎"也。若其贪利务进，时未可行而行，则物所不与，故有咎也。

崔觐：言君子进德修业，欲及于时。犹龙自试跃天，疑而处渊。上下进退，非邪离群，故"无咎"。（干宝、史徵、胡瑗、程颐、朱熹、苏轼、沈该、林栗、李光地、林希元、陈梦雷、傅佩荣、黄寿祺和张善文、张立文等同此意。）

按：或跃、在渊，强调时机。进退不失其时。九四爻位临近九五君位，此时进退当慎之又慎。无论前进，还是沉潜，都取决于个人的志向。而《象》曰："或跃在渊"，进无咎也。这只强调了前进没有过错，对于在渊则持有咎的观点，与爻辞之意不一致。

此句大意为：九四，飞跃时不忘乎所以，遇到坎坷时也不消沉，结果没有过错。

九五：飞龙在天，利见大人。

1. 集校

汉帛书：九五：羅蚕在天，利见大人。

2. "飞龙在天，利见大人"

王弼：不行不跃而在乎天，非飞如何？故曰飞龙也。龙德在天，则大人之路亨也。夫位以德兴，德以位叙，以至德而处盛位，万物之睹，不亦宜乎。

郑玄：五于三才为天道。天者，清明无形，而龙在焉，飞之象也。

虞翻：谓四已变，则五体离。离为飞，五在天，故"飞龙在天，利见大人"也。谓若庖牺观象于天，造作八卦，备物致用，以利天下，故曰"飞龙在天"。天下之所利见也。（干宝、史徵、胡瑗、苏轼、程颐、朱熹、林希元、陈梦雷、张立文、黄寿祺和张善文、傅佩荣等同此意。）

按：《乾》是纯阳至健之卦，九五爻又为其中正之君位，所以《本义》："如以圣人之德，居圣人之位，以别于他卦。"从初九至九五爻，龙象从潜隐逐步走向田，进而达到飞龙在天的显赫，至盛之时。占筮到这一爻，对于大人君子而言是盛之至。可对小人来讲，或许并不能承担重担，预示着凶祸。

此句大意为：九五，龙高飞在天空，对于大人来说是有利的。

上九：亢龙，有悔

1. 集校

汉帛书：上九：抗龙有愳。

2.《象》曰："亢龙有悔"，盈不可久也。

孔疏：上九亢阳之至，大而极盛，故曰"亢龙"。此自然之象。以人事言之，似圣人有龙德，上居天位，久而亢极，物极则反，故"有悔"也。纯阳虽极，未至大凶，但有悔吝而已。（干宝、史徵、胡瑗、程颐、朱熹、李光地、陈梦雷、傅佩荣、黄寿祺和张善文、张立文等同此意。）

按："亢"预示着两层含义：一是处高危险；二是含蕴着变化。"处则久，久则通，通则变"。

此句大意为：上九，飞得很高的龙，有悔悟。

用九：见群龙无首，吉。

1. 集校：

汉帛书：迵九：见群龙无首，吉。

2. "用九"

（1）总结六爻皆为"九"之意

李鼎祚《周易集解》刘瓛曰：总六爻纯九之义，故曰用九也。

（2）"用九"即能用天德

王弼：九，天之德也。能用天德，乃见群龙之义焉。（史徵、胡瑗、程颐、林栗、黄寿祺和张善文、张立文、傅佩荣等同此意。）

（3）用九，从卜筮来看，当筮得六爻皆变之时，就以此爻进行卜筮

朱熹：而圣人因系之辞，使遇此卦而六爻皆变者，即此占之。盖六阳皆变，刚而能柔，吉之道也。故为"群龙无首"之象，而其占为如是则吉也。

李光地：爻辞虽所以发明乎卦之理，而实以为占筮之用，故以九六名爻者取用也。爻辞动则用，不动则不用。卦辞则不论动不动而皆用也……乾坤者，天地之大义，乾虽变坤，未可纯用坤辞也；坤虽变乾，未可纯

用乾辞也,故别立用九用六,以为皆变之占辞。(陈梦雷等同此意。)

(4)乾、坤为纯卦,其用为一

沈该:《乾》、《坤》二卦独标用九、用六之名,何也?盖乾,纯阳之体也,天道也,君道也,在乎能用其刚也。坤,纯阴之体也,地道也,臣道也,在乎能用其柔也。六十四卦非无所用也,然刚柔相错,其用不一,不可以为主名,故于乾坤纯阳纯阴之卦,独标用九用六之名焉。

按:刚健之体,过刚而居首则不易为人所遵循,因此对于《乾》卦,没有哪一阳爻是居高临下的领导者,共同为主,这样才能形成有序、合理的管理程序。以刚爻为首,为天下先,则必有凶的结果,由此来看,《易》在柔与刚之间重在刚柔相济。

(三)总论

《乾凿度》:"乾坤者,阴阳之根本,万物之宗祖也。"从《乾》卦爻辞来看,内在精髓是健行不息。初九爻强调积蓄与储量。九二已经从地下到了地面。九三强调君子当整日不断奋斗,晚上不断反省警惕。到了九四爻,面临时势的进退。要么跃而飞天,要么下而潜渊。九五爻则已飞在天空,至盛之时。面临盛极之时,上九爻强调适时而变,革新方能避免盛极而衰的结局。

二 坤卦䷁(坤下坤上)

(一)卦名

1. 集校

"坤"卦,帛书作"川"("巛"),上博馆藏楚简《周易》无此卦。

按:"川"与"坤"

老子:水善利物而不争。《皇帝四经》说:地之德善与不争。

《玉篇·川部》:"巛读川,古为坤字。"《释文》:"坤,本又作巛,坤今字也。"

《大象传》:"地势坤"。地势是向下的,愈向下显示地势愈是厚重,此为坤象。即谓载华岳而不重,振河海而不泄。

2. 卦名之意

《杂卦传》:乾刚坤柔。

《说卦传》:坤,顺也。

朱熹：坤者，顺也，阴之性也。注中者，三画卦之名也。经中者，六画卦之名也。阴之成形，莫大于地，此卦三画皆耦，故名坤。而象地重之，又得坤焉，则是阴之纯顺之至，故其名与象皆不易也。

3. 得名之因

《坤》卦为坤下坤上，从卦画看，阴为臣；从卦德看，坤为顺，《说卦传》："坤，顺也"，《杂卦传》："乾刚坤柔"，坤有柔顺之德；从卦象看，坤为臣。

(二) 卦爻辞集注

《坤》：元亨，利牝马之贞。君子有攸往，先迷，后得主。利西南得朋，东北丧朋，安贞吉。

《彖》曰：至哉坤元，万物资生，乃顺承天。坤厚载物，德合无疆。含弘光大，品物咸亨。牝马地类，行地无疆，柔顺利贞。君子攸行，先迷失道，后顺得常。西南得朋，乃与类行。东北丧朋，乃终有庆。安贞之吉，应地无疆。

《象》曰：地势坤。君子以厚德载物。

1. 集校

汉帛书：川，元亨，利牝马之贞。君子有攸往，先迷，后得主。利西南得朋，东北亡朋，安贞吉。

2. "利牝马之贞"

（1）牝马为至顺之物，《坤》卦以柔顺为利

孔疏：利牝马之贞者，此与乾异。乾之所利，利于万事为贞，此唯云利牝马之贞。坤是阴道，当以柔顺为贞。假借柔顺之象，以明柔顺之德也。牝对牡为柔，马对龙为顺，假借此柔顺以明柔道，故云利牝马之贞。

程颐：乾坤之对也，四德同，而贞体则异，乾以刚固为贞，坤则柔顺而贞。牝马柔顺而健行，故取其象曰牝马之贞。（程颐、林栗、朱熹、易祓、李过、赵汝楳、陈士元、来知德、陈梦雷、尚秉和等主此说。）

（2）从卦变看，初六动为正，坤为牝，震为马，故有"利牝马之贞"

虞翻：谓阴极阳生，乾流坤形，坤含光大，凝乾之元，终于坤亥，出乾初子，品物咸亨，故元亨也。坤为牝，震为马，初动得正，故利牝马之贞矣。

（3）从卦变看，乾为马，坤即为牝马

朱震：乾为马，坤变之为牝马，牝马，地类也。无疆者，乾之行也。坤依乾而行，以柔承刚，以顺承健，乃能行地无疆，故曰利牝马之贞。（惠栋等同此说。）

（4）牝马随牡马专一而行则利

俞琰：北地马群，每十牝随一牡而行，不入它群是为牝马之贞。坤道以阴从阳，其贞如牝马之从牡则利，故曰利牝马之贞。（吴澄、纪闻、潘士藻等同此说。）

按：与《乾》卦辞不同之处在于，《坤》卦"利贞"间加上"牝马"二字，牝马乃母马，强调柔顺之意。《坤》卦取牝马服乘之象，意在言地道顺承天道。坤主臣道，人臣顺承君主，能够忠诚于君，完成君主之大业，不失为臣之道。

3."君子有攸往，先迷，后得主，利"

（1）句读为：君子有攸往，先迷后得，主利。西南得朋，东北丧朋，安贞吉。

君子有攸往，先迷后得主，利。西南得朋，东北丧朋，安贞吉。

君子有攸往，先迷，后得主利。西南得朋，东北丧朋，安贞吉。

孔疏：以其柔顺利贞，故君子利有所往。先迷后得主利者，以其至阴，当待唱而后和。凡有所为，若在物之先即迷惑，若在物之后即得主利。以阴不可先唱，犹臣不可先君，卑不可先尊故也。……西南坤位，是阴也。今以阴诣阴乃得朋，俱是阴类，不获吉也……东北丧朋，安贞吉者，西南既为阴，东北反西南，即为阳也。以柔顺之道，往诣于阳，是丧失阴朋，故得安静贞正之吉，以阴而兼有阳故也。（史徵、胡瑗、苏轼、程颐、朱熹、何楷、易祓、陆希声、朱震、林栗、郑汝谐、王申子、胡炳文、陈仁锡、吴幼清、俞玉吾、李过、赵汝楳、俞琰、陈士元、冯椅、易祓、保巴、来知德、郝楚望、陈梦雷、毛奇龄、李塨、陈鼓应和赵建伟等同此说。）

（2）句读为：君子有攸往，先迷，后得主。利西南得朋，东北丧朋。安贞吉。

吴澄：凡卦之位，四为西，三为南，初为东，上为北。朋，同类也。占者利于行西南方则得其朋类，若行东北方则失其朋类也。盖六四、六三二阴相比近，故为得朋。初六、上六二阴相隔远，故为丧朋。

李光地：案"后得主"，当以孔子文言为据。盖坤者地道臣道，而乾其主也。居先则无主故迷，居后则得其所主矣。利字应属下两句读，言在西南则利于得朋，在东北则利于丧朋也。（惠栋、张立文、傅佩荣等同此说。）

按：第二种句读，"利"字句读为下两句，在西南方利于得到朋，东北方则丧朋。从整爻的思维逻辑来看，"得朋"、"丧朋"与前面的"得主"相对应。与此句式相类，《周易》经文中有两例，即《蹇》：利西南，不利东北。利见大人。贞吉。《解》：利西南，无所往，其来复吉。有攸往，夙吉。

此句大意为：《坤》：大为亨通，柔顺者占问有利。君子有所前往，先是迷惑而后才找到君主。在西南方发展有利，能得到朋友，在东北方发展将丧失朋友。安分随顺则能吉祥。《彖》曰：柔顺之德至极啊！《坤》卦资生万物，顺承天之道。地体深厚承载万物，其德性亦能广远长久至无疆；含育万物，万物得以随性发展亨通。雌马生活于地面上，驰骋于广远的大地之上，以柔顺利于守持正固。君子有所前往，先是迷惑然后才能找到正道。在西南方发展有利，同类相互辅助。在东北方丧失朋友，但终获吉庆。安顺正固以得吉祥，与大地之载物厚德相合，永保万寿无疆。《象》曰：大地的气势敦厚，君子因此要宽容厚德。

初六：履霜，坚冰至。

《象》曰："履霜坚冰"，阴始凝也，驯致其道，至坚冰也。

1. 集校

初六：礼霜，坚冰至。

2. "履霜，坚冰至"，重在渐进之过程，能够见微知著

干宝：阴气在初，五月之时，自姤来也。阴气始动乎三泉之下，言阴气动矣，则必至于履霜，履霜则必至于坚冰，言有渐也。藏器于身，贵其俟时，故阳在潜龙，戒以勿用。防祸之原，欲其先几，故阴在三泉，而显以履霜也。

褚云：履霜者，从初六至六三。坚冰者，从六四至上六，阴阳之气无为，故积驯履霜必至于坚冰，以明人事有为，不可不制其节度，故于履霜而逆以坚冰为戒，所以防渐虑微，慎终于始也。（史徵、胡瑗、苏轼、程颐、朱熹、沈该、朱震、林栗、朱熹、冯椅、易袚、赵汝楳、俞琰、陈士元、来知德、李光地、陈梦雷、傅佩荣、陈鼓应和赵建伟等同此说。）

按：第一，爻象所显现的自然界的气候变化之象，《象传》："履霜坚冰，阴始凝也。"踩着霜花，说明阴气渐渐凝结，由此就能推测出即将出现坚冰，这是从生活经验总结出的自然规律。

《淮南子·齐俗训》：故《易》曰："履霜，坚冰至"，圣人之见终始微言。故糟丘生乎象箸，炮烙生乎热斗。子路撜溺而受牛谢，孔子曰："鲁国必好救人于患。"子赣赎人而不受金于府，孔子曰："鲁国不复赎人矣。"子路受而劝德，子赣让而止善，孔子之明，以小知大，以近知远，通于论者也。《韩非子·外储说右上》：《春秋》之记臣杀君，子杀父者，以十数矣。皆非一日之积也，有渐而以至矣。《春秋繁露》：天之气徐，不乍寒乍暑，故寒不冻，暑不喝，以其有余徐来，不暴卒也。《易》曰：履霜坚冰，盖言逊也。

第二，孔颖达对易象进行划分：

一类为取天地阴阳之象以明义者，若《乾》之"潜龙""见龙"，《坤》之"履霜坚冰""龙战"之属是也。

一类为取万物杂象以明义者，若《屯》之六三"即鹿无虞"，六四"乘马班如"之属是也。

一类为直以人事不取物象以明义者，若《乾》之九三"君子终日乾乾"，《坤》之六三"含章可贞"之例是也。

此句大意为：初六，踩着霜花，坚冰就要到来。《象》："踩着霜花，坚冰就要到来"，说明阴气开始凝结；顺着规律，坚冰就要来到。

六二，直方大，不习，无不利。

《象》曰：六二之动，直以方也。"不习无不利"，地道光也。

1. 集校

六二，直方大，不习，无不利。

2. "直方大，不习，无不利"

（1）"直方大"为地之三德，无须修营，自得其利

孔疏：俱包三德，生物不邪谓之直也，地体安静是其方也，无物不载是其大也。既有三德，极地之美，自然而生，不假修营，故云不习无不利。（干宝、史徵、胡瑗、程颐、朱熹、朱震、冯椅、赵汝楳、沈该、何楷、来知德等同此说。）

（2）"直方大"三者间乃相生之道，即顺生直，直生方，方生大

苏轼：以六居二，可谓柔矣。夫直方大者，何从而得之？曰六二顺

283

之至也，君子之顺，岂有他哉？循理无私而已，故其动也为直，居中而推其直为方，既直且方非大而何？夫顺生直，直生方，方生大，君子非有意为之也，循理无私而三者自生焉。（林栗、李光地、陈梦雷等同此说。）

(3) 直接产生，遍及四方，广大无边

傅佩荣："直"是万物各自依其条件直接产生，只要条件成熟就自然出现了。能够如此，才会使万物遍及四方，由此造成广大无边的大地现象。

(4) 直方，正直端方。"大"疑为衍字

易袚：《礼记·深衣》直方下无"大"字，郑厚存古亦曰"大"字疑衍文。六爻自履霜至玄黄皆叶音象，文言皆无此字，或曰"大"字别自为句。

陈鼓应、赵建伟：直方，正直端方。方与霜、章、囊、裳、黄协阳部韵，《象传》《文言》亦不释大字，故有人认为是衍字，闻一多疑其涉"不"字儿讹衍。

1. 句读

(1) "直方，大，不习，无不利。"

易袚：臣德备于坤之六二，故先言直方而后至于大。大者，阳也。何以言于坤之六二？坤，阴物也，六二纯乎阴也，阴极而变，故《象》不言大而言动，惟其动也，从阳而大。

惠栋：乾为直，坤为方，故曰直方。阳动直，而大生焉，故曰大。

(2) "直方，大不习，无不利。"习，重也

吴澄：以直计之，地之厚，上下相去三万里。以方计之，地之广轮，东西相去南北相去亦各三万里。直之厚，方之广，有形之物，其大无可与比，故曰不习。习，重也，言不再有如此大者也。（陈士元、翟均廉等同此说。）

按：第一，六二爻阴爻居阴位，体中正。以爻位而言，二位已在地之上，以地道言直方大之性。直，是正直，推论人们行事端直；方，地有一定的形状和距离，联想到人们道德谦顺，有一定的规矩和原则；由地之广大联系到人们视野要广阔，心胸宽容。

第二，六二爻辞为"直方大"，《象传》则解为"六二之动，直以方也"。如何理解？

孔疏承王注:"六二之体,所有兴动,任其自然之性,故云'直以方'也"。干宝认为"臣之事君,妻之事夫,义成者也",君臣、夫妻间以阴侍从阳,此为义。据"臣贵其直""地体其大"之意,"义尚其方"则是说义崇尚的乃是"方"之性。《九家易》在解释《象传》时则认为"方"为四方之意,"阳下动,应之则直,而行布阳气,动于四方也。"胡瑗:"方,义也。义,宜也,言生物无私,使各得其宜也。"因此,"六二之动,直以方也"即是"六二以直方大之三德,发动而生物,无不得其宜"。《礼记》:袂圆以应规,曲袷如矩以应方,负绳及踝以应直,下齐如权衡以应平。故规者行举手以应为容,负绳抱方者,以直其政,方其义也。故易曰:坤,六二之动,直以方也。

此句大意为:六二,正直、端方、广大,不用修习,无所不利。《象》:六二行动,正直端方;"不用修习,无所不利",说明大地之道光明。

六三,含章可贞。或从王事,无成有终。

《象》曰"含章可贞",以时发也。"或从王事",知光大也。

1. 集校

六三,含章可贞,或从王事,无(成)有终。

2. "含章可贞。或从王事,无成有终"

(1) 从爻位看,六三处下卦之极,谦退隐美以得正

孔疏:六三处下卦之极,而能不被疑于阳。章,美也。既居阴极,能自降退,不为事始,唯内含章美之道。待命乃行,可以得正,故曰含章可贞。或从王事,无成有终者,言六三为臣,或顺从于王事,故不敢为事之首,主成于物,故云无成。唯上唱下和,奉行其终,故云有终。(史徵、胡瑗、程颐、朱熹、沈该、朱震、林栗、冯椅、吴澄、陈士元、李光地、傅佩荣等同此说。)

(2) 三有阳德,六三爻以阴处阳位,故含章

苏轼:三有阳德,苟用其阳,则非所以为坤也,故有章而含之。坤之患弱,而不可以正也,有章则可以为正矣。然以其可正而遂专之,则亦非所以为坤也。故从事而不造事,无成而代有终。(易祓、俞琰、何楷、来知德、陈梦雷等同此说。)

(3) 怀有美德,宜于占问

陈鼓应、赵建伟:含,怀有。章,文采,指美德。

按:《坤》卦六三爻居下卦之上,预示着小有功业之时,此时需要

谨慎，避免上面的猜测。

此句大意为：六三，含蕴章美之道，可以占问。或者辅弼君王，成功归之于君主，谨慎守终。《象》："含蕴章美之道，可以占问"，根据时机而动；"或者辅弼君王，成功归之于君主，谨慎守终"，是六三爻知虑广大。

六四，括囊，无咎无誉。

《象》曰："括囊无咎"，慎不害也。

1. "括囊"

（1）扎起口袋。从爻位来看，六四爻以阴居阴位，非中正之位，阴阳不交唯有谨慎

王弼：处阴之卦，以阴居阴，履非中位，无直方之质，不造阳事，无含章之美，括结否闭，贤人乃隐，施慎则可，非泰之道。（史徵、胡瑗、苏轼、朱震、林栗、冯椅、易袚、沈该、俞琰、吴澄、陈士元、何楷、来知德、李光地、陈梦雷、尚秉和、傅佩荣、陈鼓应和赵建伟等主此说。）

（2）坤为囊，由《否》《泰》两卦变看，互卦艮为手，巽为绳，有扎起口袋之象

虞翻：括，结也。谓泰反成否，坤为囊，艮为手，巽为绳，故括囊在外，多咎也。得位承五，系于包桑，故无咎。阴在二，多誉而远，在四故无誉。（惠栋等）

此句大意为：六四，扎起口袋，没有咎错也没有赞誉。《象》："扎起口袋，没有咎错也没有赞誉"，说明小心谨慎不惹祸害。

六五，黄裳，元吉。

《象》曰："黄裳元吉"，文在中也。

1. 集校

六五，黄常，元吉。

2. "黄裳，元吉"

（1）以立身处世之道解说，"黄"乃明德，内怀忠信之德，结果为吉祥

王弼：黄，中之色也。裳，下之饰也。坤为臣道，美尽于下。夫体无刚健而能极物之情，通理者也。以柔顺之德处于盛位，任夫文理者也。垂黄裳以获元吉，非用武者也，极阴之盛不至疑阳，以文在中，美之至也。

程颐：坤虽臣道，五实君位，故为之戒云黄裳元吉。黄，中色。裳，下服。守中而居下则元吉，谓守其分也。元，大而善也。爻象唯言守中居下则元吉，不尽发其义也。黄裳既元吉，则居尊为天下，大凶可知。（干宝、史徵、胡瑗、沈该、朱熹、朱震、冯椅、俞琰、吴澄、陈士元、何楷、来知德、李光地、陈梦雷、尚秉和、傅佩荣等主此说。）

（2）从审美层面解释吉祥。穿上华贵鲜亮的黄色衣裳，吉庆无比

陈鼓应和赵建伟：六五居中位，黄为中色，亦为华贵之象。裳，泛指衣裳。此"黄裳"义犹《讼》卦上九"或锡之鞶带"，喻升迁显贵。

（3）从社会地位角度，认为黄裳为贵族服饰，社会地位高，自然吉祥

高亨：古人贵黄金，故以黄为贵色。……黄裳者，吉祥之服也。元吉犹言大吉也。此爻乃以黄裳示吉祥之兆，故曰黄裳元吉。

按：《周易》时代，尚无"黄"为中色的说法。"黄"在《周易》中出现时，爻位往往处于低位。如《革》初九：巩用黄牛之革。《离》六二：黄离，元吉。由此来看，黄乃为贱色，并非贵色。正如六五爻所处爻位，阴尊阳位，谦卑待下，结果为吉祥。

此句大意为：六五，黄色的下裳，至为吉祥。《象》："黄色的下裳，至为吉祥"，是六五爻之德居中。

上六，龙战于野，其血玄黄。

《象》曰："龙战于野"，其道穷也。

1. 集校

尚六，龍戰于野，亓血玄黄。

2. "龙战于野，其血玄黄"

孔疏：以阳谓之龙，上六是阴之至，极阴盛似阳，故称龙焉。……即《说卦》云：'战乎乾'是也。战于卦外，故曰于野。阴阳相伤，故其血玄黄。（史徵、胡瑗、程颐、苏轼、沈该、朱震、来知德、李光地、陈梦雷等主此说。）

按：上六爻居《坤》卦之极，阴盛已极，有"穷"之象。至此将与阳爻相争，争乱不清。《乾》卦上九爻言"亢"，《坤》卦上六言"穷"，都预示着走到极处需要革变。

此句大意为：上六，二龙相战于野外，天地交杂。《象》："二龙相战于野外"，是上六爻发展至穷尽。

用六，利永贞。

《象》曰：用六"永贞"，以大终也。

1．集校

迵六，利永贞。

2．"用六"

（1）"用六"，是总结坤卦六爻之辞。"利永贞"，利于长久正固

孔疏：此坤之六爻总辞也。言坤之所用，用此众爻之六，六是柔顺，不可纯柔，故利在永贞。永，长也。贞，正也，言长能贞正也。（史徵、程颐、胡瑗、冯椅、来知德、李光地等同此说。）

（2）"用六"，若占筮阳爻皆变为阴爻之时，则以用六爻为占筮辞。"利永贞"，利于长久正固

朱熹：用六言凡筮得阴爻者，皆用六而不用八，亦通例也。以此卦纯阴而居首，故发之遇此卦，而六爻俱变者，其占如此辞。盖阴柔，不能固守，变而为阳，则能永贞矣，故戒占者以利永贞。即乾之利贞也，自坤而变，故不足于元亨云。（陈梦雷等同此说。）

此句大意为：用六，占问长远之事则吉利。

（三）总论

《坤》卦居《乾》卦之后，顺以承天。初六爻见微知著，避免损伤。六二爻居中正之位，当为六爻之主。六三、六四爻居上下卦间，"三、四多惧之地"，故有含章、括囊之戒。"或从王事，以时发也"，抓住时机，跟从君王成就大事。功成而居后，即使没有赞誉，但至少无咎。六五爻阴爻居尊位，既中且谦。上六阴极盛则将与阳相战，阴阳矛盾的冲突促进了事物的创变。

三　小畜卦䷈（乾下巽上）

（一）卦名

1．集校

"小畜"卦，帛书作"少蓺"，帛书《衷》篇作"小蓄"。上博馆藏楚简《周易》无此卦。

2．卦名之意

（1）小畜，寡少

《杂卦传》：《小畜》，寡也。

按：《小畜》阴阳爻的比例为一比五，一柔五刚的组合。"寡"是

288

针对阴爻的数量而言的。

（2）畜聚、畜止。小畜之意乃是小有畜聚，但所畜之物有所不同

孔颖达：但小有所畜，唯畜九三而已……此卦则巽在于上，乾在于下，巽是阴，柔性，又和顺，不能止畜在下之乾，唯能畜止九三，所畜狭小，故名小畜。

朱熹：畜，止之之义也。上巽下乾，以阴畜阳。又卦唯六四一阴，上下五阳皆为所畜，故为小畜。又以阴畜阳，能系而不能固，亦为所畜者小之象。（郑刚中同此说。）

3. 得名之因

《小畜》卦为乾下巽上，卦画为一阴五阳。依据《周易》卦爻规则，阴与阳为五比一时，形成相应的关系。也就是说，《小畜》卦中所有的阳爻相应于阴爻，六四阴爻畜诸阳，此为成卦之意。

从卦德看，《大畜》上体为艮卦，艮为止，能止之刚健。《小畜》上体柔顺，不能完全节制刚健之势。由此，《小畜》卦得名主要是源自卦画与卦德。

（二）卦序

《序卦传》：比必有所畜也，故受之以小畜。

崔憬：下顺从，而上下应之，则有所畜矣。

王弼：比非大通之道，则各有所畜以相济也。由比而畜，故曰小畜而不能大也。

（三）卦爻辞集注

《小畜》：亨。密云不雨，自我西郊。

《彖传》："小畜"，柔得位而上下应之，曰小畜。健而巽，刚中而志行，乃亨。"密云不雨"，尚往也。"自我西郊"，施未行也。

《象传》：风行天上，"小畜"。君子以懿文德。

1. 集校

汉帛书：少蓺，亨。密云不雨，自我西茭。

2. "密云不雨，自我西郊"

（1）阴阳相遇方能为雨，今六四阴爻畜止下卦九三爻，阴阳爻不平衡，阳多阴少，故仅为密云，不能相遇为雨

孔疏：密云不雨者，若阳之上升，阴能畜止，两气相薄则为雨也。今唯能畜止九三，其气被畜，但为密云。初九、九二犹自上通，所以不能为雨也。自我西郊者，所聚密云由在我之西郊，去我既远，润泽不能行也，

但聚在西郊而已。（胡瑗、程颐、朱震、郑刚中、林希元、李光地等同此说。）

（2）从卦变角度，坎为水，水气凝聚至上才下雨，今上体《巽》卦为半坎，故而为密云

虞翻：需坎升天为云，坠地为雨，上变为阳，坎象半见，故密云不雨，上往也。（林栗等同此说。）

（3）西郊，阴方，指岐周为西方

朱熹：盖密云，阴物。西郊，阴方。我者，文王自我也。文王演易于羑里，视岐周为西方。

（4）从卦体来看，乾在西北，巽在东南，西北风快速吹向东南

傅佩荣：《小畜》卦下乾上巽，乾之位在西北，巽之位在东南，爻画由下而上，等于风雨由西北吹向东南，使浓云未及下雨就飘聚过去，所以说"自我西郊"。

按：对于"密云不雨"的解释，无论是从爻位还是从卦变，都是为了说明阴阳不和，无雨象。西郊之意，有的认为是云气聚集的方位，一般解释为西方、西邑；有的解释西郊乃是指岐周之地，如朱熹之意。沈该也猜测西郊可能跟西伯有关，"盛德无辅，王泽未加于民，其西伯之事乎？是以西郊为言也"。李镜池说道："还有许多爻辞似乎在称说故事的"，并且举出"自我西郊"为例。

此句大意为：《小畜》：亨通。浓云密布却不下雨，聚集的云气来自西郊。《象传》："小畜"，六四爻阴柔得位，诸阳爻与之相应，这就是小畜。乾健巽顺，阳刚居中前行，所以有亨通。"密云不雨"，阳气聚集未足以降雨；"自我西郊"，说明阴阳之气还未能交和。《象传》：风飘行在天上，小畜；君子修美文章德行。

初九，复自道，何其咎？吉。

《象》曰："复自道"，其义"吉"也。

1. 集校

初九：复自道，何亓咎？吉。

2. "复自道，何其咎"

（1）初九爻刚健，上应六四爻，阴阳相应

王弼：处乾之始，以升巽初，四为已应，不距已者也。以阳升阴，复自其道，顺而无违，何所犯咎？得义之吉。（胡瑗、程颐、朱熹、林

栗、李光地、俞琰等同此说。）

（2）初九处乾健之下，与上体《巽》卦尚远，故可返回

苏轼：乾之欲去于巽，必自其交之未深也，去之则易。初九复自道，何其咎？吉。进而尝之，知其不可，反循故道而复其所，则无咎。（朱震等同此说。）

按：第一，《荀子·大略篇》：《易》曰："复自道，何其咎？"春秋贤穆公，以为能变也。

《吕氏春秋》：安危荣辱之本在于主，主之本在于宗庙，宗庙之本在于民，民之治乱在于有司。《易》曰：'复自道，何其咎？吉'。以言本无异，则动卒有喜。

第二，此爻与"无往不复""不远复"之"复"意相同，有处下位不进之意。

此句大意为：初九，回复自身（阳刚）之道，有什么咎错？吉祥。《象》曰："回复自身（阳刚）之道"，初九爻的行为合宜吉祥。

九二，牵复，吉。

《象》曰：牵复在中，亦不自失也。

1. 集校

九二：坚复，吉。

2. 牵，牵连；复，反复。九二牵复于九五爻

孔疏："牵"谓牵连，"复"谓反复。二欲往五，五非止畜之极，不闭固于己，可自牵连反复于上而得吉也。（胡瑗、程颐、朱震、郑刚中等同此说。）

此句大意为：六二，牵连回复自身（阳刚之道），吉祥。《象》曰：牵连回复自身，九二居位中正，也不失其阳刚之德。

九三，舆说辐，夫妻反目。

《象》曰："夫妻反目"，不能正室也。

1. 集校

九三：车説䡯，夫妻反目。

2. "舆说辐，夫妻反目"

（1）九三爻刚健而行，但上九爻不能畜止九三爻，犹如车没有轮子无法前进，夫妻不和

孔疏：九三欲复而进，上九固而止之，不可以行，故车舆脱其辐。

"夫妻反目"者，上九体巽为长女之阴，今九三之阳，被长女闭固，不能自复，夫妻乖戾，故反目相视。（胡瑗等同此说。）

（2）坤象为车、为辐，今为乾，故而有车脱辐。巽为妻，震为夫，离为目，有夫妻反目之象

虞翻：逸坤为车、为辐，至三成乾，坤象不见，故车脱辐。马君及俗儒皆以乾为车，非也。逸震为夫、为反。巽为妻，离为目，今夫妻共在四，离火动上，目象不正，巽多白眼。夫妻反目，妻当在内，夫当在外，今妻乘夫而出在外。

《九家易》：四互体离，离为目也。离既不正，五引而上，三引而下，故反目也。舆以轮成车，夫以妻成室，今以妻乘夫，其道逆，故不能正室。（朱震、林栗等同此说。）

（3）九三阳爻，六四阴爻乘凌九三，上下关系颠倒

程颐：三以阴爻居不得中，而密比于四，阴阳之情相求也，又昵比而不中，为阴畜制者也，故不能前进，犹车舆说去轮辐，言不能行也。夫妻反目，阴制于阳者也，今反制阳，如夫妻之反目也。（郑刚中、朱熹、李光地、傅佩荣等同此说。）

（4）九三阳爻近上体《巽》卦，脱辐去咎。但《乾》卦刚健，终不能久处，故有反目之象

苏轼：至于九三其交益深而不可复，则脱辐而与之处。与之处可也，然乾终不能自革其健，而与巽久处而无尤也，故终于反目。

此句大意为：九三，车子的辐条断裂，夫妻相互敌视。《象》曰：夫妻相互敌视，说明九三无法管理好自身。

六四，有孚，血去惕出，无咎。

《象》曰："有孚惕出"，上合志也。

1. 集校

六四：有复，血去汤（出），无咎。

2. "血去惕出"

（1）六四乘凌九三爻，下三阳爻紧逼之，故六四爻惧惕。幸上九爻与六四爻合志，使得血去惕出

孔疏：六四居九三之上，乘凌于三，三既务进，而己固之，惧三害己，故有血也。畏三侵凌，故惕惧也。但上九亦憎恶九三，六四与上九同志，共恶于三，三不能害己，己故得其血去除，其惕出散，信能血去

惧除，乃得无咎。（胡瑗、程颐、朱震、项安世等同此说。）

（2）从卦变来看，九二爻动为阴爻，互体二、三、四爻为坎，坎为血。今二爻不动则坎象消失，故而有血去惕出

虞翻：孚谓五，逸坎为血、为惕。惕，忧也。震为出，变成小畜，坎象不见，故血去惕出。得位成五，故无咎也。（郑刚中、林栗等同此说。）

（3）血去惕出，不会有伤害，也不必戒惧。上，指九五爻言

傅佩荣：六四以一柔面对五刚，必须有诚信，否则后果不堪设想。诚信足够，则不会有伤害，也不必再戒惧。六四为全卦主爻，只能做到无咎，实因以柔待刚，力有未逮。

（4）六四欲与初九相应，但初九与六四意不合，故六四伤惧而去

苏轼：六四之所孚者初九也，初九欲去之，六四欲畜而留之，阴阳不相能，故伤而去，惧而出也。以其伤且惧，是以知阴之畜乾，其欲害乾之意见于外也。如此以其为害也浅，而乾去之速，故无咎。

（5）六四一阴爻面对众阳爻，幸有九五、上六两爻相助

朱熹：以一阴畜众，阳本有伤害忧惧，以其柔顺得正，虚中巽体，二阳助之，是有孚而血去惕出之象也。

此句大意为：六四，有诚信；摆脱忧愁惊惧，没有咎错。《象》曰："有诚信；摆脱忧愁惊惧"，六四与九五志向相合。

九五，有孚挛如，富以其邻。

《象》曰："有孚挛如"，不独富也。

1. 集校

九五：有復繺如，富以亓邻。

2. "有孚挛如，富以其邻"

（1）如，语辞，非义类。邻，指九二爻

王弼：处得尊位，不疑于二，来而不距，二牵已挛，不为专固，有孚挛如之谓也。以阳居阳，处实者也。居盛处实，而不专固，富以其邻者也。（胡瑗等同此说。）

（2）邻，指九三爻。通过卦变，出现兑西震东，与《既济》卦中"东邻""西邻"同

虞翻：孚五，谓二也。挛，引也。巽为绳。豫、艮为手。二失位，五欲其变，故曰"挛如"。以，及也。五贵，称富。邻，谓三。兑西震东，称邻。二变承三，故富以其邻，《象》曰"不独富"。二变为既济，

与东西邻同义。

（3）九五居中正，与诸爻共享

《九家易》：有信下三爻也，体巽故挛如，如谓连接其邻，邻谓四也。五以四阴作财，与下三阳共之，故曰不独富也。

程颐：小畜众阳为阴所畜之时也，五以中正居尊位而有孚信，则其类皆应之矣。故曰挛如，谓牵连相从也。五必援挽与之相济，是富以其邻也。五以居尊位之势，如富者推其财力与邻比共之也。（朱震、郑刚中、朱熹、林栗、李光地等同此说。）

（4）邻，指上九爻

苏轼：若夫九五之畜乾也，则不然。所孚者，既已去我矣，我且挽援而留之，若中心诚好之。然此乾之所以眷眷而不悟，自引而后脱，二者皆欲畜乾而制之，顾力不能，是以六四与上合志，而九五以其富附其邻，并力以畜之邻上九也。

此句大意为：九五，心怀诚信连接诸爻，财富与邻居共享。《象》曰："心怀诚信连接诸爻"，九五爻不独享财富。

上九，既雨既处，尚德载。妇贞厉。月几望，君子征凶。

《象》曰："既雨既处"，德积载也。"君子征凶"，有所疑也。

1. 集校

尚九：既雨既处，尚得载，女贞厉。月几望，君子正凶。

2. "既雨既处，尚德载"

（1）上九阳爻居阴位，有阴柔之质，阴阳相遇称雨泽

胡瑗：今此上九是能固畜九三之进，然位虽阳爻而体本巽顺，是阴阳相应而成雨泽，故言既雨也。既处者，既安也。夫六四以柔弱之故，是以惕惧而不敢安。此上九既为制畜之极，能固止其九三之进，则安然而居，不在惕惧也。故曰既处。尚德载者言昔之不雨，今既雨矣。昔之不安，今既安矣。此皆由君子之人贵尚其德而行之故也。（程颐、朱震、郑刚中、朱熹、林栗等同此说。）

（2）九二爻变为阴爻，与九三、六四两爻组成互坎卦，坎为雨

虞翻：既，已也。应在三。坎水零雨。巽为处，谓二已变，三体坎雨，故"既雨既处"。坎云复天，坎为车，积载在坎上，故上得积载。

按：此爻与卦辞之象正好相反，《周易》占筮结果并非是一成不变的，而是注重条件影响，因时、因地、因人等变化而变化。

此句大意为：上九，密云已经形成降雨，阴德畜聚阳德；妇人占问结果为有危险，满月之后，君子前往必有凶险。《象》曰："密云已经形成降雨"，阴德畜聚阳德；"君子前往必有凶险"，阴气被阳气畜止。

（四）总论

《小畜》卦讲述了阴畜阳到阴疑阳的发展过程。《小畜》为一阴五阳之卦，众阳爻与阴爻相应。六四阴爻畜止、畜聚众阳爻，这一过程中阳爻柔顺以从，阴爻诚信以待，实现小畜大。

四 随卦䷐（震下兑上）

（一）卦名

1. 集校

"随"卦，帛書作"隋"，上海博物馆藏楚简"随"作"㱃"。

2. 卦名之意

《说文》：随，从也。《广雅·释诂一》：随，行也。随，顺也。《广雅·释诂三》：随，逐也。

《系辞传》：服牛乘马，引重致远以利天下，盖取诸随。

朱熹：随，从也。……皆刚来随柔之义。以二体言之，为此动而彼说亦随之义，故为随己能随物，物来随己，彼此相从，其通易矣。故其占为元亨，然必利于贞乃得无咎。

3. 得名之因

从卦象看，《随》卦兑上震下，震为雷，兑为泽。雷震于泽中，泽随而动，随之意。从另一方面来看，震为长子，兑为少女，少女随长男，随之意。从卦德来看，震为动，兑为悦，动而悦随。下卦《震》性动上趋，上卦《兑》性泽下润，故而上下相交通，有元亨利贞。

（二）卦序

《序卦传》：豫必有随，故受之以随。

韩康伯：顺以动者，众之所随。

胡瑗：言圣贤在上，既得天下之悦豫，必皆乐而随之也。然谓之随者，兑上为说，震下为动，是圣贤动顺民心，则天下皆悦乐而随之也。

（三）卦爻辞集注

《随》：元亨利贞，无咎。

《彖》曰：随，刚来而下柔，动而说，随。大亨贞无咎，而天下随时，随时之义大矣哉！

《象》曰：泽中有雷，随。君子以向晦入宴息。

1．集校

上博藏楚竹书：隓，元卿，利贞，亡咎。

汉帛书：隋，元亨，利贞，无咎。

此句大意为：《随》：大为亨通，占问有利，没有咎害。《象》曰：《随》卦，刚阳者屈居阴柔，有所行动使人欣悦而相随。大为亨通，没有咎害，天下万物随时而运行。《随》卦的随时而动的意义很深远。《象》曰：泽中潜藏着雷，这就是《随》卦。君子要向晚时入室休息。

初九，官有渝，贞吉，出门交有功。

《象》曰："官有渝"，从正吉也。"出门交有功"，不失也。

1．集校

上博藏楚竹书：初九：官又愈，贞吉。出门交又工。

汉帛书：初九，官或谕，贞吉，出门交有功。

2．"官"

（1）初九是阳爻，是成卦之主。阳为阴主，主谓之官

胡瑗：官，主守也。渝，变也。

程颐：九居随时，而震体且动之主，有所随者也。官，主守也。既有所随，是其所主守有变易也，故曰官有渝。（苏轼、沈该、林栗、朱熹、赵汝楳、俞琰、保巴、来知德、潘士藻、何楷、毛奇龄、胡煦、李塨、陈梦雷等同此说。）

（2）"官"指"官员"，"渝"是"变通"，官员有变通，是因为依循正途而吉祥

《九家易》：渝，变也。谓阳来居初，德正为震，震为子，得土之位，故曰官也。阴阳出门相与交通，阴往之上，亦不失正，故曰贞吉而交有功。（傅佩荣等同此说。）

（3）"官"是指心之官，可理解为思维观念

孔疏：谓执掌之职，人心执掌与"官"同称，故人心所主谓之"官"。（黄寿祺、张善文等同此说。）

（4）"官"应作"馆"

尚秉和：官，蜀才作馆，见《释文》。惠栋云："官，古文馆。以《穆天子传》'官人陈牲'为证。"按，作馆是也。艮为馆，下卦艮覆，

故曰馆有渝。

此句大意为：初九，官员（思维观念）有变通，占问结果吉祥；出门与人交往会有功效。《象》曰："官员（思维观念）有变通"，因循正道吉祥；"出门与人交往会有功效"，是不失正道。

六二，系小子，失丈夫。

《象》曰："系小子"，弗兼与也。

1. 集校

上博藏楚竹书：六二：系少子，丈夫。

汉帛书：六二：系小子，失丈夫。

2. "系小子，失丈夫"

（1）九五爻为小子，九四爻为丈夫

虞翻：应在巽，巽为绳，故称系。小子谓五，兑为少，故曰小子。丈夫谓四，体大过，老夫故称大夫。承四隔三，故失丈夫。

（2）"系小子"指九四爻，"失丈夫"指初九爻

朱震：四艮为少男，有乾父坤母，小子也。初震为长男，有巽妇夫也。随利于正，初九正也，九四不正也。二与四同功，以情言之，柔必随刚，阴必随阳。初九、九四皆阳刚也，其能兼与之乎？四虽在上，不正也。初虽在己之下，正也。六二系情于四，比初不专，虽与之相比，而情不亲。虽有中正之德，而所随非其人，其失在于不能权轻重也，故曰系小子，失丈夫。（毛奇龄等同此说。）

（3）"系小子"指初九爻，"失丈夫"指九五爻

孔疏：小子谓初九也，丈夫谓九五也。初九处卑，故称小子。五居尊位，故称丈夫。六二既是阴柔，不能独立所处，必近系属初九，故云系小子。既属初九，则不得往应于五，故云失丈夫也。（胡瑗、程颐、苏轼、沈该、林栗、朱熹、蔡渊、吴澄、保巴、潘士藻、何楷、陈梦雷、傅佩荣等同此说。）

（4）"系小子"指六三爻，"失丈夫"指初九爻

李过：《随》之六爻以渐而随，不能越次，故初随二，二随三，三随四，四合而随五。二虽五之应，然未能随五也。且随三，小子，三也。丈夫，初也。随三不随初，上进也。（赵汝楳、俞琰、胡煦、李塨、来知德等同此说。）

(5)"系小子"指初九爻,"失丈夫"指九四爻

尚秉和:初震为小子,四艮为丈夫。二近初,故系小子。为六三所隔,不能承四,故失丈夫……虞翻谓二应五,以五为小子。五为少女,焉能为小子?失之远矣。

此句大意为:六二,依附阴柔小子,失去阳刚丈夫。《象》曰:"依附阴柔小子(失去阳刚丈夫)",说明不能同时跟随两者。

六三,系丈夫,失小子,随有求得。利居贞。

《象》曰:"系丈夫",志舍下也。

1. 集校

上博藏楚竹书:六晶:系丈夫,小子。隓求又,利尸几贞。

汉帛书:六三:系丈夫,失小子。隋有求得,利居贞。

此句大意为:六三,依附阳刚丈夫,舍去阴柔小子。随从而有所求,可以有所得,占问的结果利于不动。《象》曰:"依附阳刚丈夫",六三心意是舍弃下位阴爻者。

九四,随有获,贞凶。有孚在道,以明,何咎?

《象》曰:"随有获",其义凶也。"有孚在道",明功也。

1. 集校

上博藏楚竹书:九四:隓又穫,贞工。又孚有道,已明,可咎?

汉帛书:九四:隋有获,贞凶。有复在道,已明,何咎?

按:九四爻居互体艮,艮为止,下有震动,且处上下卦体交接之际,动荡不安。九四爻近君位,为臣之道在于尊上,随上为道。而此时九四爻蠢蠢欲动,与下阴爻有所牵绊。九四爻所处位置即欲系阴爻,亦想随顺九五爻,欲兼有两者,可谓盲目随从。

此句大意为:九四,随从而有收获,占问结果为凶。有诚信,明智地选择正道而行,会有什么咎害呢?《象》曰:"随从而有收获",九四是有凶害的。"有诚信选择正道",是明智的功劳。

九五,孚于嘉,吉。

《象》曰:"孚于嘉吉",位正中也。

1. 集校

上博藏楚竹书:九五:孚于嘉,吉。

汉帛书:九五:复于嘉,吉。

2."孚于嘉"

孔疏：嘉，善也。履中居正，而处随世，尽随时之义，得物之诚信，故获美善之吉也。

虞翻曰：坎为孚，阳称嘉，位五正，故吉也。凡五言中正，中正皆阳得其正，以此为例矣。

此句大意为：九五，对美善之事保持诚信之道，吉祥。《象》曰：对美善之事保持诚信之道吉祥，是因为九五处正中之位。

上六，拘系之，乃从维之，王用亨于西山。

《象》曰："拘系之"，上穷也。

1. 集校

上博藏楚竹书：上六：系而敏之，从乃曬之，王用宫于西山。

汉帛书：尚九：枸系之，乃从巂之，王用芳于西山。

2."拘系之乃从维之"

（1）句读为：拘系之乃从，维之

孔疏：随道已成，而特不从，故须拘系之乃始从也。维之王用亨于西山者，若欲维系此上六，王者必须用兵通于西山险难之处，乃得拘系也。山谓险阻，兑处西方，故谓西山。今有不从，必须维系，此乃王者必须用兵通于险阻之道，非是意在好刑，故曰王用亨于西山。（胡瑗、黄寿祺、张善文等同此说。）

（2）句读为：拘系之，乃从维之

朱熹：居《随》之极，随之固结而不可解者也。诚意之极，可通神明，故其占为"王用亨于西山"。"亨"亦当作祭享之享。自周而言，岐山在西。凡筮祭山川者得之，其诚意如是则吉也。（李过、蔡渊、俞琰、吴澄、保巴、来知德、潘士藻、何楷、毛奇龄、胡煦、李塨、陈梦雷、傅佩荣等同此说。）

3."王用亨于西山"

（1）从卦象来看，《否》卦乾为王，艮为山，兑为西，故有王用亨于西山也

虞翻：否乾为王，谓五也，有观象，故亨。兑为西，艮为山，故王用亨于西山也。

（2）亨，为通之意。山者为险阻之隔。意即王用兵使之通达

王弼：兑为西方，山者，途之险隔也。处西方而为不从，故王用通

于西山。(孔颖达、苏轼、来知德、胡煦、黄寿祺和张善文等同此说。)

(3) 西山，周之岐山。太王携众民于此地兴王业

程颐：昔者太王用此道亨王业于西山，太王避狄之难，去豳来岐，豳人老稚扶携以随之如归市。盖其人心之随，固结如此，用此故能亨盛其王业于西山。西山，岐山也，周之王业盖兴于此。上居随极，固为太过，然在得民之随，与随善之固，如此乃为善也，施于他则过矣。(林栗、赵汝楳、李塨等同此说。)

(4) "亨"作"享"，祭享。在岐山祭祀山川

朱熹：居随之极，随之固结而不可解者也。诚意之极，可通神明，故其占为王用亨于西山。亨亦当作祭享之享，自周而言，岐山在西，凡筮祭山川者得之其诚意，如是则吉也。(项安世、胡炳文、何楷、龙仁夫、俞琰、吴澄、张振渊、保巴、潘士藻、毛奇龄、李光地、王夫之、陈梦雷、傅佩荣、金景芳等同此说。)

(5) 九五爻为王，王在上六爻隐居并宴饮之

尚秉和认为"亨"是"宴飨"，"西山"喻上六"隐居之所"，是"六穷于上，五恐其拘系之，或即其隐居之处而宴飨之"。

此句大意为：上六，强迫其依附，然后又放开。君主在西山设祭。《象》曰："强迫其依附"，是因为上六居极位。

(四) 总论

《随》卦卦名主要由卦象而定，雷下泽上，雷在泽水下面发出声响，泽水会随着声波的震动而波动。"随时之义大矣哉"，天下万物随着季节和时机的变化而发展，顺随天道。推天道明人事，为臣者要顺随君主、顺应万民，为君者要顺随天道、顺应万民，如此才能良性循环发展。

初九爻居初位，要求为臣者要提升能力或是思想观念随着时机之变而变，出门与人交往才会有成效。六二爻、六三爻强调顺随要有目标，选择顺随何者，不能盲目地顺随。选择错误，会出现系小失大。选择正确，"随有求得"。九四爻占卜为凶，在于九四爻处位不当，没有摆正自身的位置。解救的方法在于，"有孚在道，以明，何咎"。九五为君位，众民顺随君王，君王择善从之，顺随天道。上六爻有"拘系"，说明是被迫而随。总之，《随》卦讲求顺随、随从，择善而随。

第二节 《临》《观》《大畜》《离》卦集注集评

一 临卦䷒（兑下坤上）

（一）卦名

1. 集校

"临"卦，帛书作"林"，上博藏楚简暂缺"临"卦。

2. 卦名之意

《说文》：临，监临也。《尔雅·释诂》：视也。《荀子》：为之利君，上之事理，以临之。

《序卦传》：临，大也。

程颐：泽上之地，岸也。与水相际，临近乎水，故为临。天下之物密近相临者，莫若地与水，故地上有水则为比泽上有地，则为临也。临者，临民临事，凡所临皆是在卦取自上临下，临民之义。

张立文：帛书中作林，闻一多《周易义正类纂》读临为灆，认为与霖同字，又作淋。认为此卦是讲下雨和农作物的关系。

3. 得名之因

从卦画来看，《临》卦二阳四阴，二阳有浸长之势，显示出阳刚渐长而监临之象。

（二）卦序

《序卦传》：有事而后可大，故受之以临。临者，大也。

崔憬：有蛊元亨，则可大之业成，故曰有事，然后可大也。

按：《蛊》对《豫》卦和《随》卦积累下来的一些弊端的处理后，才有了发展壮大的可能，临即壮大之意。

（三）卦爻辞集注

《临》：元亨利贞。至于八月有凶。

《彖》曰：临，刚浸而长，说而顺，刚中而应。大亨以正，天之道也；"至于八月有凶"，消不久也。

《象》曰：泽上有地，临；君子以教思无穷，容保民无疆。

1. 集校

汉帛书：（林，元亨），利贞。至于八月有（凶）。

此句大意：《临》：大为亨通，利于占问；随着阳气的逐渐浸长，将有凶险。《彖》："临"，此时阳刚之气逐渐浸长，下悦上顺，刚健者居中且有应。大为亨通，坚守正道，这才符合天运行的规律；"随着阳气逐渐浸长将有凶险"，那是因为盛极将衰的循环。《象》：水泽上有大地，这就是《临》卦。象征君子思虑教导百姓，发扬美德容纳民众。

初九，咸临，贞吉。

《象》曰："咸临贞吉"，志行正也。

1．集校

汉帛书：初九，禁林，贞吉。

此句大意：初九，初九、九二一起感应于上爻，占问的结果为吉祥。《象》：初九、九二一起感应于上爻，行其正位，这样占问的结果为吉祥。说明初九心志行为端正。

九二，咸临，吉，无不利。

《象》曰："咸临吉无不利"，未顺命也。

1．集校

汉帛书：九二，禁林，吉，无不利。

按：此处并未强调九二位不正，而是强调"应"，结果为吉。可见影响卦爻吉凶结果的"承乘比应位"等因素之间，并不是同步起作用的，也无相互制约。

此句大意为：九二，感应于六五之位的大君，吉祥无所不利。《象》："感应于六五大君，吉祥无所不利"，是由于九二对于九五有从有否，没有完全一味地听从。

六三，甘临，无攸利；既忧之，无咎。

《象》曰："甘临"，位不当也。"既忧之"，咎不长也。

1．集校

汉帛书：甘林，无攸利。既忧之，无咎。

2．"甘"，佞邪谄媚

王弼：甘者，佞邪说媚不正之名也。履非其位，居刚长之世，而以邪说临物，宜其无攸利也。若能尽忧其危，改修其道，刚不害正，故咎不长。

此句大意为：六三，仅靠巧言佞语监临于众没有任何益处；如若意识到自己的过错并且改正，那么不致有咎害。《象》："仅靠巧言佞语监临于众"，说明六三所处的位置不当；"如若意识到自己的过错并且改正"，说明六三的咎害不会长久。

六四，至临，无咎。

《象》曰："至临无咎"，位当也。

1. 集校

汉帛书：六四，至林，无咎。

此句大意为：六四，处于下应初九，临近九五君位，能尽其至极之善，结果必无咎害。《象》："处于下应初九，临近九五君位，能尽其至极之善，结果必无咎害"，说明六四居位正当。

六五，知临，大君之宜，吉。

《象》曰："大君之宜"，行中之谓也。

1. 集校

汉帛书：知林，大君之宜，吉。

此句大意为：六五，以明智的态度面对来临者，使之能够尽力谋划，君主应当这样做，吉祥。《象》："以明智的态度面对来临者，使之能够尽力谋划，君主应当这样做"，说明六五奉行中道。

上六，敦临，吉，无咎。

《象》曰："敦临之吉"，志在内也。

1. 集校

汉帛书：（尚六）：敦林，吉，无咎。

按：上六之吉，是因为"志在内"。"内"是指下卦《兑》，尤指初九与九二阳爻。于国家而言即为臣民。阳气上升，气势汹汹，上六以温柔敦厚待之，自然是"无咎"的。

此句大意为：上六，温柔敦厚地监临众人，吉祥，没有咎害。《象》："温柔敦厚地监临众人，吉祥"，说明上六的心志系于邦国天下。

（四）总论

《临》卦讲君临天下，抚临施惠。其核心思想是君臣如何能够相互协作，共同治理好邦国。《象传》指出要达到这一目的需要"教思无穷，容保民无疆"。

二 观卦䷓（坤下巽上）

（一）卦名

1. 集校

"观"卦，帛书作"觀"，上博藏楚简暂缺此卦。

2. 卦名之意

《说文》：观，谛视也。

《象传》：大观在上、以观天下、下观而化、观天之神道。

3. 得名之因

从符号来看，《观》卦坤下巽上，阳爻不断减少，属于消卦。从卦象上来看，风行地上，风所达到的范围非常广大。这就是要求君王也要体察民情，推广教化。《观》卦得名主要是从卦象上体现的。

（二）卦序

《序卦传》：临者，大也。物大然后可观，故受之以观。

崔憬：言德业大者，可以观政于人，故受之以观也。

（三）卦爻辞集注

观：盥而不荐，有孚颙若。

《彖》曰：大观在上，顺而巽，中正以观天下，观。"盥而不荐，有孚颙若"，下观而化也。观天之神道，而四时不忒，圣人以神道设教，而天下服矣。

《象》曰：风行地上，观。先王以省方观民设教。

1. 集校

汉帛书：观，盥而不尊，有复顒若。

2. 盥

（1）盥，古代祭祀时用香酒浇地敬神

马融：盥者进爵灌地以降神也。此是祭祀盛时。及神降荐牲，其礼简略，不足观也。国之大事，唯祭与戎。王道可观在于祭祀，祭祀之盛，莫过初盥降神。

（2）盥为将祭而洁手之礼，取其清洁以见孚信

朱熹：盥，将祭而洁手也。荐奉酒食以祭也。颙然，尊敬之貌。言致其洁清而不轻自用，则其孚信在中，而颙然可仰，戒占者当如是也。

此句大意：《观》：观仰了祭祀开始时的倾酒灌地的降神仪式，就可以不用观看后面献飨的细节了，只要心中充满了诚敬肃穆的感情就可以。《彖》曰：居于下面，观看上面的宏大气象，教化柔顺且顺利，其具有中和刚正之质可以让下面人观仰。"观仰了祭祀开始时的倾酒灌地的降神仪式，就可以不用观看后面献飨的细节了，只要心中充满了诚敬肃穆的感情就可以。"下面的人观仰时就得到了教化。观察天地间神奇

的法则，就可以知道四季交转不会出错；圣人效法天地变化的规律设教于天下，天下万民于是纷纷顺服。《象》曰：风吹行在大地之上，这就是《观》卦。先王要巡视四方，观察民情，设立教化。

初六，童观，小人无咎，君子吝。

《象》曰："初六童观"，"小人"道也。

集校

汉帛书：初六，童观，小人无咎，君子闹。

此句大意为：初六，像儿童一样观仰，对于小人无所咎害，对于君子就有些遗憾了。《象》曰：初六像儿童一样观仰，小人所为。

六二，窥观，利女贞。

《象》曰："窥观女贞"，亦可丑也。

集校

汉帛书：六二，䂓观，利女贞。

此句大意为：六二，从门缝中偷偷向外看。女子占问，结果是有利的。《象》：虽然"从门缝中偷偷向外看。女子占问，结果是有利的"，但是这种行为是可羞耻的。

六三，观我生，进退。

《象》曰："观我生进退"，未失道也。

集校

汉帛书：六三，观我生进退。

此句大意：六三，观看省察我的百姓，谨慎地选择进退。《象》："观看省察我的百姓，谨慎地选择进退"，使自己不偏离正道。

六四，观国之光，利用宾于王。

《象》曰："观国之光"，尚宾也。

集校

汉帛书：六四，观国之光，利用宾于王。

此句大意为：六四，观察国家的政教光辉，利于成为君主的贵宾。《象》："观察国家的政教光辉，利于成为君主的贵宾"，表明国君礼尚宾客。

九五，观我生，君子无咎。

《象》曰："观我生"，观民也。

集校

汉帛书：九五，观我生，君子无咎。

2."观我生，君子无咎"

王弼：居于尊位，为观之主。宣弘大化，光于四表，观之极者也。上之化下，犹风之靡草，故观民之俗，以察己道，百姓有罪，在予一人。君子风著，已乃无咎。上为化主，将欲自观，乃观民也。

按：九五居人君之位，其行为举止关系到民众的吉凶祸福，只有观察民情才能检验自己的政治得失，并不断地进行自我省察，美其德行，才能"君子无咎"。

此句大意：九五，观察民众并反观自省，君子便没有咎害。《象》："观察民众并反观自省，君子便没有咎害"，这也就是通过观察民众来反观自身的行为。

上九，观其生，君子无咎。

《象》曰："观其生"，志未平也。

集校

汉帛书：尚九，观亓生，君子无咎。

按：上九处于《观》卦之极，还在"观其生"。此时"观其生"，观省的角度不一样。

此句大意为：上九，观察普天之生民，君子没有咎害。《象》："观察普天之生民"，说明上九的志愿还没有实现。

（四）总论

《观》卦有观仰、观化及互观之意。对于居于上位的君主来说，一方面要以上观下，视察民情以检验政治得失，另一方面重视自己的内在品德修养，塑造一个良好的君主形象，为臣下所观。对于居于下位的臣民更加侧重于观仰君主的政治行为，以达到观化的目的。

三　大畜卦䷙（乾下艮上）

（一）卦名

1. 集校

"大畜"卦，帛书作"泰蓄"，《传本归藏》作"大毒畜"，上海博物馆藏楚简"畜"作"𥵀"。

2. 卦名之意

（1）畜聚有度

《杂卦传》：大畜，时也。

（2）畜止、畜聚之义

孔疏：乾健上进，艮止在上，止而畜之，能畜止刚健，故曰大畜。

程颐：天而在于山中，所畜至大之象。畜为畜止，又为畜聚，止则聚矣。取天在山中之象，则为蕴畜。取艮之止乾，则为畜止。止而后有积，故止为畜义。

（3）畜德畜贤之义

郑刚中：畜物必先于畜德。大畜者，大畜小也。使小皆阴柔微弱畜之，甚易。惟受畜者皆阳刚而健，非吾有能畜之德，彼肯不家食乎。

3. 得名之因

从卦象看，《大畜》艮上乾下，艮为山，乾为天。天是至大之象，而包容在山之中，可见所畜之大。从卦德看，艮为止，乾为健。以艮止乾健，畜止之后方有畜聚。其卦画是四阳二阴，初九、九二由上卦六四、六五畜止，时止则止。九三、上九合志，实现最终的畜极而通之势。

按：大畜和小畜的区别

（1）大畜与小畜的区别在于山、风的自然性质差异，即山能遏制乾之进，风自动自行不能遏制乾之进

孔疏：《彖》云："能止健，大正也"。是能止健，故为大畜也。小畜则巽在乾上，以其巽顺，不能畜止乾之刚，故云小畜也。此则艮能止之，故为大畜也。

（2）畜为田猎，以规模大小分为大畜和小畜

胡朴安《周易古史观》：小畜，是游牧时代之田猎，虽专以田猎为生活，其田猎之规模尚小，故曰小畜。大畜，是耕种时代之田猎，虽不专以田猎为生活，其田猎之规模已大，故曰大畜。

（二）卦序

《序卦传》：有无妄，然后可畜，故受之以大畜。物畜然后可养，故受之以颐。

郑玄从卦象上看《大畜》与《颐》的关系：自九三至上九有颐象，居外是不家食吉而养贤。

（三）卦爻辞集注

《大畜》：利贞。不家食吉。利涉大川。

《彖》曰：大畜，刚健笃实，辉光日新。其德刚上而尚贤，能止

健,大正也。"不家食吉",养贤也。"利涉大川",应乎天也。

《象》曰:天在山中,大畜;君子以多识前言往行,以畜其德。

1. 集校

上博藏楚竹书:大筮,■利贞,不豪而飤,吉,利涉大川。

汉帛书:泰蓄,利贞。不家食,吉。利涉大川。

2. "不家食吉"

(1) 从君主的角度来看,让贤人食禄于朝,不食于家

孔疏:不家食吉者,已有大畜之资,当须养赡贤人,不使贤人在家自食,如此乃吉也。(史徵、程颐、苏轼、朱震、朱熹、来知德、李光地、陈梦雷、陈鼓应、赵建伟、尚秉和、傅佩荣等主其说。)

(2) 好处与人分享则吉

廖名春:在大为上天所厚,大得天时之时,利于为正。好处不独己享用,能与人分享,就会吉利,利于涉越大河。

(3) 食于外以避灾眚

高亨:今人往往受术士指示,某日不食于家,而食于外,以避灾眚,古人盖亦有此类事。(李镜池等主其说。)

2. "利涉大川"

(1) 从君主的角度,君王英明勤政且畜用贤人,一切困难都会渡过

孔疏:丰财养贤,应于天道,不忧险难,故利涉大川。(来知德、陈梦雷、尚秉和等同此说。)

(2) 从贤人角度,认为有德之士不畏险难,为君王所用

程颐:既道德充积于内……所畜既大,宜施之于时,济天下之艰险,乃大畜之用也,故利涉大川。

按:第一,不同"川"象

来知德:因错坎水,中爻震木,所以有涉大川之象。又本卦错萃,萃大象坎。若以卦体论,四五中空,有舟象。乾健应四五,上进有舟行而前之象。

尚秉和:坤为大川,上居坤水之巅,下履众阴,得行其志,故曰利涉大川。

第二,"利涉大川"是《易经》中多次出现的表述

《蛊》(巽下艮上)卦辞:元亨,利涉大川。

《需》(乾下坎上)卦辞:有孚,光亨贞吉,利涉大川。

《涣》（坎下巽上）卦辞：亨。王假有庙，利涉大川，利贞。

《益》（震下巽上）卦辞"利有攸往，利涉大川"。

3.《彖》传断句

（1）大畜，刚健笃实，辉光日新其德。刚上而尚贤。（孔颖达、张善文等）

（2）大畜，刚健，笃实，辉光，日新其德。刚上而尚贤。（南怀瑾、胡朴安等）

（3）大畜，刚健笃实，辉光日新，其德刚上而尚贤。（郑玄、何楷、李光地等）

（4）大畜，刚健笃实辉光，日新其德。刚上而尚贤。（保巴、陈梦雷、傅佩荣、金景芳等）

（5）大畜，刚健笃实，辉光，日新其德。刚上而尚贤。（苏轼、徐芹庭等）

按：《大学》中有"日新其德"的说法，孔颖达等人的断句应是据《大学》之说。《彖辞》中"刚健笃实"说的是上下卦，下乾体"刚健"，上艮体"笃实"；"辉光日新其德"是指卦象推移至上九。"刚上而尚贤"是指卦主上九，从卦德角度解释此卦寓意。三句意思清晰连贯，故而应当遵从第一种断句方法。

此句大意：《大畜》卦，利于占问。不在家里自食可获吉祥。利于涉越大河前往。《彖》：大畜。刚健笃实者畜聚不已，乃至光辉焕发、日日增新他的美德。阳刚者居上而尚贤，能够时止刚健，这是极大的正道。"不在家中自食可获吉祥"，说明要畜养贤人。"利于渡河前往"，说明行动应合天的规律。《象》：天包含在山中，象征大为畜聚。君子应多方记取前贤言论往圣事迹，用来畜聚美好的品德。

初九，有厉，利已。

《象》曰："有厉利已"，不犯灾也。

1. 集校

上博藏楚竹书：初九：又礍，利已。

汉帛书：初九：有厉，利巳。

2."已"

（1）停止

王弼注：四乃畜已，未可犯也，故进则有厉，已则利也。

孔疏：初九虽有应于四，四乃抑畜于已，已今若往，则有危厉，唯利休已。不须前进则不犯祸凶也，故象云不犯灾也。（朱熹、黄寿祺、金景芳等同此说。）

（2）帛书作"巳"，借为"祀"，意祭祀

闻一多《周易义证类纂》：《损》初九："巳事遄往"，虞巳作祀。此已字亦当读为祀。"利祀"犹《困》九二"利用亨（享）祀"，九五"利用祭祀"也。（李镜池、邓球柏等同此说。）

（3）作"己"，自己

郭雍：利己者，非若利吾身之利，盖诚利于治己也。（高亨、胡朴安等同此说。）

此爻大意：初九，有危险，利于暂停不进。《象传》："有危险，利于暂停不进"，是说不可冒着灾患前行。

九二，舆说輹。

《象》曰："舆说輹"，中无尤也。

1. 集校

上博藏楚竹书：九二：车敓复。

汉帛书：九二：车说緮。

2.《小畜·九三》"舆说辐"与《大畜·九二》"舆说輹"差异

（1）《小畜》是被动脱輹，《大畜》是主动自止

苏轼：《小畜》之说輹，不得已也，故夫妻反目。《大畜》之说輹，其心愿之，故中无尤也。

（2）《小畜》是车败不可复行，《大畜》是暂止而后可以复行

郑刚中：若《小畜》之九三则为长阴所止，有反目之义，是车败而不可复行矣。用是观之《大畜》之说輹，不可与《小畜》之说辐通用明矣。卢氏谓五居畜盛，止不我升，说輹以待时进退得正，故无尤。（林希元、何楷、刁包、胡煦、刘沅等同此意。）

此爻大意：九二，连接车身与车轴的零件脱落，使车子不能前行。《象传》："连结车身与车轴的零件脱落，使车子不能前行"，说明九二居中不躁进，因此不会犯过错。

九三，良马逐，利艰贞，曰闲舆卫，利有攸往。

《象》曰："利有攸往"，上合志也。

1. 集校

上博藏楚竹书：九晶：良马由，利董贞。曰班车戔，利又卣逨。

汉帛书：九三：良马遂，利根贞。曰阑车卫，利有攸往。

2. "曰"

（1）"曰"为言

《经典释文》：曰音越，刘云：曰犹言也。

翟均廉《周易章句证异》：曰，刘表作曰，犹言也。

（2）并非"曰"字，而是"日"字

虞翻：（二爻变，有下卦离）离为日，二至五体师象，坎为闲习，坤为车舆，乾人在上，震为警卫，讲武闲兵，故曰日闲舆卫也。

（3）"曰"应为"四"

高亨："曰"疑当为"四"，四借为"驷"。《说文》：驷，马一乘也。

此爻大意：九三，良马奔逐，利于在艰难中占问；不断地练习车马防卫的技能，利于前往。《象传》：利于前往，说明九三与上九志意相合。

六四，童牛之牿，元吉。

《象》曰："六四元吉"，有喜也。

1. 集校

上博藏楚竹书：六四：僮牛之樎，元吉。

汉帛书：六四：童牛之鞠，元吉。

2. 童、僮、犝

翟均廉《周易章句证异》：童，许慎作僮。廉案：说文释犝字云：犝，无角牛也，古通用僮。广苍作犝，刘表、虞翻作童。刘云妄也，晁说之曰童古文。毛奇龄曰犝、僮皆通。

郭京《周易举证》：盖以音义相近，得通用也。

3. "牿"

汉帛书作"鞠"，通"梏"。

《说文》：告，牛触人，角着横木，所以告人也，从口，从牛。易曰：僮牛之告。

《经典释文》：牿，古毒反。刘云：牿之言角也。陆云：牿当作角。九家作告，《说文》同。

按：六四阴处柔位，得位而正。作为上艮的初爻，下畜初九，使刚不敢犯，正合大畜之意，故有"元吉"。从卦德上讲，此爻止刚健于未发，有以柔克刚、防微杜渐的效果。

此爻大意：六四，在小牛头上用横木束缚住，以防止它触人，至为吉祥。《象传》：六四"至为吉祥"，有欣喜之象。

六五，豮豕之牙，吉。

《象》曰："六五之吉"，有庆也。

1. 集校

上博藏楚竹书：六五：芬豕之衙，吉。

汉帛书：六五：哭豨之牙，吉。

2. "豮豕"

（1）"豮"借"坟"，止。"豮豕"指去势或阉割后的猪

孔疏："能豮其牙"者，观《注》意则豮是禁制损去之名，褚氏云："豮除也"。除其牙也。然豮之为除，《尔雅》无训。案《尔雅》云："坟，大防。"则坟是堤防之义。此"豮其牙"，谓防止其牙。古字假借，虽豕傍土边之异，其义亦通。"豮其牙"，谓止其牙也。（史徵、苏轼、沈该、林希元、保巴、来知德、刁包、毛奇龄、惠栋、陈梦雷、翟均廉、高亨、傅佩荣、黄寿祺、金景芳等同此说。）

（2）"豮"借为"坟"，大

胡朴安《周易古史观》：豮豕，大豕也。（陈鼓应、赵建伟等同此说。）

（3）腾，奔跑

来知德：豮，犗也，腾也，乃走豕也，互震性动。（胡煦等同此说。）

（4）豮豕，小猪

刘沅：震为决躁，故有豕象。尔雅云：豕子猪 豮，故豮豕。与童牛同意。

尚秉和：豮豕为小豕。艮少象也，二兑为牙，五应之，故曰豮豕之牙，言小豕初生牙也。

按："豮豕之牙"应为阉割或制止野猪的牙齿。"豮"是动词，给"豕"去势。这与"童牛之牿"有所不同。以郑玄为代表把"牙"解释为木栅或木格，其所言无法与六四的爻辞统一起来，在卦象上也无法找

到对应。再者，古书上有"牙""互"相借的情况，但没有证据表明所有的"牙"都要解作"互"。

此爻大意：六五，已被去势的（制止）野猪的牙齿，吉祥。《象》：六五吉祥，说明其制止之法得当，有了喜庆之事。

上九，何天之衢，亨。

《象》曰："何天之衢"，道大行也。

1. 集校

上博藏楚竹书：上九：阿天之杂，卿。

汉帛书：尚九：何天之瞿，亨。

2. "何"

（1）"何"作语气辞解，犹言"何畜"。意谓"畜"极已通或是设辞而启其义

《子夏易传》：大畜，冀其成也。刚上也，为柔上之佐时，行道止健而致于治也。既成而大通矣，于何往而不可哉？故上九曰何以为也，虽天衢而通也，可谓大行也已矣。

（王弼、孔颖达、史徵、沈该、朱震、郑刚中、朱熹、林希元、胡煦、陈梦雷、黄寿祺、张善文、张立文等同此说。）

（2）训"何"为"当"，正处于、担当、负荷之意

虞翻：何，当也。衢，四交道。乾为天，震艮为道，以震交艮，故何天之衢，亨。

（3）疑"何"为衍字，当为"天之衢，亨"

胡瑗：何者，设问之辞，言上九何以得天之衢，亨盖以其正道之大行通达于天下也。（程颐等同此说。）

（4）以上三种"何"意皆可从之

刁包《易酌》：传本胡先生之说，曰、何字衍。本义作赞叹语，曰何其通达之甚也，固有理。订诂云：何，儋也，负也。与诗何天之宠，百禄是何义同。又别王延寿赋，荷天衢以元亨句为证。言上九畜极而通，肩鸿任重以翱翔于天路，而不为羁勒之所制也，其说更畅。盖五，天位也。上位乎天之上，又艮为径路，有天衢象。传曰天衢，天路也，谓虚空之中云气飞鸟往来，故谓之天衢。天衢之亨谓其亨通，旷阔无有蔽阻也。本义豁达无碍，亦是此意。

李光地："何"字，程传以为误加，本义以为发语，而诸家皆以荷

313

字为解，义亦可从。……故天衢者，喻其通也。荷天之衢者，言其遇时之通也，《杂卦传》云大畜，时也。正谓此也。

（5）"何"疑读为"可"

廖名春："何"疑读为"可"，即认可、遵从。这样就是说顺从天道，则亨通。

3. "衢"通"瞿"，同声系，古通假

张立文："何天之瞿，亨"，天有什么可畏惧的，知道此理则通达。

此爻大意：上九，何其畅达的通天大道，亨通。《象》："何其畅达的通天大道"，这是上九大畜之德大为通行的结果。

（四）总论

《杂卦传》云："大畜，时也。"从哲学角度讲，《大畜》卦贯彻了《周易》"与时偕行"的基本精神，在爻辞中体现出十分明显的时间的推移。《大畜》本义主静不主动，随着六爻的不断发展，爻与爻间相互制约，从而达到螺旋上升的趋势，进而实现了畜极而通天衢之象。

四 离卦䷝（离下离上）

（一）卦名

1. 集校

"离"卦，帛书作"羅"，上海博物馆藏楚简《周易》无此卦，疑失。

2. 卦名之意

（1）附丽

荀爽：离者，火也。托于木，是其附丽也。

孔疏：丽谓附着也。以阴柔之质，附着中正之位，得所著之宜，故云"丽"也。（苏轼、朱熹、朱震、来知德、陈梦雷、金景芳、吕绍纲等同此说。）

（2）光明，是从离卦的象征意义而来

《说卦传》：离为火，为日，为电。《象传》：大人以继明照于四方。

胡瑗：离者，丽也，日也，文明也，人君之象也。两日相并，圣明相继之义也。

（3）别离

荀爽：阴丽于阳，相附丽也。亦为别离，以阴隔阳也。离者，火也。托于木，是其附丽也。烟焰飞升，炭灰降滞，是其别离也。

3. 得名之因

《离》从上下卦体而言，离之象为火，火是光明，卦德为依附。合起来看，火需要依附在火把上，为依附光明之意。并且《离》卦之明乃是持续不断之光明，并非短暂的。

（二）卦序

《序卦传》曰：坎者陷也，陷必有所丽，故受之以《离》；离者，丽也。

胡瑗：盖言险难之后，必须附文明之人，然后得其安也。离者，丽也、日也、文明也、人君之象也。两日相并，圣明相继之义也。

（三）卦爻辞集注

《离》：利贞，亨。畜牝牛，吉。

《彖》曰：离，丽也。日月丽乎天，百谷草木丽乎土。重明以丽乎正，乃化成天下。柔丽乎中正，故亨，是以"畜牝牛吉"也。

《象》曰：明两作，离。大人以继明照于四方。

1. 集校

汉帛书：羅，利贞，亨。畜牝牛，吉。

2. "畜牝牛"

（1）《离》卦乃是以柔顺为主，坤为牛，牝牛有谦顺之德，故以"畜牝牛"为象说明内顺外强之意

王弼：丽之为卦，以柔为正，故必贞而后乃亨。柔处于内而履正中，牝之善也。外强而内顺，牛之善也。离之为体，以柔顺为主者也。故不可以畜刚猛之物，而"吉"于"畜牝牛"也。（孔颖达、胡瑗、程颐、朱熹、苏轼、来知德、陈梦雷、金景芳等人同此说。）

（2）由《左传》易例知，纯离为牛

《左传·昭公五年》：初，穆子之生也，庄叔以《周易》筮之，遇《明夷》之《谦》，以示卜楚丘。曰："是将行，而归为子祀。以谗人入，其名曰牛，卒以馁死……《离》，火也。《艮》，山也。《离》为火，火焚山，山败。于人为言，败言为谗，故曰'有攸往，主人有言'，言必谗也。纯《离》为牛，世乱谗胜，胜将适《离》，故曰'其名曰牛'。"

（3）从历史上畜牧生产角度

邓球柏：用网捕禽兽是很好的办法，用索网套住了大母牛，非常利

于畜养繁衍,妙极了,问蓍得大吉之占。

此句大意为:《离》:占问有利,(占卜的结果是)亨通;畜养具有柔顺之性的母牛,吉祥。《彖》曰:离,附丽也。日月附丽于天上,百谷草木附丽于大地之上。上下皆为光明之卦象,以之附丽于正道之上,乃可以光明(之德)化成天下。两阴爻附丽于中正之爻位,故亨通。因此,畜养具有柔顺之性的母牛是吉祥的。《象》曰:两明积聚,"离"卦。大德之人继承先代圣贤之明德,以之照亮(普化)天下四方。

初九,履错然,敬之,无咎。

《象》曰:"履错之敬",以辟咎也。

集校

汉帛书:初九:礼昔然,敬之,无咎。

按:"履"为动词,即行走。"错然",王注:"错然者,警慎之貌也。"人在行走时左右脚有序交替,《序卦传》:"有上下,然后礼仪有所错。"行走错落有致,依礼而行。

此句大意为:初九,践行礼仪,要有敬慎的态度,没有危害。《象》曰:践行礼仪,要有敬慎的态度。可以避免咎害。

六二,黄离,元吉。

《象》曰:"黄离元吉",得中道也。

1. 集校

汉帛书:六二:黄羅,元吉。

2. "黄离"

(1)黄,中色;离,文明。

孔疏:黄者,中色。"离"者文明。居中得位而处于文明,故"元吉"也。故《象》云"得中道",以其得中央黄色之道也。(胡瑗、程颐、苏轼、朱熹、朱震、来知德、陈梦雷等同此说。)

(2)黄,吉祥之色;离,借为螭,龙也。

高亨:离(離)皆借为螭,龙也,谓运气似龙形者,虹之类也。音转而谓之霓。黄螭即黄霓。黄为吉祥之色。元,大也。古人认为黄霓出现在天空,是大吉之兆。

(3)黄,黄昏;罗,张网。

邓球柏:黄罗是黄昏时张网络禽兽。黄,黄昏,黄昏与日昃相对。黄昏时张网,问蓍得大吉之占。

按:"黄"在《周易》中多次出现,如《坤·六五》:"黄裳,元吉";《革·初九》:"鞏用黄牛之革";《遯·六二》:"执之用黄牛之革"等。

此句大意为:六二,居位中正,大吉大利。《象》曰:"居位中正",六二得中道。

九三,日昃之离,不鼓缶而歌,则大耋之嗟,凶。

《象》曰:"日昃之离",何可久也?

集校

汉帛书:九三:日稷之羅,不鼓垆而歌,即大经之,凶。

此句大意为:九三,太阳将落,附丽于西边,(若是身处耄耋之年而)不知鼓缶而歌以安然自乐,则会有穷嗟之哀叹,这是凶险之象。《象》曰:"太阳将落,附丽于西边",怎么长久得了。

九四,突如,其来如,焚如,死如,弃如。

《象》曰:"突如其来如",无所容也。

集校

汉帛书:出如,来如,纷如,死如,弃如。

此句大意为:九四,(光明继昏而始晓,没而始出)突如其来的样子,(其炎始盛)熊熊燃烧的样子,(履非其位,命必不终)消散灭亡的样子,(违背正道,众所不容)被弃除的样子。《象》曰:(光明继昏而始晓,没而始出)突如其来的样子,是因为没有容身之地。

六五,出涕沱若,戚嗟若,吉。

《象》曰:六五之吉,离王公也。

1. 集校

汉帛书:六五:出涕沱若,(缺)駐若,吉。

2. "出涕沱若,戚嗟若,吉"

王弼:履非其位,不胜所履。以柔乘刚,不能制下,下刚而进,将来害已,忧伤之深,至于沱嗟也。然所丽在尊,四为逆首,忧伤至深,众之所助,故乃沱嗟而获吉也。(孔颖达、胡瑗、程颐、苏轼、朱震、来知德、陈梦雷、金景芳等同此说。)

此句大意为:六五,泪水滂沱不止,悲戚嗟叹不止,(此皆为忧患意识之表现),因此终将获得吉祥。《象》曰:六五的吉祥,是附丽于王公。

上九,王用出征,有嘉折首,获匪其丑,无咎。

《象》曰:"王用出征",以正邦也。

集校

汉帛书：尚九：王出正，有嘉折首，獾不戠，无咎。

此句大意为：上九，君王（用贤臣）出征，则可以获得嘉美之功。斩了首领，俘获的不是一般随从，没有咎害。《象》曰：君王（用贤臣）出兵征伐，是为了安定国家。

（四）总论

《离》卦显示为依附英明之深意，《象传》中以自然天象推论人事，"日月丽乎天，百谷草木丽乎土"，上自太阳、月亮依附天上，下有百谷草木依附于土地。由此，"重明以丽正，乃化成天下"，明为英明，正为正道，依附英明的正道，方能教化天下。何谓正道？依天道而行，依礼而行才是正道。

第三节 《遁》《革》《鼎》《震》《艮》卦集注集评

一 遁卦䷠（艮下乾上）

（一）卦名

1. 集校

"遁"卦，阜阳汉简本作㨂，帛书作"掾"，上海博物馆藏楚简《周易》"遁"作豚。

2. 卦名之意

遁卦，隐退、退避之意

《杂卦传》：遁则退也。《序卦传》：遁者，退也。

虞翻：阴消姤二也，艮为山，巽为入，乾为远，远山入藏，故遁以阴消阳。子弑其父，小人道长，避之乃通，故遁而通则当位，而应与时行之也。（朱熹、陈梦雷、尚秉和、金景芳、吕绍刚等同此说。）

3. 得名之因

从卦象看，《遁》卦艮下乾上，艮为山，乾为天。天在上，阳气上升；山在下，二阴浸长。故从两者的运行状态来看，山虽有浸长，但阳气向上，天有遁避之象。

从卦德看，艮为止，乾为健。山虽高，本身有行止之义。乾健刚进有上升之势，故而下止上升，上卦体有遁避之意。

（二）卦序

《序卦传》：恒者，久也。物不可以久居其所，故受之以遯。遯者，退也。

韩康伯：夫妇之道，以恒为贵。而物之所居，不可以恒，宜与世升降，有时而遯者也。

（三）卦爻辞集注

《遯》：亨，小利贞。

《彖》曰："遯亨"，遯而亨也。刚当位而应，与时行也。"小利贞"，浸而长也。遯之时义大矣哉！

《象》曰：天下有山，遯。君子以远小人，不恶而严。

1. 集校

上博藏楚竹书：《㒸》，卿，少利贞。

汉帛书：掾，亨，小利贞。

按：遯与遁二字常混用，其意义一样。《说文》："遁，迁也。一曰逃也。""遯，逃也。"

卿，"'卿'读作'亨'，二字同属阳部，溪晓旁纽，故得通假。'亨'，楚简本均写作'卿'"。

2. "小利贞"

（1）贞，占问。小利贞，小事占卜有利

程颐：阴柔方长而未至于甚盛，君子尚有迟迟致力之道，不可大贞而尚利小贞也。（高亨、陈鼓应、赵建伟等同此说。）

（2）贞，为正。阴为小，阴柔者渐长，"小利"指阳爻顺从阴爻之势而遯，此时利于守正

虞翻：小阴谓二，得位浸长，以柔变刚，故小利贞。

孔疏：阴道初始，浸长正道，亦未全灭，故曰小利贞。

朱熹：小人则利于守正，不可以浸长之故，而遂侵迫于阳也。小谓阴柔小人也。（苏轼、俞琰、朱震、郑刚中、林栗、蔡渊、吴澄、潘士藻、来知德、李光地、陈梦雷、尚秉和、高亨、傅佩荣、廖名春等主此说。）

按："小"，先贤解释或者是指阴爻，或指小人，如朱熹解释为小人。查证《周易》经文，"小利有攸往""小贞吉"，其中"小"之意都是指大小之小。但是《象传》中则是解释为小人，如《否》卦"不

利君子贞，大往小来"，《彖传》解释为："天地不交万物不通也，上下不交而天下无邦也。内阴而外阳，内柔而外刚，内小人而外君子：小人道长，君子道消也。"由此来看，传对经中"小人"多解释为小人。小人、阴爻都可以解释得通，依经存传。

《遯》卦为阴长阳消之卦，尚未发展至《否》卦。小人渐长，君子当遁藏之，为亨。但是《遯》卦中阴柔方长而未至于盛之时，阳爻尚有所作为，不可大为，可小为。君子理应遁避善处，不可过激，所以有小利贞。

（3）"小利贞，浸而长也"

高亨：卦辞又云"小利贞"者，贞，正也。言君子退隐，仅是小利，仅利于身，不利于君，然退隐仍是正道也。退隐何以仍是正道哉？因小人之势力渐渐生长也。《遯》之初爻二爻为阴爻，为柔，三、四、五、上四爻为阳爻，为刚。其爻像是"柔浸而长"。象小人之势力渐渐生长。君子不得不去，故《传》释之曰："小利贞，柔浸而长也。"

按：高亨疑"浸而长"前有"柔"字，即"柔浸而长"。《临》卦彖辞中"刚浸而长"，《遯》卦之所以省略掉"柔"字，是因为前面已经明确说"小利贞，浸而长也"，小就是阴爻，为柔。初六、六二爻皆为阴爻，九三至上九皆为阳爻，"浸而长"是指阴气逐渐增长，此时君子当及时隐遁。

此句大意为：《遯》：亨通。小事占卜有利。《彖》曰：《遯》卦亨通，退让可亨通。九五刚爻居位正当位且下有六二相应，随着时势而发展。小的占卜有利，阴长阳消。《遯》卦顺应时势之意很深远。《象》曰：天下面有山，这就是《遯》卦。君子疏远小人，不憎恶仍严肃对待。

初六，遯尾，厉。勿用有攸往。

《象》曰："遯尾"之"厉"，不往何灾也？

1. 集校

上博藏楚竹书：初六：豚丌尾，厉，勿用又卣逪。

汉帛书：初六：掾尾，厉，勿用有攸往。

2. "勿用有攸往"

（1）认为"往"是前去逃遁，"勿用有攸往"即初爻处遯之尾，避免前往与阳爻相争，应该静处防凶

王弼：遯之为义，辟内而之外者也。尾之为物，最在体后者也。处

遯之时，不往何哉？而为遯尾，祸所及也，危至而后求行，难可免乎厉，则勿用有攸往也。

陆绩：阴气已至于二，而初在其后故曰遯尾也，避难当在前而在后，故厉。往则与灾难会，故勿用有攸往。（程颐、朱熹、苏轼、朱震、郑刚中、林栗、蔡渊、赵汝楳、吴澄、何楷、王申子、李塨、陈梦雷、尚秉和、高亨、傅佩荣、陈鼓应、赵建伟等同此说。）

（2）认为在现状的基础上应当进一步逃遁，不能固守不动

《朱子语类》：问："遯尾厉，勿用有攸往"者，言不可有所往，但当晦处静俟耳，此意如何？曰：《程传》作"不可往"，往则危。往既危，不若不往之无灾。某窃以为不然，遯而在后，尾也。既已危矣，岂可更不往乎？若作占辞看，尤分明。

李光地：易例多取初爻为居先，何独遯而取在后之义？曰因卦义而变者也。初于序则先，然于位则内也。遯者，远出之义也。故以外卦为善，初居最内，岂非在后者乎？或曰明夷之初九居内，何以为先几乎？曰明夷则以上卦为内，以上六为主故也，是以六四入左腹，而六五当内难也。如是，则初又为最远，与遯之义正相反也。（沈该等同此说。）

按："遯尾"，上博藏楚竹书作"㬬丌尾"，汉帛书作"掾尾"，由此来看楚竹书多了一个"丌"字，"㬬丌尾""遯尾"都可当作动宾结构的词语，"丌"为语辞，可省略。

《周易》中以卦之初出现"尾"象，卦之上出现"首"象，除了《遯》卦之外，《既济》卦初九：濡其尾。上六：濡其首。《遯》卦之"尾"是"尾之为物，最在体后者也"，有遯避滞后之意。"遯尾"的意思就是说遯去其尾。

《象传》对此解释为："遯尾之厉，不往何灾？"虞翻："艮为尾也。初失位，动而得正，故遯尾，厉"，王弼、孔颖达等人解释为"尾之为物，最在体后者也。处遯之时，不往何哉？而为遯尾，祸所及也，危至而后求行，难可免乎厉，则勿用有攸往也。"先贤的解读与《象传》是一致的，认为初六之时，遯去其尾，虽有危险，但不前往，也不会有灾祸。

此句大意为：初六，退避时落在末尾，有凶险，不宜有所前往。《象》曰：退避时落在末尾有凶险，不前往会有什么灾害呢？

六二，执之用黄牛之革，莫之胜说。

《象》曰："执用黄牛"，固志也。

1. 集校

上博藏楚竹书：六二：用黄牛之革，莫之勑效。

汉帛书：六二：共之用黄牛之勒，莫之胜夺。

按：濮茅左认为"音与执近，可通"。从字意来看，《说文》："执，捕罪人也。"丁四新认为："帛本'共'读作'拲'。"《说文》："拲，两手共同械也。"共与执同意。

2. "说"

（1）"说"读为 shuo，意即言说

程颐："莫之胜脱"，谓其交之固，不可胜言也。在遁之时，故记言之。（胡瑗、赵汝楳等同此说。）

（2）"说"读为"tuo"，意即解脱

王弼：居内处中为遁之主。物皆遁己，何以固之。若能执乎理，中厚顺之道以固之也，则莫之胜解。（侯果、孔颖达、朱震、郑刚中、林栗、朱熹、蔡渊、吴澄、陈士元、来知德、潘士藻、何楷、陈梦雷、李塨、尚秉和、傅佩荣、陈鼓应、赵建伟等同此说。）

（3）"说"读为 yue，意即悦乐，遁世无闷者

朱震：二近初六而应五，处于内近小人，往从五则所执说矣。二从五成离兑，离火胜兑金，兑为毁折，有胜说至意。

3. 《遁》卦六爻皆有"遁"，唯其六二爻无"遁"，如何理解？

（1）六二爻与九五爻阴阳相应，是一体的。且《象传》中亦言"刚当位而应，与时行也"，故六二虽无"遁"字，但亦有遁之意

郑刚中：黄取其中，牛取其顺，革取其固，合是三者以应于五，犹执系之不可解其止也。其行也，与五为一，非若余爻各自为义者也，象曰刚当位而应，与时行也。当位谓五，应与二相应，当位而应，故有时行之义，如是则爻虽不言，而象寔言之矣。（俞琰、林栗、陈梦雷、廖名春等同此说。）

（2）六二爻系九三阳爻，防止其退遁，因此九三有"遁"，六二无"遁"

赵汝楳《周易辑闻》：阳因二而遁，故二独不言遁。

（3）六二为遁主，故他阳爻皆为六二爻而遁，故六二爻无"遁"

陈士元《易象钩解》：艮止而乾健，有莫之胜说之象。五爻皆遁，而六二独不言遁者，二为遁之主也。前四阳皆为此爻而遁者也，圣人犹

幸其柔顺中正之资，未必能乱天下，故示以执守中顺之道焉。六二，小人也，此即所谓小利贞也。

此句大意为：六二，用黄牛皮制成的革带绑缚，没能够解脱。《象》曰：用黄牛皮制成的革带绑缚，是因六二心意固执不退。

九三，系遯，有疾厉。畜臣妾，吉。

《象》曰："系遯"之"厉"，有疾惫也。"畜臣妾吉"，不可大事也。

1. 集注

上博藏楚竹书：九晶：系䐨，又疾厉，畜臣妾，吉。

汉帛书：九三：为掾，有疾厉，畜仆妾，吉。

按：《说文》："臣，牵也，事君也。象屈服之形。""仆，给事也。""臣"与"仆"二字意义近似。"在奴隶社会中，臣与仆均为奴隶，字异而意同。"（阮元《〈六十四卦〉校勘记》）

2. "系遯，有疾厉"

（1）九三系于下阴爻，遯而不得遯，有危险

王弼：在内近二，以阳附阴，宜遯而系，故曰系遯，遯之为义宜远小人，以阳附阴，系于所在，不能远害，亦已惫矣，宜其屈辱而危厉也。

孔疏：系遯者，九三无应于上，与二相比，以阳附阴。系，意在二，处遯之世而意有所系，故曰系遯。有疾厉者，遯之为义宜远小人，既系与阴即是有疾惫而致危厉，故曰有疾厉也。（胡瑗、程颐、朱震、郑刚中、朱熹、沈该、林栗、蔡渊、赵汝楳、吴澄、陈士元、来知德、潘士藻、何楷、毛奇龄、李塨、陈梦雷、尚秉和、傅佩荣、陈鼓应、赵建伟等主此说。）

（2）九三爻下系两阴爻，但奈何九三爻力弱，两阴爻皆自遯而去

苏轼：九三虽阳，而与阴同体，是为以阴止阳，徒欲止之而无应于上，止之不由其道，盖系之而已。彼欲去矣，而以力系之。我惟无疾而后可，一日有疾，则彼皆舍我而去尔。何则所以系之者，恃力也，故曰畜臣妾吉。系者畜臣妾之道，而非所以畜君子也。

李光地：近之则不逊，远之则怨。然则不远不近之间，岂非不恶而严之义乎？故当遯之时，有所系而未得去者，待小人以畜臣妾之道，则可矣。

3. "畜臣妾，吉"

（1）强调不可大事

孔疏：畜臣妾吉者，亲于所近，系在于下，施之于人，蓄养臣妾则

可矣，大事则凶，故曰畜臣妾吉。（朱震、郑刚中、林栗、蔡渊、毛奇龄、尚秉和、傅佩荣、陈鼓应、赵建伟等主此说。）

（2）"畜臣妾"是指对待小人的方式，畜止下二阴爻，使之不能侵阳爻。"吉"指能扭转"有疾厉"的局面

胡瑗：为遁之道，在乎远去。九三居内卦之上，切比六二之阴，不能超然远遁，是有疾病而危厉者也。"畜臣妾吉"者，言九三既不能远遁，然畜群小以臣妾之道，即得其吉。盖臣妾至贱者也，可以远则远，可以近则近，如此则吉可获也。（程颐、朱熹、沈该、赵汝楳、吴澄、陈士元、潘士藻、何楷、李光地、陈梦雷、李塨等同此说。）

（3）占筮到此爻，掠夺臣妾畜养之，结果为吉祥

高亨：（经意）系，繫也。遯借为豚。系豚，以绳系豚又系之于树木等上，以防其走失。厉，危也。畜，养也。臣妾，古称男奴隶为臣，女奴隶为妾。爻辞言：系豚，乃有绳缠其身而不得脱，象人有病缠其身而不能除，故筮遇此爻，有病则危。又系豚则豚不能走失，象臣妾不能逃亡，故筮遇此爻，掠得或买得臣妾而畜养之，则吉。

此句大意为：九三，系住退避，有疾患危险；畜养仆从侍妾，吉祥。《象》曰：系住退避的危险，是有疾患而羸弱；畜养仆从侍妾，九三不可以施行大事。

九四，好遯，君子吉，小人否。

《象》曰："君子好遯，小人否"也。

1. 集校

上博藏楚竹书：九四：好豚，君子吉，少人否。

汉帛书：九四：好掾，君子吉，小人不。

2. 好遯

（1）"好"是指情之所好，读为入声，君子和小人两相选择

孔疏：九四处在于外而有应于内，处外即意欲远遁，应内则未能弃舍。若好遁，君子超然不顾所以得吉，小人有所系恋即不能遁，故曰小人否也。（苏轼、朱震、朱熹、沈该、郑刚中、俞琰、林栗、赵汝楳、陈士元、李光地、尚秉和等主此说。）

（2）认为"好"，读为上声，意即阴阳相应之好

郑刚中：四与初虽有阴阳相好之义，然四乃乾体，有刚决得行之健，故时可遁。则以义掩恩，虽好有所不顾。小人则临爱而溺，相与牵

系于艮止之中，祸至而后已。

吴澄：阴消阳之时，而四应初，与之和好，故曰好遯。三与二私比也，故为系恋。四与初正应也，故为和好。

李光地："好"者，恶之反也。"好遯"，言其不恶也。从容以遯，而不为忿戾之行。（蔡渊、来知德、潘士藻、何楷、毛奇龄、陈梦雷、李塨、傅佩荣、金景芳和吕绍刚等主此说。）

此句大意为：九四，适宜的退避，君子吉祥，小人困阻。《象》曰：君子能够在适宜的时机退避，小人不能。

九五，嘉遯，贞吉。

《象》曰："嘉遯贞吉"，以正志也。

1. 集校

上博藏楚竹书：九五，嘉脉，吉。

汉帛书：九五，嘉掾，贞吉。

2. "嘉遯"

孔疏：嘉，美也。五居于外，得位居中，是遯而得正。二为己应，不敢违拒，从五之命，率正其志，"遯而得正，反制于内"，"不恶而严，得正之吉"，为遯之美，故曰"嘉遯贞吉"也。

朱熹：阳刚中正，下应六二，亦柔顺而中正，遯之嘉美者也，占者如是而正则吉矣。

3. "以正志也"

（1）"以"是用来的意思，"以正志也"，即用来正群小之志

侯果：时否德刚，虽遯中正，嘉遯者也。故曰"贞吉"，遯而得正则群小应命，所谓纽已紊之纲，正群小之志，则殷之高宗当此爻矣。（胡瑗、苏轼、沈该、郑刚中、潘士藻、毛奇龄、陈梦雷等同此说。）

（2）"以正志也"，意即以自正其志

朱震：贞吉者，以自正其志而安也。正志者，行止无累于物也。（林栗、蔡渊、赵汝楳、来知德、何楷、李塨等同此说。）

（3）"以"是因为的意思，"以正志也"，即因与六二阴阳相应，故九五与六二都正固获吉祥

吴澄：五与二中正相应，如嘉耦。然虽嘉耦亦当避之，故曰嘉遯。四与初皆不正，故其相应谓之好，言以情合也。五与二皆中正，故其相应谓之嘉言，以礼合也。

此句大意为：九五，嘉美的退避，占问的结果吉祥。《象》曰：嘉美的退避结果为吉祥，九五能够端正心志。

上九，肥遯，无不利。

《象》曰："肥遯无不利"，无所疑也。

1. 集校

上博藏楚竹书：上九：肥脨，亡不利。

汉帛书：尚九，肥掾，先不利。

按：丁四新："先"乃"无"之讹，二字形近。"亡"通"无"，"无"即奇字"无"。

2. "肥"

（1）"肥"，饶裕、充裕。意即优裕自得

孔疏：惟上九最在外极，无应于内，心无疑顾，是遯之最优，故曰"肥遯"。遯而得肥，无所不利。

程颐：肥者，充大宽裕之意。遯者唯飘然远逝，无所系滞之为善。上九乾体刚断，在卦之外矣。又下无所系，是遯之远而无累，可谓宽绰有余裕也。遯者，穷困之时也。（苏轼、沈该、朱震、郑刚中、朱熹、林栗、蔡渊、赵汝楳、吴澄、陈士元、来知德、潘士藻、何楷、李光地、陈梦雷、毛奇龄、李塨等主此说。）

（2）认为"肥"同"飞"

尚秉和：《淮南·九师训》云"飞而能遯，吉孰大焉"，《易林》需之遯云"去如飞鸿"，节之遯云"奋翅鼓翼"，王弼云"矰缴不能及"，并皆读为"飞"。朱芹引姚宽《西溪丛语》云"肥古作蜚"，蜚、蜚同字。是"肥"即"蜚"，"蜚"即"飞"也。盖上九居极上，高飞远引，无有阻隔，故无不利。（傅佩荣、陈鼓应、赵建伟等主其说。）

按：丁四新认为楚简本和帛本为"肥"，"飞"字有误。

赵汝楳《周易辑闻》：上居外卦之外，故其于遯皆吉利，而上则真遯者也。

此句大意为：上九，优裕而远退，无所不利。《象》曰："优裕而远退，无所不利"，上九没有疑虑了。

（四）总论

《遯》卦是讲遁避隐退之意。从卦画来看，六爻四阳二阴，四阳渐退，二阴浸长，是小人浸盛，君子遁藏的时代。从卦爻辞来看，处

《遯》卦之时，初六、六二、九三三爻，二阴浸长，即将变为《否》卦之时，有所牵系，不能及时遁避。化解此时的危机的办法要么是"勿用有攸往"，要么是"畜臣妾"。九四、九五、上九则能够与时行也，实现遁避。遁避讲求时，"与时行也"，时行则行，时止则止。

二　革卦䷰（离下兑上）

（一）卦名

1. 集校

"革"卦，帛书作"勒"，上博藏楚简作"革"。

2. 卦名之意

《革》卦，去故、变革之意

《说文》：兽皮治去其毛，革更之。

《杂卦传》：《革》去故也，《鼎》取新也。

《彖传》：汤武革命。孔疏：革者，改变之名也。此卦明改制革命，故名革也。

3. 得名之因

《革》卦离下兑上，从卦象上来看，离为火，兑为泽。火势向上，泽水润下。两者产生的反应，从好的方面来看，二者有了交感。但是进一步看交感的结果，泽水与离火互不兼容，或者是水热成汤，或者是火灭气冷。若程度更剧烈，不是泽水灭了火，就是离火烧干了泽水，二者间是相互排斥的状态。

（二）卦序

《序卦传》：井道不可不革，故受之以革。革物者莫若鼎，故受之以鼎。

韩康伯：井久则浊秽宜革，易其故也。革，去故。鼎，取新以去故，则宜制器立法以治新也。鼎，所和齐物生成新之器也。故取象焉。

（三）卦爻辞集注

《革》：已日乃孚。元亨利贞。悔亡。

《彖》曰：革，水火相息，二女同居，其志不相得曰革。"已日乃孚"，革而信之。文明以说，大亨以正。革而当，其悔乃亡。天地革而四时成，汤武革命，顺乎天而应乎人。革之时大矣哉！

《象》曰：泽中有火，革。君子以治历明时。

1. 集校

上博简楚竹书：改日鹵孚，元兼贞，利贞，姆亡。

汉帛书：巳日乃复。元亨，利贞，悠亡。

2. "巳"

（1）己（jǐ），解释为"甲乙丙丁戊己庚辛壬癸"的"己"。己日，又称为浹日，即指天干循环一周，象征性地代表一个周期或一个历史阶段

荀爽：日以喻君也，谓五己居位为君……故曰己日乃革之。

朱震：己日，先儒读作己。事之"己"当读作戊己之"己"。十日至庚而更，更革也。（郑刚中、来知德、何楷、毛奇龄、尚秉和、傅佩荣等从此说。）

（2）已（yǐ），已经，终日。已日：革命即将完成之日

虞翻：离为日，孚谓坎，四动体离，五在坎中，故已日乃孚，以成既济。（史徵、胡瑗、程颐、苏轼、朱熹、李光地、陈梦雷等从此说。）

（3）巳（sì），革命初期人们还未信服，所以即日不孚，巳日乃孚也

孔疏：巳日乃孚者，夫民情可与习常，难与适变，可与乐成，难与虑始，故革命之初人未信服，所以即日不孚，巳日乃孚也。（王夫之等从此说。）

（4）祀（sì），为祭祀

高亨：巳，借为"祀"。革，改也。古人祭祀，皆先占筮日期，改期则另占筮。筮与此爻，祭祀之日乃改之。（李镜池等从此说。）

此句大意为：《革》卦：革命经过一段时间后，成果有所显现，才逐渐为人们所信服。前景大通，占问结果有利。悔恨消亡。《彖》：《革》卦，犹如水、火相交变革，又如两个女子同居，志趣不合终会生变。"革命经过一段时间后，成果有所显现，才逐渐为人们所信服"，变革中有诚信，成就彰显令人喜悦，大为亨通而正当，悔恨于是消亡。天地变革导致四季形成，商汤、周武变革桀、纣的王命，既顺从上天的规律也下合百姓的愿望。变革依循的时势是多么宏大！《象》：水泽中有火，这就是《革》卦；君子由此认识到要制定历法，明辨时序。

初九，鞏用黄牛之革。

《象》曰："鞏用黄牛"，不可以有为也。

1. 集校

上博藏楚竹书：巩用黄牛之革。

汉帛书：共用黄牛之勒。

2."鞏用黄牛之革"

孔疏：鞏，固也。黄，中也。牛革，牛皮也。革之为义，变改之名。而名皮为革者，以禽兽之皮皆可从革，故以喻焉。皮虽从革之物，然牛皮坚韧难变，初九在革之始，革道未成，守夫常中，未能应变，施之于事，有似用牛皮以自固，未肯造次，以从变者也，故曰鞏用黄牛之革也。

此句大意为：初九，用黄牛的皮革牢固束缚住。《象》："用黄牛的皮革牢固束缚住"，说明初九此时不可以有所作为，妄行变革。

六二，巳日乃革之，征吉，无咎。

《象》曰："巳日革之"，行有嘉也。

集校

上博藏楚竹书：六二，改日乃革之，征吉，亡咎。

汉帛书：六二，巳日乃勒之，正吉，无咎。

按：此爻有争议，一种认为六二本身处下卦之中位，势弱，必须依附于九五，不能自革之；一种认为六二处《离》卦之中位，既明且中，故而可以自革，然后取信于民。一种认为六二处火之中位，容易和初九、九三两爻出现相革之事，故而六二需要离开此位，故而离开才能免除被革的命运。

此句大意为：六二，处于亟须变革之时，推行改革，前进吉祥，没有灾难。《象》："处于亟须变革之时，推行改革，前进吉祥，没有灾难。"这说明六二前行会有美好的结果。

九三，征凶。贞厉。革言三就，有孚。

《象》曰："革言三就"，又何之矣。

1. 集校

上博藏楚竹书：九晶，征凶，贞厉。革言晶敠，又孚。

汉帛书：九三，征凶，贞厉。格言三就，有复。

2."革言三就"

（1）九三、九四、九五三阳爻相并，"三"即指此三爻。意为自此至上需要从命进行变革

孔疏：九三阳爻刚壮，又居火极，火性炎上。处革之时，欲征之使

革，征之非道则正之危也。故曰征凶贞厉。所以征凶致危者，正以水火相息之物。既处于火极，上之三爻，水在火上，皆从革者也。自四至上从命而变，不敢有违，则从革之言，三爻并成就不虚，故曰革言三就。其言实诚，故曰有孚也。（史徵、胡瑗、易祓等从此说。）

（2）"三"指多次，或者众多之人，即九三处下卦之上，有革道初成之象，故需多番俯就人心，争取民心

程颐：审察当革之言，至于三而皆合，则可信也。言重慎之至能如是，则必得至当乃有孚也，己可信而众所信也，如此则可以革矣。（耿南仲、沈该、朱震、郑刚中、朱熹、林栗、保巴等同此说。）

（3）"三"是指初九、六二、九三三爻，意指三爻相持能够形成相革之势，如若六二爻欲上应，则与初九、九三爻不能形成革势

苏轼：革言三就犹曰革以三成，三者相持而成革，明二之不可去也。二存则初与三相信，二去则初与三相疑，此必然之势也，故曰革言三就有孚。（潘士藻、李光地等同此说。）

（4）"三"是指九四、九五、上六三爻，"革言三就"谓谋之再三而后可成就也

俞琰：征动而行也，贞静以守也。征凶则贞必吉，征吉则贞必凶。今言征凶又言贞厉，何也？曰时未可为不可遽为，征则凶也。事有当革不可不革，贞则厉也。六二柔而得中，动则不至于过，故许之曰征吉。九三刚而不中，又在离体之极，恐其躁动，故戒之曰征凶。复恐其以刚明自任，故又戒之曰贞厉。三，去声。革言三就，谓谋之再三，而后成就也。上与三应，三至上凡历三爻，故曰三就。（吴桂森、何楷、尚秉和、傅佩荣、金景芳、吕绍刚等同此说。）

（5）离居三，"三就"之象。"革言三就"意指商量革命之利害至三次才最终确定

来知德：革言者，革之议论也。……就者，成也。三就者，商度其革之利害可否，至再至三而革之议论定也。离居三，"三就"之象也，故《同人》曰"三岁不兴"，《未济》曰"三年有赏于大国"，《既济》曰"三年克之"，《明夷》曰"三日不食"皆以离居其三也。若《坎》之"三岁不得"，《困》之"三岁不觌"，《解》之"田（缺）三品"皆离之错也。《渐》之"三岁不孕"，《巽》之"田（缺）三品"皆以中爻合离也。《丰》之"三岁不觌"以上六变而为离也，周公爻辞其精至

此。故虽事在所当革,亦有危厉。然当革之时,不容不革。故必详审其利害可否,至于三就则人信而相孚,可以革矣,故教占者必如此。

此句大意为:九三,处于刚而不中,躁动之时,不宜急于求进,否则多凶险。占问的结果也是危险。变革初见成效时需多加关注条件变化,谋划周密。处事心存诚信。《象》:"变革初见成效时需多加关注条件变化,谋划周密。处事心存诚信。"说明九三此时何必急于求进呢?

九四,悔亡。有孚改命,吉。

《象》曰:"改命之吉",信志也。

集校

上博藏楚竹书:缺简。

汉帛书:九四,悬亡。有复苣命,吉。

此句大意为:九四,悔恨消亡,心存诚信改革天命,吉祥。《象》:心存诚信改革天命,说明九四畅行变革之志。

九五,大人虎变,未占有孚。

《象》曰:"大人虎变",其文炳也。

集校

上博藏楚竹书:缺简。

汉帛书:大人虎使,未占有复。

此句大意为:九五,大人革新后的成果犹如虎之文采炳然,"革"道不须占问,其诚信之德自显光彩。

《象》:"大人革新后的成果犹如虎之文采炳然",说明九五的美德文采炳焕。

上六,君子豹变,小人革面,征凶,居贞吉。

《象》曰:"君子豹变",其文蔚也。"小人革面",顺以从君也。

集校

上博藏楚竹书:缺简。

汉帛书:尚六,君子豹使,小人勒面,征凶。居贞吉。

此句大意为:上六:君子改革成果如豹文之蔚缛,小人纷纷顺从大人;若继续变革前行有凶险,占问的结果是居静可获吉祥。《象》:"君子改革成果如豹文之蔚缛",说明大人的辉光因此更加盛美可观。"小人纷纷顺从大人",说明小人只能顺从大人的改革。

（四）总论

《革》卦以火泽相对、二女同居之象引申至社会变革、天地变革之事。六爻围绕着卦辞"己日乃孚"深发其旨。从《革》卦来看，变革成功的重点包括：一是在转机来临之际，能够适时抓住机遇。二是要有诚信，推行正道。一为客观条件，一为主观条件，主客相结合才能取得最后的成功。

三 鼎卦䷱（巽下离上）

（一）卦名

1. 集校

"鼎"卦，帛书作"鼎"，上海博物馆藏楚简《周易》缺此卦。

2. 卦名之意

（1）烹饪之器；古时象征政治权力的法器。

许慎《说文解字》："鼎，三足，两耳，和五味之宝器也。"

郑玄：鼎，象也。卦有木火之用，互体乾兑。乾为金，兑为泽，泽钟金而含水，爨以木火鼎亨，孰物之象。鼎亨孰以养人，犹圣君兴仁义之道，以教天下也，故谓之鼎矣。（吴澄、陈梦雷等同此说。）

（2）鼎新之意

《杂卦传》：革去故也，鼎取新也。

胡瑗：鼎者，变生为熟，革故取新之谓也。

3. 得名之因

从卦画来看，初六阴爻，像鼎足；九二、九三、九四皆阳实，像鼎腹；六五中虚，像鼎之耳；上九在鼎口之上，像鼎之铉。其鼎象为烹饪器具。从卦德来看，上体离，为火，下体巽，为木，为入。木入火，亦有烹饪之象。

（二）卦序

《序卦传》：革物者，莫若鼎，故受之以鼎。

韩康伯：革去故，鼎取新，以去故则宜制器立法以治新也。鼎所和齐生物成新之器也，故取象焉。

程颐：变腥而为熟，易坚而为柔，水火不可同处也，能使相合为用而不相害，是能革物也，鼎所以次革也。

（三）卦爻辞集注

《鼎》：元吉，亨。

《彖》曰：鼎，象也。以木巽火，亨饪也。圣人亨以享上帝，而大亨以养圣贤。巽而耳目聪明，柔进而上行，得中而应乎刚，是以元亨。

《象》曰：木上有火，鼎。君子以正位凝命。

1. 集校

汉帛书：缺简。

2. 圣人亨以享上帝，而大亨以养圣贤

（1）上帝贵质，故而重在心诚；圣贤广遍天下，需要生存，故而物质丰富

孔疏：享帝尚质，特牲而已，故直言亨。圣贤既多，养须饱饫，故亨上加大字也。（胡瑗、朱震、朱熹、俞琰、吴澄、黄寿祺、张善文等主此说。）

（2）"而大亨以养圣贤"句应为"而天下亨以养圣贤"。即"天"误写为"大"

林栗：养字用去声读，下奉上之义也。据文当曰"天下亨以养圣贤"，传写者误天为大，遂去其下字耳。或曰鼎之为养当（缺）天下而止于养圣贤耶，何其不知鼎之义也。

此句大意为：《鼎》卦：大吉，至为亨通。《彖》曰：《鼎》卦，鼎器之象。以木入火，是用来烹煮食物的。圣人烹煮食物以祭享天帝，烹煮丰盛之食物，奉养天下之圣贤。以此使圣贤顺应辅助，使得君主能够耳聪目明。六五以柔顺之道进居尊位，居中且下应阳刚贤者，所以至为亨通。《象》曰：木上燃烧着火，这就是《鼎》卦；君子由此要端正居位，严守使命。

初六，鼎颠趾，利出否，得妾以其子，无咎。

《象》曰："鼎颠趾"，未悖也。"利出否"，以从贵也。

1. 集校

汉帛书：初六：鼎填止，利（出）不，得妾以元子，无咎。

2. "得妾以其子"

（1）妾低贱，凭子而贵

孔疏：妾为室主，亦犹鼎之颠趾而有咎过。妾若有贤子，则母以子贵，以之继室，则得无咎。

虞翻：趾，足也，应在四。大壮震为足，折入大过，大过颠也，故鼎颠趾也。初阴在下，故否利出之四，故曰利出。兑为妾，四变得正成震，震为长子，继世守宗庙而为祭主，故得妾以其子，无咎矣。（史徵、胡瑗、程颐、苏轼、朱震、郑刚中、林栗、潘士藻、何楷、李光地、毛奇龄、陈梦雷、黄寿祺、张善文等同此说。）

（2）贵其有子而得为妾

冯椅：孔子之意非贵其得为妾，贵其有子而得为妾，尔位最卑下而贱则始，非妾矣。石守道曰：未妾而有子，是亦颠倒之象。（俞琰、吴澄、傅佩荣等同此说。）

（3）"以"为"与"之意，兼得妾与其子

王引之《经传释词》："《广雅》曰：'以，与也'……《易·鼎》初六曰：'得妾以其子。'言得妾与其子也。"

尚秉和：四兑为妾，四来初是得妾也。初之四体震，震为子，是得妾兼得子也，故利出也。

高亨：出读为黜，古字通用。……出否谓贬黜奸恶之臣也。鼎颠趾者，倾除秽伍之象。……以犹与也，盖妾固曾为人妇，且有子焉，今携其子归我也。

此句大意为：初六，鼎器的足趾颠倒，利于倾倒废物；妾因有子而得尊贵，结果没有过错。《象》曰："鼎器的足趾颠倒"，并不悖理；"利于倾倒废物"，是为了革故取新。

九二，鼎有实，我仇有疾，不我能即，吉。

《象》曰："鼎有实"，慎所之也。"我仇有疾"，终无尤也。

集校

汉帛书：九二：鼎有实，我我有疾，不我能节，吉。

此句大意为：九二，鼎中充实；与九二相应的九五因有阳刚所阻，不能立即前来，结果吉祥。《象》曰："鼎中充实"，说明九二要谨慎前行；"与九二相应的九五暂不能来"，但终将没有过错。

九三，鼎耳革，其行塞，雉膏不食，方雨，亏悔，终吉。

《象》曰："鼎耳革"，失其义也。

集校

汉帛书：九三：鼎耳勒，亓行塞，雉膏不食，方雨（缺）。

此句大意为：九三，鼎器耳部改易常道，耳部堵塞，因此无法获得烹煮的美味食物；九三阴阳和合，消除悔意，最终结果为吉祥。《象》曰："鼎器耳部改易常道"，说明九三失去了虚中纳受的本义。

九四，鼎折足，覆公𫗧，其形渥，凶。

《象》曰："覆公𫗧"，信如何也。

1. 集校

汉帛书：（缺），复公莡，亓刑屋，（缺）。

2. "𫗧"

𫗧，《说文》：鼎实，惟苇及蒲。

《周官醢人》疏引郑注：糁谓之𫗧。震为竹，住萌曰笋。笋者，𫗧之为菜也。

孔疏：𫗧，糁也。八珍之膳，鼎之实也。

3. "形渥"

（1）"形渥"或指重刑；或指在屋中行刑

郭京《周易举正》：汉石经作"其刑渥"……渥，《说文》云："沾也，从水屋声。"段注："渥之言深厚也，于角切，古音在三部。"……《汉书叙传》："底渥鼎臣。"注云："服虔曰渥者厚刑谓重诛也。"《周礼·秋官司烜氏》："邦若屋诛。"注："谓所杀不于市而以适甸师氏"。《小司寇》疏引郑易曰："若三公倾覆王之美道，屋中刑之"。《战国策》颜触曰："祸必握。"吴师道校云："高士传握作渥。"是"握""渥"二字通。李乡沚曰："古本多作刑渥，或通形渥，辅嗣因如字，读与诸家异义。"故解亦因而异焉。

（2）"形渥"指食物沾濡在鼎身。渥，沾濡之状。

孔疏：渥，沾濡之貌也。既覆公𫗧，体则渥沾也。

按：《春秋繁露》：其在易曰："鼎折足，覆公𫗧"。夫鼎折足者，任非其人也；覆公𫗧者，国家倾也。

此句大意为：九四，鼎器之足折毁，王公的美食全被倾覆，鼎身沾濡，获重刑，有凶险。《象》曰："王公的美食全被倾覆"，说明九四怎么值得信任！

六五，鼎黄耳金铉，利贞。

《象》曰："鼎黄耳"，中以为实也。

集校

汉帛书：六五：鼎黄（缺）。

此句大意为：六五，鼎器有黄色的鼎耳，配有刚坚的鼎杠。贞问的结果是有利的。《象》曰："鼎器有黄色的鼎耳"，说明六五虚中纳物为实。

上九，鼎玉铉，大吉，无不利。

《象》曰：玉铉在上，刚柔节也。

1. 集校

汉帛书：（缺），无不利。

2. "鼎玉铉"

孔疏：玉者，坚刚而有润者也。上九居鼎之终，鼎道之成，体刚处柔，则是用玉铉以自举者也，故曰鼎玉铉也。大吉无不利者，应不在一，即靡所不举，故得吉而无不利。象曰：刚柔节者，以刚履柔，虽复在上，不为乾之亢龙，故曰刚柔节也。

胡瑗：然六五言金铉，而上九言玉铉者，夫玉之性刚柔全也，上九体阳而履柔，刚柔全也，故曰玉铉。六五以阴而乘阳，差失其正，其德未备故曰金。

此句大意为：上九，鼎器配有玉制的鼎杠，大为吉祥，无所不利。《象》曰：玉制的鼎杠居于上九，刚柔相互调节。

（四）总论

鼎，一是古代烹煮用的器物，还可作为烹人的刑具；一是为国之重器，权力的象征。《鼎》卦以鼎器烹煮食物为象，说明为君养贤以柔以诚，为臣侍君需忠信为国。观《鼎》卦六爻，取鼎器的部位或配件为喻，诸爻占断结果吉祥居多。

四　震卦䷲（震下震上）

（一）卦名

1. 集校

"震"，帛书作"辰"，上海博物馆藏楚简《周易》缺此卦。

按：《说文解字》："辰，震也。三月阳气动，雷电震民农时也。"因辰、震音意皆同，故通行本皆作《震》。归藏作"厘"，尚秉和提出，"震、厘义多同，故而归藏作厘"。"愚按震为笑乐，为喜，而厘与僖通。"以僖义为喜乐，故认为厘亦有喜乐之意。震有福、生之意，厘亦为福。由此证震、厘两字意义相同，也就是认为归藏本作厘与通行本作震，其卦爻意皆同。

2. 卦名之意

《说卦传》：震为雷。

《序卦传》：震者，动也。

郑玄：震为雷。雷，动物之气也；雷之发声，犹人君出政教以动中国之人也，故谓之"震"。

孔疏：震，动也，此象雷之卦，天之威动，故以"震"为名。

3. 得名之因

《震》卦震下震上，震象征雷，由于雷有震动万物之性，所以其卦德为动。《说卦传》："动万物者莫疾乎雷。"《震》充满震动奋发，同时包含对雷动之象的惊惧之意。

（二）卦序

《序卦传》：革物者莫若鼎，故受之以《鼎》。主器者莫若长子，故受之以《震》；震者动也。动不可以终动，止之，故受之以《艮》；艮者止也。

按：鼎是用来烹饪以供上帝享祀的，又可象征权力之法器；"震一索而得男，故谓之长男"（《说卦传》）。长男为继承大统之位者，理应承担主祭之礼。崔憬曰："嫡以为其祭主也，故言主器者莫若长子也。"

（三）卦爻辞集注

《震》：亨。震来虩虩，笑言哑哑，震惊百里，不丧匕鬯。

《彖》曰：震，亨。"震来虩虩"，恐致福也。"笑言哑哑"，后有则也。"震惊百里"，惊远而惧迩也。"不丧匕鬯"，出可以守宗庙社稷，以为祭主也。

《象》曰：洊雷，震。君子以恐惧修省。

1. 集校

汉帛书：辰，亨。辰来朔朔，芙言哑哑，辰敬百里，不亡鈍膓。

2. "震来虩虩，笑言哑哑"

"虩虩"，恐惧貌

孔疏：虩虩，恐惧之貌也。哑哑，笑语之声也。震之为用，天之威怒，所以肃整怠慢，故迅雷风烈，君子为之变容。施之于人事，则是威严之教行于天下也,故震之来也,莫不恐惧。

胡瑗:虩者,蝇虎之虫也,藏窗壁中蠕然而动。言威震之来,则人为之战兢。滋惧不能自安如蝇虎蠕然而动,然则重言虩虩者,恐惧之至也。

按:从两卦的意义来看,虽同有恐惧之意,但意义倾向不同,《履》卦《象传》:"上天下泽,履,君子以辨上下、定民志。"重在谦谨依礼而行;《震》卦《象传》:"洊雷震,君子以恐惧修省"重在内省。

此句大意为:《震》:亨通。雷震之动惊惧不安,后有笑语之声。权威之大惊闻百里,宗庙祭祀于是长延不绝。《彖》曰:《震》卦,亨通。威震之惊惧不安,能因惧自修,故有福。后有笑语之声,因不敢失则。权威之大惊闻百里,使远方之人感到震动,使近处的人感到惊惧。宗庙祭祀于是长延不绝,长子可以留守宗庙社稷,担当祭主。《象》曰:重雷,为《震》卦。君子要领悟,以此恐惧谨慎,修正省察自我。

初九,震来虩虩,后笑言哑哑,吉。

《象》曰:"震来虩虩",恐致福也。"笑言哑哑",后有则也。

集校

汉帛书:初九,辰来朔朔,后芙(言)哑哑,吉。

此句大意为:初九,雷震之动惊惧不安,后有笑语之声,吉祥。《象》曰:威震之惊惧不安,能因惧自修,故有福。后有笑语之声,因不敢失则。

六二,震来,厉。亿丧贝,跻于九陵,勿逐,七日得。

《象》曰:"震来厉",乘刚也。

1. 集校

汉帛书:六二,辰来厉,意亡贝,蛮于九陵,勿遂,七日得。

2. 亿

(1)大,大量

《帛书》作"意"。

《释文》:亿,本又作噫,同于其,反辞也。六五同。

郑玄:十万曰亿,犹言大也,作副词。

(2)语气词

虞翻:惜辞也。

王弼:辞也。

胡煦：当从古作噫，叹词也，惊词也。此震惊之声，正《象辞》笑言之义。

高亨《周易大传今注》：亿，发语词。

（3）测度、估计

程颐：亿，度也。

（4）亿字存疑

朱熹：亿字未详。

3."七日得"

（1）"七日得"实为不过七天即可复得

虞翻：三动时离为日，震数七，故七日得者也。

（2）"七日得"意为七年之日才能得到

干宝：七日得者，七年之日也，故《书》曰"诞保义武，受命惟七年"，是也。

（3）"七日得"为历经七个爻位

郑刚中：七日者，阳复之数；陵者，地之高；九者，阳之极。二能升于九陵，七日得其所丧者，皆震之理也。又自二之五，自五还二，其数七。

（4）"七日得"为反常说法，指意料之外

保巴：所谓七日者，卦有六位，七则反常，所丧之宝贝勿逐自得之也。

按：《周易》每一卦皆是由六爻组成，六爻就能表达一个周期，至七时就开始了一个新的循环。所以七年、七日、七爻也好，都是说的一个周期的循环，会有一些反常之事发生。

此句大意为：六二，雷动之时将有危难，会失去大量的钱财，登上高处，不要追逐，七天后就会复得。《象》曰："雷动之时将有危难"，是因为六二凌驾在刚爻之上。

六三，震苏苏，震行无眚。

《象》曰："震苏苏"，位不当也。

1. 集校

汉帛书：六三，辰疏疏，辰行无省。

2. 苏苏

（1）畏惧不安、精神涣散

孔疏：苏苏，畏惧不安貌。

陈梦雷：苏苏，缓散自失之状。

（2）苏醒，死而复生

虞翻：死而复生，称苏。三死坤中，动出得正，震为生，故"苏苏"。

李道平：苏，死而更生之称，……内震按外震，故曰"苏苏"。

此句大意为：六三，震动时畏惧不安，由于震动而能警惧前行，将没有祸患。《象》曰：震动时畏惧不安，是阴爻居阳位，不当位。

九四，震遂泥。

《象》曰："震遂泥"，未光也。

1．集校

汉帛书：九四，辰遂泥。

2．初九、九四两爻同为阳爻，结果却不同

冯椅：今发挥于爻，则初反致吉，而四反遂泥，何也？初阳位而雷声之所达，四阴位而雷声之遂滞，故在卦体则有惊百里之远，而在爻义则为群阴所掩滞，而不能奋击也。以卦变言之，此爻自二上行至此，为位阴所泥，不能上升五位故也。

此句大意为：九四，震动得陷入泥中。《象》曰，震动得陷入泥中，阳刚之德未能发扬光大。

六五，震往来，厉，亿无丧，有事。

《象》曰："震往来厉"，危行也。其事在中，大无丧也。

集校

汉帛书：六五，辰往来厉，意无亡，有事。

此句大意为：六五，身处震动之中，上下往来都有危险，慎守中道就万无一失，可以长保祭祀盛事。《象》曰："身处震动之中，上下往来都有危险"，六五是处在危险之中；处事能够慎守中道，就可以万无一失。

上六，震索索，视矍矍，征凶。震不于其躬，于其邻，无咎。婚媾有言。

《象》曰："震索索"，中未得也。虽凶无咎，畏邻戒也。

1．集校

汉帛书：上六，辰昔昔，视惧惧，正凶。辰不于亓躳，于亓邻，往无咎。闽诟，有言。

2. 索索，浑身颤抖，畏惧不安之貌

孔疏：索索，心不安貌。

《经典释文》：索索，惧也。马云：内不安貌。郑云：犹缩缩，足不正也。

陈梦雷：索索，神气不存也。

高亨：亨按郑以缩缩释索索，是也。考缩缩乃步履战栗之貌。……盖缩缩乃恐惧存于心而形于足也。今北土方言，状人身战栗之状曰多多索索，疑索索即《易》之索索，古之遗言也。

3. 矍矍：目不正

孔疏：矍矍，视不专之容。

陈梦雷：矍矍，视不定也。

4. 婚媾有言

（1）谋求婚配将会有言语争端

孔疏："婚媾有言"者，居极惧之地，虽重婚媾相结，亦不能无相疑之言，故曰"婚媾有言"也。

（2）咒骂声不绝于口

邓球柏《帛书周易校释》：闻，借为昏溟。诟，骂。

此句大意为：上六，震动得浑身颤抖，目光惊恐不安，前进会有凶险。震动得凶险不在自身，在近邻，没有咎害。婚配时会有怨言。《象》曰：震动得浑身颤抖，是因为没有居于适中的位置。虽然有凶祸但是没有灾难，是因为能够警惕，避免重蹈近邻的遭遇。

五　艮卦䷳（艮下艮上）

（一）卦名

1. 集校

"艮"卦，帛书作"根"，上海博物馆藏楚简《周易》作"艮"。

2. 卦名之意

艮，止，安重坚实之意

《彖传》《说卦传》《杂卦传》并曰：艮，止也。

孔疏：艮，止也，静止之意，此是象山之卦，故以艮为名。施之于人，则是止物之情，防其动欲，故谓之止。

按：古今易家均取其"停止""静止""抑止""安止"之义。

3. 得名之因

从卦画看，《艮》卦是一阳在二阴上面，阳已升到极点，所以停止。从卦德看，艮为止，艮止之畜止之后方有大通。从卦象看，《艮》卦艮下艮上，为山连山。古人行动时，遇山而止，更何况是两山相连。

（二）卦序

《序卦传》：物不可以终动，止之，故受之以艮；艮者，止也。

崔觐：震极则"征凶，婚媾有言"，当须止之，故言"物不可以终动，止之"矣。

按：《艮》卦是六十四卦当中的第五十二卦，位处《震》卦之后，《渐》卦之前，揭示了事物发展动静相因、动静有时的特点。

（三）卦爻辞集注

《艮》：艮其背，不获其身；行其庭，不见其人，无咎。

《彖》曰：艮，止也。时止则止，时行则行。动静不失其时，其道光明。艮其止，止其所也。上下敌应，不相与也，是以"不获其身，行其庭，不见其人，无咎"也。

《象》曰：兼山，艮；君子以思不出其位。

1. 集校

上博藏楚竹书：艮（缺）丌怀，不腏丌身，行丌廷，不〔见其人，无咎。〕

汉帛书：根：根亓北，不濩亓身，行亓廷，不见亓人，无咎。

按：濮茅左"怀"或读为"背"。"北"与"背"是上古音帮纽职部，"怀"上古音滂纽之部，帮、滂皆为唇音，故这三字可通假。

2. 艮其背，不获其身；行其庭，不见其人

（1）背者，无见之物

王弼：施止于背，不隔物欲，得其所止也。背者，无见之物，无见则自然静止。静止而无见，则不获其身矣。相背者，虽近而不相见，故行其庭，不见其人也。夫施止不于无见，令物自然而止。而强止之，则奸邪并兴。近而不相得，则凶。其得无咎，"艮其背不获其身，行其庭不见其人"故也。（胡瑗、程颐、朱震、郑刚中、苏轼、朱熹、林栗、冯椅、吴澄、郭忠孝、吴曰慎、黄寿祺、张善文、南怀瑾、徐芹庭、郑玉姗等同此说。）

（2）"艮"假借为"谨"，艮其背，意即谨慎背后有人暗算。"其人"指问筮者，即初六

陈鼓应、赵建伟："艮"疑假借为"谨"。艮、谨同为见母文部字，古为同音字。……盖卦象为重重险阻，故卦爻辞戒人处艮之时当谨其言行。艮其背，谓谨慎其背后。此言防人于背后暗算之也……"行其庭"的主语是初六，即问筮者。"其人"指问筮者，即初六。"不见其人"，谓他人不得见其踪影。不得见其踪影，自然不能伤害于他，所以说无咎。

（3）"艮"之字形为反"见"，释为顾、注视、照顾

高亨：艮即见之反文明矣，故余谓艮者顾也，从反见。顾为还视之意，引申为注视之意。艮亦为还视之意，引申为注视之意。本卦艮字皆当训顾，其训止者，当谓目有所止耳……艮其背不获其身，犹云顾其背不获其身，顾其小者忘其大者，身之将亡，背何能有，故曰艮其背不获其身，行其庭不见其人。此当为凶象，不宜再言无咎，疑无咎二字衍文，盖今文经之所无也。

此句大意为：《艮》：止如其背，使人不见其身；行其庭院，使人不见其人。没有咎错。《彖》曰：《艮》卦，止住的意思。该停止就停止，该行动就行动，行动和停止都没有失去最佳时机，《艮》卦之道光明。《艮》卦的止住，是止要适得其所。上体卦与下体卦间相互敌视，没有应和，不相交往，因此没有获得其身体。行走在庭院没有见到人，没有咎害。《象》曰：两山重叠，艮卦。君子思虑不超出自己应有的范围。

初六，艮其趾，无咎，利永贞。

《象》曰："艮其趾"，未失正也。

集校

上博藏楚竹书：［初六：艮］亓止，亡咎，利兼贞。

汉帛书：初六：根亓止，无咎，利永贞。

按：翟均廉《周易章句证异》："趾"，荀爽作止，晁说之曰古作止。毛奇龄止、趾通字。

此句大意为：初六，抑止脚趾迈出，没有咎害。贞问的结果为长久有利。《象》曰：抑止脚趾迈出，没有失去其正道。

六二，艮其腓，不拯其随，其心不快。

《象》曰："不拯其随"，未退听也。

集校

上博藏楚竹书：六二：艮丌足，不（陞）丌（陸），丌心不悸。

汉帛书：六二：根其肥，不登其随，其心不快。

按：《释文》："本又作肥，义与咸卦同。"这就是说"肥"通"腓"。《说文》："腓，胫腨也。""腓"就是小腿肚。廖名春、丁四新等认为从字形上来看，"足"字其上象腓肠，下从止。并且"腓"与"足""股"意义相近，所以"足"与"肥""腓"二字意近。

此句大意为：六二，止住小腿，不能上承应跟随之人，心中不痛快。《象》曰："不能上承应跟随之人"，是因九三没有退一步听从它。

九三，艮其限，列其夤，厉，熏心。

《象》曰："艮其限"，危熏心也。

1．集校

上博藏楚竹书：九晶：艮丌瞳，（刿）丌衒，厉同心。

汉帛书：[九三：根其限]，戾亓（肥），（厉）薰心。

2．"艮其限"

限，身之中也，腰带处也

王弼：限，身之中也。三当两象之中，故曰"艮其限"。

虞翻：限，要带处也。坎为要，五来之三，故"艮其限"。

3．"列其夤"

"夤"，中脊之肉也。"列其夤"，分裂中脊之肉

王弼：夤，当中脊之肉也。止加其身，中体而分，故"列其夤"而忧危熏心也。艮之为义，各止于其所，上下不相与，至中则列矣。列加其夤，危莫甚焉。

按：《韩诗外传》：孔子曰：口欲味，心欲佚，教之以仁。心欲安，身恶劳，教之以恭。好辩而畏惧，教之以勇。目好色，耳好声，教之以义。易曰：艮其限，列其夤，危熏心。诗曰：吁嗟女兮，无与士耽。皆妨邪禁佚，调和心志。

此句大意为：九三，止住腰部，断裂背脊肉，有凶险而忧心忡忡。《象》曰："止住腰部"，九三有凶险而忧心忡忡。

六四，艮其身，无咎。

《象》曰："艮其身"，止诸躬也。

1. 集校

上博藏楚竹书：六四：艮丌躳。

汉帛书：六四：根亓躳。

2. "身"

（1）"身"，指身体中上部位

王弼：中上称身。履得其位，止求诸身，得其所处，故不陷于咎也。（冯椅、吴澄、潘士藻、毛奇龄、黄寿祺、张善文、南怀瑾、徐芹庭、傅佩荣、郑玉姗等同此说。）

（2）"身"，腹也

虞翻：身，腹也。观坤为身，故"艮其身"。得位承五，故"无咎"。或谓妊身也，五动则四体离妇，离为大腹，孕之象也，故"艮其身"。

（3）"身"，指人心

苏轼：《咸》之九四曰：朋从尔思。则四者，心之所在也。施之于一体，则艮止于所施，所不施者不及也。施之于心，则无所不及矣，故曰艮其身。艮得其要，故无咎。（石守道、张子厚、何楷、胡煦、陈梦雷等同此说。）

此句大意为：六四，止住上身，没有咎害。《象》曰："止住上身"，六四能自我抑制。

六五，艮其辅，言有序，悔亡。

《象》曰："艮其辅"，以中正也。

1. 集校

上博藏楚竹书：六五：艮丌頯，言又舒，㥝亡。

汉帛书：六四：根亓䪼，言有序，悔亡。

按：頯、䪼、父这三个字皆读"辅"。

2. "艮其辅，言有序"

虞翻：辅，面颊骨，上颊车者也。三至上体颐象，艮为止，在坎车上，故艮其辅，谓辅车相依。震为言，五失位，悔也，动得正，故言有孚，悔亡也。

王弼：施止于辅，以处于中，故口无择言，能亡其悔也。（程颐、胡煦、黄寿祺、张善文、南怀瑾、徐芹庭、郑玉姗、陈鼓应、赵建伟等同此说。）

此句大意为：六五，止住上牙床，说话有条理，悔恨消亡。《象》

曰：止住上牙床，是因六五居中行正道。

上九，敦艮，吉。

《象》曰："敦艮之吉"，以厚终也。

集校

上博藏楚竹书：上九：辜艮，吉。

汉帛书：尚九：敦根，吉。

按：季旭升："辜"为"敦"字初文，是以养献享的会意字。

此句大意为：上九，以其敦厚而止其所当止，吉祥。《象》曰："以其敦厚而止其所当止，吉祥"，是因为上九厚重居极位。

（四）总论

《艮》卦中言"止"，不仅讲到了"为何止"和"止于何处"，更提到了"如何止"这一具有现实意义的问题。

第四节 《丰》《节》《中孚》《小过》卦集注集评

一 丰卦䷶（离下震上）

（一）卦名

1. 集校

"丰"卦，上博藏楚竹书、汉帛书均作"豐"。

2. 卦名之意

（1）丰，多故

《杂卦传》：丰，多故也。

朱震：丰泰二之四，进退不得其所，多故也。多故则难处，故曰"丰，多故也"。

（2）丰，大也

《彖传》与《序卦传》皆曰：丰，大也。

孔颖达：丰者，多大之名，盈足之义，财多德大，故谓之为丰。（胡瑗、程颐、杨万里、朱熹、俞琰、胡煦、李光地、傅佩荣等同此说。）

（3）丰，遮盖之意，取义于蔽于牢中不见天日

陈鼓应、赵建伟：《丰》卦上震下离，震为动，离即罗，罗网、法网、刑网、狱网。《丰》卦象人行为有失而动入狱网之中……爻中之丰

字是遮盖之意，亦是取义于蔽于牢中不见天日。

3. 得名之因

从卦象来看，《丰》卦卦画离下震上，震为雷，雷声震天，其声最响；下卦离，离为日，日光射地，光热最烈，此卦象为一幅雷电交作，气势盛大的画面。

（二）卦序

《序卦传》：得其所归者必大，故受之以《丰》。丰者，大也。

程颐：物所归聚，必成其大，故归妹之后受之以丰也。丰盛大之义，为卦震上离下，震动也，离明也，以明而动，动而能明，皆致丰之道。明足以照动，足以亨，然后能致丰大也。

（三）卦爻辞集注

《丰》：亨，王假之。勿忧，宜日中。

《彖》曰：丰，大也。明以动，故丰。"王假之"，尚大也。"勿忧宜日中"，宜照天下也。日中则昃，月盈则食，天地盈虚，与时消息，而况于人乎，况于鬼神乎？

《象》曰：雷电皆至，丰。君子以折狱致刑。

1. 集校

上博藏楚竹书：缺简。

汉帛书：豐，亨，王叚之，勿忧，宜日中。

2. "君子以折狱致刑"

孔疏：雷电皆至，丰者。雷者，天之威动。电者，天之光耀。雷电俱至，则威明备足以为丰也。君子以折狱致刑者，君子法象天威而用刑罚，亦当文明以动，折狱断决也。

虞翻：此卦三阴三阳，之例当从泰二之四而丰。三从噬嗑上来之三，折四于五狱中而成丰，故君子以折狱致刑阴阳交，故通噬嗑，所谓利用狱者此卦之谓也。

按：《周易》中涉及议狱之象的还有以下几卦

《讼》（坎下乾上）卦爻辞。

《中孚》（兑下巽上）象曰：君子以议狱缓死。

《噬嗑》（震下离上）：亨，利用狱。象曰：明罚敕法。

《贲》（离下艮上）象曰：君子以明庶政，无敢折狱。

《旅》（艮下离上）象曰：君子以明慎用刑而不留狱。

此句大意为：《丰》：亨通。有德君主有天下之大，不必忧虑，宜于如日中的太阳普照天下。《彖》曰：丰，意为大。下离为明上震为动，故为《丰》卦。"有德君主有天下丰大"，这是君主所崇尚的。"不必忧虑，宜于如日中的太阳普照天下"，说明宜于让阳光普照天下。太阳居中必将西斜，月亮满盈必将亏损；天地有盈满也有亏损，都是伴随着一定的生长和消亡的，何况是人呢，何况是鬼神呢？《象》曰：雷电一起来到，这就是《丰》卦；君子要效法判决诉讼，执行刑罚。

初九，遇其配主，虽旬无咎，往有尚。

《象》曰："虽旬无咎"，过旬灾也。

集校

上博藏楚竹书：缺简。

汉帛书：禺亓肥主，唯旬，无咎，往有尚。

按：《汉上易》引孟喜、集解引郑玄、虞翻：配，作妃。

此句大意为：初九，遇合相匹配之主，在十日内不致咎害，前往会得到佑助。《象》曰："在十日内不致咎害"，过了十日就会有灾难了。

六二，丰其蔀，日中见斗。往得疑疾，有孚发若，吉。

《象》曰："有孚发若"，信以发志也。

1. 集校

上博藏楚竹书：缺简。

汉帛书：六二，豐亓剖，日中见斗，往得疑［疾］，有复洫若。

2. "蔀"，障蔽光明

王弼：幡幔者是也。

《经典释文》：蔀，《略例》云：大暗之谓蔀。马云：蔀，小也。郑薛作菩，云小席。

3. "丰其蔀，日中见斗。往得疑疾，有孚发若，吉"

王弼：蔀，覆暖，障光明之物也。处明动之时，不能自丰以光大之德，既处乎内，而又以阴居阴，所丰在蔀，幽而无睹者也，故曰"丰其蔀，日中见斗"也。日中者，明之盛也。斗见者，暗之极也。处盛明而丰其蔀，故曰日中见斗。不能自发，故往得疑疾。然履中当位，处暗不邪，有孚者也。若，辞也。有孚可以发其志，不困于暗，故获吉也。

朱熹：六二居丰之时，为离之主，至明者也。而上应六五之柔暗，故为丰蔀见斗之象。蔀，障蔽也。大其障蔽，故日中而昏也。往而从之则昏暗之主，必反见疑，唯在积其诚意以感发之则吉，戒占者宜如是也，虚中有孚之象。

吴澄：二之应位在五，如丽天之日，离之中，画在二为照地之日，日丽天中而光照地上，故二象日中。九四为蔀，障蔽丽天之日，而地上无光日暗，则星见故日中而见斗也。斗，北斗七星，星之大而易见者，震仰盂有斗象。

此句大意为：六二，广大的遮蔽起来，犹如中午见到斗星。往前会有猜疑的灾患。若能发挥中正诚信，吉祥。《象》曰："若能发挥诚信"，六二以诚信来表现心意。

九三，丰其沛，日中见沫，折其右肱，无咎。

《象》曰："丰其沛"，不可大事也。"折其右肱"，终不可用也。

1. 集校

上博藏楚竹书：九晶：豐丌芾，日中见芰，折丌右拔，亡咎。

汉帛书：九三：豐丌（蘋），日中见茉，折丌，无咎。

按："丌"即"丌"字，"丌"同"其"字。

2. "沛""沫"

（1）沛，大暗。较之蔀，更加暗淡。沫，意即昏暗

虞翻：日在云下称沛。沛，不明也。

王弼：沛，幡幔，所以御盛光也。

（2）沛，泽也。沫，水源

胡煦：沛，泽也。沫，水源也……雷象在上，中爻有泽有风，方取沛沫之象，有何旆象哉？

（3）沛，大雨貌。沫，星之小者，昏暗

赵汝楳：沛读如沛然下雨。沫，昏昧雨甚而昼昏也……又与上六位应，乃有丰沛见沫之象。视见斗者暗抑甚矣，运动而适致右肱之折，虽废而不可用，乃无冥行之咎。（尚秉和等同此说。）

（4）好像被苇席遮蔽起来，中午梦见星星

陈鼓应、赵建伟：沛，或本作芾，通芾；帛书作苹，与苇意同。蓬其苇，谓以苇席遮蔽……沫，为小星。

此句大意为：九三，广大遮蔽光明的幡幔，如中午见到小星。折断了右臂，没有咎害。《象》曰："广大遮蔽光明的幡幔"，说明九三不可以成就大事。"折断了右臂"，说明九三终究不能有所作为。

349

九四，丰其蔀，日中见斗，遇其夷主，吉。

《象》曰："丰其蔀"，位不当也。"日中见斗"，幽不明也。"遇其夷主"，吉行也。

集校

上博藏楚竹书：九四：豐亓坿，日中见坒，遇丌尼宝，吉。

汉帛书：九四：豐亓剖，日中见斗，禺亓夷主，吉。

按：坿、剖二字均读作"蔀"，声通。或为名词"小席"，或为动词以席覆盖。皆为障蔽光明之物。

李零认为坒乃隶定。

宝，帛本、今本都作"主"。

此句大意为：九四，广大的遮蔽起来，犹如中午见到斗星。遇见东夷的主人，吉祥。《象》曰："广大的遮蔽起来"，九四不当位。"中午见到斗星"，幽暗不明。"遇见东夷的主人"，前行吉祥。

六五，来章，有庆誉，吉。

《象》曰：六五之吉，有庆也。

集校

上博藏楚竹书：莱章，又庆愚，吉。

汉帛书：来章有庆举，吉。

按："来""往"

《睽·上九》：往遇雨则吉。

《需·上六》：有不速之客三人来。

《蹇·九五》：大蹇朋来。

《丰·六五》：来章。

虞翻：在内称来。（冯椅等同此说。）

李光地《周易折中》引张子曰：凡言往者，皆进而之上也。初进而上，则遇阳而有尚，二既以阴居阴，又所应亦阴，故往增"疑疾"。

尚秉和：四往五不能曰来，岂知六五呼四，当然曰来。

此句大意为：六五，光明来到，有福庆和佳誉，吉祥。《象》曰：六五的吉祥，是有福庆的。

上六，丰其屋，蔀其家，窥其户，阒其无人，三岁不觌，凶。

《象》曰："丰其屋"，天际翔也。"窥其户，阒其无人"，自藏也。

集校

上博藏楚竹书：上六：豐丌芾，坿丌豪，閨丌床，欯丌亡人，晶歲不覦，凶。

汉帛书：上六：豐亓屋，剖亓家，闚亓户，哭亓无人，三岁不遂，凶。

此句大意为：上六，房屋高大，遮蔽其家。从门中窥视，没有人迹，三年见不到，凶。《象》曰："房屋高大"，飞到天边。"从门中窥视，没有人迹"，是自己藏起来了。

（四）总论

《丰》卦卦辞显现出盛大日中之象，而爻辞却是一片黑暗。作者如此相反取象，意在盛极而衰、丰大易暗之意，慎以自戒。

二　节卦䷻（兑下坎上）

（一）卦名

1. 集校

"节"卦，帛书作"節"，上博馆藏楚简《周易》缺此卦。

2. 卦名之意

《杂卦传》：节，止也。

朱熹：节，有限而止也。

孔疏：《象》曰：节以制度。《杂卦传》云：节，止也。然则节者制度之名。

司马光《温公易说》：节者，贵于适事之宜者也。

尚秉和：节，信也。古剖竹为符，合以取信。故《说文》云："节，竹约也。"《序卦传》云"物不可终离，故受之以节。"节之用在合，故与离对文。又曰"节而信之"，是《序卦传》即以《节》为符信也。凡卦名皆从象生，震为竹，而二至五正反震，两竹相合，则信成矣。

3. 得名之因

《节》卦卦画为三阳三阴，坎阳兑阴，"刚柔分"。上下卦体中位皆为阳爻，"刚得中"为节之主，刚柔加以区分，阳刚由中正之位成为"节"主。

（二）卦序

《序卦传》：《涣》者，离也。物不可以终离，故受之以《节》。节而信之，故受之以《中孚》。

何楷：涣者，离披解散之意。终离则散漫，远去而不止矣，故必立制度以整饬之。节所以次涣也。

按：涣散之道不可终行，必有节制止之。所以在《涣》卦之后有了《节》卦。

（三）卦爻辞集注

《节》：亨。苦节，不可贞。

《彖》曰："节亨"，刚柔分而刚得中。"苦节不可贞"，其道穷也。说以行险，当位以节，中正以通。天地节而四时成。节以制度，不伤财，不害民。

《象》曰：泽上有水，节。君子以制数度，议德行。

1. 集校

阜阳简：卦辞残。

帛书本：《节》：亨。枯节不可贞。

按：郑玉姗认为，枯与苦皆是以"古"为声符，可以通假。丁四新则以二字同为溪纽鱼部，二者相通。

2. "苦节，不可贞"

孔疏：节须得中，为节过苦，伤于刻薄，物所不堪，不可复正，故曰"苦节不可贞"也。

程颐：事既有节，则能致亨通，故节有亨义。节贵适中，过则苦矣。节至于苦，岂能常也？不可固守以为常，不可贞也。

朱熹：节固自有亨道矣，又其体阴阳各半，而二五皆阳，故其占得亨。然至于太甚则苦矣，故又戒以不可守，以为贞也。

高亨："苦节"者，以俭为苦也。苦节则必奢，君子奢则病国，小人奢则败家，是苦节乃不可之事，故曰"苦节，不可贞"。

此句大意为：《节》：过分节制，则结果不利。《彖》曰：《节》卦，亨通。阳刚和阴柔者分开且刚强者居中位。过分节制，结果不利，节之道就困穷。欣悦而去冒险，居位正当而有节制，居中守正才亨通。天地有节制才形成四季。用制度来加以节制，不浪费钱财也不会祸害民众。《象》曰：泽上有水，这就是《节》卦。君子制定礼数法度作为准则，并依此评议道德行为。

初九，不出户庭，无咎。

《象》曰："不出户庭"，知通塞也。

集校

帛书本：不出户牖，无咎。

按："庭""牖"

《说文》：牖，穿壁以木，为交窗也。

《说文》：庭，宫中也。

二者所处皆在家室之内。

《系辞传上》：不出户庭，无咎。子曰：乱之所生也，则言语以为阶。君不密则失臣，臣不密则失身，几事不密则害成。是以君子慎密而不出也。

此句大意为：初九，不出户庭，没有咎害。《象》曰：不出户庭，是因为知道通达和阻塞。

九二，不出门庭，凶。

《象》曰："不出门庭凶"，失时极也。

集校

汉帛书：九二：不出门廷，凶。

按：阮元：古本凶上有"之"字。徐芹庭：此亦误衍者也。

此句大意为：九二，不出门庭，有凶险。《象》曰：不出门庭有凶险，是因九二丧失了时机。

六三，不节若，则嗟若，无咎。

《象》曰："不节之嗟"，又谁咎也。

1. 集校

汉帛书：六三：不节若，则（缺）咎。

2. "不节若，则嗟若"

王弼：若，辞也。以阴处阳，以柔乘刚，违节之道，以至哀嗟。

苏轼：咨嗟而节之，以为不可不节也。九二之节，节于未满，节之者乐见节者井焉。六三之节，节于既溢，节之者嗟见，节者苦焉。苦节者，人之所不能堪，而人终莫之咎者，知六三之不得已也。嗟者，不得已之见于外者也。

此句大意为：六三，应当节制却不节制，后果就是嗟叹伤悔，（能嗟叹悔过）则没有咎害。《象》曰：应当节制却产生嗟叹，又能责怪谁呢。

六四，安节，亨。

《象》曰："安节之亨"，承上道也。

集校

汉帛书：六四：（缺）。

按：六四爻阴爻居阴位，得位承五应初，故有亨。孔疏：明六三以失位乘刚，则失节而招咎，六四以得位承阳，故安节而致亨。

此句大意为：九四，安行此节，亨通。《象》曰：安行此节亨通，是因为六四顺承九五之道。

九五，甘节，吉，往有尚。

《象》曰："甘节之吉"，居位中也。

1. 集校

汉帛书：（缺），吉，往得尚。

2. "甘节，吉，往有尚"

王弼：当位居中，为节之主不失其中，不伤财，不害民之谓也。为节之不苦，非甘而何？术斯以往，往有尚也。

程颐：九五刚中正居尊位，为节之主。所谓当位以节，中正以通者也。在己则安行，天下则说从。节之甘美者也，其吉可知。以此而行，其功大矣。故往则有可嘉尚也。

尚秉和：《说文》："甘，美也，美，甘也"，而坎为美脊，故坎有美象，"甘节"即美节也。节而美善，方可用以取信，与下"苦节"为卦文，五当位居中，下乘重阴，正位居体，故"甘节吉"。爻在外为往，往得尊位，居之不疑，故曰"往有尚"。虞翻氏强命二变应五，以释往字，岂知爻在外即曰往，泰、否之大小往来可证也。

按：《周易》卦爻辞中的"往有尚"

（1）《泰》九二：得尚于中行。

（2）《坎》彖辞：行有尚。

（3）《丰》初九，节九五皆言：往有尚。

此句大意为：九五，甘美的节制，吉祥，以此前往必有佑助。《象》曰：甘美的节制吉祥，是因九五居中位。

上六，苦节，贞凶，悔亡。

《象》曰："苦节贞凶"，其道穷也。

1. 集校

汉帛书：尚六：枯节，贞凶，悫亡。

2. "苦节，贞凶，悔亡"

（1）上六爻居《节》卦之极，过中有亢之危。贞凶与悔亡的前提不同，故结果相异。

1）若以此道待人，结果为凶；若以此修己，则悔恨消亡。

王弼：过节之中，以致亢极，苦节者也。以斯施人，物所不堪，正之凶也。以斯修身，行在无妄，故得悔亡。（史徵、俞琰、保巴等同此说）

2）从象数来看，上六阴爻居阴位，得位故悔亡。但上六乘凌九五，故有凶。

虞翻：二三变，在两离，火炎上作苦，故苦节。乘阳故贞凶，得位故悔亡。

（2）"悔亡"指若是悔的话，则苦节所造成的凶果会消亡。贞为固守，悔为悔恨。"贞凶，悔亡"是"苦节"这一境况假设的正反结果。"悔亡"是破解凶果的条件。

程颐：上六居节之极，节之苦者也。居险之极，亦为苦义。固守则凶，悔则凶亡。悔捐过从中之谓也。节之悔亡与他卦之悔亡辞同而义异也。（王安石、郑刚中、朱震、朱熹、易祓、吴澄、来知德、陈梦雷、胡煦等同此说。）

（3）苦为恶。贞凶，占问为凶。悔亡，无悔。

尚秉和：甘为美，则苦为恶。坎为破，故曰苦节。节为信约，窥恶则不能符合，故贞凶。得位故无悔。

（4）贞：正固。悔亡：懊恼消失。

傅佩荣：苦涩的节制，正固会有凶祸，懊恼消失。

（5）贞凶，守正防凶。

黄寿祺、张善文：节制过分，令人苦涩不堪；应当守持正固防备凶险，悔恨就可以消亡。

此句大意为：上六，过分节制，则结果为凶，悔恨消亡。《象》曰："过分节制为凶"，上六的节制之道已经困穷。

（四）总论

《节》卦总体上讲节度，行止有度。六爻以当位为吉，不当位为凶。初九与九二相比，同为不出，占问结果不同。六三与六四相比，六三爻阴柔不正，为"不节"，六四当位为吉，"安节"。九五与上六两爻相比，九五中正为节之甘，上六爻过中居节之极，有苦节。

355

三　中孚卦䷼（兑下巽上）

（一）卦名

1. 集校

"中孚"卦，帛书作"中復"，张立文认为"復"假借为"孚"。上博藏楚简《周易》缺"中孚"卦。

2. 卦名之意

《杂卦传》：中孚，信也。

孔疏：中孚，卦名也。信发于中，谓之中孚。

朱熹：孚，信也。为卦二阴在内，四阳在外，而二、五之阳皆得其中。以一卦言之为中虚，以二体言之为中实，皆孚信之象也。又下说以应上，上巽以顺下，亦为孚义。

3. 得名之因

《中孚》卦画呈现上下四阳爻包围中间二阴爻之象，三、四爻阴柔处在中间位置，二、五两阳爻居上下卦中位，卦画组合类似于鸟孵卵。

（二）卦序

《序卦传》：节而信之，故受之以中孚。

崔憬：节以制度，不伤财不害民，则人信之，故言节而信之，故受之中孚也。

胡瑗：言圣贤之人为节之道，必当以信而行之，使久而不变，可以为万世之法，故以中孚次于节。

（三）卦爻辞集注

《中孚》：豚鱼，吉。利涉大川，利贞。

《彖》曰："中孚"，柔在内而刚得中，说而巽，孚乃化邦也。"豚鱼吉"，信及豚鱼也。"利涉大川"，乘木舟虚也。中孚以利贞，乃应乎天也。

《象》曰：泽上有风，中孚。君子以议狱缓死。

1. 集校

汉帛书：中復，豚鱼吉。和涉大川，利贞。

2. "豚鱼"

（1）"豚鱼"为两种动物：小鱼、小猪

王弼：鱼者，虫之隐者也；豚者，兽之微贱者也。

程颐：豚躁鱼瞑，物之难感者也。孚信能感于豚鱼，则无不至矣，所以吉也。

（2）"豚鱼"为一种动物：水中的豚鱼，谓之江豚、海豚、河豚等

来知德：豚鱼生于大泽之中，将生风则先出拜乃信之，自然无所勉强者也，唐诗云：河豚吹浪夜还风是也，信如豚鱼则吉矣；本卦上风下泽，豚鱼生于泽知风故象之，鹤知秋、鸡知旦故三物皆象之。（俞琰、陈梦雷等同此说。）

（3）"豚鱼"，模糊的称谓，谓之无知之物

朱熹：豚鱼，无知之物。

（4）"豚鱼"是祭祀的薄礼

王引之《经义述闻》：豚鱼者，士庶人之礼也。《士昏礼》："特豚合升去蹄，鱼十有四。"《士丧礼》："豚合升，鱼鱄鲋九，朔月奠用特豚鱼腊。"《楚语》："士有豚犬之奠，庶人有鱼炙之薄者"，然苟有中信之德，则人感其诚而神降之福。故曰"豚鱼吉"，言虽豚鱼之荐亦吉也。（高亨等同此说。）

（5）"豚鱼"为遯鱼

李鼎祚：虞氏以三至上体，遯便以豚鱼为遯鱼，虽生曲象之异，见乃失化邦之中信也。

（6）"豚鱼"为遯吾，意即撤退或者抵御

廖名春：疑"豚"当读为"遯"，《释文》即云："黄作遯"。"鱼"当通"吾"。马王堆汉墓帛书《战国纵横家书·苏秦使盛庆献书于燕王章》："今齐王使宋竅诏臣曰：鱼（吾）□与子□有谋也。"王国维《观堂集林·鬼方昆夷玁狁考》："古鱼、吾同音。敦煌本隶古定《商书》：鱼家旄孙于荒。日本古写本《周书》：鱼有民有命。皆假鱼为吾。而'吾'与'圄'通，义为抵御。"《墨子·公孟》："厚攻则厚吾，薄攻则薄吾。"孙诒让《间诂》："吾，当为圄之省。《说文·□部》云：圄，守也。"

按：来知德等人认为"豚鱼"仅为一种动物，称为江豚、海豚、河豚。从卦画来看，下兑上巽，有风泽之象。从江豚的生理特征分析，其能感知风信，与"鹤知秋、鸡知旦"类似，预测准确。故而认为江豚具有诚信的品格。后世诗文中不乏江豚之象，比如唐代诗人许浑："石燕拂云晴亦雨，江豚吹浪花还风。"苏轼描写河豚的名篇："蒌蒿满地芦芽短，正是河豚欲上时。"

清儒王引之从礼制上进行解读，认为"豚鱼者，士庶人之礼也"，即"豚鱼"是祭祀的薄礼。士庶阶层在祭祀之时，取用豚鱼这样的物品进行祭奠。尽管是薄祭，但只要祭祀主体心怀诚信，那么上天也会感其诚而降福。类似《既济》卦中"东邻杀牛，不如西邻之禴祭，实受其福"。祭品虽然不丰盛，但只要心中充满诚意，量力而行，上天也会降福。豚鱼为薄祭，最为重要的不是外在的形式，而是内心的诚意。

此句大意为：《中孚》：江豚（知风信），吉祥。利于涉越大川，占问的结果为有利。《彖》曰：中孚，六三、六四居柔在内，九二、九五刚居中。喜悦而随顺，诚信可感化邦国。江豚，吉祥。诚信及于江豚。利于涉越大川，乘坐木头中间虚空的船。内心诚信适宜正固，则是顺应天道。《象》曰：水泽上有风，这就是《中孚》卦。君子由此领悟慎议刑狱，宽缓死刑。

初九，虞吉，有它不燕。

《象》曰：初九"虞吉"，志未变也。

集校

汉帛书：初九：杅吉，有它不宁。

此句大意为：初九，安守诚信可获吉祥，别有它求则不得安宁。《象》曰：初九"安守诚信可获吉祥"，说明初九的诚志没有改变。

九二，鸣鹤在阴，其子和之。我有好爵，吾与尔靡之。

《象》曰："其子和之"，中心愿也。

1. 集校

汉帛书：九二：鸣鹤在阴，亓子和之。（我有好爵，吾與尔）赢（之）。

2. "鸣鹤在阴，其子和之。我有好爵，吾与尔靡之"

孔疏：鸣鹤在阴，其子和之者，九二体刚处于卦内，又在三四重阴之下，而履不失中，是不徇于外，自任其真者也。处于幽昧而行不失信，则声闻于外，为同类之所应焉。如鹤之鸣于幽远，则为其子所和，故曰鸣鹤在阴，其子和之也。我有好爵，吾与尔靡之者，靡，散也，又无偏应，是不私权利，惟德是与。若我有好爵，吾愿与尔贤者分散而共之，故曰我有好爵，吾与尔靡之。（胡瑗、程颐、苏轼、朱熹、冯椅、保巴、来知德、高亨等同此说。）

按：王引之《经义述闻》提出新解，"鸣鹤在阴"之"阴"指时间夜间。鹤鸟半夜之时鸣叫，其子随之唱和。"本卦九二至六四互体成震，震为鸣。讼九二至九四互体成离，离为鹤也。其实震亦为鹤。荀爽、《九家易》曰：震为鹄，鹄即鹤之假借。震为善鸣，故又为鹤。鹤，善鸣之鸟也……鸡知将旦，鹤知夜半也。《艺文类聚》鸟部上引墨子曰'鹤鸡时夜而鸣是也。'正与鸣鹤在阴之义相合。"从《中孚》卦体来看，九二爻至六四爻形成互卦《震》，震象有鸣之意，汉代易学家认为鹤乃善鸣之鸟，《震》卦亦有鹤鸟之意。又从鹤鸟的自然习性入手，正如鸡旦而鸣，鹤鸟天性在夜半而鸣。

"鸣鹤在阴"或是鹤鸟在林荫间鸣叫，或是鹤鸟半夜之时鸣叫，都指示鹤鸣以时，重在信。推天道明人事，由"鸣鹤在阴，其子和之"的自然天象，推测人事"我有好爵，吾与尔靡之"。我有美酒，与你共享，能得人和之，可见诚信具有超常的人格力量。

《系辞传》中记载孔子对此爻的解读："君子居其室，出其言善，则千里之外应之，况其迩者乎？居其室，出其言不善，则千里之外违之，况其迩者乎？言出乎身，加乎民。行发乎迩，见乎远。言行，君子之枢机。枢机之发，荣辱之主也。言行，君子之所以动天地也，可不慎乎？"

此句大意为：九二，鹤鸣于林荫，同类相互应和（或是鹤鸟半夜之时鸣叫，其子随之唱和）；我有美酒，与你共享。《象》曰："它的同类相互应和"，这是内心的真诚回应。

六三，得敌，或鼓或罢，或泣或歌。

《象》曰："或鼓或罢"，位不当也。

集校

汉帛书：（六三：得敌），或鼓，或皮，或汲，或歌。

此句大意为：六三，遇到对手，或者击鼓，或者疲败，造成的结果为或者悲泣，或者歌唱。《象》曰："或者击鼓，或者疲败"，六三处位不当。

六四，月既望，马匹亡，无咎。

《象》曰："马匹亡"，绝类上也。

1. 集校

汉帛书：六四：月既望，马必亡，无咎。

2. "月既望，马匹亡，无咎"

孔疏：马匹亡无咎者，三与己敌，进来攻己，己若与三校战，则失其所盛，故弃三之类，如马之亡匹；上承其五，不与三争，乃得无咎，故曰马匹亡，无咎也。（胡瑗、沈该、潘士藻、俞琰、何楷、陈寿熊等同此说。）

虞翻：讼坎为月，离为日，兑西震东，月在兑二，离在震三，日月象对，故月几望。乾坎两马匹，初、四易位，震为奔走，体遯山中，乾坎不见，故马匹亡。初、四易位，故无咎矣。

按："月几望"的卦象规律是与《兑》卦、《离》卦有关，如《小畜·上九》："既雨既处，尚德载。妇贞厉。月几望，君子征凶。"《归妹·六五》："帝乙归妹，其君之袂不如其娣之袂良。月几望，吉。"

此句大意为：六四，月亮接近圆满，马失去同类，结果没有过错。《象》曰：马失去其匹，是因为离开同类往上走。

九五，有孚挛如，无咎。

《象》曰："有孚挛如"，位正当也。

集校

汉帛书：九五：有复论如，无咎。

此句大意为：九五，用诚信固结天下臣民之心，结果没有咎害。《象》曰："用诚信固结天下臣民之心"，说明九五居位正当。

上九，翰音登于天，贞凶。

《象》曰："翰音登于天"，何可长也？

1. 集校

汉帛书：尚九：鹯音登于天，贞凶。

2."翰音"

（1）一为虚音。飞鸟高翔于天空，其行迹渺然难视，只能虚听其声，未见其实。上九爻处《中孚》卦之极，音虚无实，象征诚信消衰，人与人间出现信任危机

孔疏：翰，高飞也。飞音者，音飞而实不从之谓也。上九处信之终，信终则衰也。信衰则诈起，而忠笃内丧，华美外扬，若鸟之翰音登于天，虚声远闻也，故曰"翰音登于天"。虚声无实，正之凶也，故曰"贞凶"。（程颐、朱熹、保巴、来知德、潘士藻、陈寿熊、李光地、陈梦雷、高亨等同此说。）

（2）一为鸡鸣

苏轼：翰音，飞且鸣者也。凡羽虫之飞且鸣者，其飞不长，雉鸡之

类是也。处外而居上，非中孚之道。飞而求显，鸣而求信者也，故曰翰音登于天。九二在阴而子和，上九飞鸣而登天，其道盖相反也。惟不下从阴得阳之正，故曰贞凶。

按：《礼记正义》："凡祭宗庙之礼，牛曰一元大武，豕曰刚鬣，……羊曰柔毛，鸡曰翰音，犬曰羹献，雉曰疏趾"，"翰音"在古代祭祀中指以鸡作祭品。上九爻以翰音为象，指示鸡不自量力，想要声高至天，结果自然不会好。

上九处卦之终，飞而求显，声欲达天。主体能力与目标间的差异，必然导致结果为凶。九二爻鹤鸣有子相和，同德诚信；上九飞鸣而登天，无实矫饰。两者相反之象，一吉一凶。可见，中孚内涵强调严谨实诚，反对浮夸显要。

此句大意为：上九，鸡鸣的声音欲传至天上，占问的结果为凶。《象》曰：鸡鸣的声音欲传至天上，怎么可能长久？

（四）总论

《中孚》卦爻辞从三个方面阐述了诚信之道：君主自身修为、君主与臣民、君主处理国事都必须有诚信。初九、九五爻重在讲述诚信的内在品格，讲求谦诚安定；九二、六三、六四、上九爻重在讲诚信的行为问题，能否做到言行合一，结果随之变化。诚信是贯穿在《周易》中的主要精神，"孚"在《周易》中频繁出现，让我们更能感受到诚信的力量。

《需》：有孚，光亨。贞吉，利涉大川。

《讼》：有孚窒惕，中吉，终凶。利见大人。不利涉大川。

《比》：初六，有孚比之，无咎。有孚盈缶，终来有它，吉。

《小畜》：九五，有孚挛如，富以其邻。

《泰》：六四，翩翩不富以其邻，不戒以孚。《象》曰："翩翩不富"，皆失实也。"不戒以孚"，中心愿也。

《大有》：六五，厥孚交如威如，吉。《象》曰："厥孚交如"，信以发志也。

《随》：九四，随有获，贞凶。有孚在道，以明，何咎？《象》曰："随有获"，其义凶也。"有孚在道"，明功也。九五，孚于嘉，吉。《象》曰："孚于嘉吉"，位正中也。上六，拘系之，乃从维之，王用亨于西山。

《观》：盥而不荐。有孚颙若。《象》曰：大观在上，顺而巽，中正以观天下，观。"盥而不荐，有孚颙若"，下观而化也。观天之神道，而四时不忒，圣人以神道设教，而天下服矣。

《习坎》：有孚维心，亨。行有尚。

《大壮》：初九，壮于趾，征凶，有孚。《象》曰："壮于趾"，其孚穷也。

《晋》：初六，晋如摧如，贞吉。罔孚，裕无咎。

《家人》：上九，有孚威如，终吉。

《解》：六三，负且乘，致寇至，贞吝。《象》曰："负且乘"，亦可丑也。自我致戎，又谁咎也？九四，解而拇，朋至斯孚。

《损》：有孚，元吉，无咎。可贞，利有攸往。曷之用？二簋可用享。

《益》：六三，益之用凶事，无咎。有孚。中行告公用圭。九五，有孚惠心，勿问，元吉。有孚，惠我德。《象》曰："有孚惠心"，勿问之矣。"惠我德"，大得志也。

《夬》：扬于王庭，孚号。有厉，告自邑。不利即戎，利有攸往。《彖》曰："夬"，决也，刚决柔也。健而说，决而和。"扬于王庭"，柔乘五刚也。"孚号有厉"，其危乃光也。"告自邑，不利即戎"，所尚乃穷也。"利有攸往"，刚长乃终也。

《萃》：初六，有孚不终，乃乱乃萃，若号，一握为笑，勿恤，往无咎。《象》曰："乃乱乃萃"，其志乱也。六二，引吉，无咎，孚乃利用禴。《象》曰："引吉无咎"，中未变也。九五，萃有位，无咎。匪孚，元永贞，悔亡。

《升》：九二，孚乃利用禴，无咎。《象》曰：九二之孚，有喜也。

《井》：上六，井收勿幕，有孚元吉。

《革》：巳日乃孚。元亨。利贞，悔亡。九三，征凶。贞厉。革言三就，有孚。《象》曰："革言三就"，又何之矣。九四，悔亡。有孚改命，吉。《象》曰："改命之吉"，信志也。九五，大人虎变，未占有孚。

《丰》：六二，丰其蔀，日中见斗。往得疑疾，有孚发若，吉。《象》曰："有孚发若"，信以发志也。

《兑》：（兑下兑上）九二，孚兑，吉，悔亡。《象》曰："孚兑之吉"，信志也。九五，孚于剥，有厉。《象》曰："孚于剥"，位正当也。

四 小过卦䷽（艮下震上）

（一）卦名

1. 集校

"小过"卦，帛书、上博馆藏楚简《周易》皆作"少过"。

2. 卦名之意

《杂卦传》：小过，过也。

孔疏：过之小事谓之小过，即行过乎恭，丧过乎哀之例是也……小有过差，惟可矫以小事，不可正以大事。

侯果：山大而雷小，山上有雷，小过于大，故曰小过。

苏轼：阴自外入，据用事之地，而囚阳于内，谓之小过。小过者，君弱而臣强之世也。小者过而亨，则大者失位而否矣。

沈该：柔得中而刚失位，小者过也。小者过，矫而正之可也，不可太过也。

3. 得名之因

从卦象来看，艮为山，震为雷，山上有雷之象，有稍过之意，异于常态之声。从卦德来看，艮为止，震为动，动止皆为时也，"过以利贞，与时行也"（《象传》）。该止则止，该动则动，动止皆时，《小过》之象必有和谐之态势。

（二）卦序

《序卦传》：有其信者必行之，故受之以小过。

韩康伯：守其信者，则失贞而不谅之道，而以信为过也，故曰小过。

（三）卦爻辞集注

《小过》：亨利贞。可小事，不可大事。飞鸟遗之音，不宜上，宜下，大吉。

《彖》曰：小过，小者过而亨也。过以利贞，与时行也。柔得中，是以小事吉也。刚失位而不中，是以不可大事也。有飞鸟之象焉，"飞鸟遗之音，不宜上，宜下，大吉"，上逆而下顺也。

《象》曰：山上有雷，小过。君子以行过乎恭，丧过乎哀，用过乎俭。

1. 集校

汉帛书：少过，亨，利贞。可小事，不可大事。翡鸟遗之音，不宜上，宜下，泰吉。

2. "飞鸟"之象

（1）从卦变来讲，离为飞鸟

虞翻：离为飞鸟，震为音，艮为止。晋上之三，离去震在，鸟飞而音止，故飞鸟遗之音。（朱震等同此说。）

（2）从卦画来看，二阳在内，四阴在外，似比作飞鸟之象

宋衷：二阳在内，上下各阴，有似飞鸟舒翮之象，故曰飞鸟。震为声音，飞而且鸣，鸟去而音止，故曰遗之音也。（苏轼、郑刚中、林栗、陈士元、何楷、李塨等同此说。）

（3）艮为鸟

尚秉和：《小过》下艮，故曰鸟。上震，故曰飞鸟。而震为覆艮，是上下皆鸟，故《传》曰有飞鸟之象焉……艮为鸟，上艮覆，故曰逆，下反，是故顺。又五乘刚故逆，二承阳故顺。

此句大意为：《小过》：亨通，贞卜结果有利。可以做小事，不可以做大事。鸟飞过的声音，不应该向上，应该向下，大为吉祥。《象》曰：《小过》卦，小的方面过常可以亨通。过常时贞卜的结果有利，是因为与时势相行。六二、六五皆柔爻且得中位，因此小事吉祥。有飞鸟的卦象：鸟飞过的声音，不应该向上，应该向下，是因为向上为逆，向下为顺。《象》曰：山上有雷象，这就是《小过》卦。君子行为稍过谦恭，丧事稍过悲哀，用度稍过节俭都为宜。

初六，飞鸟以凶。

《象》曰："飞鸟以凶"，不可如何也。

1. 集校

汉帛书：初六：罪鸟以凶。

2. "飞鸟以凶"

王弼：小过上逆下顺，而应在上卦，进而之逆，无所错足，飞鸟之凶也。

虞翻：应四，离为飞鸟，上之三则四折，入大过死，故飞鸟以凶。

此句大意为：初六，鸟逆势强飞结果为凶险。《象》曰："鸟逆势强飞结果为凶险"，这是初六自取凶咎，无可奈何的。

六二，过其祖，遇其妣。不及其君，遇其臣。无咎。

《象》曰："不及其君"，臣不可过也。

1. 集校

汉帛书：六二：过亓祖，愚亓比，不及亓君，愚亓仆，无咎。

2. "过其祖，遇其妣"

王弼：过而得之谓之遇，在小过而当位，过而得之之谓也。祖，始也，谓初也。妣者，居内履中而正者也。过初而履二位，故曰"过其祖"而"遇其妣"。

虞翻：祖，谓祖母，初也。母死称妣，谓三坤为丧，为母，折入大过死，故称祖也。妣二过初，故过其祖。五变三体姤遇，故遇妣也。

此句大意为：六二，过祖遇妣，居中位，没有过越君主，但得遇臣子。因此没有咎害。《象》曰："没有得遇君主"，臣子不可僭越君主。

九三，弗过防之，从或戕之，凶。

《象》曰："从或戕之"，凶如何也？

1. 集校

汉帛书：九三：弗过仿之，从或臧之，凶。

2. "弗过防之，从或戕之，凶"

孔疏：小过之世，大者不能立德，故令小者得过，九三居下体之上，以阳当位，不能先过为防，至令小者或过。上六小人最居高显，而复应而从焉。其从之也，则有残害之凶至矣，故曰"弗过防之"。"从或戕之，凶"者，《春秋传》曰："在内曰弑，在外曰戕。"然则戕者皆杀害之谓也。言"或"者，不必之辞也。谓为此行者，有幸而免也。

此句大意为：九三，不要过越要防范，跟着前往可能会有伤害，凶险。《象》曰："跟着前往可能会有伤害"，九三凶祸很大啊。

九四，无咎。弗过遇之，往厉必戒，勿用永贞。

《象》曰："弗过遇之"，位不当也。"往厉必戒"，终不可长也。

1. 集校

汉帛书：九四：无咎，弗过愚之。往厉，必革。勿用，永贞。

2. "过""遇"

王夫之《周易稗闻》："过""遇"，不及之义，旧说总未分晓。小过，小者过也。"过"字之义如师也，过之过与不及为对，非经过之过，如过我门之过。以卦名义观之可见，过者乘盈而胜，彼不及者，欲企及而不逮，遇则恰与之合也。故曰臣不可过，言臣之功名权势不可胜其君，胜其君则恃功凌上，为不道之臣矣。"弗过"言不能过也，遇之相得而道合也。弗遇过之，过已甚而骄亢，故凶。

按：九三、九四两阳爻"弗过防之""弗过遇之"、上六爻"弗遇过之"来看，其三爻"过""遇"皆与阴爻，与六五爻有关。

此句大意为：九四，无咎害。没有越过会得遇，往前有危险一定要戒备，贞卜的结果是九四长久的不要有所作为。《象》曰："没有越过会得遇"，九四不当位。"往前有危险一定要戒备"，九四往前终会有危险。

六五，密云不雨，自我西郊。公弋取彼在穴。

《象》曰："密云不雨"，已上也。

集校

汉帛书：六五：密云不雨，自我西茭。公射取皮在穴。

按：六五阴爻居尊位，阴盛至极。阴阳之气相和，才能有雨之象，今六五阴爻，居上卦震体。下卦艮体，艮为止，阻止阳气不能上升，阴气聚集故为云，不能形成雨。

此句大意为：六五，浓密的乌云却不降雨，从城邑的西郊升起。王公射取洞穴中的兽物。《象》曰："浓密的乌云却不降雨"，六五阴气旺盛居阳气之上所致。

上六，弗遇过之，飞鸟离之，凶，是谓灾眚。

《象》曰："弗遇过之"，已亢也。

集校

上博藏楚竹书：上六，弗遇伍之，飞鸟瞿之，凶，是胃亦夾禧。

汉帛书：尚六：弗愚过之，罪鸟羅之，凶，是谓兹省。

按：第一，既为"凶"，为何又有"灾眚"之语？

李光地：《复》之上曰：迷复，凶，有灾眚。此曰飞鸟离之，凶，是谓灾眚。辞意不同，凶由己作，灾眚外至。迷复则因凶而致灾眚者也，此则凶即其灾眚也。盖时当过极不能自守而徇俗以至于此，与初六当时未过而自飞以致凶者稍别。

第二，此爻与九四爻正相反，九四曰"弗过遇之"，上六曰"弗遇过之"。

潘士藻《读易述》仲虎曰：弗过遇之者，阳微而弗能过乎阴，反遇乎阴也。弗遇过之者，阴上而弗能遇阳，反过乎阳也。小过阴过，而阳弗过之时，故四言弗过。而上言过，四前有阴有相遇之理。上已过阳，无复遇之期，故四言遇而上言弗遇，亦可见也。飞鸟离之取远过之象，阴过如此，非阴之福也。

第三，上六爻居卦之终，阴爻处高，不能应和下阳爻，且九三阳爻过防两阴爻，无暇上与上六阴爻相应和。又超过了六五君位，可谓过越至极。

此句大意为：上六，没有得遇而过，飞鸟遭遇困境，凶险。这就是无妄之灾。《象》曰："没有得遇而过"，是因上六居极位。

（四）总论

《小过》卦卦画为四阴二阳，虽然众家皆认为阴为小，阳为大，阴多于阳，故曰小过。但是从阴阳组合来看，阴多于阳的卦组合并不少，因此《小过》卦意并不能因此而断定。考察卦辞、《象传》及大象诸解，《小过》之意可结合卦象和卦德。

初六阴居阳位，不当位，居艮卦之初，本应静止不动，却反其道强而行之，最终逃不过凶险的结果；六二居位得当，能够上与六五相遇，并且能够恪守中正之道，不僭越，仅过祖而不及君，故没有咎害；九三爻居正，下有两阴爻相围，所以尽管过分防备，仍不为过，否则稍不警惕，就会有戕害的灾难。九四爻处六五君位之下，奈何其势弱，并不能过六五君位。与之相遇，很好地把握度，否则就会有危险；六五以阴柔居中，能够得到贤臣的辅佐。尽管为臣者稍有僭越君权，但是能够控制在一定的范围内，所以未有凶；上六居《小过》之终位，阴爻僭越至极，且处《震》卦中，震为动，为足，仍不断向上行的趋势，故而有亢之灾悔。正如飞鸟高飞无遮拦，被猎人轻易地射杀，可谓灾眚。

结　　语

　　《周易》从形式上来看，是一部占筮书。从内容上来看，蕴含着丰富的政治思想文化。由于《周易》时代距今已远，先秦时期的注解文献流传下来很少，这使得我们对《周易》卦爻辞原初意义的认定存在诸多困难，因此，对卦爻辞的阐解是研究《周易》的最大难点。历代解《易》的学者虽然注重从政治的角度切入，研究治乱规律，汲取摆脱现实困境的治政之道。但由于注疏体例的局限未能深入阐释，对于《周易》为君为臣之道的研究既缺乏整体性和系统性，也缺乏深入历史研究的客观性。20世纪以来，出土文献等新材料加之研究方法的运用，使得《周易》的研究取得了很多突破性的成果。但对于《周易》中君臣之道的研究仍然非常零散，集中于个别研究，主要体现在《易传》中。笔者认为，想要探寻《周易》原初意义，必须将《周易》置于它所产生的商周历史文化大背景之下，以《周易》本经为基础，进行词句辨析、考索鉴别，梳理逻辑，来揭示《周易》卦爻辞的本义及其蕴含的历史文化内涵。

　　首先，商周时期重天命观，神权政治的意味浓厚。从近来甲骨文及卜筮研究来看，到殷商时期，中国的文化已经有了很长一段历史。但是从筮辞来看，殷商时期的人们精神仍未脱离原始状态。他们的卜筮行为告诉我们，天帝或者是祖先神等决定了他们的命运。周灭商之后，提出了"惟德是辅"，在天命观念中加入了德的因素。在传统的天命观中注入了自觉的精神，启发和提升了人们的道德观念意识。周代政治发展过程中，遵循以德治国，这一点深深地烙印在《周易》卦爻辞中。

　　商周时期，人们认为天人相通，《周易》的论证方式是推天道明人事。阴阳观念是《周易》象数思维的核心观念，将天人连接为一整体，并认为天人同构同理。《周易》的天人合一、阴阳观念是"假象喻意"

比兴模式产生的根本原因，天人合一观是象数思维的哲学基础，象数思维是"假象喻意"比兴思维产生的直接原因。象数思维据阴阳二元之间相似相关处引譬连类，感发志意，逐渐形成类比联想思维方式。从《周易》文本来看，君臣关系应按照刚柔相济、阴阳协调的原理形成一种和谐的政治关系。着重强调了从道德修养上加强对君权的约束，作为臣子要发挥贤才，顺承君意。

其次，《周易》以变易预测未来，蕴含着丰富的政治智慧。从为君之道的角度对《乾》《临》《观》《大畜》《革》《鼎》《震》《丰》《中孚》九卦进行解读，从为臣之道的角度对《坤》《小畜》《随》《离》《艮》《节》《遯》《小过》八卦进行解读，并在相关研究及新材料的基础上对卦爻辞进行辨析。

《周易》以阴阳象征君臣，《乾》《坤》两卦上承天地之象，下载君臣之道。君王受天所命统治百姓，示范教化万民。从国家行政角色来看，商周政府行政过程中君王会亲自参与行政管理。君王需遵循天道规则，不断提高自身道德修养，才能为万民之表率。从治政的总体精神上来看，《乾》卦讲求为君者要健行不息，《中孚》《大畜》《临》《观》等卦也提出了如何为君。首先，从自身修养上要讲求诚信，并且多方学习前贤往圣事迹，畜积美德。其次，为政施政的关键是用贤养贤。然后还要在施政过程中注重给予万民恩惠，观民设教。圣人常有忧患之心，《震》卦震戒修德，《丰》卦丰大易暗。

商周时期，在国家行政管理过程中，为臣者扮演了一个非常重要的角色。《周易》借助占筮，对为臣者的修养和实践提出了一定的要求和规范。《坤》卦对为臣者提出总的精神纲领，即顺承君王，宽容厚德。《周易》卦爻辞中体现臣下可选择君主，具有独立性，这一点与封建时代臣子对君王的绝对归属是不同的。《离》卦表达为臣者依附英明，《随》卦讲求择善而随。为臣者对于君王认定之后，就要发挥自我的才能。在执行王命之时，一方面要畜聚美德，低调而行；另一方面要保持谲谏，畜止君王的过失。面对政治变化，要有隐退通避、适时而止的心态。

阐解过程重在象数思维，从卦画、卦象、卦德三个角度进行阐解。对于历代千变万化的象数规则吸取其中合理之处加以采用，比如"位""时""中"等概念，"承""乘""比""应"等表现六爻间复杂关系的术语。同时借助象数思维的表达，对卦爻辞进行义理分析，并对卦爻辞的意义给出了倾向性的意见。

根据对十七卦卦爻辞的分析，本书认为，《周易》对为君为臣之道的表达往往交错夹缠，表达君道的同时也阐释了臣道，并非割裂或独立的。为便于清晰表述，本书根据阐释内容的侧重，就以上十七卦选取了为君或为臣角度进行论述。《周易》在论述政治的根本问题时，着重强调把作为权源的君王加以合理的安顿。为君之道在于隆礼重德，尚贤使能，其核心在于实行德治。君主德治、德政的思想在随后中华文化几千年的发展中埋下了深深的种子。君王为至德体现，民众效仿，由此表现了勤以修德，承继天命，但是，后世君王唯我独尊的思想易形成独裁政治。为臣之道过度强调顺从、谦卑，实际上与《周易》中的谦顺之道有所不同。《周易》注重为臣者保持自我独立性，择善而随，依附英明。并且在君臣不遇的情况下选择遁避，适时而止，《周易》更加关注和尊重个体生命的价值。

再次，对以上十七卦阐解过程，《周易》的性质渐趋明朗：从表面上看是算卦书，但从深层来看，《周易》更重要的是借助算卦的形式，进行政治讽谏，约束君权，规范臣道，引人向善。正如孔子曾经看透但并未说透《周易》的性质："德行焉求福。"《周易》实际是为大人谋，注重道德教化的政治书，"圣人以神道设教，而天下服矣"。

最后，今人对于《周易》文学性的研究多集中在易象、《易经》卦爻辞语言艺术等方面，而对于《易传》中的语言特点，尤其是骈偶排散用韵的特点及对后世文学的发展研究稍冷。另外，研究《易经》卦爻辞，虽有筮占的意味，但是筮占之辞蕴含着索解人生、国家等运命发展的方法和对策，卦爻辞内涵包容天地之道，人生智慧，已有了文学的精神。《周易》中的君臣哲学思想对文学主题的表达：君臣遇合主题、隐逸主题等，都需要加以深入研究。然而由于本人学力有限，时间有限，以上问题尚未解决。这些问题都将作为未来研究的起点，是笔者继续努力的方向。

参考文献

古代典籍

（魏）王弼、韩康伯注，（唐）孔颖达疏：《周易正义》，《十三经注疏》本，中华书局1980年版。

（汉）郑玄注，（唐）贾公彦疏：《仪礼注疏》，《十三经注疏》本，中华书局1980年版。

（汉）郑玄注，（唐）孔颖达疏：《礼记正义》，《十三经注疏》本，中华书局1980年版。

（魏）何晏注，（宋）邢昺疏：《论语注疏》，《十三经注疏》本，中华书局1980年版。

（汉）毛公传，郑玄笺，（唐）孔颖达疏：《毛诗正义》，《十三经注疏》本，中华书局1980年版。

（晋）郭璞注，（宋）邢昺疏：《尔雅注疏》，《十三经注疏》本，中华书局1980年版。

（汉）孔安国传，（唐）孔颖达疏：《尚书正义》，《十三经注疏》本，中华书局1980年版。

（汉）赵岐、（宋）孙奭：《孟子注疏》，《十三经注疏》本，中华书局1980年版。

（汉）许慎撰、（清）段玉裁注：《说文解字注》，上海古籍出版社1981年版。

（唐）李鼎祚：《周易集解》，《文渊阁四库全书》本，上海古籍出版社1987年版。

（唐）史徵：《周易口诀义》，《文渊阁四库全书》本，上海古籍出版社1987年版。

（唐）郭京：《周易举正》，《文渊阁四库全书》本，上海古籍出版社

1987年版。

（宋）王应麟辑，（清）惠栋考补：《增补郑氏周易》，《文渊阁四库全书》本，上海古籍出版社1987年版。

（宋）胡瑗：《周易口义》，《文渊阁四库全书》本，上海古籍出版社1987年版。

（宋）程颐：《伊川易传》，《文渊阁四库全书》本，上海古籍出版社1987年版。

（宋）苏轼：《东坡易传》，《文渊阁四库全书》本，上海古籍出版社1987年版。

（宋）张根：《吴园周易解》，《文渊阁四库全书》本，上海古籍出版社1987年版。

（宋）耿南仲：《周易新讲义》，《文渊阁四库全书》本，上海古籍出版社1987年版。

（宋）沈该：《易小传》，《文渊阁四库全书》本，上海古籍出版社1987年版。

（宋）朱震：《汉上易传》，《文渊阁四库全书》本，上海古籍出版社1987年版。

（宋）郑刚中：《周易窥余》，《文渊阁四库全书》本，上海古籍出版社1987年版。

（宋）李昉等：《太平御览》，中华书局1985年版。

（宋）林栗：《周易经传集解》，《文渊阁四库全书》本，上海古籍出版社1987年版。

（宋）朱熹：《周易本义》，《朱子全书》，上海古籍出版社2002年版。

（宋）项安世：《周易玩辞》，《文渊阁四库全书》本，上海古籍出版社1987年版。

（宋）徐氏：《易传灯》，《文渊阁四库全书》本，上海古籍出版社1987年版。

（宋）龚原：《周易新讲义十卷》，《续修四库全书》本，上海古籍出版社2002年版。

（宋）冯椅：《厚斋易学》，《文渊阁四库全书》本，上海古籍出版社1987年版。

（宋）易祓：《周易总义》，《文渊阁四库全书》本，上海古籍出版社

1987 年版。

（宋）李过：《西溪易说》，《文渊阁四库全书》本，上海古籍出版社 1987 年版。

（宋）蔡渊：《周易卦爻经传训解》，《文渊阁四库全书》本，上海古籍出版社 1987 年版。

（宋）魏了翁：《周易要义》，《文渊阁四库全书》本，上海古籍出版社 1987 年版。

（宋）俞琰：《周易集说》，《文渊阁四库全书》本，上海古籍出版社 1987 年版。

（元）胡一桂：《周易启蒙翼传》，《文渊阁四库全书》本，上海古籍出版社 1987 年版。

（元）保巴：《易源奥义》，《文渊阁四库全书》本，上海古籍出版社 1987 年版。

（元）吴澄：《易纂言》，《文渊阁四库全书》本，上海古籍出版社 1987 年版。

（明）胡广等：《周易传义大全》，《文渊阁四库全书》本，上海古籍出版社 1987 年版。

（明）来知德：《周易集注》，《文渊阁四库全书》本，上海古籍出版社 1987 年版。

（明）潘士藻：《读易述》，《文渊阁四库全书》本，上海古籍出版社 1987 年版。

（明）吴桂森：《周易象述》，《文渊阁四库全书》本，上海古籍出版社 1987 年版。

（明）何楷：《古周易订诂》，《文渊阁四库全书》本，上海古籍出版社 1987 年版。

（清）王夫之：《周易稗疏》，《文渊阁四库全书》本，上海古籍出版社 1987 年版。

（清）刁包：《易酌》，《文渊阁四库全书》本，上海古籍出版社 1987 年版。

（清）钱澄之：《田间易学》，《文渊阁四库全书》本，上海古籍出版社 1987 年版。

（清）黄宗炎：《周易象辞》，《文渊阁四库全书》本，上海古籍出版社

1987年版。

（清）毛奇龄：《仲氏易》，《文渊阁四库全书》本，上海古籍出版社1987年版。

（清）李光地：《周易折中》，《文渊阁四库全书》本，巴蜀书社2008年版。

（清）陈梦雷：《周易浅述》，《文渊阁四库全书》本，上海古籍出版社1987年版。

（清）李塨：《周易传注》，《文渊阁四库全书》本，上海古籍出版社1987年版。

（清）胡煦：《周易函书约存》，《文渊阁四库全书》本，上海古籍出版社1987年版。

（清）惠栋：《周易述》，《文渊阁四库全书》本，上海古籍出版社1987年版。

（清）翟均廉：《周易章句证异》，《文渊阁四库全书》本，上海古籍出版社1987年版。

（清）王引之：《经义述闻》（卷二），江苏古籍出版社1985年版。

近现代研究论著

专著：

高亨：《周易杂论》，齐鲁书社1979年版。

杨伯峻：《春秋左传注》，中华书局1983年版。

李镜池：《周易探源》，中华书局1978年版。

高亨：《周易古经今注》，中华书局1984年版。

屈万里：《先秦汉魏易例述评》，台北：学生书局1985年版。

屈万里：《汉石经周易残字集证》，台北：联经出版事业有限公司1984年版。

张善文：《象数与义理》，辽宁教育出版社1993年版。

朱伯崑：《易学哲学史》，华夏出版社1995年版。

邓球柏：《帛书周易校释》，湖南出版社1996年版。

汪裕雄：《意象探源》，安徽教育出版社1996年版。

杨儒宾、黄俊杰编：《中国古代思维方式探索》，台北：正中书局1997年版。

刘大钧：《〈周易〉概论》，巴蜀书社1999年版。
陈良运：《〈周易〉与中国文学》，百花洲文艺出版社1999年版。
杨庆中：《二十世纪中国易学史》，人民出版社2000年版。
潘雨廷：《易学史发微》，复旦大学出版社2001年版。
徐元诰：《国语集解》（修订本），中华书局2002年版。
廖名春：《马王堆帛书周易经传释文》续修四库全书本，上海古籍出版社2002年版。
程石泉：《易学新探》，上海古籍出版社2003年版。
马承源：《上海博物馆藏战国楚竹书》（三），上海古籍出版社2003年版。
古文字诂林编纂委员会：《古文字诂林》，上海教育出版社2004年版。
廖名春：《〈周易〉经传十五讲》，北京大学出版社2004年版。
余敦康：《易学今昔》，广西师范大学出版社2005年版。
韩自强：《阜阳汉简周易研究》，上海古籍出版社2005年版。
金景芳、吕绍纲：《周易全解》，上海古籍出版社2005年版。
吕绍纲：《周易阐微》，上海古籍出版社2005年版。
刘大钧：《今、帛、竹书〈周易〉综考》，上海古籍出版社2005年版。
梁韦弦：《易学考论》，黑龙江人民出版社2005年版。
陈鼓应、赵建伟：《周易今注今译》，商务印书馆2005年版。
尚秉和：《周易古筮考·周易尚氏学》，光明日报出版社2006年版。
傅佩荣：《傅佩荣解读易经》，中国线装书局2006年版。
余敦康：《汉宋易学解读》，华夏出版社2006年版。
韩维志：《上古文学中君臣事象的研究》，上海古籍出版社2006年版。
李零：《中国方术正考》，中华书局2006年版。
李零：《中国方术续考》，中华书局2006年版。
李学勤：《〈周易〉溯源》，巴蜀书社2006年版。
杨军：《〈周易〉文化大学讲稿》，中国人民大学出版社2007年版。
黄寿祺、张善文：《〈周易〉译注》，上海古籍出版社2007年版。
[法]列维－布留尔：《原始思维》，商务印书馆2007年版。
李学勤著：《周易二十讲》，华夏出版社2008年版。
鲁洪生：《读懂〈周易〉》，中华书局2008年版。
吴前衡：《传前易学》，湖北人民出版社2008年版。

李尚信:《卦序与解卦理路》,巴蜀书社 2008 年版。
陈来:《古代宗教与伦理》,三联书店 2009 年版。
徐芹庭:《周易举正评述》,中国书店 2009 年版。
傅佩荣:《儒道天论发微》,中华书局 2010 年版。
郑玉姗:《出土与今本〈周易〉六十四卦经文考释》,花木兰文化出版社 2010 年版。
傅道彬:《诗可以观:礼乐文化与周代诗学精神》,中华书局 2010 年版。
杨伯峻编著:《春秋左传注》,中华书局 2011 年版。
丁四新:《楚竹书与汉帛书〈周易〉校注》,上海古籍出版社 2011 年版。
李零编:《张政烺论易丛稿》,中华书局 2011 年版。
连邵名:《帛书周易疏证》,中华书局 2012 年版。
林忠军:《易学源流与现代阐释》,上海古籍出版社 2012 年版。
鲁洪生:《〈周易〉的智慧》,现代出版社 2013 年版。
李零:《周易的自然哲学:死生有命 富贵在天》,三联书店 2013 年版。

期刊文章:

胡厚宣:《殷卜辞中的上帝和王帝》,《史研究》1959 年第 9 期。
萧汉明:《论〈周易〉的哲学思想与爻性爻位的关系》,《武汉大学学报》(社会科学版) 1985 年第 5 期。
牛鸿恩:《论〈周易〉卦爻辞编定的年代》,《北京师范学院学报》(社会科学版) 1991 年第 2 期。
万建中:《先秦饮食礼仪文化初探》,《江西大学学报》(社会科学版) 1992 年第 3 期。
黄沛荣:《马王堆帛书〈系辞传〉校读》,《周易研究》1992 年第 4 期。
朱风瀚:《商周时期的天神崇拜》,《中国社会科学》1993 年第 4 期。
陈良运:《论〈周易〉的文学思维》,《周易研究》1995 年第 1 期。
于雪棠:《〈易〉之"孚"的文化内涵》,《绥化师专学报》1997 年第 4 期。
邓明:《"告"字发微》,《古汉语研究》1998 年第 2 期。
游修龄:《释"豕、豚、彘和猪"》,《中国农史》2000 年第 4 期。
李立:《〈周易〉关于"山"的哲学理念在传统山神话演变中的意义》,《北方论丛》2001 年第 2 期。

于雪棠：《〈周易·革〉卦"己日"考释》，《古籍整理研究学刊》2001年第2期。

徐山：《释"何天之衢"》，《黄山高等专科学校学报》2002年第3期。

徐松岩：《论〈周易〉的政治思想》，《辽宁师范大学学报》2002年。

陈德述：《〈周易·易传〉中的治国理论与德治思想》，《中华文化论坛》2003年第3期。

吴新楚：《楚简〈周易〉"不家而食"新解》，《周易研究》2004年第6期。

徐杰令：《春秋时期飨燕礼的演变》，《学习与探索》2004年第5期。

廖名春：《楚简〈周易·大畜〉卦再释》，《清华大学学报》（哲学社会科学版）2004年第3期。

杜霞：《〈周易·艮卦〉释义》，《周易研究》2005年第1期。

刘大钧：《今、帛、竹书〈周易〉疑难卦爻辞及其今、古文辨析（三）》，《周易研究》2005年第1期。

晁福林：《先秦时期"德"观念的起源及其发展》，《中国社会科学》2005年第4期。

廖名春：《楚简〈周易〉遯卦六二爻辞新释》，《周易研究》2005年第4期。

伍相明：《论小过卦的过与不及——析小过卦卦爻辞》，《周易研究》2005年第4期。

朱冠华：《帛书与今本〈周易〉之乾、坤二卦四题》，《周易研究》2005年第6期。

杨升南：《商代的水上交通工具》，《殷都学刊》2006年。

萧汉明：《上海博物馆藏战国楚竹书〈易经〉释卦二则》，《周易研究》2006年第2期。

陈玉堂、王向东：《周易遯卦解析》，《重庆三峡学院学报》2007年第4期。

吴辛丑：《〈周易〉"童牛"之"童"表"去尽"义说商榷——答廖名春先生》，《周易研究》2007年第5期。

朱继平：《〈周易〉"西山"考》，《中国历史文物》2008年第5期。

陈来：《马王堆帛书〈易传〉的政治思想——以〈缪和〉〈昭力〉二篇之义为中心》，《北京大学学报》（哲学社会科学版）2008年第2期。

栾维权:《"家"字本义补释》,《汉字文化》2009年第1期。

金春峰:《〈周易〉卦及卦爻辞的诠释方法——〈大象〉对〈周易〉解读的启示》,《陕西师范大学学报》(哲学社会科学版)2010年第3期。

周光友:《王船山的艮卦阐释与儒家的知止思想》,《孔子研究》2010年第3期。

王晶、胡海琼:《释上博简三〈周易〉遯卦之"遯"》,《汉字文化》2010年第4期。

廖名春:《〈周易〉"元亨利贞"新解——兼论周代习贞习惯与〈周易〉卦爻辞的形成》,《周易研究》2010年第5期。

邱崇:《释"良马逐"》,《殷都学刊》2011年。

邱崇:《释"童牛之牿"》,《周易研究》2011年第3期。

郭振香:《论朱熹对艮卦的阐释》,《周易研究》2011年第1期。

延慧:《浅谈"家"的字形释义及其文化阐释》,《延安大学学报》(社会科学版)2011年第4期。

鲁洪生:《论商周文化对〈周易〉的影响》,《学术论坛》2011年第4期。

鲁庆中:《"艮"者,根也——〈周易〉艮卦名义新释》,《周易研究》2011年第6期。

林忠军:《论王念孙、王引之父子的易学解释》,《周易研究》2013年第1期。

刘彬:《帛书〈周易〉"川"卦名当释"顺"字详考》《周易研究》2013年第4期。

陈福彬:《〈易经〉哲学的现代意义》,《周易研究》2013年第5期。

后　　记

多年的求学生涯，事后觉得如白驹过隙，忽然而已；但在当时，艰辛和孤寂中的读书、思考、写作更增漫长之感。幸运的是，这份求学中的艰辛与孤寂，在漫漫学路中逐渐化解，由煎熬变成了美的心灵享受。这中间的转换，唯在书山学海之中不断跋涉而成。李义山诗云："此情可待成追忆，只是当时已惘然。"

从幼年步入学堂时，父母便叮嘱我：勤能补拙。我并非聪明伶俐之人，唯有凭借坚韧的毅力、踏实的脚步，而攀登前行。带着这份不服输的倔强，我进入大学学习。至于为何选择中文系，当时的我也懵懂不知，只是在青涩的迷茫中，带着父亲的文学理想来到了中青院。我很幸运地遇到了多位优秀的老师，他们好学不厌，诲人不倦。

大学四年，我更偏爱古代文学史的课程，尤其是先秦两汉文学史，其历史散文和哲理散文，在思想上给予我很大的启迪。至今，我仍历历记得刘国民教授讲解司马迁《史记》的情景。刘老师讲课富有激情，且善于思辨。他把《史记》的思想情感，与司马迁的个性、人生遭遇及时代背景结合起来，有血有肉，感人至深。刘老师智识高远，儒雅博学，谦谦君子之修养也深深地感染着我。课后，刘老师留下几个选题，我选作了关于《吕后本纪》的题目。我认真查阅资料，像侦探一样抽丝剥茧，定要查出事实的真相；但学龄尚浅，真相也只是自己的推测而已，但确实是认真作答。刘老师启发教诲，辛勤不倦。在师生的相互教学中，我似乎隐隐地看到，学术之门正悄然地向我渐渐敞开。

选择硕博专业时，我毫不犹豫地选择了古代文学史，跟随鲁洪生教授进一步学习。对先秦两汉时期的文学进行研读，并非轻松之事。为了加深理解，鲁老师每周进行经典研读，从《诗经》《周易》到诸子百家，每次探讨都受益匪浅。到现在，我还记得，博士论文确定选题的时候，我有些犹豫和茫然，不知该如何去做，对于谋篇布局心里没底。当时，鲁老师对我提出的几个题目逐一进行分析和对比，最终点题，确定做"《周易》为君为臣之道的研究"。他多次谈到，《周易》博大精深，值得一生去探索和研究；要想懂得《周易》的智慧，初学者一定要从基础做起，这就首先需要理解卦爻辞的意义。因此，在论文写作之初，我就开始夯实基础，一卦一卦进行集注集评。在此期间，鲁老师又多次进行指导，他严谨的治学态度、敏锐清晰的理性思维，以及宽厚仁慈、积极乐观的生活态度都深深影响着我，督促我不断进步。

在这里，我非常真诚地感谢段启明教授、尚学峰教授、方铭教授、踪训国教授、张庆民教授、刘跃进教授，诸位教授从博士论文的开题到预答辩，均提出了很多建设性的意见，令拙文避免了诸多缺漏，得以顺利完成并参加答辩，且最终通过答辩。诸位教授的教诲，学生铭记于心，感恩终生。

2014年7月，我回到了自己的母校，在中文系任教，重新感受到母校的稳健与进取。从学生到老师的身份转换，一方面使我战战兢兢，心中充满着不安和焦虑；另一方面也使我更加勤奋努力，专心于教学和科研。两年来，我继续对博士论文进行研究，从中也抽取几篇文字进行修改，发表在一些学术刊物上。我要感谢中国青年政治学院对我博士论文的出版资助。借助这次机会，我对博士论文又进行了一次全面的修改，也让我对过往的岁月进行回忆和整理，虽然有时不免有"风波不信菱枝弱，月露谁叫桂叶香"（李义山诗）之伤感。

岁月易得，时光荏苒，有太多事值得书写，有太多人值得感谢。谨以此文献给所有关心、鼓励、帮助过我的老师、家人以及朋友们！"悟已往之不谏，知来者之可追。"以此为一个新的开始，好学深思，心知其意，方不虚度此生。

是以为记。

2018年3月27日